Literaturwissenschaft im Grundstudium · 12

Literaturwissenschaft im Grundstudium

herausgegeben von

Werner Faulstich

und

Hans-Werner Ludwig

Band 12 · 1982

Hans-Werner Ludwig (Hrsg.)

Arbeitsbuch Romananalyse

 Gunter Narr Verlag Tübingen

CIP-Kurztitelaufnahme der Deutschen Bibliothek

Arbeitsbuch Romananalyse: e. Einf. / Hans-Werner Ludwig (Hrsg.). —
Tübingen: Narr, 1982.
  (Literaturwissenschaft im Grundstudium; 12)
  ISBN 3 - 87808 - 932 - 5
NE: Ludwig, Hans-Werner [Hrsg.]; GT

© 1982 · Gunter Narr Verlag Tübingen

Druck: Müller + Bass, Tübingen
Printed in Germany

ISBN 3 - 87808 - 932 - 5

Vorwort der Herausgeber

Die Reihe LITERATURWISSENSCHAFT IM GRUNDSTUDIUM macht es sich zur Aufgabe, in zentrale Arbeitsgebiete des literaturwissenschaftlichen Studiums einzuführen. Das Programm der Reihe ebenso wie die Themenbehandlung jedes Einzelbandes sind fächerübergreifend konzipiert.

Die Herausgeber wollen mit dieser Reihe von der Praxis des literaturwissenschaftlichen Unterrichts an der Universität her in der kaum noch überschaubaren Sekundärliteratur problemorientiert Akzente setzen und zum selbständigen Weiterarbeiten anregen. Literaturwissenschaft beschäftigt sich heute nach allgemeinem Verständnis über die klassischen Gegenstände hinaus auch mit Hörspiel, Film, Fernsehen und weiteren Formen moderner Massenkommunikation. Gerade auf diesem Neuland herrscht ein besonderer Bedarf an übersichtlichen Einführungen.

Die Reihe richtet sich in erster Linie an Studierende der neuphilologischen Fächer im Grundstudium (1.—5. Semester), darüber hinaus auch an Lehrende an der Universität und an Lehrer der Sekundarstufen. Die ausdrückliche Lernzielorientiertheit weist die Bände dieser Reihe vor allem als *selfstudy*-Bücher, prinzipiell aber auch als Arbeitsbücher für Proseminare aus. Jeder einzelne Band bringt zum jeweiligen Arbeitsgebiet

— zentrale Problemfelder;

— orientiert am aktuellen Forschungsstand, ausgewählte Kernstellen aus

   Primär- und Sekundärliteratur;

— lernzielorientierte Arbeitsanweisungen;

— weiterführende problemorientierte Fragen;

— eine weiterführende Bibliographie.

Ferner enthält jeder Band ein Namens- und ein Sachregister sowie gegebenenfalls die Skizze einer Analyse und Interpretation aus dem jeweiligen Arbeitsgebiet, die exemplarisch die Problemstellung und die Anwendung von Kategorien demonstrieren soll.

Inhalt

8

0. EINLEITUNG

Hans-Werner Ludwig

Das *Arbeitsbuch Romananalyse* folgt in seinen Zielen dem bewährten Aufriß der Reihe *Literaturwissenschaft im Grundstudium*. Es versucht, bei der — vom aktuellen Forschungsstand her bestimmten — Auswahl der grundlegenden Literatur zur Romantheorie und Romananalyse Hilfestellung zu leisten. Durch die gewählte Form der Gliederung nach Problemfeldern soll von Anfang an festgehalten werden, daß es nicht einfach darum gehen kann, handbuchartig Wissen verdichtet aufzubereiten, das der Leser dann wie aus Schubladen herausziehen könnte. Solches Wissen ist nach der Überzeugung von Herausgeber und Autoren in diesem Arbeitsbuch gewiß enthalten, aber eben in der die geisteswissenschaftliche Arbeit insgesamt charakterisierenden Form der "Unabgeschlossenheit philologischer Erkenntnis" (Szondi), als immer vorläufiges Ergebnis eines Erkenntnisprozesses, der selber als Teil dieses Ergebnisses anzusehen ist. Der Leser ist deshalb eingeladen, das *Arbeitsbuch Romananalyse* nicht nur als Nachschlagwerk zu gebrauchen, sondern sich selber auf den in den einzelnen Problemfeldern skizzierten Erkenntnisweg zu begeben, die dort zitierten Textausschnitte als Anregung zu nehmen, die Originalarbeiten selber heranzuziehen, und schließlich sich durch die Beispiele ermuntern zu lassen, die Romane selbst zu lesen. Im Blick auf die vielfach beklagte Leseunlust ist vielleicht der pädagogische Zeigefinger nicht ganz unnötig: Literaturwissenschaft ist unabdingbar auf das Lesen angewiesen, zuvorderst aber auf das Selberlesen der (Primär-)Literatur. Mit jedem weiteren selber gelesenen und verarbeiteten Werk weitet sich der Horizont, das Bezugsfeld, innerhalb dessen literarische Befunde immer sicherer eingeordnet werden können. Und es ist wichtig zu sehen, daß auch die Theoriebildung in der Literaturwissenschaft, wie das *Arbeitsbuch Romananalyse* auf Schritt und Tritt demonstriert, in engem Bezug auf die Literatur selber erfolgt, als Reflexion auf die Bedingungen von Literatur in ihrer jeweiligen geschichtlichen Entfaltung. Theoriegeschichte und systematische Entfaltung einer Literaturtheorie gehören deshalb der Sache nach zusammen. Es ist deshalb auch für das *Arbeitsbuch Romananalyse* charakteristisch, daß die jeweiligen Fragestellungen, wenn auch umfangsbedingt gelegentlich nur andeutend, ihre systematische Ausprägung gerade im historischen Bezugsrahmen erhalten.

Das *Arbeitsbuch Romananalyse* hat den folgenden Aufbau: Die zusammengehörenden Problemfelder I und II behandeln den Roman unter dem übergreifenden Stichwort *Kommunikation*. Problemfeld I widmet sich unter den Rubriken *Medium, Markt* und *Rezeption* der wichtigen, aber oft übersehenen Tatsache, daß ein Roman gedruckt, gekauft und gelesen wird und daß diese Rahmenbedingungen medialer Art Auswirkungen auf den Roman als ästhetisches Gebilde haben. Problemfeld II verengt schrittweise ein zunächst allgemeines Kommunikationsmodell auf *sprachliche Kommunikation, literarische Kommunikation* und schließlich *Kommunikation im Roman.* Wenn die beiden ersten Problemfelder der Aufgabe gewidmet sind, den Roman in die Bezugsfelder von Produktion, Distribution, Rezeption einerseits, Autor, Werk, Leser andererseits einzurücken, so widmen sich die Problemfelder III bis VI der Binnenstruktur des Romans und den die Erzähltextanalyse leitenden Kategorien. In diesen Problemfeldern wird gefragt nach *Ebenen des Erzählens* (III), wird das Konzept des *Erzählers* untersucht (IV) und das Wechselverhältnis von *Handlung und Figur* unter die Lupe genommen (V), werden schließlich Kategorien der Strukturierung des Erzählens in *Zeit* und *Raum* und in der *Sprache* erörtert (VI). Die letzten beiden Problemfelder erweitern wieder den Blickpunkt, zunächst auf die historische Perspektive der *Gattungsbildung* (VII: Roman und Geschichte, dargestellt am Beispiel des Briefromans), dann erneut das Ganze in den Blick nehmend, indem nach dem verwickelten Verhältnis von *Roman und Wirklichkeit* gefragt wird (VIII). Der Leser mag also in seiner Lektüre dem schrittweisen Aufbau der Problemstellungen folgen; er mag aber auch mit gleichem Recht bei bestimmten, ihn besonders interessierenden Problemen einsetzen und sich von dort aus die anderen Problemfelder erschließen. Bewußt eingebaute Redundanz und Querverweise zwischen den Kapiteln sollen diese Weise der Lektüre erleichtern.

Die Autoren des *Arbeitsbuches Romananalyse* sind Anglisten, Germanisten und Romanisten; sie haben versucht, in ihren Beiträgen die Romanliteratur und die Theoriegeschichte des Romans in Deutschland, Frankreich und England gleichermaßen im Blick zu haben. So steht zu hoffen, daß das Buch auch für Studenten dieser drei Fächer insgesamt von Nutzen sein kann.

1. Problemfeld I:
VERMITTLUNG UND REZEPTION

Werner Faulstich

1.0. Problemstellung und Lernziele

Die Analyse und Interpretation eines Romans hat drei Prämissen, die in der Praxis der Literaturwissenschaft in aller Regel zu kurz kommen oder gänzlich unterschlagen werden. Diese Voraussetzungen sind
1. daß der Roman gedruckt wurde;
2. daß der Roman gekauft wurde; und
3. daß der Roman gelesen wurde.
Jedes dieser scheinbar banalen Phänomene hat weitreichende Konsequenzen für die Romananalyse und soll deshalb hier einleitend reflektiert werden.

Maßgeblich dabei sind die beiden Begriffe 'Vermittlung' und 'Rezeption'. 1. Daß der Roman gedruckt wurde, beschreibt eine erste Art von Vermittlung: Vermittlung als ästhetische Kategorie. Das heißt konkret: Jeder Roman wird durch ein Medium, etwa das Buch oder das Heftchen, vermittelt. -- Früher wurde diese Prämisse vor allem in der Kunstsoziologie diskutiert; heute hat sie in der Medienwissenschaft eine neue Behandlung erfahren (vgl. 1.1.).
Bei diesem ersten Teil *Roman und Medium* soll der Leser vor allem erkennen,
- daß die Art des jeweiligen Mediums die Bedeutung des Romans maßgeblich mitbestimmt;
- daß die Geschichtlichkeit des Romans sich auch durch die Geschichtlichkeit seines Mediums äußert.

2. Daß der Roman gekauft wurde, beschreibt eine zweite Art von Vermittlung: Vermittlung als Distribution. Das heißt konkret: Jeder Roman, in welchem Medium auch immer, wird auf einem Markt als Ware angeboten, die einen bestimmten Tauschwert hat, -- das ist der Wert, der sich im Preis ausdrückt. -- Literatursoziologie bzw. Soziologie des Romans und Buchmarkforschung haben sich dieser zweiten Prämisse maßgeblich gewidmet (vgl. 1.2.).
Bei dem zweiten Teil *Roman und Markt* soll der Leser vor allem erkennen,
- daß der Warencharakter des Romans unmittelbar in seine Bedeutung als literarisches Werk eingeht;
- daß der Roman direkt abhängig ist von seiner Verbreitung durch marktrelevante Instanzen.
Mit dem Tauschwert ist aber erst eine Seite der Ware Roman erfaßt. Gemäß

der allgemeinen Theorie der Ware ist als andere Seite auch sein Gebrauchswert zu beachten:

3. Daß der Roman gelesen wurde, meint diesen Gebrauchswert, und zwar nicht allein im psychologischen Sinne, sondern umfassend als Rezeption. Das heißt konkret: Jeder Mensch liest nur bestimmte Romane und unterzieht sie einem spezifischen Gebrauch (Lektüre etwa zur Unterhaltung oder Lektüre zur wissenschaftlichen Analyse). — Ansätze wie die Literaturpsychologie, die Rezeptionsgeschichte oder die Rezeptionsanalyse haben sich dieser Prämisse angenommen (vgl. 1.3.), die zugleich nicht geringe wissenschaftstheoretische Implikationen aufweist.

Bei diesem dritten Teil *Roman und Rezeption* soll der Leser vor allem erkennen,
— daß der Begriff 'Rezeption' bei der Romananalyse unterschiedliche, z.T. gegensätzliche Bedeutung hat;
— daß 'Rezeption' ein methodologisches Problem markiert, dessen Lösung die Ergebnisse einer Romananalyse entscheidend beeinflußt.

Insgesamt soll das Problemfeld I zu der Einsicht führen,
— daß ein Roman ohne Berücksichtigung seines *Mediums,* seines *Marktes* und seiner *Leser* nicht zureichend analysiert werden kann.

1.1. Roman und Medium

Die Überlegung, daß jeder Roman durch ein Printmedium — also Zeitung/ Zeitschrift, Buch, Heftchen — vermittelt wird und daß die unterschiedliche Art dieser medialen Vermittlung Einfluß hat auf die spezifische Bedeutung eines Romans, ist erst neuerdings, in Analogie zu literarischen Werken in Medien wie Film und Fernsehen, angestellt worden. Ohne daß die Gewichtigkeit dieses Phänomens — etwa im Hinblick auf eine Literaturtheorie als Medienästhetik — bereits absehbar oder gar geklärt wäre, muß heute doch davon ausgegangen werden, daß mit dem 'Medium' ein nicht unwichtiges Moment des Romans erfaßt wird: zumindest ein Teil dessen, was am Roman als einem ästhetischen Werk das Gesellschaftliche darstellt.

Die ästhetische Kategorie 'Vermittlung' ist bisher vergleichsweise selten in der Diskussion verwendet worden, und hier vornehmlich gemäß einer idealistischen Kunstauffassung. Markant läßt sich das etwa am 12. Kapitel der *Einleitung in die Musiksoziologie* von Theodor W. Adorno (1962, Ges. Schriften, Bd. 14, Frankfurt/M.: Suhrkamp, 1973, 394-421) verfolgen, wo 'Vermittlung' als die von Kunst und Gesellschaft begriffen wird, und zwar "innerhalb der Sache": als Formkonstituenten, Ideologien etc. In der Auseinandersetzung mit Alphons Silbermann hat Adorno diese Auffassung von der Musik- auf die Kunstsoziologie ausgeweitet und zugleich präzisiert: Vermittlung gilt im Hegelschen Sinn: "die in der Sache selbst, nicht eine zwischen der Sache und denen, an welche sie herangebracht wird", also nicht Vermittlung im Sinne von Kommunikation ("Thesen zur Kunstsoziologie".

Ohne Leitbild, Ges. Schriften, Bd. 10.1., Frankfurt/M.: Suhrkamp, 1977, 367-374). Genau dies aber wurde Adorno vorgeworfen: 'Vermittlung' müsse als kommunikative begriffen werden. Dazu wurden bereits unterschiedliche Lösungsvorschläge unterbreitet: von Bazon Brock wurde Vermittlung vor allem als 'Schöpfung und Arbeit' definiert (*Ästhetik als Vermittlung: Arbeitsbiographie eines Generalisten,* hrsg. v. Karla Fohrbeck. Köln: DuMont, 1977), von Peter Bürger als 'Institution Kunst' (*Vermittlung-Rezeption-Funktion: Ästhetische Theorie und Methodologie der Literaturwissenschaft.* Frankfurt/M.: Suhrkamp, 1979) von Werner Faulstich als 'Medium' (*Medienästhetik und Mediengeschichte.* Heidelberg: Winter, 1982). Die Diskussion hat hier erst begonnen.

Im folgenden soll an konkreten Beispielen deutlich gemacht werden, welche Relevanz dem jeweiligen Medium zukommt und wie die mediale Vermittlung selber die Geschichtlichkeit eines Romans bestimmt.

1.1.1. Der Roman in Zeitung und Zeitschrift

Mediale Vermittlung als ästhetische Kategorie ist von traditionellen Romananalysen bisher allenfalls beim Roman in Zeitung und Zeitschrift berücksichtigt worden, hier aber verstellt durch eine prinzipielle Negativwertung des Romans als 'bloße' Unterhaltung.[1] Gleichwohl ist bekannt, daß hier das Medium Zeitschrift eine wichtige Rolle spielt:[2]

TEXT 1

> Ein Medium läßt sich als technische Apparatur definieren, mit dem eine publizistische Aussage reproduziert werden kann. Im vorliegenden Fall stellt sich der Illustriertenroman als zu untersuchende Aussage vor. Wenn er nun als kunstfeindlich diskreditiert und als Apotheose von 'sex and crime' verworfen wird, so übersehen die Kritiker dabei die Illustriertenabhängigkeit des Illustriertenromans.
>
> [. . .] Der Illustriertenroman hängt [. . .] von der spezifischen Erscheinungsweise der Illustrierten ab und muß sich nach deren Arbeitsrhythmus richten (Kontinuität und Periodizität); Illustrierte und Illustriertenroman müssen billig erwerbbar und leicht zugänglich sein (Publizität); sie sind um Vielfalt und Vielseitigkeit ihres Inhalts bemüht (Universalität), der neu und interessant zu sein hat (Aktualität) und sich den Empfängern anpassen muß (Affinität), damit die Herausgabe der Illustrierten verlohnt (Kommerzialität). Das letzte Kriterium ist ohne Zweifel das entscheidende.

1 Siehe z.B. die klassische Arbeit *Der aktuelle Unterhaltungsroman* von Wolfgang Langenbucher (Bonn: Bouvier, 1964) oder den in seiner Vernachlässigung des Medienbezugs typischen Aufsatz "Das Thema vor allem ist wichtig: Zum Illustriertenroman" von Alfred Holzinger aus demselben Jahr (*Trivialliteratur,* hrsg. v. Gerhard Schmidt-Henkel *et al.* (Berlin: Literarisches Colloquium, 1964), 75-83).

2 Walter Hallstein, *Der deutsche Illustriertenroman der Gegenwart: Produktionsweise – Inhalte – Ideologie* (München: Francke, 1973 (UTB), 26).

Der Roman in der Illustrierten (bzw. auch in der Zeitung) ist der den Bedingungen seines Mediums ästhetisch angepaßte Roman. Beispielsweise wird er unverzüglich zu einem (oft gewaltsamen) Ende gebracht, wenn Leserbriefe und Meinungsumfragen ergeben, daß er nicht mehr unterhält und damit dem Absatz der Zeitschrift/Zeitung schadet. Aber nicht nur beim sog. Illustrierten- oder Feuilletonroman wirkt sich das Medium als ästhetisch maßgeblich konstitutiver Einflußfaktor aus. Vielmehr wurde auch eine ganze Reihe 'klassischer' Romane aus dem heutigen Kanon 'hoher' Literatur erstmals in Zeitschriften bzw. Zeitungen publiziert, und es ist erstaunlich, wie durchgängig dieser Aspekt bis heute unterschlagen wird.[3] Am Beispiel eines Romans von Charles Dickens sei deshalb kurz auf die Bedeutung zweier medien- und zugleich werkkonstitutiver Formelemente hingewiesen: 'Illustration' und 'Fortsetzungsstruktur'.

Zur *Illustration*: Dickens' Roman *The Pickwick Papers* erschien 1836—37 in 19 Folgen in der Tradition von R. Seymours frühen 'Humorous Sketches' (1833—36). Ursprünglich handelte es sich bei diesem 'Roman' um nichts weiter als um einzelne Abenteuergeschichten, die als Rahmen für eine Serie humoristischer Sportillustrationen dienen sollte. Nachdem jedoch der erste Illustrator Selbstmord begangen hatte und schließlich 'Phiz' (Hablot K. Browne) die Zeichnungen herstellte, wendete sich das Blatt. Die ersten Folgen erschienen noch in einer Auflage von nur 400 Exemplaren. Mit der fünften Folge, in der in Illustration und Wort die Figur des Sam Weller eingeführt wurde, zog der Roman die Aufmerksamkeit breiter Lesergruppen auf sich; und die fünfzehnte Folge verkaufte sich bereits mit nicht weniger als 400.000 Exemplaren. Der Superbestseller *The Pickwick Papers* und das darauf gründende 'Phänomen Pickwick'[4] lassen sich also gar nicht denken ohne die Illustrationen, die sich in allen Folgen des Romans finden: "The illustrations were more than ornament".[5] Die sprachlich-bildhafte Konzeption komischer Typen (vor allem Pickwick und Weller) ist hier der Portrait-Tradition der Zeit zutiefst verpflichtet; Charakterisierung im England des 19. Jahrhunderts war zunächst und vor allem Visualisierung. Die Illustration ist hier — historisch medienspezifisch — Teil des Narrativen, Teil der literarischen Aussage selber, gehört zur künstlerischen Form des Romans als ein wesenhafter Bestandteil dazu. Daß die Werke von Dickens (ebenso wie die von Blake oder Morris oder H.G. Wells etc.) heute in aller Regel um ihre

---

3 Das betrifft zahlreiche klassische Autoren vor allem in England, z.B. Thackeray, Trollope, Gaskell, Reade, Meredith, G. Eliot etc. Vgl. dazu die grundlegende Arbeit von Robert D. Mayo: *The English Novel in the Magazines,* 1740—1815 (London: O.U.P., 1962). Noch Joyce veröffentlichte seinen Roman *Ulysses* 1918—20 in der Zeitschrift *The Little Review,* bevor er ihn 1922 als Buch herausbrachte.

4 Siehe Louis James, *Fiction for the Working Man, 1830—50* (London: O.U.P., 1963; 2nd. ed. Harmondsworth: Penguin, 1974), 52ff.

5 *Ebd.,* 176.

Illustrationen beschnitten werden, ist eine Manipulation des Textes, die dessen Bedeutung ändert.[6]

Die Tradierung eines illustrierten Fortsetzungsromans wie *The Pickwick Papers* in Buchform — zumal ohne Illustrationen — verändert also das Werk selber: von einem auf Massen ausgerichteten, hochpopulären 'Bilder'-Roman zum elitär-klassischen Sprachkunstwerk. Hier verstellt sich die traditionelle Literaturwissenschaft einen Weg zur konkreten Geschichtlichkeit und Bedeutung ihrer Objekte.

Das betrifft durchaus auch das mediencharakteristische Moment der *Fortsetzungsstruktur*: Heute wird der Roman *The Pickwick Papers* fälschlicherweise und damit verfälschend mit aller Selbstverständlichkeit als *ein* ganzheitliches Werk gelesen, als Buchroman. Seine Konzeption, Produktion und Publikation dagegen in einzelnen monatlichen Folgen über fast zwei Jahre hinweg hat sich formal und bedeutungsmäßig tief in den Text selber eingegraben, ist Teil seiner ästhetischen Form. Damit ist nicht nur gemeint, daß durch die medienspezifisch vorgegebene Seitenzahl pro Folge das Manuskript bei Überlänge gekürzt bzw. bei entsprechender Kürze noch verlängert, ergänzt werden mußte. Vielmehr erzwingt die vom Medium her notwendige 'Stück-für-Stück'-Produktion vor allem eine spezifische Form mit bestimmten Inhalten und Bedeutungen. Archibald C. Coolidge Jr. hat Merkmale einer solchen Fortsetzungsstruktur am Beispiel von Dickens' Romanen offengelegt.[7] Um nur einige davon anzuführen: Das eigentliche Strukturprinzip dieses Romans erschließt sich weder aus dem Text als ganzem noch aus dem einzelnen Kapitel, sondern aus der Folge. Pro Folge (mit jeweils mehreren Kapiteln) werden beispielsweise regelmäßig sechs bis sieben Ereignisse erzählt, davon zumindest eines mit sensationellem Anstrich, zumindest eines als Überraschung des Lesers und zumindest eines, welches Neugierde oder Spannung auf den Fortgang der Handlung wachruft. Jede Folge besteht aus einer sorgsam geplanten Mischung aus Ereignissen, Stimmungen und auftretenden Figuren ('packaging'). In der zweiten Romanhälfte entwickelt Dickens geradezu Rezepte für diese Mischung ('patterns'), die er in seinen späteren Romanen dann systematisch angewendet hat. Jede Folge des Romans endet in aller Regel mit einem Höhepunkt der Handlung, oft verbunden mit einer offengelassenen Frage ('curtain'): die nächste Folge will ja

---

6   Dies wurde etwa für den Roman *The War of the Worlds* von H.G. Wells offengelegt; vgl. Werner Faulstich, *Medienästhetik und Mediengeschichte* (Teil II).

7   *Charles Dickens as Serial Novelist* (Ames/Iowa: The Iowa State University Press, 1967). Hier werden nur einige wenige Ergebnisse angegeben, vor allem aus Kap. 4. — Neuerdings hat die Einsicht in die ästhetische Bedeutung der Fortsetzungsstruktur der Dickens-Romane zugenommen; vgl. etwa die Arbeiten von Lance Schachterle: "Bleak House' as a serial novel'', *Dickens Studies Annual*, vol. I (1970), 212-224 und '' 'Oliver Twist' and its serial predecessors'', *Dickens Studies Annual*, vol. 3 (1974), 1-13. Hier wie bei Coolidge freilich wird dieses Phänomen unter produktionsästhetischer statt unter medienästhetischer Perspektive bedacht.

ebenfalls gekauft sein. Entsprechend beginnt jede neue Folge mit dem Handlungsstrang, der im letzten Kapitel der vorhergehenden Folge abgebrochen worden war.

Das hatte gewichtige ästhetische und bedeutungsmäßige Auswirkungen. So mußten beispielsweise die wie Perlen auf einer Schnur aneinandergereihten Ereignisse und Personen in eine strukturelle Beziehung zueinander gebracht werden. Ein Mittel hierzu war für Dickens die Unterscheidung verschiedener, sich immer wieder kreuzender Handlungstränge. Ein anderes und wichtigeres Mittel war die Gestaltung der Romanfiguren als *stock characters:* typische, immer wieder auftretende, aber statische Figuren. Lediglich der Protagonist entwickelt sich langsam. Damit wird bereits eine Ideologie gesetzt: Die vom pikaresken Roman her überkommene, medienspezifisch erzwungene episodische Struktur präsentiert Welt panoramaähnlich, additiv, in statischen Fragmenten, denen sich der Held ausgesetzt sieht. Diese Struktur setzt Bedeutung: "the idea of the innocent crusader in a world full of humbug and cheating".[8]

Momente wie 'Illustration' und 'Fortsetzungsstruktur' lassen die Notwendigkeit, das jeweilige Medium bei der Romananalyse zu berücksichtigen, wohl einsichtig erscheinen. Es gibt aber auch Romane in Zeitung und Zeitschrift, die weder illustriert noch in Fortsetzungsstruktur geschrieben wurden, etwa bloße Vorabdrucke von Buchromanen.[9] Auch in solchen Fällen wirkt sich das Medium aus, d.h. handelt es sich bei der Zeitungs- und bei der Buchversion um durchaus unterschiedliche Werke. Nur läßt sich der wesentliche Unterschied hier nicht aus dem Text als ästhetischer Objektivation begründen, sondern aus dem Text als ästhetischer Kommunikation: von der je verschiedenen kommunikativen Grundsituation her, die vom jeweiligen Medium ganz anders, medienspezifisch, gesetzt wird. Der Zeitungsleser liest den Roman in völlig anderem Kontext (z.B. zusätzlich zu den aktuellen Tagesnachrichten, morgens nach dem Frühstück) und in völlig anderer Weise (nämlich in Teilen und damit episodisch) als der Buchleser und muß also dem Roman ganz andere Bedeutung zumessen bzw. diese anders gewichten.

---

8   Coolidge, *Charles Dickens as Serial Novelist,* 61.

9   Das betrifft den Abdruck z.B. eines neuen Romans von Heinrich Böll in einer Tageszeitung oder einer Illustrierten. Neuerdings sind manche Buchromane wie z.B. amerikanische Bestseller — etwa von Arthur Hailey oder Harold Robbins — nicht nur ein Muß für die Verleger der Massenpresse, sondern auch von den Autoren selber schon mit Blick auf eine multimediale Verwertung (in Buch *und* Zeitung/Zeitschrift *und* Film *und* Fernsehen) angelegt.

1.1.2. Roman und Buch

Gerade für den Roman gilt eine besonders enge Beziehung zum Medium Buch, zumal für den sog. 'hohen' Roman der Kanonliteratur.[10] Vor allem auf der Ebene des Romans als Gattung läßt sich die Relation von Roman und Buch bedenken, wobei sich auf relativ gesicherte Einsichten einerseits der Literaturwissenschaft, andererseits der Soziologie zurückgreifen läßt. Die Soziologie und Geschichtswissenschaften verzeichnen seit dem 17./18. Jahrhundert die Entwicklung des Bürgertums als Befreiung von den Zwängen, denen das Individuum in der Feudalgesellschaft unterworfen war.[11] In deutlicher Parallele dazu notiert die Literaturgeschichtsschreibung die Anfänge des modernen Romans als einer neuen literarischen Form, und es ist kein Zufall, wenn *Robinson Crusoe* von Daniel Defoe als archetypischer Roman, die Figur Crusoe als "the first great individualist"[12] und die Romanhandlung als Mythos des Kapitalismus samt puritanistischer Ideologie bezeichnet wird.[13] Der Roman erscheint als Literatur des Bürgertums *par excellence.*

Hier blieb man freilich nicht bei inhaltlichen Bestimmungen stehen. Ohne daß nun auf die Problematik von Begriffen wie Bürgertum, Individualismus, Kapitalismus etc. einerseits und einer Theorie des Romans andererseits ausführlicher eingegangen werden kann,[14] sei doch auf drei verschiedene Positionen hingewiesen, die beides weniger inhaltlich als vielmehr strukturell miteinander vermitteln wollen: zunächst geistesgeschichtlich, dann literatursoziologisch, schließlich medienwissenschaftlich.

In seiner geistesgeschichtlichen *Theorie des Romans* beschreibt Georg Lukács den Wandel vom Epos zum Roman in Form der Verknüpfung von ästhetischen Kategorien mit einer idealistischen Geschichtsauffassung.[15] Die Zeit

---

10 Im Gegensatz zu englischen Romanklassikern ist der deutsche Roman, abgesehen von wenigen Ausnahmen wie etwa Fontanes Romane (z.B. *Effi Briest*), Heines *Reisebilder* oder Raabes Romane (z.B. *Stopfkuchen*), fast ausschließlich — wie selbstverständlich — auf das Medium Buch fixiert.

11 Siehe dazu etwa Jürgen Habermas, *Strukturwandel der Öffentlichkeit* (Neuwied und Berlin: Luchterhand, [5]1971) oder als einfache Einführung Dieter Claessens, *Kapitalismus als Kultur* (Düsseldorf und Köln: Eugen Diederichs, 1973).

12 Z.B. Walter Allen, *The English Novel: A Short Critical History* [1954] (Harmondsworth: Penguin, 1967), 39.

13 Siehe etwa Ian Watt, "'Robinson Crusoe' as a myth", *Essays in Criticism,* vol. 1 (1951), No. 2 95-119. Vergleichbar auch Jan Kott; "Kapitalismus auf einer öden Insel", *Marxistische Literaturkritik,* hrsg. v. Viktor Žmegač (Bad Homburg: Athenäum, 1970), 259-273.

14 Zur Bedeutung des Individuums im Roman siehe ausführlicher Problemfeld V: Figur und Handlung, zur Relation von Roman und bürgerlicher Gesellschaft auch Problemfeld VIII: Roman und Wirklichkeit.

15 Entworfen wurde die Studie 1914; sie erschien erstmals 1916 in der *Zeitschrift für Ästhetik und Allgemeine Kunstwissenschaft,* in Buchform 1920. Hier wird zitiert nach der dritten unveränderten Auflage: Neuwied und Berlin: Luchterhand, 1965. Die Zahlen im Text sind die Seitenzahlen dieser Ausgabe.

der alten Griechen sah die Dominanz des Epos: eine Zeit des geschlossenen Weltbildes, der transzendentalen Harmonie, in der es zwar Streben nach oben gab, aber keinen prinzipiellen Zweifel am Sinn. "Die große Epik gestaltet die extensive Totalität des Lebens" (41). Der Geist verhält sich hier im "passiv-visionären Hinnehmen eines fertig daseienden Sinnes" (25). Nicht ein Individuum ist beim Epos Held, sondern die Gemeinschaft. Angesichts dieser Totalität gibt es beim Epos auch die Gleichgültigkeit gegenüber jedem architektonischen Aufbau; alles ist organisch, nichts kann das Gleichgewicht stören (66). Das Epos ist die Form der "normativen Kindlichkeit" (69). Sie war dem ausgehenden 19. Jahrhundert längst nicht mehr möglich. Erneut schlägt sich der — nunmehr allerdings brüchig gewordene — Weltaufbau in der Formenwelt nieder: in Gestalt des dominanten Romans. "Der Roman ist die Epopöe eines Zeitalters, für das die extensive Totalität des Lebens nicht mehr sinnfällig gegeben ist, für das die Lebensimmanenz des Sinnes zum Problem geworden ist" (53). Der Roman ist "ein Ausdruck der transzendentalen Obdachlosigkeit" (35). Seine Helden sind "Suchende" (58) nach der sinnvollen Einheit von Natur und Seele. Der Roman beschreibt problematische Individuen in einer kontingenten Welt: "die Wanderung des problematischen Individuums zu sich selbst" (79). Im Roman als der "Epopöe der gottverlassenen Welt" (87) stellt sich der Held, äußerlich biographisch, einer ihm gegenüber sich abschließenden Wirklichkeit entgegen und wird in diesem Widerstand zur Persönlichkeit. Deshalb ist der Roman "die Form der gereiften Männlichkeit" (19).

Was hier als Geschichte des Geistes fungiert, wird bei Lucien Goldmann 'auf die Füße gestellt': Die von Lukács offengelegte Struktur des Romans wird nicht mehr geschichtsphilosophisch verbrämt, sondern marxistisch mit der Struktur der Warengesellschaft in Verbindung gesetzt.[16] Nach Goldmann besteht zwischen der Struktur der Romanform und der Struktur des Warentausches in der liberalen Marktwirtschaft "eine strenge Homologie" (26), so streng, "daß man von einer einzigen Struktur sprechen könnte, die sich auf zwei verschiedenen Ebenen ausdrückt" (28f.). Der Roman als Gattung einerseits ist durch den unüberwindlichen Bruch zwischen Held und Umwelt charakterisiert, den Lukács in Relation zum Epos beschrieben hat. Ihm entspricht andererseits die kapitalistische Marktproduktion mit einem vergleichbaren Bruch: Die natürliche Beziehung zwischen Menschen und Gütern ist nicht mehr harmonisch von deren Gebrauchswerten bestimmt, sondern degradiert, vermittelt: vom Tauschwert. Eben diese Verdinglichung zieht den problematischen Helden nach sich.

Das Problem der Vermittlung zwischen diesen beiden Strukturen, der ästhetischen und der gesellschaftlichen, ist bei Goldmann allerdings nur unbe-

16 *Soziologie des modernen Romans.*[¹1963] (Neuwied und Berlin: Luchterhand, 1970), bes. 11-40. Die Seitenzahlen im folgenden Text beziehen sich auf diese Ausgabe. — Vgl. auch *ders.,* "Zu Georg Lukács: Die Theorie des Romans", *Ders., Dialektische Untersuchungen* (Neuwied und Berlin: Luchterhand, 1966), 283-313.

friedigend gelöst, nämlich produktionsästhetisch.[17] Genau hier greift die Medienwissenschaft ein, indem sie das Bindeglied zwischen der Struktur des Romans und der Struktur der Gesellschaft im technischen Medium be-stimmt: im Printmedium generell und im Buch im besonderen. Die Katego-rie des Mediums bringt das Ästhetische und das Gesellschaftliche untrennbar zusammen. Der Roman ist Printroman. Entsprechend wird er nicht, wie Epos oder Märchen, im Kreise der Gruppe mündlich vorgetragen, sondern ge-lesen; das Medium erzwingt im Leseakt eine individualisierende, vereinzeln-de Kommunikationssituation, die sowohl dem Romanhelden als auch dem Menschen in der Warengesellschaft entspricht; in der Instanz Romanleser fallen beide zusammen.

Die Dominanz des Romans korrespondiert zur Dominanz des Mediums Buch, das als Leitmedium der bürgerlichen Gesellschaft begriffen werden muß. Das Absinken des Bürgertums zur Masse der kleinbürgerlichen Beamten und Angestellten und der Niedergang des Mediums Buch bzw. der Aufschwung der elektronischen Medien im 20. Jahrhundert sind von einer vergleichbaren Strukturhomologie gekennzeichnet, wie sie Goldmann für Roman und revo-lutionär-bürgerliche Gesellschaft zugrundelegte. Aus dieser übergreifend mediengeschichtlichen Perspektive läßt sich begreifen, warum Lukács' Ent-wurf einer Theorie des Romans Anfang dieses Jahrhunderts angesiedelt war.

Für die Romananalyse muß deshalb gelten, daß sich selbst der Buchroman vom Buchroman gravierend unterscheidet. Der Buchroman z.B. *Mitte des 18. Jahrhunderts* war in Deutschland ein bahnbrechendes Ereignis, gewagt weil allenfalls 'halbliterarisch', in jedem Fall Luxusgegenstand, teuer und selten. Etwa 1300 Buchtitel wurden jährlich hergestellt, davon 6% Schöne Literatur. Ein Bestseller dürfte auf nur einige wenige tausend verkaufte Exemplare pro Jahr gekommen sein. Erst zu dieser Zeit kamen Rezensionen auf. Lesegesellschaften wurden zu wichtigen Vermittlungsinstanzen.[18] Der Buchroman konkurrierte damals vor allem mit mündlichen Erzählungen, Volksliedern usf. Der Buchroman *Mitte des 19. Jahrhunderts* dagegen war bereits entschieden Allgemeingut. Etwa 8000 Buchtitel wurden pro Jahr produziert, davon ca. 9% Schöne Literatur. Bestseller gingen bereits in die Zehntausende. Leihbibliotheken hatten sich verbreitet. Auch das Bürgertum (Kleinhandwerker, Dienstboten, Gesellen etc.) wurde vom Roman ange-sprochen. Das Medium Buch war kulturelles Leitmedium der bürgerlichen Gesellschaft geworden und darin konkurrenzlos. Die Hoch-Zeit des Buchs ging mit der Hoch-Zeit des Romans als literarischer Form durchaus parallel. Der Buchroman *Mitte des 20. Jahrhunderts* endlich ist geprägt von Phäno-menen wie Taschenbuch, Buchgemeinschaft, Super-Bestseller und vor allem

---

17 Vgl. dazu genauer z. B. Peter Bürger, *Vermittlung — Rezeption — Funktion,* 66ff., oder neuerdings Hans Sanders, *Institution Literatur und Roman: Zur Rekonstruk-tion der Literatursoziologie* (Frankrut/M.: Suhrkamp, 1981), Kap. A.II.

18 Siehe etwa *Lesegesellschaft und bürgerliche Emanzipation: Ein europäischer Ver-gleich,* hrsg. Otto Dann (München: Beck, 1981).

von einer völlig anderen Mediensituation. Zwar wurden nun etwa 40.000 Buchtitel jährlich produziert und ein Bestseller überschritt gelegentlich bereits die Millionengrenze pro Jahr. Aber der Anteil der Schönen Literatur nahm wieder ab. Das Medium Buch konkurrierte verstärkt mit anderen Medien wie dem Heftchen und den elektronischen Medien. Erneut war es vergleichsweise teuer geworden, erneut Luxusgegenstand, Medium einer intellektuellen Elite. Ähnlich wie die literarische Gattung Brief, mit ihrem Medium, in Konkurrenz zum Telefon ausgestorben ist, wird auch die literarische Gattung Roman kaum die *Mitte des 21. Jahrhunderts* erleben, abgelöst von Spielfilmen, Fernsehserien, Video-Formen usw. bzw. von einer anderen Funktion des Mediums Buch.

1.1.3. Der Heftchenroman

Auch die Bedeutung des Mediums Heftchen für den Roman wird bis heute weitgehend unterschätzt, obwohl gilt, daß "die Masse — mindestens 90% — der gegenwärtig konsumierten Lesestoffe [. . .] in Kleinbuchhandlungen und Zeitungskiosken in Form von Heftchen aller Art vertrieben" wird — es sich beim Heftchenroman somit um "soziologisch gesehen die wichtigste, relevanteste Art" von Literatur handelt.[19] Ein Blick auf die Vorgeschichte und Geschichte des Mediums seit den englischen 'penny histories', der französischen 'bibliotheque bleue', den deutschen 'Lieferungsromanen' und den amerikanischen 'dime novels' belegt den Heftchenroman als spezifisch kleinbürgerliche Literaturform.[20] Seine gesellschaftliche Dominanz über alle anderen Romanmedien ist auch heute noch überwältigend:[21]

TEXT 2

   In der Bundesrepublik Deutschland kommen wöchentlich ungefähr 6 Millionen Heftromane auf den Markt, die hauptsächlich an Zeitungskiosken und in Bahnhofsbuchhandlungen vertrieben werden. Die Produktion der Hefte liegt im wesentlichen in den Händen einiger großer Verlage (Bastei, Kelter, Marken, Moewig, Pabel). Diese Verlage produzieren in verschiedenen Heftreihen und unter verschiedenen Markennamen alle Gattungen der Groschenromane, die sich in zwei große Gruppen einteilen lassen. Zur ersten Gruppe, zu den Liebes- und Frauenromanen, gehören die Schicksals-, Adels- und Schloßromane, die

---

19   Rudolf Schenda, "Blatt und Heft", *Lesen: Ein Handbuch,* hrsg. Alfred Clemens Baumgärtner (Hamburg: Verlag für Buchmarkt-Forschung, 1973), 26-47, hier 40: "Es gibt keine literaturwissenschaftliche Aufgabe, die dringender zu lösen wäre als das Problem der aktuellen Kiosk-Literatur" (43).

20   Als Überblick siehe etwa das Stichwort "Heftchen" von Klaus F. Geiger in *Kritische Stichwörter zur Medienwissenschaft,* hrsg. Werner Faulstich (München: Fink, 1979), 165-191.

21   Peter Nusser, *Romane für die Unterschicht: Groschenhefte und ihre Leser* (Stuttgart: Metzler, ²1973), 7.

Arztromane und die Heimatromane; zur zweiten Gruppe, zu den Abenteuerromanen, gehören die Wildwest-, Landser-, Kriminal- und Zukunftsromane. Die höchsten Produktionsziffern liegen bei den Frauen-Schicksalsromanen und den Kriminalromanen.

Jedes der ca. 6 Millionen verkauften Hefte findet durchschnittlich 6 Leser. In der BRD zählt sich rund 30% der erwachsenen Bevölkerung (ab 16 Jahren) zu den regelmäßigen oder häufigen Lesern von Romanheften; bei den jüngeren Altersgruppen dürfte der Prozentsatz höher liegen. Abenteuerromane werden vornehmlich von Männern gelesen, und zwar vor allem zwischen dem 16. und 39. Lebensjahr; Frauenromane werden vornehmlich von Frauen gelesen, und zwar vor allem zwischen dem 30. und 59. Lebensjahr.

Solche pauschalen Daten sind im Verlauf der neueren Forschungen präzisiert und differenziert worden. Einen guten Überblick in das Lesen von Romanheften bei Jugendlichen bietet Bernhard Meier, "Leseverhalten unter soziokulturellem Aspekt: Eine empirische Erhebung zum Freizeit-Lesen von Großstadt-Jugendlichen (am Beispiel Nürnbergs)", Teil B, (*Archiv für Soziologie und Wirtschaftsfragen des Buchhandels,* LII/LIII, Beilage zum *Börsenblatt f.d. Dt. Buchhandel,* Frankfurter Ausgabe, Sept. 1981, W 1411 — W 1588). Umfassend äußerten sich dazu auch Karla Fohrbeck und Andreas J. Wiesand, *Der Autorenreport* (Reinbeck: Rowohlt, 1972), 124-138. Hier gilt vor allem die Bilanz: "Daß Romanheftleser ein aussterbender Lesertyp seien, das Massenmedium Romanheft eine überholte oder unbedeutende Angelegenheit, ist [. . .] ein Intellektuellen-Vorurteil." (*ebd., 126*). Provokativer Norbert Groeben und Brigitte Scheele ("Zur Psychologie des Nicht-Lesens", *Lesen und Leben,* hrsg. v. H.G. Göpfert *et al.* [Frankfurt/M.: Buchhändler-Vereinigung, 1975], 82-114, hier 84): "Rein deskriptiv stellt [. . .] die Heftchenliteratur für die BRD (und ihre Leser) die — statistische — Norm dar, der Buchhandel ist das 'abnorme' Außenseiterphänomen. Trotzdem ist die Heftchenliteratur in keiner der großen demoskopischen Untersuchungen adäquat berücksichtigt worden."

Der Heftchenroman wurde bislang vor allem als Trivialliteratur[22] oder als genrespezifische Textsorte behandelt.[23] Dabei stand die ideologiekritische Fragestellung im Vordergrund, ergänzt durch Feststellungen wie etwa: der Roman sei hier Ware; der Roman gehe hier in seiner Funktion der ersatz-

---

22 Vgl. Klaus Ziermann, *Romane vom Fließband: Die imperialistische Massenliteratur Westdeutschlands* ((Ost-)Berlin, 1969). Günter Waldmann, *Theorie und Didaktik der Trivialliteratur: Modellanalysen, Didaktikdiskussion, literarische Wertung* (München: Fink, 1973). A Klein/H. Hecker, *Trivialliteratur* (Opladen: Westdeutscher Verlag, 1977). G. Fetzer/J. Schönert, "Zur Trivialliteraturforschung 1964—1976", *Internationales Archiv für Sozialgeschichte der deutschen Literatur,* Bd. 2 (1977), 1-39.

23 M. Nagl, *Science fiction in Deutschland: Untersuchungen zur Genese, Soziographie und Ideologie der phantastischen Massenliteratur* (Tübingen: Tübinger Vereinigung für Volkskunde, 1972); K.-P. Klein, *Zukunft zwischen Trauma und Mythos: Science-fiction: Zur Wirkungsästhetik, Sozialpsychologie und Didaktik eines literarischen Massenphänomens* (Stuttgart: Klett, 1976); C. Hallmann, *Perry Rhodan: Analyse einer Science-Fiction-Romanheftserie* (Frankfurt/M.: Rita G.

haften Bedürfnisbefriedigung auf usw. – ohne daß etwa bedacht würde, daß *alle* Romane Warencharakter haben bzw. daß *jeder* Roman Bedürfnisse ersatzhaft befriedigt. Insbesondere fehlen hier medientheoretische Ansätze; Tatbestände wie:
– daß die meisten Heftchenromane mehrspaltig gedruckt werden;
– in aller Regel aus vier Bögen bzw. streng festgelegten Seitenzahlen bestehen;
– periodisch erscheinen und gelesen werden;
– Seriencharakter haben;
– hauptsächlich über Kioske und Kaufhäuser vertrieben werden,

usf., die ja allesamt die Kommunikationssituation 'Heftchenroman' maßgeblich bestimmen, sind bisher nicht ernsthaft bei der Romananalyse berücksichtigt worden. Lediglich einzelne Momente der medienspezifischen Produktion von Romanheften wurden bereits – freilich ideologiekritisch gemeint – einbezogen, so etwa die Faktoren 'Selbstkontrolle', 'Richtlinien' und 'Lektorentätigkeit' bei der inhaltlichen und formalen Standardisierung der Heftchenromane.[24] Auch für den Heftchenroman gilt also eine ganz spezifische, historisch sich wandelnde Medienästhetik, deren Bedeutung bei der Analyse eines konkreten Romans bedacht werden muß.

1.2. Roman und Markt

Jeder Roman wird nicht nur gedruckt, sondern auch angeboten, bezahlt, gekauft. Hier geschieht Vermittlung als Distribution. Der Roman erhält Tauschwertcharakter, wird zur Ware. Die Romananalyse kann diesen Gesichtspunkt in unterschiedlicher Weise einbeziehen, beispielsweise in der Reflexion des Begriffs 'Literaturbetrieb', mit der Untersuchung der verschiedenen Instanzen des Romanmarkts oder in der spezifischen Frage nach dem Bestseller-Phänomen als deutlichster Manifestation des Romans als Ware.

1.2.1. Was heißt 'Literaturbetrieb'?

Eine gute Einführung in den Teilproblembereich Roman und Markt bietet zweifellos die Reflexion von Wort, Begriff und Bedeutung dessen, was man 'Literaturbetrieb' nennt. Vor einiger Zeit hat dazu Heinz Ludwig Arnold einleitend zu dem von ihm herausgegebenen Buch *Literaturbetrieb in Deutschland* Grundsätzliches formuliert:[25]

Fischer, 1979). M. Nagl, *Science Fiction: Ein Segment populärer Kultur im Medien- und Produktverband* (Tübingen: Narr, 1981). – Entsprechende bibliographische Angaben ließen sich auch für andere Romangenres zusammenstellen, etwa für den Liebesroman, den historischen Roman, den Kriminalroman, den Heimatroman oder den Kriegsroman, wobei allerdings auffällt, daß bestimmte Genres wie z.B. der pornographische Roman noch ausgespart werden.

24 Siehe z.B. Fohrbeck/Wiesand, *Autorenreport*, 130ff.

25 "Skizzen aus dem Literaturbetrieb der Bundesrepublik", *Literaturbetrieb in Deutschland*, hrsg. Heinz Ludwig Arnold (München: R. Boorberg Verlag, 1971), 7-20, hier 7 und 17 in Auszügen.

TEXT 3

'Literaturbetrieb ist eine Vokabel, die vielseitig und durchaus auch kontrovers benutzt wird: den einen ist sie Ersatz für 'literarisches Leben', das es nach dem Ableben der Gruppe 47 allerdings kaum und so wie in den 20er Jahren schon gar nicht mehr gibt; Elitären und Ästheten gilt 'Literaturbetrieb' immer noch als etwas Niederes unterhalb der Literatur, die sie oft noch mit dem Wort 'Dichtung' versehen; andere halten den 'Literaturbetrieb' wiederum für den Markt der zur Schau gestellten Eitelkeit; oder für jenen absatzfördernden Markt, auf dem, nun schon fast sprichwörtlich aus konservativer Ecke formuliert, Walser über Enzensberger und Enzensberger über Grass und der wiederum über Walser schreibt und so Preise und Angebote hochgetrieben werden; vom Literaturbetrieb Frustrierte, also darin zu kurz Gekommene identifizieren, sich äußerlich davon distanzierend, seine Mechanismen auch gern mit jenen der Selbstbefriedigung; Nüchterne schließlich sehen in ihm einfach das Forum, auf dem Geschriebenes (auch Gesprochenes oder Gefilmtes, also nicht lediglich Literatur im traditionellen Sinne) auf vielfältige Weise umgesetzt, abgesetzt, diskutiert, kritisiert, dargestellt, angepriesen, geplant, gemacht, gedruckt, vermittelt wird und auf dem Literaturproduzenten auf ebensolche vielfältigen Weisen agieren — eine eher zu allgemeine Definition.
[. . .]
Literaturbetrieb ist vorrangig Marktbetrieb; seine Mechanismen sind die des Marktes, und der gehorcht in diesem Lande kapitalistischen Prinzipien.

In diesem Text kommt zum Ausdruck, was Arnold genau zehn Jahre später so markiert: "Daß Literatur als Buch — oder in Zeitungen, Zeitschriften, Medien usw. — etwas Verkäufliches, eine Ware ist, die nach dem Gesetz von Angebot und Nachfrage über einen Markt gehandelt wird, war in den sechziger Jahren noch ein Thema, über das gestritten wurde."[26] Jochen Greven markierte antagonistisch, worum dieser Streit geführt wurde:[27]

TEXT 4

Zu Literatur assoziiert man: original, spontan, ideell, wahrhaftig, zum Betrieb dagegen: klischeehaft, modisch, manipuliert, kommerziell, heuchlerisch. Man denkt dabei an die Präponderanz der Mittler und Makler, dieses Etablishments von Rezensenten, Redakteuren, Lektoren und Juroren, man denkt an den von Kumpaneien und Werbeetats gespeisten Personenkult um gewisse Autoren, der einer Markenpflege vergleichbar ist, man denkt an Presseempfänge und Lesetourneen, Preis-

26 So Arnold in der Vorbemerkung zu *Literaturbetrieb in der Bundesrepublik Deutschland: Ein kritisches Handbuch*, hrsg. Heinz Ludwig Arnold (München: Edition Text u. Kritik, 2., völl. veränderte Aufl., 1981), 7-9, hier 7.

27 "Bemerkungen zur Soziologie des Literaturbetriebs", *Literaturbetrieb in Deutschland*, hrsg. Heinz Ludwig Arnold (München: R. Boorberg Verlag, 1971), 21-32, hier 21f.

verleihungen und halböffentliche Gruppenexerzitien wie weiland bei den 47ern. Und weiter: Bestsellerlisten, sechsstellige Auflagenerfolgszahlen, Buchmesse, Nebenrechtsgeschäfte, Fernsehadaptionen, das große Geld — Verlagsfusionen, Marktanteile, Medienkonzerne, Meinungsmonopole.

Es ist interessant zu beobachten, wie sich der Begriff in den zehn Jahren seit der Veröffentlichung dieses Textes (1971) etabliert und dabei in seinen Konnotationen verschoben hat. Derselbe Autor formuliert in einem Beitrag gleichen Titels (1981) als sehr viel selbstverständlicher und vor allem nicht mehr als *contradictio in adiectu:* "Die Frage nach der Soziologie des Literaturbetriebs, unseres Literaturbetriebs, zielt auf Strukturen: auf Herrschaft und Einfluß, auf Gruppen und einzelne, Kanäle und Interaktionen; aber sie geht auch auf Veränderungen, auf Hoffnungen, Utopien oder pessimistische Verfallsdiagnosen."[28] Von Geld, Ware, Profit u.ä. ist da kaum noch die Rede.

Der Vergleich als Zugang zum Phänomen 'Literaturbetrieb' läßt sich nicht nur bei den verschiedenen Versionen des Beitrags von Jochen Greven nutzen, sondern auch auf andere Beiträge in den beiden Bänden *Literaturbetrieb in Deutschland* (1971) und *Literaturbetrieb in der Bundesrepublik Deutschland. Ein kritisches Handbuch* (1981) oder auf die Reader in ihrer Gesamtheit beziehen. Beispielsweise hieß der Beitrag von Hartmut Panskus 1971 "Buchwerbung in Deutschland", 1981 dagegen "Wie Bücher gemanagt werden"; und "darin liegt der charakterisierende Unterschied" (*ebd.*, 80). Beispielsweise beschrieb 1971 Dieter Lattmann den gerade entstandenen Verband deutscher Schriftsteller (VS); 1981 spricht Hannes Schwenger "Vom langen Marsch zum Großen Sprung? Die Autorenverbände auf dem Weg zur Mediengewerkschaft" usf. Aber auch insgesamt haben sich gewichtige Veränderungen ergeben: eine Ausweitung von 26 Beiträgen 1971 zu 37 1981; der Bestseller findet nicht mehr nur einen Beitrag, sondern zwei; alte Themen wie z.B. die Reihenpolitik der Verlage sind verschwunden, neue an ihre Stelle getreten: Zensur, alternative Literaturszene, das Fernsehen u.a. Die Akzente haben sich verschoben: weniger Analysen, Berichte, Fakten, mehr Erfahrungen, Subjektives, Emotionales. Es wäre eine lobenswerte Aufgabe, die beiden Reader in dieser vielfachen Hinsicht miteinander zu vergleichen: Der bundesdeutsche Literaturbetrieb hat sich innerhalb von nur 10 Jahren erheblich verändert.

1.2.2. Marktrelevante Instanzen für die Verbreitung des Romans

Der Autor eines Romans ist paradoxerweise die wohl unwichtigste Instanz bei seiner Verbreitung, knapp gefolgt vom Leser (der nicht unbedingt mit dem Roman*käufer* gleichgesetzt werden darf). Ausschlaggebend sind heute vielmehr vor allem die Instanzen Verlag, Handel (Buchhandel, Kiosk, Kauf-

---

28 Jochen Greven, "Bemerkungen zur Soziologie des Literaturbetriebs", *Literaturbetrieb in der Bundesrepublik Deutschland: Ein kritisches Handbuch*, hrsg. Heinz Ludwig Arnold, 10-25, hier 11.

haus), Buchgemeinschaft, Romankäufer und zu geringen Teilen auch die Leihbücherei und die Romankritik (im Gegensatz zu früheren Zeiten, in denen etwa die Lesegesellschaften oder die Personalunion von Drucker und Verleger herausragende Bedeutung hatten). Allenfalls könnte man noch die elektronischen Medien Film und Fernsehen hinzurechnen — aber nur neuerdings und fast ausschließlich im Hinblick auf sogenannte Roman-Verfilmungen.

Bereits die Instanz Verlag macht deutlich, was die anderen Instanzen charakterisiert: der Markt für Romane ist heute ziemlich stabil in verschiedene Interessengebiete oder Romangenres oder Vertriebswege oder Käufergruppen aufgeteilt. Konkurrenz findet in aller Regel nur innerhalb dieser Teilbereiche statt. So konkurrieren in der Bundesrepublik auf dem Heftchenroman-Markt vor allem die Verlage Pabel, Moewig, Bastei, Zauberkreis, Kelter und Marken (90% aller Heftchenromane). Allerdings werden etwa drei Viertel des Marktes von den beiden Konzernen Bauer (Pabel, Moewig) und Bastei beherrscht.[29] Vergleichbar ist die Konkurrenz auf dem Buchroman-Sektor, wo zwar sehr viel mehr Einzelverlage um die Gunst der Romankäufer ringen — *Hardcover*-Verlage wie z.B. Droemer/Knaur, Hoffmann und Campe, S. Fischer, Rowohlt, Luchterhand, Bertelsmann; Taschenbuchverlage wie z.B. Rowohlt, Heyne, Ullstein, Goldmann, Fischer, dtv, Bastei, Suhrkamp-Insel —, wo aber der Konzentrationsprozeß fast noch rigider voranschreitet: So gehören beispielsweise Rowohlt, S. Fischer, Fischer und Droemer/Knaur zum Holtzbrinck-Konzern, Heyne und Goldmann und Bertelsmann zur Bertelsmann-Gruppe, Ullstein zum Springer-Konzern etc. Erneut gilt, daß etwa drei Viertel des Taschenbuch-Marktes von sechs großen Taschenbuch-Verlagen bzw. drei Gruppen dirigiert werden, bzw. daß z.B. 1979 von insgesamt 2103 Verlagen, die zusammen 43.531 Bücher herstellten, nur 3,5% mehr als 100 Titel pro Jahr produzierten: mithin 51,8% aller Titel.[30]

Ebenso wie hier der Bastei-Verlag sowohl Heftchen- als auch Taschenbuch-Romane verlegt oder Rowohlt sowohl *Hardcover*- als auch Taschenbuch-Romane anbietet, werden von den Konzernen gemäß den verschiedenen Romanausgaben (= Buchtypen) auch verschiedene Vertriebswege genutzt, allen voran die Sonderausgabe für Buchgemeinschaften. So finden sich bei Holtzbrinck etwa der Deutsche Bücherbund, der Deutsche Buchclub oder die Deutsche Hausbücherei, bei Bertelsmann der Bertelsmann Lesering, die

29 Klaus F. Geiger, "Heftchen", *Kritische Stichwörter zur Medienwissenschaft,* hrsg. Werner Faulstich (München: Fink, 1979), 165-191, hier 174.

30 Media Perspektiven, *Daten zur Mediensituation in der Bundesrepublik* (Frankfurt/M., Aug. 1981), 28. Dies betrifft *alle* Bücher, nicht nur die Buchromane, für die eine gesonderte Statistik nicht zur Verfügung steht.

Deutsche Buchgemeinschaft oder der Europäische Buchklub.[31] Die Instanz Verlag hat deutliches Übergewicht über den Autor, der dem Verlag gegenüber praktisch ohne Rechte ist, und tendenziell auch über den Handel, der mit den Buchgemeinschaften quasi übergangen wird. Die Instanz Verlag ist der eigentliche Produzent von Romanen. Entsprechend hat sich die Funktion des Lektors zum Produktmanager hin verschoben.[32]

Der Roman ist heute durch und durch Ware, nicht zuletzt auch infolge seiner Vermarktung durch den direkt angesprochenen Sortimentsbuchhandel. Während der Kiosk eher Taschenbücher und vor allem Heftchen anbietet und das Kaufhaus ebenfalls überwiegend nur eine bestimmte Art 'billiger', genrespezifischer Romane, ist die traditionelle Buchhandlung wichtigste Vermittlungsinstanz für 'hohe' Romanliteratur. Entsprechend sind die Werbemaßnahmen und komplexen Marketingstrategien der großen Belletristik-Verlage zunächst und vor allem auf die Buchhändler ausgerichtet. Die Buchhändler werden durch eigens geschulte Verlagsvertreter dazu bewegt, bei begrenztem Raumangebot möglichst viele Titel in möglichst großen Stückzahlen auf Lager zu nehmen; denn was 'da' ist, verkauft sich viel schneller und besser als das, was erst bestellt werden muß. Dabei hat sich mittlerweile u.a. das Partiensystem eingespielt: Der Buchhändler kauft nicht zwei oder drei Exemplare eines neuen Romans (zum Rabatt von durchschnittlich 35% des Buchverkaufspreises), sondern gleich eine sog. 'Partie' z.B. von 10 Exemplaren, weil er dann z.B. 2 zusätzliche Exemplare umsonst bekommt. Inzwischen sind bei manchen Bestseller-Romanen (z.B. von Böll oder Grass) sog. 'Reizpartien' von 100 Exemplaren bei 20–25 zusätzlichen Freiexemplaren keine Seltenheit mehr. In jedem Fall wird der Buchhandel zu einer wichtigen Vermittlungsintanz für den ('hohen') Roman, der einenteils verfügbar sein muß (dies die kulturelle Aufgabe des Handels), anderteils auch verkauft werden muß (dies sein ökonomisches Interesse); und je mehr Exemplare eines Romans ein Händler vom Verlag kauft, desto häufiger wird er gerade diesen Roman zum Kauf empfehlen oder durch Eigenwerbung hervorheben.

Das Bild darf freilich nicht verfälscht werden: Es gibt heute Multimedienkonzerne, für die ein Roman nichts weiter ist als eine möglichst profitable Ware, und Verlage, die im Jahr einen oder zwei Romane mit äußerster Sorgfalt und großem Engagement für gerade diesen speziellen Titel herausbringen. Es gibt heute Buchhandlungen mit ausgebildeten Buchhändlern, die viele Romane selber lesen und fundierte Ratschläge geben, und Buchhandlungsketten, die nur Bestseller-Romane auf Lager haben und in ihren Selbstbedienungsläden bloße Verkäufer oder Aufpasser beschäftigen. Eben wegen

---

31 Vgl. z.B. Helmut H. Diederichs, *Konzentration in den Massenmedien: Systematischer Überblick zur Situation in der BRD* (München: Hanser, 1973); Richard Albrecht, *Buch und Leser in der Bundesrepublik Deutschland* (Diss. Univ. Bremen, 1977); oder Heft 5 (1979) der Zeitschrift *Media Perspektiven*.

32 Vgl. z.B. Fohrbeck, Wiesand, *Der Autorenreport*, 174f.

der Vielfalt und Differenziertheit innerhalb jeder einzelnen Instanz bei der Vermittlung des Romans ist es notwendig, sich bei der Analyse eines einzelnen Romans auf die für diesen Fall spezifischen Instanzen auszurichten. Die hier angedeutete Situation des Romanmarktes *heute* betrifft genau nur die Bundesrepublik und nur heutige deutsche Romane; ganz anders die Situation für (z.B.) deutsche Romane um 1920, englische Romane Mitte des 19. Jahrhunderts oder französische Romane um 1670. Welcher Verlag hat einen bestimmten Roman in welchem Jahr im Rahmen welcher Verlagsprogramme mit welchen Werbemaßnahmen in welchen Stückzahlen über welche Vertriebswege an welche Käufer/Leser mit welchen Rezensionen in welchen Zeitungen hergestellt und verbreitet? — Fragen dieser Art weisen einen direkten Weg zum historischen Verständnis eines bestimmten Romans.

Die markrelevanten Instanzen für die Verbreitung des Romans dürfen nicht isoliert oder statisch gesehen werden, sondern als Faktoren im Rahmen eines Systems, in dem alles mit allem verbunden und verflochten ist. Das bedeutet: sobald ein einzelner Faktor sich verändert, wandeln sich die anderen ebenfalls. Ein Beispiel mag das abschließend verdeutlichen: die Veränderungen der Instanz Bibliothek bzw. Bücherei in England im Verlauf der 70er Jahre und die tiefgreifenden Auswirkungen auf den zeitgenössischen englischen Roman. Anders als in Deutschland hatte das Bibliothekswesen in England schon seit jeher größte Bedeutung für den Roman, insbesondere für Erstlingsromane. Von der hier üblichen Auflage pro Romantitel von ca. 2 — 3.000 Exemplaren ging der größte Teil nicht über Buchhandlungen an einzelne interessierte Romankäufer, sondern an Bibliotheken und Büchereien, die sich nach Maßgabe eigener Standards, der Empfehlungen der Verlage und nicht zuletzt der Literaturkritiker dafür engagierten. So berichtet Michael Dempsey über einen typischen Erstlingsroman aus dem Jahre 1967, der gute Kritiken und sogar einen Preis erhielt, von dem nach einem Jahr aber nur 2.243 Exemplare verkauft werden konnten — und zwar 2.050 Exemplare (= 91,4%) an Bibliotheken bzw. Büchereien.[33]

Dann kam das Jahr 1973, der Beginn der großen Krise.[34] Die Bibliotheken konnten immer weniger neue Romane in immer niedrigeren Stückzahlen kaufen, weil der gebundene Roman immer teurer wurde: 1972 kostete er im Durchschnitt noch £ 2, 1976 bereits £ 3,95, 1980 war bereits die £ 5-Grenze überschritten. Ursache dafür wiederum waren generelle Preiserhöhungen und inflationäre Verteuerungen als Auswirkungen der allgemeinen Wirtschaftslage in Großbritannien. Die Romankäufe der Bibliotheken gingen aber auch zurück, weil der Anteil der Personalkosten an den Etats der

33 Michael Dempsey, "The New Author", *The Writer in the Market Place: A Symposium,* ed. Raymond Ashbury (London: Clive Bingley, 1969), 53-64, hier 58. Vgl. auch J.A. Sutherland, *Fiction and the Fiction Industry* (London: Athlone Press, 1978), 11.

34 Sutherland, *Fiction and the Fiction Industry,* XV. Alle folgenden Zahlen sind dieser Studie entnommen.

Bibliotheken ständig zunahm, mithin das Geld zum Ankauf von Büchern prozentual und absolut ständig reduziert werden mußte; so wurden z.B. 1977/78 in den Camden Libraries in London von einem Gesamtbudget von 10,7 Mio Mark nur 1,0 Mio Mark für neue Bücher aufgewendet, aber mehr als 4,6 Mio allein für Gehälter. Wichtigster Grund aber waren die gewaltigen Sparmaßnahmen der öffentlichen Hand, die auch und gerade die Bibliotheken und Büchereien betrafen: Von 1976 bis 1980 erniedrigte sich die Gesamtheit ihres Etats von £ 13 Mio auf nicht mehr als nur noch £ 2 Mio. Das wirkte sich katastrophal für das Medium Buch im ganzen, speziell jedoch für den englischen *Hardcover*-Roman und für den 'literarischen' Erstlingsroman aus:[35]

TEXT 6

Library buying is absolutely crucial in making hardback fiction economically viable and it does seem that in their buying policy, librarians try hard to support reputable fiction publishers. But library book funds are limited and even stricter limits may be put on multiple copies. Librarians do not want books that stand on the shelves unread.
[. . .]
It looks as if serious fiction gets borrowed to some extent. But I think the indications are that quite often it is virtually borrowed by accident, and often it is borrowed and not completely read.

"Literary fiction" sei deutlich Minoritäten-Literatur. Nach Manns Schätzungen sind höchstens 3% aller erwachsenen Briten mit der Lektüre einer "modern novel" befaßt (Männer 1,6%; Frauen 4%).

Die Strukturveränderungen des Bibliothekswesens in England im Verlauf der 70er Jahre, wie sie hier nur andeutungsweise skizziert wurden, bewirkten also insgesamt eine Bevorzugung klassischer bzw. erfolgreicher Romane. Dieser "Trend zum Bestseller"[36] im Rahmen der Distributionsinstanz Bibliothek bzw. Bücherei breitet sich immer weiter aus, auf die Verlage, auf die Buchgemeinschaften, auf die Buchhandlungen, und verschärft sich dabei zunehmend. Nicht zuletzt der Romanleser, der den populären Bestseller-Roman bevorzugt, hat daran seinen Anteil. Die Rolle der Bibliotheken bzw. Büchereien in England als "patron of the novel"[37] ist jedenfalls weitgehend ausgespielt. Und da von 600 Mio entliehenen Büchern jährlich ca. drei Viertel auf Romane entfallen, dürfte auch die Romanlektüre insgesamt markant zurückgehen.

35 Der erste Teil von Text 6 ist entnommen aus Peter H. Mann, *Modern Fiction and Its Readers: A Report to the Literature Panel of the Arts Council* (Sheffield, May 1978, Typoskript), 31; der zweite Teil einer Rede Manns, *The Library and the New Novel,* gehalten am 1. Oktober 1980 in Londen (Typoskript, 17). Die anschließenden Zahlenangaben sind dem zweiten Typoskript entnommen.

36 Vgl. Werner Faulstich, "Bibliotheken und Buchmarkt in England: Beiträge der Tübinger Projektgruppe zur Buchwissenschaft", *Bertelsmann Briefe,* H. 100 (1979), 15-24, hier 18.

37 Sutherland, *Fiction and the Fiction Industry,* 23.

Es liegt in der Natur der Sache, daß hier weiterführend nicht auf einzelne Titel verwiesen werden kann. Stattdessen seien Institutionen mit umfassenden problembereichsrelevanten Fachbibliotheken genannt: in der Bundesrepublik das Deutsche Bucharchiv (Erhardtstraße 8, 8000 München 5) und der Börsenverein für den Deutschen Buchhandel (Großer Hirschgraben 17/21, 6000 Frankfurt/M 1); in England die National Book League (Book House, 45 East Hill, Wandsworth, London SW 18 2 HZ). Außerdem sei auf die entsprechenden Fachzeitschriften hingewiesen, die in aller Regel in den Universitätsbibliotheken zugänglich sind.

1.2.3. Zum Phänomen des Bestseller-Romans

Der Bestseller-Roman ist die wohl deutlichste Manifestation des Romans als Ware. Allerdings handelt es sich hierbei um nur eine von mehreren Begriffsauffassungen. Diese terminologischen Probleme sollen im folgenden näher beschrieben werden. Neben diesem eher abstrakten Ansatz soll jedoch zugleich noch konkret verdeutlicht werden, welchen Beitrag Marktmechanismen zum Erfolg eines Romans leisten können: am Beispiel erneut des Romans *Pickwick Papers* bzw. seines Autors Charles Dickens auf dem amerikanischen Markt.

Äußerungen zum Phänomen 'Bestseller' lassen sich bis zum Anfang dieses Jahrhunderts zurückverfolgen. Es ist bezeichnend, daß mit der zunehmenden Dominanz des Bestsellers auf dem Buchmarkt auch die Aufmerksamkeit der Forschung zugenommen hat. Drei Forschungsberichte wurden bislang vorgelegt: Werner Faulstich, "Bestseller — ein chronologischer Abriß bisheriger Erklärungsversuche", *Börsenblatt für den Deutschen Buchhandel,* Frankfurter Ausgabe, Nr. 77, v. 28.9.1973, 1509—1523, Archiv; Werner Faulstich, "Der aktuelle Stand der Bestseller-Forschung", *Bertelsmann Briefe,* H. 96, Okt. 1978, 37-45; und Richard Albrecht, "Bestseller-Forschung: Randglossen zu Stand, Problemen und Perspektiven interdisziplinären Herangehens in der Bundesrepbulik Deutschland", *Publizistik,* vol. 25 (1980), H. 2-3, 451-461.

Das *Problem* des Bestsellers ist die Frage nach dem Erfolg von Literatur bzw. von Romanen im besonderen; es ist bis heute noch nicht überzeugend gelöst worden. Anders dagegen verhält es sich mit dem *Wort* 'Bestseller'; die Frage: Was heißt 'Bestseller'? kann inzwischen als beantwortet angesehen werden. Prinzipiell sind vier verschiedene Antworten darauf gegeben worden, deren Vermischung großen Anteil hat an der Verwirrung, die viele Diskussionen um den Bestseller auch heute noch charakterisieren.

Erste Definition: Der Bestseller ist der Listen-Bestseller. Jeder Roman, der auf einer der sogenannten Bestseller-Listen auftaucht, ist ein Bestseller — ganz unabhängig davon, ob die Listenangaben korrekt den Titelverkauf wiedergeben oder nicht. Bestseller in diesem Sinne gibt es seit 1895, als die erste Liste in den USA publiziert wurde; in der Bundesrepublik erst ab 1957, als Dieter E. Zimmer in der *Zeit* die erste deutsche Liste vorstellte.

Zweite Definition: Der Bestseller ist das erfolgreichste Buch. Hier wird das Wort wörtlich genommen und prinzipiell kein Unterschied gemacht zwischen einem Roman, der Bibel und einem Kochbuch. Diese Auffassung vom Bestseller ist ganz unabhängig vom Listenplatz oder überhaupt der Existenz von Bestseller-Listen. Aufgrund der unspezifizierten Bedeutung des Wortes 'best' (in welcher Zeitspanne? in welchem geographischen Raum? im Rahmen welcher Warenkategorie?) handelt es sich hier aber um ein durchaus relatives Wortverständnis.

Dritte Definition: Der Bestseller ist das beste literarische Werk in einer bestimmten Zeitspanne in einem bestimmten geographischen Raum. Diese Wortbedeutung, wie sie vor allem von Literaturkritikern in den Feuilletons der deutschen Presse verbreitet wird, bringt zwei gegensätzliche Momente zusammen: den künstlerischen Erfolg, gemessen an einer ästhetischen Werteskala, und den kommerziellen Erfolg, gemessen in verkauften Exemplaren. Diese Wortauffassung ist immer Vorwurf oder Anklage, denn sie unterstellt dem Wort, herausragende Quantität wolle herausragende Qualität suggerieren. Der Bestseller in diesem Sinn ist also stets ein Betrug, der moralisch zu verurteilen ist.

Vierte Definition: Der Bestseller ist ein Buchmarkt-Phänomen. In diesem Wortsinn ist der Bestseller nicht mehr als ein einzelnes Produkt gefaßt wie der Listenbestseller, der 'echte' (relative) Bestseller oder der künstlerisch 'beste' Roman; sondern das Wort meint komplexere Erscheinungen wie z.B. den Bestseller-Autor (ein Autor wie Harold Robbins oder Johannes Mario Simmel, deren Romane alle sehr erfolgreich sind), den Bestseller als neues Genre (neben traditionellen Genres wie Liebesroman, Western oder Kriminalroman), den Bestseller als systemimmanent logisches und notwendiges Produkt kapitalistischer Romanproduktion, usf.

Die eigentliche Problematik des Bestsellers besteht jedoch nicht in der Verwirrung um verschiedene Wortbedeutungen, sondern in der Sache: Warum ist ein Roman erfolgreich und ein anderer nicht? Das Phänomen Bestseller also ist eine zugespitzte Frage erneut nach der Relation von Literatur/Roman und Gesellschaft. Anschaulich wird das etwa an der Verbreitung von *Pickwick Papers* und anderer Romane von Charles Dickens in Amerika, wie sie Frank Luther Mott in seiner Geschichte des Bestsellers in den USA beschreibt: [38]

TEXT 7

Now, every literary success in London was immediately reported on the other side of the Atlantic. Carey, Lea & Blanchard, of Philadelphia, had long employed agents in London who were to pick up such hits and hurry them across on the steamships which had so recently narrowed

---

[38] Frank Luther Mott, *Golden Multitudes: The Story of Best Sellers in the United States* (New York, 1947), 81-86 in Auszügen.

the ocean. Accordingly, this firm brought out, in November 1836, the first Dickens book to be published in America -- a small green volume with a paper label containing the first four numbers of *Pickwick*, in an edition of fifteen hundred copies to be sold at forty-five cents each. It was pirated, of course, though Carey later paid Dickens a royalty on it. But by the time the series was finished, in the autumn of 1837, other piratical American publishers were issuing the numbers and were ready to publish the complete book, quite without thought of royalties. Thus Dickens entered upon his career of unexampled and unrivalled popularity in the United States.

[. . .]

The reasons for Charles Dickens' overwhelming popularity are, after all, not far to seek. Not a little of it was due to the publishers, who, pirates and price-cutters though many of them were, gave Dickens such an audience as no other single author has ever had in any country. But primarily this popularity was, of course, a response to the genius of Dickens. It was a humorist that he first caught the attention of readers; and humor was, save perhaps in the sole exception of *A Tale of Two Cities*, a chief phase of his appeal to American readers. But *Pickwick*, his leading comic work, though long first in the esteem of Britishers, has never held that top position on this side of the Atlantic. Pathos and sensationalism, along with comedy, were required to make the brew which Americans found so intoxicating in the Dickens novels they loved best. But there were other things added which made the drink stronger yet: a preoccupation with the fortunes of the lower and middle classes, with a disparagement of aristocracy; a reformer's burning sense of the injustices against childhood and against the poor and the weak generally; a flair for the rhetorical, and a love of fantasy and grotesquerie.

Die Problematik des Bestseller-Romans verweist deutlich auf Marktphänomene (hier: Raubdrucke), zugleich aber auch — wie hier am Schluß noch angedeutet -- auf die Beziehungen zwischen bestimmten inhaltlichen, formalen, ästhetischen Momenten eines Romans einerseits und bestimmten Präferenzen, Bedürfnissen, Erwartungen realer Leser andererseits. Wenn die Romananalyse den Roman als Kommunikation, als ein gesellschaftliches Ereignis fassen will, als gedruckten und gekauften Roman, so muß sie den im engeren Sinn literaturwissenschaftlichen Ansatz erweitern um literatursoziologische, buchwissenschaftliche, sozialwissenschaftliche und global gesellschaftswissenschaftliche Perspektiven.

1.3. Roman und Rezeption

Der Roman wird nicht nur gedruckt und nicht nur gekauft, sondern auch gelesen. Es gibt keine Romananalyse ohne Berücksichtigung dessen, was man im allgemeinen als Rezeption bezeichnet. Das kann durchaus Verschiedenes heißen; und um verbreiteten Mißverständnissen zuvorzukommen, seien zwei

Wortbedeutungen von vornherein ausgeschlossen: Rezeption als Produktion und Rezeption als Verwertung im Medientransfer.

Rezeption *als Produktion* meint die Aufnahme, Interpretation, Neugestaltung, Re-Produktion eines Romans durch einen späteren Romanautor. Diese produktive Rezeption ist mehr als eine neue Inszenierung eines Theaterstücks oder ein Remake eines Popsongs mit neuem Arrangement etc. Es ist die kreative Aneignung eines Romans mit dem Effekt eines neuen Produkts/ Romans – ein typisches Beispiel wäre etwa der Roman *Die Leiden des jungen Werther* (1874) von Goethe und seine 'Rezeption' in Form des Romans *Die neuen Leiden des jungen W.* (1973) von Ulrich Plenzdorf. Rezeption in diesem Sinne meint eigentlich einen Spezialfall von Produktion, ist also ein bißchen Etikettenschwindel und soll hier ausgeklammert bleiben.

Das Programm einer Rezeptionsästhetik wurde von Wolfgang Iser und vor allem von Hans Robert Jauß Ende der 60er Jahre formuliert und ist seither ständig weiterentwickelt worden. Detailliertere Einsichten bieten Sammelbände wie z.B. *Rezeptionsforschung,* hrsg. Peter Uwe Hohendahl (*LiLi,* 4 (1974), H. 15), *Sozialgeschichte und Wirkungsästhetik,* hrsg. ebenfalls von Hohendahl (Frankfurt/M.: FAT, 1974) und *Rezeptionsästhetik,* hrsg. Rainer Warning (München: Fink, 1975). Einen gründlichen und umfassenden Überblick über die Rezeptionsforschung vermittelt Gunter Grimm: "Einführung in die Rezeptionsforschung", *Literatur und Leser,* hrsg. G. Grimm (Stuttgart: Reclam, 1975), 11-84. An neueren Beiträgen siehe etwa *Rezeptionsgeschichte* von Gunter Grimm (München: Fink 1977) oder *Rezeptionsforschung als empirische Literaturwissenschaft* von Norbert Groeben (2. Aufl. Tübingen: Narr, 1980).

Rezeption (zweitens) *als Verwertung im Medientransfer* meint die Aufnahme eines Romans in anderen Medien, z.B. 'Verfilmung', 'Vertonung' u.ä. Der Gebrauchswert des Romans wird hier wie oben produktionsästhetisch oder eher medienästhetisch oder auch eher kommerziell verstanden. Ein typisches Beispiel wäre etwa der englische Roman *Wuthering Heights* (1847), der inzwischen mehrfach als Oper, als Hörspiel, dann als Comic-Heftchen, mehrfach auch als Spielfilm, 1978 sogar als Popsong neue Versionen fand. 'Rezeption' meint hier eher die produktive Verwertung im (internationalen) Medienverbund.

– Von diesen beiden Wortbedeutungen soll hier nicht weiter gesprochen werden.

1.3.1. Rezeption empirisch: die Leser

'Rezeption' heißt hier die Lektüre des Romans durch reale Leser. Das betrifft einerseits die Kritiker oder Rezensenten des Romans, die freilich primär als Instanzen bei der Verbreitung des Romans (vgl. oben 1.2.2.) begriffen werden müssen. Andererseits und in der Hauptsache meint das die 'normalen' Leser. Hier liegt der Akzent auf der Erkenntnis, daß es 'den'

Leser real nicht gibt, sondern immer nur 'die' oder viele Leser. 'Rezeption empirisch' — das heißt deshalb häufig 'Rezeption demoskopisch'.

Man hat sich den Lesern von Romanen auf verschiedenen Ebenen genähert. *Erstens* wurde (fast ausnahmslos nationalspezifisch) erforscht, wer überhaupt Romane liest, sei es in Heftchen, sie es in Büchern, in Zeitungen oder Illustrierten. Ein typisches Ergebnis wäre hier etwa, daß "Romane mit literarischem Anspruch" in der Bundesrepublik im Jahre 1977/78 in 21% aller Haushalte vorhanden waren, und zwar fast ausschließlich in der oberen Mittelschicht (mit 73% gegenüber 9% in der unteren Mittelschicht oder 3% in der Unterschicht); daß höchstens 11% der Bevölkerung ab 18 Jahren, und hier erneut fast ausschließlich die oberste Schicht, "moderne Literatur" lesen, mithin daß eine extreme Abhängigkeit der Lektüre moderner Literatur von formaler Bildung besteht; daß es sich bei den Lesern dieser Art von Literatur um einen relativ klar abgrenzbaren Typ des Viel-Lesers handelt; usf.[39] Arbeiten dieser Art lassen sich als literatur- und leserumfassend charakterisieren.

Zweitens wurde die Rezeption bestimmter Lesergruppen wie z.B. der Jugendlichen oder der älteren Menschen untersucht. Ein typisches Beispiel wäre hier die Untersuchung des Leseverhaltens von Rechtsanwälten in der Bundesrepublik. Hier gaben etwa 78,9% aller Befragten an, "moderne Literatur" zu lesen. An der Spitze stehen historische Romane; aber auch Tatsachenromane und Kriminalromane sind überdurchschnittlich häufig vertreten (z.B. Krimis bei 68,8%). Dabei zeigte sich zugleich etwa die Tendenz, daß Kriminalromanleser introvertierter, kontaktschwächer und isolierter zu sein scheinen als der Durchschnitt dieser Berufsgruppe, daß Krimilektüre eine feste Angewohnheit darstellt, die vor allem bei den 25-34-Jährigen vertreten ist, daß Krimileser hier insgesamt gelassener und weniger aggressiv zu sein scheinen; usf.[40] Arbeiten solchen Zuschnitts lassen sich als lesergruppenspezifisch charakterisieren.

Drittens schließlich wurden die Leser spezifischer literarischer Werke auf ihre Rezeption hin empirisch ermittelt und befragt. Ein typisches Beispiel ist die Untersuchung der Rezeption des Schriftstellers Heinrich Böll bzw. seiner Romane in der schwäbischen Stadt Reutlingen, wie sie eine Arbeitsgruppe

---

39 Diese Daten wurden entnommen der im Auftrag der Bertelsmann Stiftung von Infratest Medienforschung erstellten Untersuchung *Kommunikationsverhalten und Buch* (Endbericht) (Gütersloh, 1978). Ein knapper Überblick über alle wichtigen, nationalen Leserumfragen in der Bundesrepublik wie international findet sich in *Buch und Lesen International,* hrsg. P.E. Dorsch und K.H. Teckentrup (Gütersloh: Verlag für Buchmarkt- und Medien-Forschung, 1981).

40 Werner Faulstich, "Das komplexe Voraussetzungssystem von Rezipienten am Beispiel einer Berufsgruppe: Zum Leseverhalten der Rechtsanwälte in der Bundesrepublik", Ders., *Domänen der Rezeptionsanalyse* (früher Kronberg: Athenäum, 1977, 68-117, jetzt: Tübingen: Narr). Vergleichbare Untersuchungen wurden auch zu anderen Berufsgruppen bzw. Typen von Buchkäufern durchgeführt.

unter Leitung von Wilfried Barner durchgeführt hat. Dabei wurden Ergebnisse erzielt wie etwa, daß Böll von 68% der Befragten gekannt, aber nur von 22% auch gelesen wird, daß es sich dabei vor allem um Oberschüler, Angestellte und Beamte handelt, daß vor allem seine Romane gelesen werden (von 88% der 'Böll-Leser'; seine politischen Schriften werden nur von 13% gelesen), daß die Romane *Ansichten eines Clowns* (28%) und *Billard um halb zehn* (18%) am häufigsten gelesen werden. Sein Stil wurde als "einfach und verständlich" sowie als "lebendig" bezeichnet; seine Gesellschaftskritik wurde von fast allen seinen Lesern verstanden und häufig auch geteilt.[41] Solche Arbeiten lassen sich als autor- oder textspezifisch charakterisieren.

1.3.2. Rezeption psychologisch: das Lesen

Ganz anders akzentuiert ist die psychologische Auffassung der Rezeption als Leseakt. Hier wird untersucht, was sich beim Romanlesen als der Übertragung von 'black dots on white paper' in fiktionale Wirklichkeit innerhalb der Phantasie oder Imagination von Lesern vollzieht. Hier geht es um den Roman oder generell um Literatur als "experience", wie es etwa Norman N. Holland im Anschluß an Simon O. Lesser formuliert. Das kann von besonderer Bedeutung auch für die Romananalyse sein, wie sich am Beispiel der Relation von (Roman-)Charakter zu (Leser-)Identifikation andeuten läßt.

Holland kritisiert frühere Auffassungen, nach denen literarische Figuren entweder als wirkliche Personen oder als fiktionale Rollen begriffen wurden, mit dem Hinweis auf die Leser, die allein literarische Figuren in ihrer Imagination zum Leben erweckten:[42]

TEXT 8

The plot or incidents cause me to have certain feelings or wishes or tensions. I feel these tensions from the [novel] as tensions in myself, but, both intellectually and emotionally, I attribute these tensions to the characters as motives: I project or bestow my feelings on the cha-

---

41 Siehe vor allem "Böll in Reutlingen" von Wilfried Barner *et al., IASL*, 1 (1976), 201-230. Norbert Groeben gibt in dem Standardwerk *Rezeptionsgeschichte als empirische Literaturwissenschaft* einen Überblick über solche textorientierten Rezeptionsuntersuchungen. Von besonderem Interesse ist die Versuchsbatterie, die von Hermeneutikern und Empirikern zur Erzählung "Hasenkatastrophe" von Robert Musil durchgeführt wurde (siehe *Rezeption und Interpretation,* hrsg. Norbert Groeben. [Tübingen: Narr, 1981]); vgl. auch 1.3.3.

42 Norman N. Holland, *The Dynamics of Literary Response* (New York: Oxford University Press, 1968), hier Kap. 10, 274f. Was Holland am Beispiel von Dramenfiguren Shakespeares entwickelt, wird — gemäß seinem Anspruch, für jegliche Art von Literatur zu sprechen — hier auf den Roman bezogen.

racters. [. . .] Each [character] will act out or embody in concrete form some of the same wishes or defenses that I feel, and this is the crux of modern concept of character. A literary character exists [. . .] inside my mind as I take the [novel] in. And in this [. . .] sense, I take the character in because he offers me a way of dealing with the events and incidents the [author] has created and which are creating tensions in me as I take the whole [novel] in. The more clearly a given character embodies my tensions, the more the work of art stimulates those tensions in me; the more I have those tensions in myself anyway — why, then, the more real a given character will seem. He will, ultimately, seem as real to me as I myself, for out of my own drives and needs for defense, I have created him.

Das heißt nichts anderes als: "our so-called 'identification' with a literary character is actually a complicated mixture of projection and introjection, of taking in from the character certain drives and defenses that are really objectively 'out there' and of putting into him feelings that are really our own, 'in here'" — und zwar im Rahmen einer Identifikation der Leser mit der Handlung oder dem Romangeschehen als einem Ganzen.[43] In diesem Sinne aber erweisen sich die oben genannten Auffassungen in der Tat als falsch: Ein Leser identifiziert sich desto stärker mit einer Romanfigur, je mehr sie seine unterbewußten Wünsche und Abwehrmechanismen verkörpert — und desto realistischer erscheine die Romanfigur. Umgekehrt: Der Protagonist eines Romans erscheine umso unrealistischer, umso stärker als bloße Rolle, je weniger er den spezifischen Wünschen und Erlebnisformen eines Lesers nahekommt bzw. je weniger sich dieser mit ihm identifizieren kann. Realismus oder nicht: darin äußern sich nur unterschiedliche Grade der Identifikation des jeweiligen Lesers.

Holland argumentiert psychoanalytisch, aber in der Konsequenz seiner Perspektive wird er durch Ergebnisse auch andersgerichteter Literaturpsychologie entschieden bestätigt.[44] Das heißt im Hinblick auf unser Charakter-Beispiel etwa: Eine Romanfigur kann zwar extrem elaboriert dargestellt und außerordentlich komplex sein (z.B. Leopold Bloom in *Ulysses* von James Joyce) oder auch extrem restringiert und außerordentlich eindimensional (z.B. Jerry Cotton in den gleichnamigen Heftchenromanen) — aber nicht diese ästhetischen Merkmale 'an sich' (Differenziertheit bzw. Schema,

---

43 *Ebd.*, 278.

44 Man kann neben literaturbezogener Literaturpsychologie wie hier, bei Simon O. Lesser (*Fiction and the Unconscious* [Boston: Beacon Press, 1957]) oder bei L.O. Thayer and N.H. Pronko ("Some psychological factors in the reading of fiction", *Journal of Gen. Psych.* [1958], No. 93, 113-117) noch mindestens zwei weitere Arten von Beiträgen unterscheiden, die hier ausgelassen werden: erstens solche Arbeiten, die sich eher auf psychologische Erkenntnisse ausrichten (vgl. z.B. W. Salber, "Materialien zu einer Literaturpsychologie", *Börsenblatt f.d. Dt. Buchhandel,* Frankfurter Ausgabe, 27 [1971], 1610-1657), und zweitens solche, die eher pädagogisch orientiert sind (umfassend z.B. in *Lesen, Ein Handbuch,* hrsg. A.C. Baumgärtner [Hamburg: Verlag für Buchmarkt-Forschung, 1973]).

38

Originalität bzw. Klischee) entscheiden über Art und Ausmaß unserer Identifikation mit der Romanfigur, sondern die innere Beziehung, in die wir Leser mit dieser Figur eintreten — oder nicht. Die psychologische Auffassung von Rezeption führt demnach, zumindest in ihrer letzten Konsequenz, zu einer Veränderung der sog. Wertungsproblematik: An die Stelle der positiven Bewertung des komplexen Romans als 'hoher' Literatur bzw. der Negativwertung des eindimensionalen Romans als 'trivialer' Literatur tritt die Bewertung des Romans nach Maßgabe der (z.B. schichtenspezifischen) Identifikation.

Neuere markante Positionen literaturpsychologisch orientierter Rezeptionsforschung finden sich etwa bei Norbert Groeben, *Literaturpsychologie* (Stuttgart: Kohlhammer, 1972), im knappen, aber nicht leicht verständlichen Überblick desselben Autors auch im Sammelband *Grundzüge der Literatur- und Sprachwissenschaft. Bd. 1: Literaturwissenschaft*, hrsg. H.L. Arnold und V. Sinemus (München: dtv, 1973, 388-397). Vgl. auch Norbert Groeben, *Leserpsychologie: Textverständnis — Textverständlichkeit* (Münster: Aschendorf, 1982).

1.3.3. Rezeption wissenschaftstheoretisch: Leser und Interpret

Was heißt das nun für die Romananalyse? Da ein Roman nur analysiert und interpretiert werden kann, wenn er von demjenigen, der diese Aufgabe unternimmt, auch zuvor gelesen wurde, und da mit diesem Leseakt der Roman als ästhetische Kommunikation erst real konstituiert, vollendet wird, tritt ein fundamentaler Widerspruch auf: Der Literaturwissenschaftler kann nur wissenschaftlich tätig werden, wenn er zuvor 'normaler' Leser war; aber indem er liest, versteht er den Roman auf dem Hintergrund seiner eigenen, subjektiven (schichtenspezifischen, geschlechtsspezifischen und höchst individuellen) Bedürfnisse, Erwartungen, Ängste, Weltsicht. Der Roman*kritiker* in der Zeitung mag über den Roman seine persönliche Meinung, sein persönliches Urteil abgeben dürfen. Der Literatur*wissenschaftler* dagegen strebt nach wissenschaftlichen, d.h. intersubjektiv nachvollziehbaren, kontrollierbaren, rationalen Erkenntnissen. Aber indem er den Roman liest, hat die subjektive Komponente bereits Eingang gefunden in seine Analyse und Interpretation. Dieses Grundproblem der traditionellen Literaturwissenschaft überhaupt wurde von Norbert Groeben als Rezipient-Interpret-Konfundierung bezeichnet: Leser und Forscher sind untrennbar miteinander vermischt, aber die subjektive Rezeption müßte von der wissenschaftlichen Interpretation getrennt werden.[45] Wer also einen Roman analysieren und interpretieren will, sieht sich vom Standpunkt einer 'empirischen Literaturwissenschaft' aus demnach vor die Alternative gestellt: entweder so zu tun, als gäbe es dieses Problem nicht, und den Roman mit den tradi-

45 *Rezeptionsforschung als empirische Literaturwissenschaft* (2. Aufl. Tübingen: Narr, 1980), 12, 16, 49 etc.

tionellen hermeneutischen Verfahren (z.B. strukturalistisch, literatursoziologisch, marxistisch, geistesgeschichtlich, autobiographisch) anzugehen – und sich dabei den Vorwurf der Unwissenschaftlichkeit gefallen lassen zu müssen; oder den Roman mit den neuen empirischen Verfahren (z.B. Inhaltsanalyse, Semantisches Differential, Cloze Procedure, Sortierung und Netzwerkbildung) anzugehen. Dabei wird der Roman zwar ebenfalls zuerst subjektiv interpretiert, dies aber nur als Heuristik, d.h. als Vorbereitung für den eigentlichen wissenschaftlichen Zugriff, der darin besteht, daß man die Aufmerksamkeit auf die Rezeption realer Leser richtet, die empirisch ermittelt wird. Hierbei sind Leser und Forscher, Rezeption und Interpretation dann voneinander getrennt.

Damit wird deutlich, daß diese 'Einführung' in die Romananalyse nicht den Eindruck erwecken will, es gebe rezeptartige Handlungsanweisungen, die nur noch umgesetzt werden müßten. Vielmehr sei hier nachdrücklich darauf verwiesen, daß ein bestimmter Ansatz bei der Analyse eines Romans, etwa die Wahl einer Methode, durchaus problematisch ist und – gewissermaßen auf einer höheren Ebene – reflektiert werden muß. Was selbstverständlich oder üblich erscheinen mag, ist noch lange nicht begründet oder 'richtig'.

Als Anregung zur weiteren Beschäftigung mit dieser grundlegenden Auseinandersetzung zwischen 'Hermeneutikern' und 'Empirikern' sei auf vier Titel hingewiesen: Gerhard Pasternack lieferte mit seiner Arbeit *Theoriebildung in der Literaturwissenschaft* (München: Fink, 1975) den Nachweis, daß und warum die traditionellen 'Methoden' hermeneutischer Literaturwissenschaft unbrauchbare Instrumente darstellen und die traditionelle Literaturwissenschaft sich noch einem "vortheoretischen Status" *(ebd.,*154) befindet. Norbert Groeben formulierte mit seiner Arbeit *Rezeptionsforschung als empirische Literaturwissenschaft* (2. Aufl. Tübingen: Narr,1980) nicht nur den Kern sich noch in einem "vortheoretischen Status" *(ebd.,* 154) befindet. Norbert Groeben formulierte mit seiner Arbeit *Rezeptionsforschung als empirische Literaturwissenschaft* (2. Aufl. Tübingen: Narr, 1980) nicht nur den Kern der Auseinandersetzungen, sondern legte zugleich einen ersten Überblick über die neuen Methoden einer empirischen Literaturwissenschaft vor. Den neuesten Stand der Diskussion bietet der Sammelband *Literaturwissenschaft und empirische Methoden,* hrsg. H. Kreuzer und R. Viehoff (Göttingen: Vandenhoeck & Ruprecht, 1981). Schließlich sei noch auf ein interessantes Experiment verwiesen, das den Gegensatz von Hermeneutik und Empirie nicht abstrakt, sondern an einem konkreten Text vorantreibt (*Rezeption und Interpretation,* hrsg. Norbert Groeben [Tübingen: Narr, 1981]). Hier wird die Erzählung "Hasenkatastrophe" von Robert Musil zunächst nach verschiedenen hermeneutischen Methoden, anschließend nach verschiedenen empirischen Methoden interpretiert, die zuletzt miteinander verglichen werden.

1.4. Ausblicke auf die Romananalyse

Das erste Problemfeld VERMITTLUNG UND REZEPTION hat eine Fülle
von Fragen aufgeworfen, die sich grundsätzlich und allgemein stellen, wenn
man einen Roman analysieren und interpretieren will. Typische Fragen
dieser Art sind:

ad 1: Roman und Medium

Für welches Medium wurde der Roman konzipiert? In welchem Medium
kam er zuerst heraus? In welchen anderen Medien wurde er ebenfalls publiziert und welche formalen, inhaltlichen, darstellungsästhetischen Veränderungen wurden dabei vorgenommen? In welchem Entwicklungsstadium be-
fand sich das 'Original'medium des Romans zum Zeitpunkt seiner Erstpublikation? Usf.

ad 2: Roman und Markt

Wo wurde der Roman erstmals verlegt? Wie wurde er an die Käufer gebracht?
Was hat er gekostet? Welche Auflagen wurden bei der Drucklegung gemacht (z.B. Zensur, Eingriffe des Lektors)? Wie war der Literaturmarkt zur
Zeit der Erstpublikation strukturiert? Gab es spezielle Anzeigen/Werbung
für den Roman, den Verlag, den Autor? Wer hat wieviel an dem Roman verdient? (Ggf.) Wie wurde der Roman zum 'Klassiker', zum Bestseller, zum
Steadyseller? Usf.

ad 3: Roman und Rezeption

Wer hat den Roman gelesen? Welche Rezensionen in welchen Publikations-
organen hat er bekommen? Wie wurde er von Zeitgenossen bewertet oder
interpretiert (z.B. Tagebücher, Autobiographien, Briefe)? Wie verstehe ich
den Roman, was sagt er mir? Welche Interpretationen sind bei anderen
heutigen Lesern in welchem Umfang und aus welchen Gründen verbreitet?
Welche psychologischen Prozesse initiiert (oder unterbricht) dieser Roman?
Usf.

Daß ein Roman in Zukunft noch ausschließlich 'werkimmanent' oder 'werkintern' analysiert und interpretiert wird, läßt sich demnach durch kein
Argument mehr rechtfertigen.

2. Problemfeld II:
KOMMUNIKATION

Rainer Zerbst

2.0. Problemstellung und Lernziele

Als Voraussetzung für die weiteren Problemfelder soll in diesem zweiten Problemfeld in den Bereich der literarischen Kommunikation, verstanden als gesellschaftliches Handeln, eingeführt werden. Der Roman ist *qua* Autor Produkt der Gesellschaft; er ist mit seinem gesamten Distributionsapparat Teil der Gesellschaft; er wird in der Verarbeitung durch den Leser zu einer Funktion für oder auch gegen die Gesellschaft.

Ziel dieses Problemfeldes ist es daher:
—Kommunikation als Teil des allgemeinen gesellschaftlichen Handelns sehen zu lernen.
— in einer Ableitung von allgemeinen Kategorien für Kommunikation in zunehmender Spezialisierung die sprachliche Kommunikation, die Textkommunikation und schließlich die Romankommunikation als Ausfluß allgemeinen kommunikativen Handelns zu begreifen — mit prinzipiell gleichen "Gesetzen", wenn auch mit Modifikationen, die durch das jeweilige Medium bedingt sind.
— zu erkennen, daß die Romankommunikation zwar als Ableitung allgemeiner Kommunikation zu sehen ist, daß sie sich jedoch von einer bloß auf Informationserweiterung ausgerichteten Kommunikation unterscheidet, da sie eine eigene die gewöhnlichen Kommunikationsprozesse überlagernde Kommunikationsstruktur besitzt, deren Elemente und Ebenen es zu erfassen gilt.
— zu erkennen, daß erst unter Berücksichtigung dieser eigentümlichen Kommunikationsstruktur die Wesens- und Funktionsbestimmung des Romans geleistet werden kann.

2.1. Sprache und Kommunikation

2.1.0. Einführung

Der Mensch ist kein solipsistisches Einzelwesen. Er wird definiert und definiert sich selbst in der Interaktion mit seiner Mitwelt; er ist *zoon politikon* (Platon).

42

Gesellschaftliches Leben wiederum läßt sich fassen als Folge kommunikativer Akte, innerhalb derer das Individuum seine Identität bildet, erhält und bestätigt bzw. widerrufen findet. "Das Alltagsleben ist wie das Rattern einer Konversationsmaschine, die ihm unentwegt seine subjektive Wirklichkeit garantiert, modifiziert und rekonstruiert."[1]

Kenneth Burke hat dies mit dem "unendlichen Gespräch" einer Party verglichen: Es ist bereits im Gang, wenn man den Salon betritt, und geht weiter, wenn man die Gesellschaft wieder verläßt. Burke definiert den Menschen so als *homo loquax,* als geschwätzigen Menschen.[2]

Alle Teilbereiche gesellschaftlichen Lebens lassen sich auf Kommunikationshandlungssysteme zurückführen, aus denen sich die Gesellschaft aufbaut.

TEXT 1

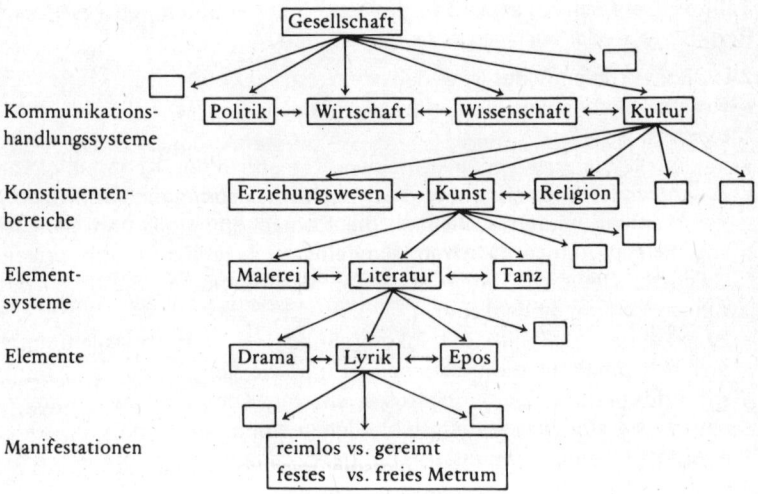

„ —→ " = kann ausdifferenziert werden aus ...

„ ←→ " = es bestehen vermutlich Interdependenzen

(, ←→ ' bezeichnet eine transitive Relation)

Modell von S.J. Schmidt[3]

1   Peter L. Berger und Thomas Luckmann, *Die gesellschaftliche Konstruktion der Wirklichkeit: Eine Theorie der Wissenssoziologie* (Frankfurt: S. Fischer, 1969, Nachdruck Fischer Taschenbuch, 1980), 163.

2   Kenneth Burke, *Dichtung als symbolische Handlung: Eine Theorie der Literatur* (Frankfurt: Suhrkamp, 1966), 105ff.

3   Siegfried J. Schmidt, *Grundriß der empirischen Literaturwissenschaft,* Band 1: *Der gesellschaftliche Handlungsbereich Literatur* (Braunschweig: Vieweg, 1980), 40.

2.1.1. Kommunikation als Erfahrungseinheit gesellschaftlichen Lebens

Jeder einzelne ist so eingebunden in ein Geflecht kommunikativer Situationen, die sein Bewußtsein selbst dann noch bestimmen, wenn er allein ist. Kommunikation ist als eine "Conditio sine qua non menschlichen Lebens und gesellschaftlicher Ordnung" anzusehen.[4]

Ein jeder befindet sich fast unablässig "auf Sendung" und sieht sich umgekehrt fast ständig einer Flut von kommunikativen Zeichen ausgesetzt. Diesem Zwang kann man nicht entfliehen. Jedes Verhalten stellt bereits ein kommunikatives Potential dar, selbst der Versuch, der Mitwelt mimisch kundzutun, daß man an einer Kommunikation nicht interessiert sei (etwa in einem Zugabteil). Paul Watzlawick u.a. zogen daraus den Schluß: "Man kann nicht *nicht* kommunizieren."[5] S.J. Schmidt hat in Anlehnung an den Begriff des "Sprachspiels" von Ludwig Wittgenstein (*Philosophische Untersuchungen* § 7) seine Theorie der "kommunikativen Handlungsspiele" als Grundeinheiten menschlichen Lebens entwickelt:

TEXT 2

Gesellschaft als Interaktions- und Kommunikationssystem kann dabei unter drei Aspekten betrachtet werden:
a) jedes Kind wächst auf in einer Kommunikationsgesellschaft und wird von ihr schrittweise in die komplexen Regeln verbaler und nicht-verbaler Kommunikation eingeführt;
b) jeder natürliche Sprecher vollzieht seine Sprechakte im Rahmen von Kommunikationssituationen, bezieht sich auf diese, modifiziert sie und bringt neue hervor;
c) Gesellschaft als Kommunikationssystem ist — erkenntnistheoretisch gesehen — der Raum, *in* dem die verbindlichen Wirklichkeitsbilder von Einzelnen und Gruppen (und für diese) erzeugt und durch soziale Rekurrenz stabilisiert werden. [. . .]
Ein kommunikatives Handlungsspiel wird konstituiert durch: die globale sozio-kulturelle Einbettung in die Kommunikationsgesellschaft; Kommunikationspartner mit allen sie beeinflussenden Kommunikationsbedingungen und Voraussetzungen; eine einbettende Kommunikationssituation; die geäußerten Texte und faktische oder anschließbare sprachliche (Kon-)Texte. ... In kommunikativen Handlungsspielen wird über den Bezug sprachlicher Konstituenten zu nichtsprachlichen Konstituenten der Kommunikationssituation und zu Informationssystemen bzw. Wirklichkeitsmodellen entschieden, ...[6]

---

4 Paul Watzlawick u.a., *Menschliche Kommunikation: Formen, Störungen, Paradoxien* (Bern: Huber, [2]1971), 13.

5 *Ebd.,* 53.

6 Siegfried J. Schmidt, *Texttheorie: Probleme einer Linguistik der sprachlichen Kommunikation* (München: Fink, 1973), 44ff.

44

Wesentlich ist vor allem, daß in derartigen Handlungsspielen das Wirklich-
keitsverständnis des einzelnen maßgeblich bestimmt wird, zumindest bestimmt werden kann. Das "kommunikative Handlungsspiel" umfaßt nach
dieser Definition somit alle Bereiche menschlichen Lebens; sprachliche
Kommunikation ist hiervon nur ein Teilbereich.

Jeder kommunikative Akt ist als ein Bündel verschiedener Merkmals-
bereiche zu sehen. Bereits eine einfache Kommunikationssituation zwischen
zwei Menschen beinhaltet neben dem Dialog die Mimik und Gestik beider
Teilnehmer (also nonverbale Elemente) — zur gleichen Zeit! —, die optisch
und akustisch wahrnehmbaren Elemente der Situation, in der sie sich befinden, sowie im sprachlichen Bereich die über die bloße Wortbedeutung hin-
ausgehenden Faktoren der Betonung, Sprechgeschwindigkeit, Lautstärke
etc., die sog. suprasegmentalen Faktoren. Kommunikation ist daher nicht
nur Übermittlung von Information, sondern stets auch Herstellung einer Beziehung zwischen den Kommunikationsteilnehmern: "Jede Kommunikation
hat einen Inhalts- und einen Beziehungsakt, derart, daß letzterer den erste-
ren bestimmt und daher eine Metakommunikation ist."[7]

2.1.2. Das informationstheoretische Modell als einfaches Grundlagenmodell

Das einer jeden Kommunikationstheorie zugrunde liegende Modell basiert
auf einem informationstheoretischen Schema, das sich von dem aus der
Telefontechnik abgeleiteten "Urmodell" von Shannon und Weaver ergibt:[8]

TEXT 3

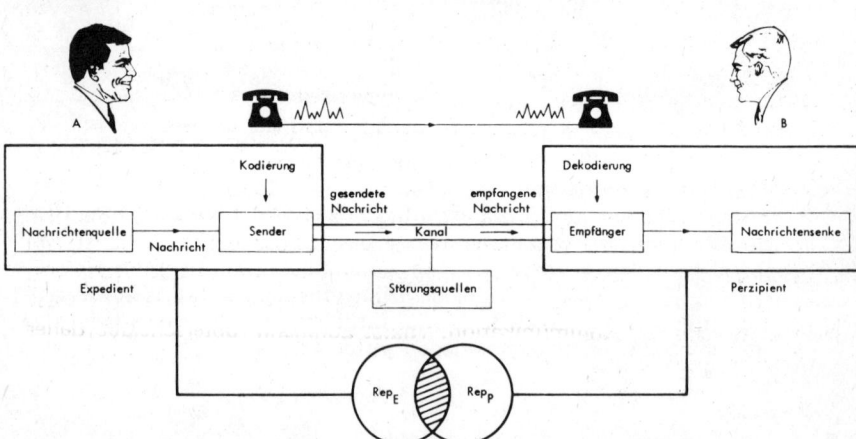

---

7 Watzlawick, *Menschliche Kommunikation,* 56.
8 Modell bei Bernd Switalla, *Kommunikation: Ein pragmatischer Ansatz* (Baden-
   Baden: Nomos, 1976), 25.

Dieses — leider meist in der Reduktion auf Sender, Botschaft, Empfänger zitierte — Grundmodell ist zwar grundlegend für jede Kommunikation; es erfaßt jedoch — zumal es eigentlich als reines Transmissionsmodell gedacht war — wesentliche Bereiche nicht. Zum einen geht es in erster Linie auf den Übermittlungsprozeß einer Botschaft aus; zum zweiten gilt hier als "Normalfall" die *perfekte* Übertragung — Fehler werden auf Störquellen zurückgeführt, das sogenannte "Rauschen" im (Telefon-)Kanal, die es auszumerzen gilt; daher geht das Modell auch von einer weitgehenden Deckungsgleichheit der Code-Repertoires von Sender und Empfänger aus (beim Telefon die Umwandlung in elektronische Signale); schließlich handelt es sich um einen einlinigen Prozeß, bei dem der Empfänger als passive Decodier-(Entschlüsselungs-)Instanz fungiert. — All diese Punkte sind für den Normalfall einer Kommunikationshandlung jedoch nur bedingt gültig. Nimmt man die *face-to-face*-Kommunikation als Normalfall, so stellt sich Kommunikation nie nur als Übermittlung einer Botschaft dar, sondern ist stets als *Inter*aktion zu begreifen: Zum einen ist jeder der Teilnehmer zu bestimmten Momenten Sprecher und Hörer (keine eindeutige Rollenzuweisung), zum zweiten ist auch der jeweilige Hörer stets kommunikativ handelnde, aktive Person (etwa durch mimische Reaktionen); auch kann von einer Deckungsgleichheit der Code-Repertoires selbst bei Beherrschung der Sprache nicht die Rede sein. So kommt Gerold Ungeheuer zu der ungeheuerlich klingenden These: "Alle zwischenmenschlichen Kommunikationsprozesse funktionieren unzuverlässig."[9]

Schließlich ist in diesem Fall nicht nur ein Kanal an der Kommunikationshandlung beteiligt. Die *face-to-face*-Sitatuion umfaßt z.B. den akustischen Kanal (verbale und nonverbale akustische Zeichen von Sprecher zu Hörer und umgekehrt) *und* den optischen (Gestik, Mimik, situativer Kontext). Diese Vervielfältigung der Kanäle und Zeichencodes bedingt für die Übermittlung einer Information die notwendige *Redundanz;* d.h. die gleiche Botschaft wird auf verschiedenen Ebenen mehrmals codiert (so wird in jedem Satz in vielen Sprachen das Subjekt durch ein Nomen *und* die Verbform kundgetan; vgl. auch die Funktion der Mimik und Gestik als "Verdoppelung" der verbalen Botschaft). Zugleich strömt auf die Kommunikationsteilnehmer eine Vielzahl von Zeichen ein, aus der die für die Kommunikation relevanten erst ausgewählt werden müssen. Damit wird der Rezipient, der Empfänger der Botschaft, zu einem aktiven Teilhaber am Gelingen oder Nichtgelingen der Kommunikation. Niklas Luhmann unterscheidet daher zwischen Information und Sinn:

TEXT 4

Kommunikation ist keineswegs, wie man im Alltagsverständnis und oft auch bei unbedachter wissenschaftlicher Verwendung des Begriffs zu-

---

9 Gerold Ungeheuer, "Kommunikation und Gesellschaft", Harm Paschen, ed., *Kommunikation* (München: Bayrischer Schulbuchverlag, 1974), 19.

46

meist meint, ein Vorgang der "Übertragung" von Sinn bzw. Information; sie ist eine gemeinsame Aktualisierung von Sinn, die mindestens einen der Teilnehmer informiert.[10]

Da zudem jeder Kommunikationsteilnehmer aufgrund seiner verschiedenen Lebenserfahrungen verschiedene Kenntnisstände ("Code-Repertoires") einbringt, ist die Gemeinsamkeit nochmals gefährdet. So kann allenfalls von einer "partiellen Kongruenz zwischen den kognitiven Prozessen der an der Kommunikation partizipierenden Individuen" als Ziel der Kommunikation *als Gemeinschaftshandlung* gesprochen werden.[11]

Das folgende erweiterte Modell zeigt die Verflechtung der verschiedenen Bereiche und die "Rückmeldungsprozesse" an den Sender.

TEXT 5

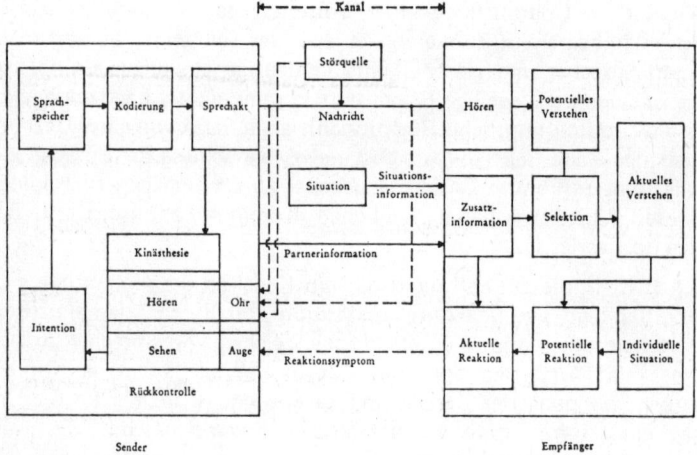

Modell von G.F. Meier[12]

2.1.3. Sprachliche Kommunikation

Im Rahmen dieser allgemeinen Definition kommunikativen Handelns ist sprachliche Kommunikation lediglich ein Teilbereich, wenngleich ein überaus wichtiger.

Daß die Sprache aus dem situativen Kontext der Kommunikations*handlung* nicht herausgelöst werden kann, hat die Linguistik dazu veranlaßt, Sprache

---

10   Niklas Luhmann, "Sinn als Grundbegriff der Soziologie", Jürgen Habermas und Niklas Luhmann, *Theorie der Gesellschaft oder Sozialtechnologie — Was leistet die Systemforschung?* (Frankfurt/M.: Suhrkamp, 1971), 42.

11   Ungeheuer, "Kommunikation", 21.

12   Modell von G.F. Meier, abgedruckt in Siegfried J. Schmidt, *Texttheorie,* 109.

als Teil der Handlung zu sehen. Nicht das sprachliche Substrat (Wort, Satz etc.) ist die Analyseeinheit, sondern die Äußerung im Rahmen einer Handlung: der *Sprechakt.* Wiederum war es bereits Kenneth Burke, der auf dieses Problem 1941 hingewiesen hatte.

TEXT 6

Nehmen wir an, Sie fragen mich: "Was hat der Mann gesagt?" und ich antworte: "Er hat 'Ja' gesagt." Sie wissen damit noch nicht, was der Mann gesagt hat. Sie erfahren es erst dann, wenn Sie mehr über die Situation wissen und die Worte kennen, die gesprochen wurden, bevor er mit Ja antwortete.[13]

Sprechakte sind nicht mit Sätzen gleichzusetzen; als Äußerungen sind sie stets Sätze in einer Situation. So bewirkt die bloße Äußerung eines Satzes einen komplexen Sinnzusammenhang.

TEXT 7

Wenn jemand sagt "draußen regnet es", dann spricht er damit (vielleicht) eine Empfehlung aus, nämlich lieber den Regenschirm mitzunehmen. Oder er gibt (vielleicht) eine Erklärung für das Glänzen der Straße. Oder er vollzieht (vielleicht) den Sprechakt des Warnens, man solle nicht hinausgehen.[14]

Schließlich veranlaßt der Sprecher seine Gäste (vielleicht) dazu, einen Schirm auch zu holen.

Die vielen "vielleichts" zeigen die Schwierigkeit, den kommunikativen Akt auf einen bloßen Informationsgehalt hin zu beschränken. Sie zeigen zudem die notwendige interpretative Aktivität des Hörers. So hat das höfliche Gespräch über das Wetter auf einer Party nicht den Zweck der Information über Luftdruck und Wetterlage; die Bedeutung dieses Sprechakts liegt auf einer anderen Ebene.

Jeder Sprechakt läßt sich nach dem Begründer dieser Theorie, J.L. Austin, in drei Akte zerlegen:[15]
— den lokutionären Akt: die bloße Äußerung
— den illokutionären Akt: die mit der Äußerung vollzogene Warnung,
                          Erklärung, Empfang etc.
— den perlokutionären Akt: die Wirkung der Äußerung auf den Hörer.

Alle drei Akte finden zugleich statt, es handelt sich nicht um verschiedene Handlungen, sondern um drei Aspekte derselben Äußerungshandlung.[16]

---

13 Burke, *Dichtung,* 7.

14 Hans Hörmann, *Meinen und Verstehen: Grundzüge einer psychologischen Semantik* (Frankfurt/M.: Suhrkamp, 1978), 259.

15 J.L. Austin, *How to Do Things with Words* (Cambridge/Mass.: Harvard, 1962).

16 John R. Searle, *Speech Acts: An Essay in the Philosophy of Language* (Cambridge: C.U.P., 1969) hat dies modifiziert.

Damit wird erneut die Unterscheidung von Information und Sinn einer kommunikativen Handlung notwendig. Der Sinn einer Äußerung ist von den vollzogenen Sprechakten abhängig, nicht bloß von der geäußerten Wortfolge (vgl. das Partygespräch über das Wetter), wenngleich beide natürlich zusammenhängen. Auch sprachliche Handlungen können also nur als Interaktion analysiert werden, als *gegenseitig* abhängiges Verhalten von Sprecher und Hörer.

2.1.4. Funktion der Sprache

Damit muß auch die Sprache in ihrem Äußerungskontext differenziert werden. Karl Bühler hatte bereits frühzeitig das sprachliche Zeichen in seinen Beziehungen zu Sender, Empfänger und Gegenständen bzw. Sachverhalten gesehen und drei Funktionen festgestellt: eine *Ausdrucks*funktion bezüglich des Senders, eine *Appell*/funktion bezüglich des Empfängers, eine *Darstellungs*funktion bezüglich der Sachverhalte. Eugenio Coseriu hat dieses Modell um die wesentliche Funktion der "Evokation" erweitert.[17]

Funktion und Bedeutung der Sprache sind unter diesem Aspekt nunmehr zu definieren nicht als Abbildung einer Realität, sondern allenfalls als "Anweisung zur Konstruktion" eines Realitätsbildes.

TEXT 8

> Die sprachliche Äußerung selbst vermittelt also dem Hörer nicht Information, die er vorher nicht gehabt hat, sondern der Hörer *schafft,* geleitet von der sprachlichen Äußerung, Information.[18]

2.2. Literatur als Kommunikation

2.2.1. Textkommunikation

Ist sprachliche Kommunikation als Sonderfall allgemeiner kommunikativen Handelns aufzufassen, so die Textkommunikation als Sonderfall der sprachlichen.[19]

---

17 Eugenio Coseriu, *Textlinguistik: Eine Einführung.* Herausgegeben und bearbeitet von Jörn Albrecht (Tübingen, 1981), 16ff. und Coseriu, "Thesen zum Thema 'Sprache und Dichtung'", Wolf-Dieter Stempel, ed., *Beiträge zur Textlinguistik* (München: Fink, 1971), 183. Karl Bühler, *Sprachtheorie: Die Darstellungsfunktion der Sprache* (Stuttgart: Fischer, [2]1965), 28ff. Die weit verbreitete Erweiterung des Bühlerschen Modells durch Roman Jakobson hat Coseriu in seiner *Textlinguistik,* 56ff. einer einleuchtenden Kritik unterzogen.

18 Hörmann, *Meinen,* 506.

19 Im Unterschied zur Textlinguistik, die den Text meist sehr weit faßt als "Gesamtmenge der in einer kommunikativen Interaktion auftretenden kommunikativen Signale" — so W. Kallmeyer u.a., *Lektürekolleg zur Textlinguistik,* Band 1: *Einführung* (Frankfurt: Fischer Athenäum, 1974), 45 —, also über das rein Sprachliche weit hinausgehend, verwenden wir im folgenden den Begriff "Text" für den schriftlich vorliegenden Text.

TEXT 9

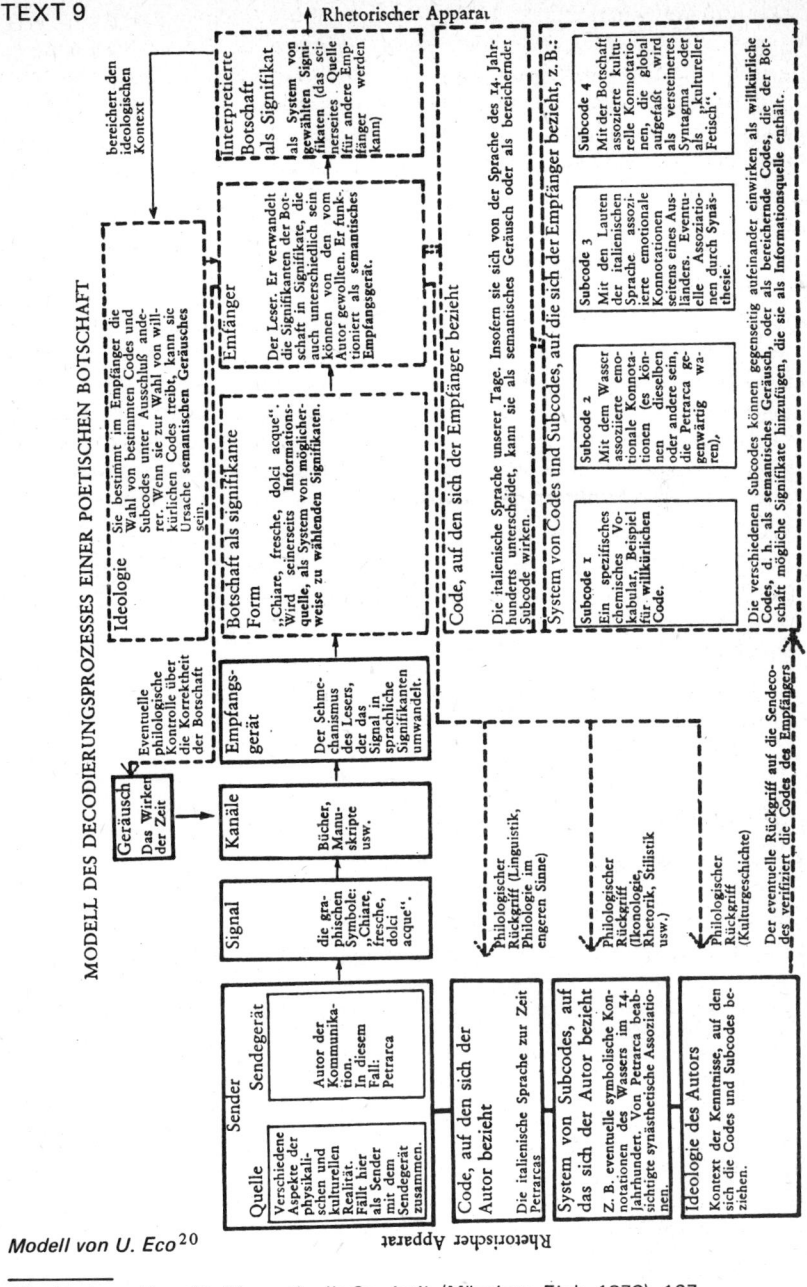

Modell von U. Eco[20]

---

20 Umberto Eco, *Einführung in die Semiotik* (München: Fink, 1972), 167.

Die Diskussion der Kommunikation und der Sprechakte hatte gezeigt: "Erst der Vorkommensrahmen einer Äußerung macht diese verständlich."[21]

In der Textkommunikation nun wird die aktuelle *face-to-face*-Situation aufgespalten. Sender und Empfänger befinden sich in verschiedenen Kontexten. Die kommunikativ wirksame Informativität der Situation, der gegenseitigen Interaktion beider, fällt weg. Der Leser muß aus dem Text allein, dem sprachlichen Substrat, Intentionen des Autors erschließen. Dies erhöht seine interpretative Aktivität, verglichen mit der normalen Sprechsituation, gefährdet freilich auch das Gelingen der Kommunikation (im informationstheoretischen Verständnis).

Zu dieser örtlichen Distanz der Beteiligten kommt eine nicht selten große zeitliche (etwa bei verstorbenen Autoren). Die Kommunikation nähert sich so weitgehend dem einlinigen Kommunikationsmodell an; Rückfragen und direkte Reaktionen sind unmöglich. So werden in der Regel die verschiedenen Situations- und Wissenshorizonte von Autor und Leser wirksam. Die durch den Leser schließlich erstellte Interpretation der Textbotschaft kann so der vom Autor intendierten durchaus zuwiderlaufen. Umberto Eco hat in einem ausführlichen Modell die Funktion und Wirksamkeit dieser Umstände (von ihm mit "System der Subcodes" bezeichnet; vgl. auch das Modell in Text 5) anhand einer Zeile von Petrarca vorgeführt: "Chiare, fresche, dolci acque — klare, frische, süße Wasser" (in der Spalte "Signal"). Analog zur Definition der Funktion der Sprache im Sprechakt kann der Text definiert werden als eine *"geordnete Menge von Anweisungen* an Kommunikationspartner".[22]

Der fehlende gemeinsame situative Rahmen, der zur Vereindeutigung (Monosemierung) der potentiell vieldeutigen Botschaft dient, muß im Text durch besondere Strukturmerkmale aufgewogen werden. Dies wird vor allem erreicht durch eine kohärente Struktur,[23] deren Aufbau vom ersten Satz an zur Konstruktion des intendierten Sinns hinführen soll.

TEXT 10

Der Eröffnungssatz eines Textes und die in ihm auf der Ebene des Satzes dominanten bzw. zentrierenden Bedeutungswerte bestimmen die Isotopieebene und die damit konstituierte Erwartungs- bzw. Verstehensebene des Textes.[24]

---

21 Kallmeyer, u.a., *Lektürekolleg,* 21.

22 Schmidt, *Texttheorie,* 76.

23 Kallmeyer u.a., *Lektürekolleg,* 57ff. und 143ff.

24 Siegfried J. Schmidt, "'Text' und 'Geschichte' als Fundierungskategorien: Sprachphilosophische Grundlagen einer transphrastischen Analyse", Wolf-Dieter Stempel, ed., *Beiträge zur Textlinguistik,* 48.

2.2.2. Der Roman als Sprechakt

Wiederum Sonderfall der Textkommunikation ist die literarische Kommunikation. Literatur allgemein, der Roman im besonderen, ist eine Teilmenge der "Texte". Die Ähnlichkeit des literarischen Kommunikationsprozesses — Autor, Werk, Leser — bot Anlaß, diesen Vorgang als Sprechakt zu definieren, freilich unter Modifizierung der ursprünglichen Voraussetzungen. Für einen normalen Sprechakt gelten u.a. zwei wesentliche Regeln:

TEXT 11

> The sincerity rule: the speaker commits himself to a belief in the truth of the expressed proposition.
> The essential rule: the maker of an assertion commits himself to the truth of the expressed proposition.[25]

Dies trifft für einen Zeitungsredakteur durchaus zu, nicht jedoch für einen Romanautor. Laut Searle gibt dieser nur vor, eine Reihe illokutionärer Akte durchzuführen. Die durch die zitierten Regeln hergestellten Verbindungen zwischen der Äußerung und der Realität werden ungültig, die Verbindung zwischen Äußerungsakt und Realität wird zerbrochen. Die Aufhebung dieser für allgemeine Kommunikation gültigen Regeln wird ihrerseits durch Regeln bzw. Zeichen angedeutet.[26] Richard Ohmann definiert den Roman ebenfalls mit Hilfe der Sprechakttheorie; er sieht hier jedoch vor allem das Fehlen der illokutionären Kraft:

TEXT 12

> A literary work is a discourse whose sentences lack the illocutionary forces that would normally attach to them. Its illocutionary force is mimetic.[27]

Diese Definitionsversuche weisen den Roman somit als Nachahmung bzw. Vorgabe von Sprechakten unter verschiedenen Geltungsbedingungen aus.

2.2.3. Die Ebenen literarischer Kommunikation

Der Roman ist jedoch nicht nur Teil eines Sprechaktes. Der literarische Kommunikationsprozeß stellt vielmehr eine komplexe Vervielfältigung der Kommunikationssituation dar. Natürlich ist der Roman das Verbindungs-

---

25 John R. Searle, "The Logical Status of Fictional Discourse", *NLH*, 6 (1972), 322.
26 *Ebd.*, 324ff.
27 Richard Ohmann, "Speech Acts and the Definition of Literature", *Philosophy and Rhetoric*, 4 (1971), 14. Wolfgang Iser, *Der Akt des Lesens: Theorie ästhetischer Wirkung* (München: Fink, 1976), 98ff. sieht in fiktionaler Rede ausschließlich eine andere Organisation der Konventionen und darin den illokutionären Effekt.

glied zwischen Autor und Leser — doch ist dies lediglich die werkexterne Kommunikationsbeziehung (sie wird ausführlicher in Poblemfeld 1 behandelt). Diese werk*externe* Ebene läßt sich weiter bezüglich der Rollenverhältnisse differenzieren: Die umfassendste Ebene ist die Beziehung zwischen Autor und Leser als Mitgliedern einer Gesellschaft. In ihren *Funktionen als Autor und Leser* befinden sie sich in einer eingeschränkten Rolle, die jedoch um die Faktoren der literarischen Kommunikation erweitert ist, also Wegfall der alltäglichen Geschäfte, dafür Konzentration auf das Vorhaben, auf literarische Formen, Inhalte, Symbole etc.

Der Roman beinhaltet jedoch auch in sich selbst eine Reihe von Kommunikationsverhältnissen, die im folgenden Modell schematisch dargelegt sind:[28]

TEXT 13

werkinterner Bereich	S 1 erzählte sendende Figur	E 1 erzählte empfangende Figur
	S 2 fiktiver Erzähler	E 2 fiktiver Adressat,"geneigter Leser"
	S 3 impliziter Autor	E 3 impliziter Leser
werkexterner Bereich	S 4 realer Autor in seiner Rolle als Autor	E 4 realer Leser in seiner Rolle als Leser
	S 5 Autor als Mitglied einer Gesellschaft	E 5 Leser als Mitglied einer Gesellschaft

2.3. Kommunikation im Roman

2.3.1. Werkinterne Kommunikation

Auf der "innersten" Ebene im Roman stehen die interagierenden Figuren, deren verbale Äußerungen in Problemfeld VI näher erläutert werden. Die Figuren sprechen jedoch nicht nur, was ohnehin bereits *Handeln als Sprechakt* wäre, sie handeln auch nonverbal. Diese Ebene läßt sich als Präsentation von Sprechakten und allgemeinen kommunikativen Handlungen bezeichnen.[29]

---

28 Das Schema basiert auf dem Modell von Cordula Kahrmann u.a., *Erzähltextanalyse: Eine Einführung in Grundlagen und Verfahren* Band 1 (Kronberg: Athenäum, 1977), 41 und auf den Ausführungen von Rolf Fieguth: "Zur Rezeptionslenkung bei narrativen und dramatischen Werken", *Sprache im technischen Zeitalter*, 47 (1973), 186-201, modifiziert aber die Begriffe etwas. Andere Modelle erfassen nur 4.Ebenen, wie etwa das logisch nicht stringente von Hannelore Link, *Rezeptionsforschung: Eine Einführung in Methoden und Probleme* (Stuttgart: Kohlhammer, 1976), 25.

29 Searle, "Logical Status" sieht sie als fiktive Sprechakte, Felix Martinez-Bonati, "The Act of Writing", *NLH*, 11 (1980), 425-434 als Sprechakte fiktiver Figuren.

TEXT 14

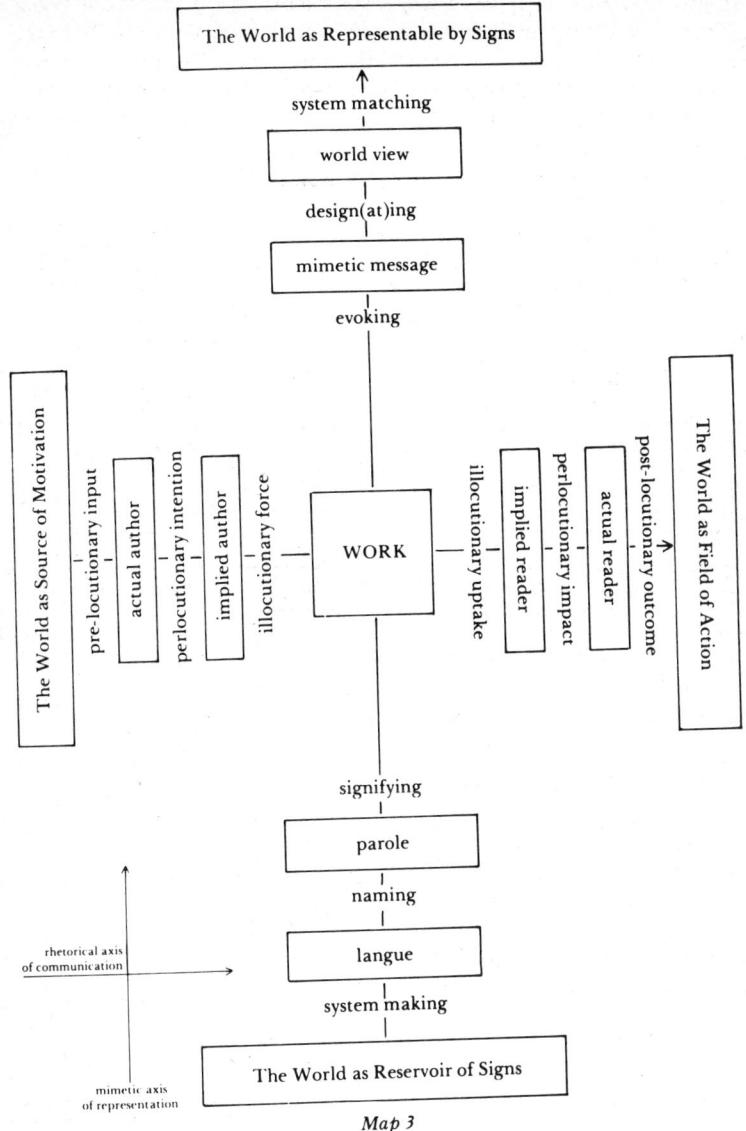

Map 3

Modell von Paul Hernadi[30]

30   Paul Hernadi, "Literary Theory: A Compass for Critics", *Critical Inquiry*, 3 (1976), 369-386.

Aus dieser Präsentation von Sprechakten ermittelt der Leser laut Richard
Ohmann Existenz und Art der Charaktere.[31] Damit wird deutlich, daß der
Roman durch ein bloßes Kommunikationsmodell nicht sinnvoll erfaßt werden kann. Im Vollzug der literarischen Kommunikation baut sich für den
Leser eine Welt auf. Paul Hernadi hat daher die kommunikative Ebene (horizontal) — die wiederum die bekannte Struktur der Kommunikation mit
ihren Sprechakteigenschaften beinhaltet — durch eine vertikale Achse
der mimetischen Repräsentation ergänzt (Modell Text 14). Die Welt
als Reservoir von Zeichen — und ergänzend: als Repertoire verschiedener
kommunikativer Handlungsspiele — wird vom Autor gemäß seiner Intention
ausgewählt; in sprachlicher Version geht es in das Werk ein und evoziert
für den Leser (durch Präsentation der kommunikativen Handlungsspiele
auf den verschiedenen Ebenen) eine Information, die ihm die Welt als durch
Zeichen repräsentierbar vorführt.

Zu dieser fiktiven Welt gehört auch die zweite werkinterne Ebene: die Kom-
munikaton zwischen dem fiktiven Erzähler und dem ihm im Werk zugeordneten Leser. Beides sind fiktive Figuren, die keine direkte Beziehung zu den
werkexternen Ebenen von Autor und Leser haben. Die verschiedenen Formen der Erzählsituationen sowie die Beziehungen von Erzähler und Autor
werden in Problemfeld IV dieses Bandes eingehend behandelt. Seltener als
die konkret faßbare Erzählerfigur erscheint die auf dieser Ebene dem Erzähler zugeordnete Leserfigur, im 19. Jahrhundert vor allem gern als "geneig-
ter" Leser apostrophiert. Besonders deutlich wird die "Interaktion" auf
dieser Ebene im Roman *Tristram Shandy* (1759–1767) von Laurence
Sterne. Hier fordert der Erzähler die Leserin gar auf, ein Kapitel nochmals
zu lesen.

Diese Ebene läßt sich als fakultativ bezeichnen, da nicht in jedem Roman
ausdrücklich eine Erzähler- und Leserfigur auftreten. Die werkinternen
Ebenen 1 und 2 ergeben somit ein komplexes Geflecht kommunikativer
Handlungsspiele (bzw. Sprechakte), die sich zumal auf der Figurenebene (1)
weit über den rein verbalen Dialog hinaus erstrecken. Zur vertikalen Ebene
der mimetischen Repräsentation gehört wesentlich auch der nonverbale Teil,
der dem Leser freilich nur verbal übermittelt werden kann.[32] Desgleichen
gehören dazu die ebenfalls nur verbal vermittelbaren Bereiche Raum und
Charaktere (Problemfelder V und VI).

---

31 Ohmann, "Speech, Literature, and the Space Between", *NLH,* 4 (1972), 47-63.
32 Diese Tatsache, daß der Autor nur durch Worte "zeichnen" kann, hat schon
    Lessing einer ausführlichen Analyse unterzogen: *Laokoon oder über die Grenzen
    der Malerei und Poesie,* 1766. Sie ist ein wesentliches Problem bei der Umsetzung
    von Romanen in visuelle Medien: Theater, Film.

2.3.2. Der Roman als "polyphones" Sprachgebilde — Intertextualität

Die Vielzahl der Figuren auf den Ebenen 1 und 2 bedingt nahezu zwangsläufig eine Vervielfältigung der sprachlichen Formen. In der Regel unterscheiden sich — vor allem im naturalistischen Roman — die Stilebenen der einzelnen Figuren (je nach sozialem Stand und regionaler Herkunft) und der Erzählerfigur, die wiederum nicht mit der Stilebene des Autors (auf der werkexternen Ebene) verwechselt werden dürfen. Michail Bachtin schließt aus diesem Umstand, daß der Autor (werkextern!) zwar im Roman allgegenwärtig ist, jedoch ohne eigene direkte Sprache beteiligt ist.

TEXT 15

> Die Sprache des Romans ist ein System von Sprachen, die einander dialogisch beleuchten. Sie ist nicht als einzige und einheitliche Sprache zu beschreiben und zu analysieren. [. . .] Tilgten wir alle intonatorischen Anführungszeichen, alle Einschnitte von Stimmen und Stilen sowie alle Abweichungen der abgebildeten "Sprachen" vom direkten Autorwort, so erhielten wir ein stilloses und sinnloses Konglomerat heterogener sprachlicher und stilistischer Formen. [. . .]
> Die Sprache bildet im Roman nicht nur ab, sondern sie dient auch selbst als Gegenstand der Abbildung.[33]

Der Roman läßt sich so als polyphones (mehrstimmiges) Sprachgebilde bezeichnen, das durch die Präsentation einer Vielfalt verschiedener Sprechakte in der Vorstellung des Lesers eine fiktive Welt erstehen läßt (vgl. S. 48 zur Funktion der Sprache als Anweisung zur Konstruktion eines geistigen Vorstellungsbildes). — Diese Vielzahl von "Texten" innerhalb der werkinternen Ebenen steht ihrerseits im Verhältnis zur "Textsituation" (kommunikative Handlungsspiele) außerhalb des Romantextes, wobei sich die "Text"kenntnis von Autor und Leser in der Regel aufgrund verschiedener Situationen und Horizonte unterscheiden und so sich verschiedene Interpretationen des Romans bereits auf dieser Basis ergeben können. Der Roman steht damit als System von Texten in dem gesellschaftlichen System von Texten, das ja ebenfalls nicht einheitlich ist, sondern durch soziale Ebenen, individuelle Prädispositionen und Bildungsstände sowie die jeweiligen Situationen differenziert wird.

---

33 Michail M. Bachtin, *Die Ästhetik des Wortes* (Frankfurt/M.: Suhrkamp, 1979), 306-309 und Bachtin, *Literatur und Karneval: Zur Romantheorie und Lachkultur* (München: Hanser, 1969).

TEXT 16

> Wird die Gesellschaft nicht mehr mit Begriffen wie "Wirklichkeit",
> "Sein" oder "gesellschaftliche Wirklichkeit" bezeichnet, sondern als ein
> Zusammenwirken von *Soziolekten* und *Diskursen* aufgefaßt, dann wird
> eine Darstellung des fiktionalen Textes als Intertext möglich.[34]

Damit ist der Romantext in die Gesellschaft funktional eingegliedert; zugleich ist mit dem Begriff der Intertextualität eine Verbindung von Autor,
Werk und Leser hergestellt, ein Übergang von werkinterner und werkexterner Ebene.

2.4. Die "implizite" Kommunikation

2.4.1. Implied author – implied reader

Weder Figuren noch Erzählerfiguren (bzw. Leserfigur) lassen sich identisch
mit dem realen Autor (bzw. Leser) setzen. Sie können zwar als "Sprachrohr"
der Ansichten des Autors auftreten, sie müssen es aber nicht. Eine direkte
Kommunikation zwischen realem Autor und Leser gibt es in der Regel
nicht, sieht man einmal von Autorenlesungen zeitgenössischer Autoren vor
Publikum ab.

TEXT 17

> Ein Text ist als Kommunikation gründlich mißverstanden, wenn er als
> der gleichsam neutrale Ort aufgefaßt ist, an dem sich ein Autor und ein
> Rezipient in ihren textexternen literarischen Rollen im Grunde zufällig
> treffen und dann auf eine ziemlich geheimnisvolle Weise über seinen
> Inhalt miteinander in Kommunikation geraten:[35]

Autor und Leser "treffen" sich vielmehr auf einer Ebene, die konkret nicht
faßbar ist, die jedoch als Treffpunkt beider als hypothetisches Konstrukt
unabdingbar ist. Im obigen Modell ist es Ebene 3, die zwar im Werk anzu-
siedeln ist, jedoch zwischen den werkinternen Ebenen der Figuren und
Erzähler und den werkexternen Ebenen liegt. (Das Modell von Hernadi
in TEXT 14 setzt den "implied author/reader" außerhalb des Werkes, was
den Sachverhalt etwas verfälscht.) Rolf Fieguth umschreibt diese Ebene
mit dem "Subjekt des Werkganzen" und dem "impliziten Empfänger des
Werkganzen";[36] wesentlich ist das Werk*ganze*. Es handelt sich bei dieser

---

34 Peter V. Zima, *Textsoziologie: Eine kritische Einführung* (Stuttgart: Metzler,
    1980), 81. Diese Intertextualitätstheorie leitet sich von Bachtin ab und wurde
    vor allem von Julia Kristeva, *Semeiotiké: Recherches pour une sémanalyse* (Paris:
    Seuil, 1969) weiterentwickelt. Der hier auftretende Textbegriff entspricht dem
    oben angeführten erweiterten Textbegriff der Textlinguistik und in etwa unserer
    Sprechaktdefinition.

35 Günter Waldmann, *Kommunikationsästhetik, 1: Die Ideologie der Erzählform.
    Mit einer Modellanalyse von NS-Literatur* (München: Fink, 1976), 65.

36 Fieguth, "Zur Rezeptionslenkung", 186.

Ebene nicht um faßbare "Figuren" im Sinne der Ebenen 1 und 2; statt vom "Empfänger" oder "Subjekt" zu reden, ist es daher sinnvoller, von implizit im Text vorhandenen Elementen zu sprechen. Wayne C. Booth führte daher den Begriff des "implied author" ein.

TEXT 18

> However impersonal he may try to be, his reader will inevitably construct a picture of the scribe who writes in this manner — and of course that official scribe will never be neutral toward all values. . . .
>
> Our sense of the implied author includes not only the extractable meanings but also the moral and emotional content of each bit of action and suffering of all the characters. It includes, in short, the intuitive apprehension of completed artistic whole; the chief value to which *this* implied author is committed, regardless of what party his creator belongs to in real life, is that which is expressed by the total form.[37]

Die Vorstellung dieses impliziten Autors setzt sich also aus allen Teilen des Werkes zusammen.[38]

Ähnlich wie auf der Sender-Seite gibt es auch auf der Empfänger-Seite eine "Schnittstelle" zwischen werkexternen und werkinternen Ebenen, die weder mit dem realen Leser (Ebenen 4 und 5) noch mit den werkinternen Leserfiguren (Ebenen 1 und 2) zu verwechseln ist. Diese Sparte ist sogar in mehrerlei Hinsicht zu differenzieren.

2.4.2. Differenzierungen des Konzepts "Leser"

Obwohl eine direkte Kommunikationslinie zwischen Autor und Leser nicht existiert — der Fall des Fortsetzungsromans etwa bei Charles Dickens, der als Autor zwischen den einzelnen Folgen die Leserreaktionen verarbeiten und für die weitere Gestaltung seines Romans verwenden konnte, sei als Sonderfall angemerkt —, besitzt der Autor jedoch zumeist eine gewisse Zielvorstellung des Lesers, den er ansprechen will: den *intendierten* Leser.[39] Diese Zielschicht lenkt zu weiten Teilen die gesamte Absicht des Autors und steuert bis zu einem gewissen Grade Stil und Konstruktionsweise. Da dieser "Leser" seine Funktion noch vor der Niederschrift des Romans ausübt, steht er noch im werkexternen Bereich; er ist der "Übergang" in den werkinternen Bereich.

---

37 Wayne, C. Booth, *The Rhetorik of Fiction* (Chicago: U. of Chicago P.,1961), 71 und 73f.

38 Der von C. Kahrmann u.a., *Erzähltextanalyse* gebrauchte Begriff "abstrakter Autor/Leser" erscheint in diesem Zusammenhang unglücklich.

39 Erwin Wolff, "Der intendierte Leser: Überlegungen und Beispiele zur Einführung eines literaturwissenschaftlichen Begriffs," *Poetica*, 4 (1971), 140-166.

Während der Abfassung des Romans hat der Autor von "dem" Leser eine gewisse Vorstellung, die sich nicht unbedingt mit dem von ihm intendierten Zielpublikum deckt, die aber durchaus zusammenfallen können: der *imaginierte* Leser.

Schließlich der *implizite* Leser.[40] Er ist selbstverständlich durch die Autorintention und -vorstellung (intendierter und imaginierter Leser) bedingt.

Neben dieser dreifachen Aufspaltung des Lesers auf Ebene 3 gibt es mancherlei Leserkonzepte, auf die hier nur kurz verwiesen werden soll. Der oft zitierte "ideale Leser" ist ein Konzept, das schon von unserer Diskussion der allgemeinen Kommunikationsprozesse schwer zu halten ist. Dieser Leser müßte den gleichen Code wie der Autor besitzen, die gleichen Intentionen nachvollziehen — er entspräche einem informationstheoretischen Verständnis literarischer Kommunikation. Wenn jedoch Kommunikation (siehe oben) als gemeinsame Aktualisierung von Sinn, nicht jedoch als einlinige Übertragung von Information verstanden werden muß, wäre in diesem Falle Kommunikation unnötig. Vom idealen Leser zu scheiden ist der "wohlinformierte Leser": Dieser muß — Stanley Fish zufolge — ein kompetenter Sprecher der Sprache sein, in der der Text verfaßt wurde, volles semantisches Wissen haben (einschließlich lexikalischer Einheiten, Zusammensetzungsmöglichkeiten, idiomatischer Ausdrücke, Dialekte etc.) und über literarische Kompetenz verfügen: "Das bedeutet, er ist ausreichend erfahren als Leser, um die Bereiche der Literatur und Literaturkritik von ganz speziellen Techniken (rhetorische Figuren etc.) bis hin zu ganzen Gattungen internalisiert zu haben."[41]

Daß dies von jedem Leser anzustreben sei, wird man nicht bestreiten können, wohl aber Fishs Annahme, daß es sich hierbei nicht um ein ideales Konstrukt handele, sondern um eine Kreuzung von lebendem Leser und Abstraktion — um den wirklichen Leser, der alles tue, um sich zu informieren.

Schließlich der "Archileser"(Riffaterre) — eine Informatorengruppe für den Literaturwissenschaftler, deren Reaktionen auf herausragende Stellen eines Textes Basis für die Erarbeitung der stilistischen Züge des Textes werden können.[42]

Ähnlich wie der "implied author" läßt sich der implizite Leser nur im Werkganzen sehen und ist konkret nicht zu fassen.

---

40 Die Terminologien unterscheiden sich in verschiedenen Publikationen; Hinweise dazu bei Gunter Grimm, "Einführung in die Rezeptionsforschung," G. Grimm, ed., *Literatur und Leser: Theorie und Modelle zur Rezeption literarischer Werke* (Stuttgart: Reclam, 1975), 75ff. und Grimm, *Rezeptionsgeschichte: Grundlegung einer Theorie* (München: Fink, 1977), 34ff.

41 Stanley Fish, "Literatur im Leser: Affektive Stilistik," Rainer Warning, ed., *Rezeptionsästhetik: Theorie und Praxis* (München: Fink, 1975), 215.

42 Siehe hierzu die Kritik bei Iser, *Akt des Lesens*, 55f. und Warning, *Rezeptionsästhetik*, 26.

TEXT 19

Im Unterschied zu den besprochenen Lesertypen besitzt der implizite Leser keine reale Existenz; denn er verkörpert die Gesamtheit der Vororientierungen, die ein fiktionaler Text seinen möglichen Lesern als Rezeptionsbedingungen anbietet.[43]

Er steht so in direkter Relation zum Akt des Lesens selbst; Wolfgang Iser definiert ihn als den "Aktcharakter des Lesens".[44]

2.4.3. Der Akt des Lesens (Fish, Iser)

Was bereits für den Sprechakt galt: daß die Bedeutung eines Satzes sich aus seiner Äußerung im Sprechakt ergibt, gilt analog für den Roman. Stanley Fish stellt daher Bedeutung als Ereignis fest, das sich in der Lektüre konstituiert.

TEXT 20

Die Bedeutung ist das Erlebnis einer Aussage — *das ganze Erlebnis* — und nicht nur irgend etwas, das darüber gesagt werden könnte, einschließlich dessen, was ich selbst sage. Daraus folgt dann, daß es unmöglich ist, die gleiche Sache auf zwei (oder mehr) verschiedene Weisen auszudrücken.[45]

Für Fish stellt sich die Lektüre eines Satzes als chronologischer Gang durch die Wortfolge dar, wobei jedes neu auftretende Wort die verschiedenen Möglichkeiten, wie der Satz weitergehen könnte, einschränkt, zugleich aber auch einen weiten Raum möglicher Fortführungen eröffnet.[46]

Das zeigt die hohe Eigenleistung des interpretierenden Lesers, es zeigt aber auch, wie wesentlich die Steuerung des Lesers durch die Textstrukturierung bewirkt werden kann.

Wolfgang Iser hat diesen Prozeß für den Roman untersucht, wobei er sich nicht — wie Fish — auf die rein satzsprachliche Ebene beschränkte. Ähnlich wie Fish sieht auch er, daß Bedeutungen erst im Lesevorgang geschaffen werden: "sie sind das Produkt einer Interaktion von Text und Leser und keine im Text versteckten Größen, die aufzuspüren allein der Interpretation vorbehalten bleibt."[47] Daß diese Bedeutungsschaffung stets nur eine individuelle, stark leserabhängige sein kann, ist damit klar. Das aber heißt nichts anderes als

43 Iser, *Akt des Lesens,* 60.

44 Wolfgang Iser, *Der implizite Leser: Kommunikationsformen des Romans von Bunyan bis Beckett* (München: Fink, 1972), 8f.

45 Fish, "Literatur im Leser," 205.

46 Beispiele siehe bei Fish, "Literatur im Leser," 196ff.; Kritik an Fishs Modell bei Iser, *Akt des Lesens,* 56 und Warning, *Rezeptionsästhetik,* 29ff.

47 Wolfgang Iser, "Die Appellstruktur der Texte," Rainer Warning, ed., *Rezeptionsästhetik: Theorie und Praxis* (München: Fink, 1975), 229.

TEXT 21

daß dem Verfaßtsein der Texte Aktualisierungsbedingungen eingezeichnet sein müssen, die es erlauben, den Sinn des Textes im Rezeptionsbewußtsein des Empfängers zu konstituieren. Daher bezeichnet das Konzept des impliziten Lesers eine Textstruktur, durch die der Empfänger immer schon vergedacht ist, und die Besetzung dieser strukturierten Hohlform läßt sich auch dort nicht verhindern, wo sich Texte durch ihre Leserfiktion erklärtermaßen um einen Empfänger nicht zu kümmern scheinen oder gar ihr mögliches Publikum durch die verwendeten Strategien auszuschließen trachten.[48]

Eine Hauptkategorie dieses Verfaßtseins der Texte, die dem Autor als Steuerungsmittel zur Verfügung stehen, sieht Iser in der sogenannten "Leerstelle". Ein literarischer Text bildet keine Wirklichkeit ab, sondern ist allenfalls eine Darstellung von Reaktionen auf Wirklichkeit.

TEXT 22

Wenn ein literarischer Text keine wirklichen Gegenstände hervorbringt, so gewinnt er seine Wirklichkeit erst dadurch, daß der Leser die vom Text angebotenen Reaktionen mit vollzieht.[49]

Dies entspricht unserer Definition der Sprachfunktion als Anweisung zur Erstellung eines Vorstellungsbildes. Literarische Gegenstände werden für Iser durch eine Vielzahl von Ansichten entrollt, die den Gegenstand schrittweise hervorbringen. Voll bestimmt werden kann er jedoch nicht. An den Schnittstellen dieser Ansichten entstehen die sogenannten Leerstellen, die für den Leser einen Auslegungsspielraum darstellen.[50] Durch Auffüllen dieser Leerstellen kann der Leser die im Text gebotene "Fremderfahrung" zu seiner eigenen machen.

Iser sieht dabei hinsichtlich des impliziten Lesers eine Entwicklung in der englischen Romangeschichte von einer weitgehend expliziten Leserfigur im 18. Jahrhundert hin zu einer allmählichen Zunahme von Leerstellen vor allem im 20. Jahrhundert, deren Vielzahl im Leser Irritation bewirkt und erhöhte Interpretationsleistung abverlangt. "Der Leser soll sich der Art seines Wahrnehmens, der Form seiner passiven Synthesen zum Herstellen

---

48 Iser, *Akt des Lesens,* 61.

49 Iser, "Appellstruktur", 232.

50 Laut Iser stellt jeder literarische Text eine perspektivische Sicht des Autors auf die Welt dar, ist aber selbst gleichfalls ein perspektivisches Gebilde. Perspektivträger sind vor allem: Erzähler, Figuren und Handlung (*plot*). Sie bilden "unterschiedliche Orientierungszentren", die aufeinander bezogen werden müssen. Die Textperspektiven verweisen insgesamt auf einen gemeinsamen Horizont, der nicht explizit gegeben ist, sondern vom Leser in seiner Vorstellung realisiert werden muß (Iser, *Akt des Lesens,* 61ff.). An den Nahtstellen dieser Perspektiven entstehen Leerstellen, quasi "Gelenke des Textes", die die Vorstellungsaktivität im Leser auslösen (*ebd.,* 284). Ein Beispiel hierzu siehe Iser, *Akt des Lesens,* 187ff.

von Konsistenz, ja des Funktionierens seiner Reflexion bewußt werden. . . . Darin liegt die Chance, daß wir uns in dem ständigen Verstricktsein in selbst-produzierte Illusionen und Fiktionen entdecken."[51]

2.4.4. Funktion des Erwartungshorizonts

Die hiermit deutlich herausgestellte Eigenaktivität des Lesers als notwendige Komponente der Bedeutungsaktualisierung eines Werkes zwingt dazu, die Komponenten dieses Prozesses genauer zu untersuchen. Diese liegen freilich nicht ausschließlich im werkinternen Bereich der Textstrukturen, sondern auch in der werkexternen, von soziohistorischen und kulturellen Faktoren geprägten Erwartung auf Seiten des Lesers. Hans Robert Jauß hat diesen Erwartungshorizont in seiner Funktion für den Rezeptionsprozeß genauer beleuchtet.

TEXT 23

Ein literarisches Werk, auch wenn es neu erscheint, präsentiert sich nicht als absolute Neuheit in einem informatorischen Vakuum, sondern prädisponiert sein Publikum durch Ankündigungen, offene oder ver-steckte Signale, vertraute Merkmale oder implizite Hinweise für eine ganz bestimmte Weise der Rezeption.[52]

Dieser Erwartungshorizont, der sich nach Jauß aus bekannten Normen der Gattung, aus impliziten Beziehungen zu bekannten Werken der literarhisto-rischen Umgebung und dem Gegensatz von Fiktion und Wirklichkeit zusam-mensetzt — Jauß vernachlässigt dabei die sozialgeschichtliche Komponente —, wirkt sich wesentlich bei der Rezeption durch den realen Leser aus. Er hat jedoch auch eine Funktion für die Text und Leseaktstrukturierung durch den Autor. Dies gilt vor allem für den Bereich der Anspielungen auf andere literarische Werke bzw. für jedwede Anspielung im soziohistorischen und kulturellen Bereich; deutlich wurde dies bereits am Konzept der Inter-textualität des Romans, seiner Einordnung in das Gesamtsystem der Texte.

2.4.5. "Literarische" und pragmatische Lektüre

Ebenfalls in den Bereich der impliziten Kommunikation, der Anweisungen an den Leser, wie er den Text *idealiter* zu lesen habe, fallen Hinweise für die Art der Lektüre generell.

---

51 Iser, *Der implizite Leser,* 10f. Zur Kritik an Isers Leerstellen, die vor allem darauf abhebt, daß sich Literatur eher durch Bestimmtheit auszeichne, siehe Hannelore Link, "'Die Appellstruktur der Texte' und ein 'Paradigmawechsel in der Literatur-wissenschaft?'," *Jahrbuch der deutschen Schillergesellschaft,* 17 (1973), 532-583 und Gerhard Kaiser, "Nachruf auf die Interpretation? Wolfgang Iser: Die Appell-struktur der Texte," *Poetica,* 4 (1971), 267-277.

52 Hans Robert Jauß, *Literaturgeschichte als Provokation* (Frankfurt/M.: Suhrkamp, 1970), 175.

Als Extrempole lassen sich im wesentlichen zwei Arten der Textrezeption feststellen: die pragmatische und die nichtpragmatische, "literarische", auch fiktional genannte Lektüre. In der Regel enthalten Texte gewisse Zeichen für den Leser, die seine Einstellung zum Text steuern: Handelt es sich um einen Dokumentarbericht, wird sich seine Einstellung anders ausrichten als bei einem "Roman" oder gar beim "Märchen". Harald Weinrich hat darauf hingewiesen, daß der Leser durch derartige Elemente — wie etwa im Buch Gattungsangaben, im Theater der Vorhang, im Kino die Leinwand etc. — einen Codewechsel vornimmt und sich so entsprechend auf die zu erwartende Textart einstimmt.[53]

Diese Zeichen sind jedoch nicht immer vorhanden. In manchen Texten — vor allem z.B. in realistischen Romanen und Ich-Erzählungen, in denen die Wahrhaftigkeit des Textes beteuert wird — ist daher die Entscheidung, ob er pragmatisch oder literarisch rezipiert werden soll, nicht immer eindeutig für *jeden* Leser. Horst Steinmetz hat anhand eines Kafka-Textes festgestellt, daß dieser in beiderlei Art rezipiert werden könne.

TEXT 24

Im Falle einer pragmatischen Rezeption wird er von Anfang an im Rahmen lebensweltlicher Bezüge verarbeitet. Er ist dann entweder bereits konkret-pragmatisch situiert oder wird in eine konkret-pragmatische Situation versetzt. Der Text funktioniert pragmatisch, wenn er zum Beispiel als Bericht eines Besuchers einer bestimmten Stadt in einer örtlichen Tageszeitung verstanden wird.[54]

Aus dem Beispiel wird deutlich, daß pragmatische Texte — da in der Regel Wiedergaben von Wirklichkeit in Form einer Abbildung — einen direkten Realitätsbezug haben; sie besitzen daher für den Rezipienten Informationscharakter — im Falle falscher Information kann richtiggestellt, korrigiert werden.

TEXT 25

Im Falle einer literarischen Rezeption wird die pragmatische Dimension von Anfang an als inadäquat verworfen. Eine konkrete Situierung des Textes wird bewußt vermieden. Er wird ausdrücklich nicht als Handlungsanweisung aufgefaßt. Die sich aus möglichen pragmatischen Handlungsinstruktionen und Lebenssituationen ergebenden Bedeutungen werden erweitert, letztlich aufgehoben, um durch andere ersetzt zu werden. Als ein möglicherweise zunächst als pragmatisch zu verstehender wird er 'umgedeutet'. [. . .] Literarische Rezeption neigt dazu, aus dem Text ein Gleichnis zu machen.[55]

53 Harald Weinrich. *Literatur für Leser: Essays und Aufsätze zur Literaturwissenschaft* (Stuttgart: Kohlhammer, 1971), 9.f.

54 Horst Steinmetz, "Rezeptionsästhetik und Interpretation," Helmut Brackert und Jörn Stückrath, ed., *Literaturwissenschaft: Grundkurs 2* (Reinbek: Rowohlt, 1981), 423.

55 *Ebd.,* 423f.

Da es in solcher Rezeption nicht um Zuwachs an Information gehen kann, ist der Leser hier gezwungen, sich mit der Aktstruktur des Lesens selbst auseinanderzusetzen und die "Bedeutung" des Textes abgelöst von seinem Informationsgehalt in diesem Akt zu erschließen (analog unserer Definition der Bedeutung des Sprechaktes, die gleichfalls im Akt, nicht in der Informativität der Wörter liegt).[56] Eine "Verarbeitung" für den "persönlichen Gebrauch" findet freilich auch hier statt, jedoch erst nach der vollzogenen Entpragmatisierung. Damit löst sich der Bedeutungsgehalt im Unterschied zum pragmatischen (informativen) Text von der Inhaltsebene, wie es die Diskussion der zunehmenden Leerstellen im 20. Jahrhundert bereits angedeutet hatte.

2.5. Funktionen des Romans aus kommunikationstheoretischer Sicht

Damit ergibt sich eine besondere Funktion des literarischen Textes (hier Roman) aus seiner kommunikativen Bedingtheit. Die Zunahme der Leerstellen im 19. und 20. Jahrhundert führte Iser dazu, als wesentliche Funktion des neueren Romans die Aufklärung des Lesers über sich selbst, über seine Tendenz, sich selbst fiktive Bilder von der Wirklichkeit aufzubauen und als wirklichkeitsadäquat zu nehmen, anzusetzen. Damit wird der Leser nicht eigentlich von sich weggeführt zu "fremden Figuren und Welten", sondern *qua* literarischem Kommunikationsakt auf seine eigene Erkenntnistätigkeit zurückgeworfen. Stefan Blessin hat das am Beispiel von Goethes *Wahlverwandtschaften* ausführlich dargelegt und kommt zu dem Schluß:

TEXT 26

> Nicht als in sich schlüssige und vollkommene verstehbare Sinneinheiten tendieren Kunstwerke zur Autonomie, sondern dadurch, daß sie von Begebenheiten erzählen und mit deren Verknüpfung zumal die Schwierigkeiten der Sinnbeziehung, die Irr- und Umwege des Verstehens, kurz: den weiten Bereich korrekturbedürftiger Vorurteile zur Darstellung bringen. [. . .] Das narrative Werk problematisiert im Verlauf der Erzählung die Kontinuität des Sinnes und stellt dar, welche Erfahrungen ein um Verständnis bemühter Leser von sich selber in der Auseinandersetzung mit dem rezipierten und stets aufs neue korrumpierten Sinnzusammenhang der Geschichte macht. [. . .]

---

56 Zu diesen und damit verbundenen Problemen der Fiktionalität siehe Karlheinz Stierle, "Was heißt Rezeption bei fiktionalen Texten?" *Poetica*, 7 (1975), 345-387; Johannes Anderegg, *Fiktion und Kommunikation: Ein Beitrag zur Theorie der Prosa* (Göttingen: Vandenhoeck, 1973), und Jürgen Landwehr, *Text und Fiktion: Zu einigen literaturwissenschaftlichen und kommunikationstheoretischen Grundbegriffen* (München: Fink, 1975).

Das Nicht-Verstehen mit den zahllosen Zwischenformen des Noch-nicht oder Nicht-ganz-Verstehens, des Mißverstehens, der unvollständigen, vordergründigen oder getäuschten Wahrnehmung ist wesentlich auch konstitutives Moment der künstlerischen Darstellung.[57]

Nicht nur aus der impliziten Kommunikationsstruktur ergeben sich aber besondere Funktionen des Romans für den Leser (sie entsprechen der rechten Spalte in Modell Text 14), sondern auch aus der Tatsache, daß im Roman werkintern dem Leser Sprechakte (als Handlungsakte) vorgeführt werden. Schon durch die Präsentation von Sprechakten (deren mimetische Repräsentation, vgl. die vertikale Achse in Modell Text 14) wird dem Leser potentiell ein Aufklärungsmedium vorgelegt, anhand dessen er Funktionieren und Nicht-Funktionieren seiner eigenen kommunikativen Tätigkeit überprüfen kann. Dies könnte ein Beitrag dazu sein, die "ideale Kommunikation", die herrschaftsfreie Kommunikation, die der Soziologe Jürgen Habermas für eine künftige Gesellschaft anstrebt, vorzubereiten.[58]

Schließlich bietet die Vorführung von Handlungsakten in der Theorie von Dieter Wellershoff dem Leser die Möglichkeit, in einem Simulationsraum gesellschaftliches Handeln ohne Risiko, weil ohne Folgen, probeweise durchzuspielen und so seinen Horizont der Erfahrung zu erweitern.[59]

Damit ist die letzte Stufe des Kommunikationsprozesses erreicht. Wir befinden uns wieder auf der werkexternen Ebene, deren Funktion jedoch nach Durchlaufen der inneren Kommunikationsebenen erweitert und modifiziert ist.

---

57 Stefan Blessin, *Erzählstruktur und Leserhandlung: Zur Theorie der literarischen Kommunikation am Beispiel von Goethes "Wahlverwandtschaften"* (Heidelberg: Winter, 1974), 105 und 106.

58 Jürgen Habermas und Niklas Luhmann, *Theorie der Gesellschaft oder Sozialtechnologie — Was leistet die Systemforschung?* (Frankfurt/M.: Suhrkamp, 1971), bes. 136ff.

59 Dieter Wellershoff, *Literatur als Veränderung* (Köln: Kiepenheuer, 1969), 22f.

3. Problemfeld III:

DIE EBENEN NARRATIVER TEXTE: GESCHEHEN, GESCHICHTE, DISKURS

Hans-Wilhelm Schwarze

3.0. Problemstellung und Lernziele

In diesem Kapitel werden die verschiedenen Ebenen der Narration erörtert. Aufgrund neuer Ansätze in der Erzähltheorie werden einige dem Leser vertraute Begriffe neu definiert werden, und es wird notwendig sein, weitere Begriffe einzuführen.[1] Die Konstituenten von narrativen Texten werden in einem *Schichtenmodell* angeordnet. Dieses Zergliedern eines Ganzen erfolgt der Durchschaubarkeit und Systematik wegen. Stillschweigend wird vorausgesetzt, daß jede Erzählung auf je einmalige Weise aus Konstituenten zusammengesetzt ist, daß sich diese Konstituenten gegenseitig beeinflussen und bedingen und sie ihre Wirkung erst aus diesem Eingebundensein in einer Gesamtstruktur erhalten.

In diesem Kapitel soll der Leser die prinzipielle Organisation narrativer Texte erkennen lernen, das heißt
— narrative Ebenen unterscheiden lernen, welche die Struktur narrativer Texte bestimmen.

3.1. Die Ebenen narrativer Texte: Geschehen, Geschichte, Diskurs

In Erzähltexten werden Geschichten erzählt, in denen Figuren handeln, sprechen und denken in einem zeitlich und räumlich definierten Rahmen. Wenn es sich um fiktive narrative Texte handelt, so verweisen diese nicht auf Tatsachen, Ereignisse und Erfahrungen der Lebensrealität; obwohl sie Fakten und Vorgänge aus dieser benützen, erstellen sie doch daraus ihre eigene

---

1 Ein Hauptanstoß für eine Neuorientierung in der Erzählforschung geht von der Sprachwissenschaft aus. So schreibt z. B. Roger Fowler: '' Novels, like sentences, are codings of experience, and there is good reason to believe that their basic structural categories have a lot in common with the elements of sentence structure. [...] sentences and narratives are equally man-made constructions of reality, and the constructional principles are the same''. *Linguistics and the Novel* (London: Methuen, 1977), 23, 24. Die Konstituenten des Satzes und des Erzählens sind demnach Tempus, Modus und Genus/Subjekt.
Als einführende, weiterführende und auch Beispiele vorstellende Erörterungen zur Theorie narrativer Texte werden vorgeschlagen: Seymour Chatman, ''The Structure of Narrative Transmission'', *Style and Structure in Literature: Essays in the New Stylistics,* ed. Roger Fowler (Oxford: Blackwell, 1975), 213-257.
S. Chatman, ''New Ways of Analyzing Narrative Structure, with an Example from

66

Art von Wirklichkeit. Was an ihnen interessant ist, ist sowohl das 'Was' als auch das 'Wie' der Wirklichkeitskonstitution; besonders auf letzteres wird in den kommenden Abschnitten und Kapiteln einzugehen sein. Inhaltliche Aspekte wie Thema, Erzählintention, Bedeutungen, Wertungen, Wirkungen usw. sind im Erzählvollzug mit seinen Verfahren des Auswählens, Ordnens und Darstellens des Erzählten fundiert.

Das Ordnen und Stiften von Zusammenhängen in Erzähltexten geschieht in den Dimensionen von Zeit und Raum; diese gehören deshalb zu den das Erzählte aufbauenden Konstituenten. Zeit und Raum ergeben, wenn zueinander in Beziehung gesetzt, Bewegung, charakterisiert durch Geschwindigkeit; das bedeutet mit Blick auf narrative Texte: Erzähltempo. Erzählungen bestehen somit aus einer auf bestimmte Weise in Raum und Zeit untereinander verbundenen Folge von erzählerischen (narrativen) Aussagen, welche ihrerseits auch Aussagen zu Zeit und Raum thematisieren können.

TEXT 1

A novel is a book, and the book is a form of communication which has shown a remarkable resistance to technological change. This fact governs everything we write and therefore everything we say. The scenes of a play may be presented in any order (if suitably written) or simultaneously; but you cannot read two chapters or two pages of a novel simultaneously. As for the order or sequence of reading, a novel can be sold loose-leaf, unbound, in a cardboard box, but in that case don't expect the libraries to take any notice of it. All sorts of experiments have been tried, boring holes through the pages, clipping margins, mucking about. But the linear sequence of print of our linguistic family, left to right, down the page, over the page, carries an irresistible logic. And this logic naturally dictates a certain view of the world, and a certain blindness. [...] It is often forgotten that the book *as a material object* also yields its own meaning, different from that of a play und partly dependent on the quality of its intrusion into the reader's general activity. How long does it take him to read ist, how frequently does he break off, how extensively does he explore the possibilities of reading as an activity? I

Joyce's *Dubliners*", Language and Style, 2(1969), 3-36. S. Chatman, *Story and Discourse: Narrative Structure in Fiction and Film* (Ithaca, London: Cornell U.P., 1978). Jonathan Culler, *Structuralist Poetics: Structuralism, Linguistics and the Study of Literature* (London: Routledge, 1975). J. Culler, *The Pursuit of Signs: Semiotics, Literature, Deconstruction* (London: Routledge, 1981). Roger Fowler, *Linguistics and the Novel* (London: Methuen, 1977). Gérard Genette, *Narrative Discourse* (Oxford: Blackwell, 1980), zuerst als "Discours du récit" in Genette, *Figures III* (Paris, 1972). Karlheinz Stierle, "Die Struktur narrativer Texte", *Funk-Kolleg Literatur 1*, ed. H. Brackert, E. Lämmert (Frankfurt: Fischer, 1977), 210-233. Darüber hinaus Aufsätze von Claude Bremond, Roland Barthes, A. J. Greimas, Gérard Genette, Tzvetan Todorov in *Communications*, 8(1966), die auch teilweise in englischer und deutscher Übersetzung zugänglich sind (siehe Literaturverzeichnis am Ende des Bandes).

mean this: a book will wait for you; you read, it moves, you stop, it stands still. You decide to retrace your steps, to re-read earlier passages, the book accepts this passively.[2]

Der Erzähltext wird dem Leser zum rekonstruierenden Lesen angeboten. Er enthält sowohl den *Vorgang des Erzählens* als auch *das Erzählte*. Somit lassen sich narrative Texte auffassen im Blick auf das Verfahren, *wie sie eine Geschichte erzählen* (*Diskurs*, ''discourse'', ''discours'' die Ebene des Erzählvollzugs, das Gestalten, das Darstellen, das Erzählen), und im Blick auf die *erzählte Geschichte* (*Geschichte*, ''story/plot'', ''l'histoire'', das abgebildete oder — bei fiktionalen Erzähltexten — geschaffene Geschehen, das Gestaltete, Dargestellte, Erzählte).

Die *Poetik* des Aristoteles führt aus, daß den Gattungen der Dichtkunst eine *Handlung* zugrunde liegt (''Stoffe, Situationen, Ereignisse, Geschehenes, Gegenstände, überlieferte und erfundene Mythen''), welche *nachgeahmt* und im Mythos (als der ''Zusammensetzung der Handlungen'') als eine geschlossene Form mit Anfang, Mitte und Ende aufgebaut wird. Das geschieht mit dem Ziel, beim Zuschauer und Leser eine ästhetische Wirkung zu erzeugen. Dabei bedient sich der Dichter bestimmter konstitutiver *Elemente*.[3]

Aristoteles	Handlung	Nachahmung von Handlung	Elemente
			— Mythos — Erkenntnis- — Charaktere fähigkeit — Sprache — Inszenierung — Melodik

Die *antike Rhetorik* läßt sich für eine Theorie der Erzähltexte insofern nutzen, als sie die Struktur der Parteirede (Gerichtsrede) durch Kunstvorschriften regelt, welche sich in eine Lehre vom *Stoff* (''materia, thema'') und eine Lehre von der *Verarbeitung* (''tractatio'') gliedern. Der Stoff (Verhandlungsgegenstand vor Gericht) wird fünf Verarbeitungsphasen unterworfen:
- das Finden der zum Stoff passenden *Gedanken* (''inventio''),
- die günstige *Auswahl und Anordnung* der Gedanken (''dispositio''), in der zweckgerichtet mit der ''ordo naturalis'' (der Normallage mit dem Geschehensablauf in streng zeitlicher Abfolge) und der ''ordo artificialis'' (der künstlerischen Änderung und Durchbrechung der Normallage, die anderen als rein zeitlichen Prinzipien folgt) umgegangen wird,
- der *sprachliche Ausdruck* der Gedanken (''elocutio''),
- sowie (für unseren Zweck weniger wichtig) das Auswendiglernen der Rede

---

2 David Caute, *The Illusion: An Essay on Politics, Theatre and the Novel* (London: Panther, 1972), 263-264.

3 Aristoteles, *Poetik* (München: Heimeran, 1976), Kapitel 1, 2, 6 - 9, 14, 19-22, 25.

("memoria") und das tatsächliche Halten der Rede mit bestimmter Stimm-
qualität und begleitenden Gesten ("pronuntiatio").[4]

Rhetorik	Stoff	Verarbeitung
		— inventio — memoria — dispositio — pronuntiatio — elocutio

Ansätze zur *Erzähltheorie im 20. Jahrhundert* haben zwei- oder dreigliedrige
Modelle entworfen und sind darin weitgehend den antiken Vorbildern gefolgt,
wenn auch mit unterschiedlicher theoretischer Begründung. In der *anglo-
amerikanischen Forschung* hat E. M. Forsters Trennung von "story" und
"plot" lange Zeit bestimmend gewirkt. "Story" ist bei Forster bereits eine
literarische Formung des Stoffes, allerdings "the lowest and simplest of
literary organisms", "a narrative of events arranged in their time sequence"
und "the backbone of a novel". "Story" läßt den Zuhörer oder Leser fragen: was geschieht dann? Demgegenüber ist "plot" "an organism of a higher
type" und wird gefaßt als "also a narrative of events, the emphasis is falling
on causality"; "plot [is] the novel in its logical intellectual aspect", d. h. ein
Beziehungssystem und logisches Handlungsgefüge mit einem es bestimmenden Sinn; der Leser fragt: warum geschieht das?[5] Es kann nicht deutlich genug gemacht werden, daß "story" und "plot" nicht zu den weiter unten erläuterten Ebenen der Narration "Geschehen" und "Geschichte" parallel gesetzt werden können, da Forster seine Unterscheidungen nur auf der Ebene
der "Geschichte" ansiedelt.

E.M. Forster	story		plot

TEXT 2

Plot may be defined as the pattern of events in a narrative or a drama,
either in prose or in verse. *Plot* is the Eng[lish] word commonly used
to translate Aristotle's *mythos* [. . .]. Viewed in terms of the principles
controlling the making of a work of art, p[lot] has referred to action,
to pattern, to structure or some variation of these elements; viewed in
terms of the psychological and emotional response of the audience or
reader, p[lot] has referred to impression, to sense of unity, to purpose,
or to some similar response. [. . .] The distinction between story and
p[lot] is a difficult one to make. [. . .] Story [E.M. Forster believes]
arouses only curiosity; whereas p[lot] demands intelligence and memory. [. . .] The various views of p[lot] have in common an attention to

---

4   Heinrich Lausberg, *Elemente der literarischen Rhetorik* (München: Hueber, [5]1976),
    §§ 28 ff., 39 ff., 46 ff., 91 ff.

5   E. M. Forster, *Aspects of the Novel* ([1927] London: Arnold, 1961), 28-29, 31,
    82-83, 92.

arrangement or pattern or structure. [. . .] P[lot] is an intellectual
formulation about the relationship existing among the incidents of
a drama or a narrative, and that it is, therefore, a guiding principle for
the author and an ordering control for the reader. It is something perceived by the reader as giving structure and unity to the work.[6]

E. Lämmert nimmt diese angelsächsische Tradition auf und trennt voneinander *Geschichte* ("Stoffzusammenhang, Ereigniskette, Geschehensablauf")
und *Fabel* der Erzählung mit ihren wesentlichen Aufbaumomenten wie
Umgruppierung, Phasenbildung, Kontrastschema usw. Die Geschichte enthält nach Lämmert bereits "einen irgendwie gearteten Ereignis- und Lebens-
zusammenhang, um Grundlage einer Erzählung werden zu können"; aus diesem *"Stoffzusammenhang* der Geschichte ergibt sich erst nach Aufdeckung
des jeweiligen Aufbau- und Verknüpfungsprinzips der *Sinnzusammenhang*
der Fabel."[7]

E. Lämmert	Geschichte	Fabel

Im *russischen Formalismus* werden etwa zur gleichen Zeit, als E.M. Forster
seine Ausführungen zur Erzählanalyse veröffentlicht, mit Bezug auf narrative Texte *"fabula"* (Fabel) und *"sjužet"* (Sujet) unterschieden. Im Gegensatz zum Begriff Fabel bei Lämmert bedeutet hier "fabula" den grundlegenden Stoff einer Geschichte, die Summe von Ereignissen, die erzählt werden,
das, *was* geschehen ist; und "sjužet" ist die Geschichte, *wie* sie erzählt wird,
die Weise, wie der Leser von der "fabula" erfährt, wie das Geschehen im
Text angeordnet ist.

Russischer Formalismus	fabula	sjužet

TEXT 3

Dem Begriff des Sujets liegt die Vorstellung des *Ereignisses* zugrunde.
So schreibt B.V. Tomaševskij in seiner durch ihre präzisen Formulierungen klassisch gewordenen "Theorie der Literatur": "Fabel heißt die
Gesamtheit der miteinander verbundenen Ereignisse, von denen in einem Werk berichtet wird [. . .]. Im Gegensatz zur Fabel steht das Sujet:
die gleichen Ereignisse, aber in ihrer *Darlegung,* in jener Reihenfolge, in
der sie im Werk mitgeteilt werden, und in jener Verknüpfung, in der die
Mitteilungen über sie im Werk gegeben sind."
Das Ereignis gilt als die kleinste unzerlegbare Einheit des Sujetaufbaus
[. . .].[8]

6 Alex Preminger, ed., *Princeton Encyclopedia of Poetry and Poetics* (Princeton, N.J.: Princeton U.P., enl. ed., 1974), 622-625.

7 Eberhard Lämmert, *Bauformen des Erzählens* (Stuttgart: Metzler, [7]1980), 24-26.

8 Jurij M. Lotman, *Die Struktur literarischer Texte* (München: Fink, 1972), 330.

An den bislang referierten theoretischen Ansätzen fällt auf, daß die zwei- oder dreigliedrigen Modelle ihre Elemente unterschiedlich und daher verwirrend *stoff-, werk-, autor-* und/oder *leserbezogen* definieren. Vergleichbar sind sie insofern, als sie einen Ausgangsstoff als Basis auf etwas Geformtes beziehen, ohne jedoch das Verhältnis oder das Verfahren dieser Vermittlung in der Narration eindeutig zu benennen. Der *französische Strukturalismus* übernimmt zwar die Zweipoligkeit, formuliert sie aber neu und bindet sie in ein *Textschichtenmodell* ein. Jüngere deutsche und anglo-amerikanische Erörterungen folgen diesem Neuansatz.

Gemeinsame Grundannahme ist, daß sich narrative Texte nicht als *eine* Einheit oder als auseinander hervorgehende Einheiten auffassen lassen, sondern daß zwischen mehreren vor-narrativen und narrativen *Ebenen eines Erzähltextes* zu unterscheiden ist. Jede dieser Ebenen ("level", "plan de structuration") enthält die ihr eigentümlichen Strukturierungsweisen, die in einer Poetik von Erzähltexten bestimmt und beschrieben werden. Folgende Terminologie ist vorgeschlagen worden:

A.J. Greimas:

> niveau immanent des structures narratives

> niveau apparent des structures narratives linguistiques

C. Bremond:

> récit raconté

> récit racontant

T. Todorov:
G. Genette:

> l'histoire

> discours

Genette in engl. Übersetzung:

> story

> narrative discourse

K. Stierle:

> Geschehen

> Geschichte

> Text der Geschichte [9]

---

9 Die gebräuchliche Unterscheidung von "story" und "plot" deckt sich nicht mit der hier eingeführten von Geschichte und Diskurs (Texte der Geschichte), da die letztere Kategorie viel mehr erfaßt, als bisher unter "plot" verstanden worden ist. Siehe zu den Schichtenmodellen: Claude Bremond, *Logique du récit* (Paris: Seuil, 1973), 102; G. Genette, *Narrative Discourse,* 27; K. Stierle, "Die Struktur narrativer Texte", 210-233; K. Stierle, "Geschehen, Geschichte, Text der Geschichte (1971)", *Reader zum Funk-Kolleg Literatur,* Bd. 1, ed. H. Brackert, E. Lämmert (Frankfurt: Fischer, 1976), 210-216.

In den folgenden Ausführungen zu den Ebenen narrativer Texte wird die Terminologie Karlheinz Stierles zugrundegelegt, wie sie aus dem folgenden Diagramm ersichtlich ist.

TEXT 4

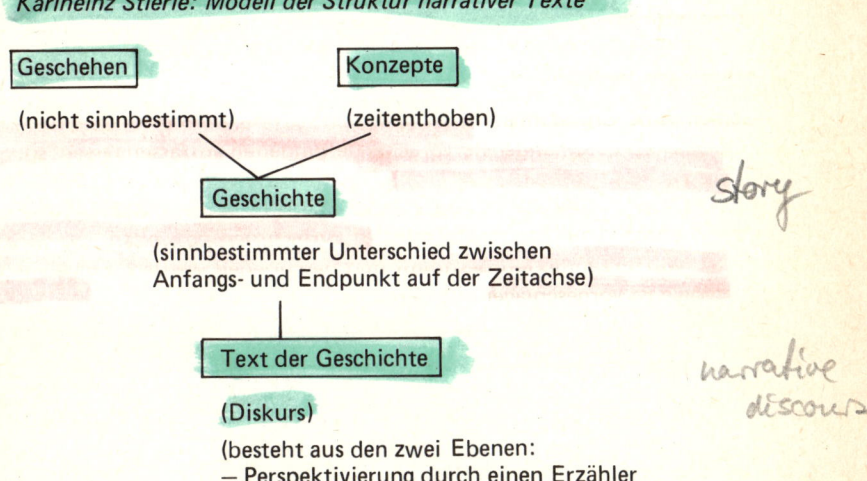

Karlheinz Stierle: Modell der Struktur narrativer Texte[10]

Geschehen		Konzepte
(nicht sinnbestimmt)		(zeitenthoben)

Geschichte   *story*

(sinnbestimmter Unterschied zwischen
Anfangs- und Endpunkt auf der Zeitachse)

Text der Geschichte   *narrative discourse*

(Diskurs)

(besteht aus den zwei Ebenen:
— Perspektivierung durch einen Erzähler
— sprachliche Realisierung)

Die Verhältnisse in dieser mehrgliedrigen ''Textkonstitutionsrelation'' lassen sich wie folgt bestimmen.

TEXT 5

Diese Relation bestimmt sich inhaltlich in dreifacher Hinsicht: 1. als Fundierungsrelation: das Geschehen fundiert die Geschichte, die Geschichte fundiert den Text der Geschichte; 2. als 'hermeneutische' Relation: die Geschichte interpretiert das Geschehen, der Text der Geschichte interpretiert die Geschichte; 3. als Dekodierungsrelation: der Text der Geschichte macht die Geschichte sichtbar, die Geschichte macht das Geschehen sichtbar.[11]

Für eine Poetik narrativer Texte und eine auf diesem Modell aufbauende Erzähltextanalyse sind die Verhältnisse der Dekodierungsrelation und der hermeneutischen Relation wesentlicher als die der Fundierungsrelation, denn was dem Leser vorliegt, ist allein der Text der Geschichte.

---

10   Das Diagramm zu der Funk-Kolleg Sendung ''Die Struktur narrativer Texte'' ist abgedruckt in *Funkkolleg Literatur, Studienbegleitbrief 4,* 8. Kollegstunde (Weinheim: Beltz, 1976), 15.

11   K. Stierle, ''Geschehen, Geschichte, Text der Geschichte'', 211.

Die bis hier historisch und begrifflich differenzierten Ebenen narrativer Texte werden nun im einzelnen besprochen.

3.2. Die Ebene des Geschehens

TEXT 6

> Die Ebene, die allen übrigen Ebenen der Narration zugrunde liegt, ist die Ebene des Geschehens. Jede Geschichte setzt ein Geschehen voraus, das durch die Geschichte in spezifischer Weise und unter spezifischen Interessen angeeignet wird. Das Geschehen selbst, als Fundament der Geschichte, ist noch sinnindifferent, die aufeinanderfolgenden Geschehensmomente selbst sind diffus, und das heißt, daß Geschehen unter unendlich vielen Gesichtspunkten zu übergreifenden Geschehenszusammenhängen organisiert werden kann. Das Geschehen ist noch ein unartikulierter Bereich, der erst durch die Organisation der Geschichte seine spezifische Form erhält. Die Sphäre des Geschehens ist die elementare Sphäre im Aufbau der Narration. Sie enthält selbst noch nicht die Kriterien ihrer Auswahl und Zuordnung. Sie ist das noch vor aller medienspezifischen und gattungsspezifischen Bearbeitung liegende ideale Faktum selbst, das nie als dieses zur Darstellung gebracht werden kann, das aber andererseits für die Narration als ein idealer Bezugspunkt oder im Falle der Fiktion als ein ideales Äquivalent zu einem solchen Bezugspunkt vorausgesetzt werden muß. Die Sphäre des Geschehens ist also die Sphäre der Verknüpfungsmöglichkeiten, aus denen die Geschichte selbst eine Verknüpfung herausgreift und konkretisiert.[12]

> _Geschehen_ ist ein Potential von Ereignissen, Figuren, Räumen und Gegenständen. Es ist ein nicht sinnbestimmtes Substrat, etwas (noch nicht als Narration) Gegebenes und wird in den meisten Erzähltheorien nicht besonders hervorgehoben. Obwohl es also keine eigene Kategorie der erzählerischen Gestaltung ist, ist es dennoch die notwendige Voraussetzung für diese Gestaltung: auf der _Ebene der Geschichte_ werden die für diese bedeutsamen (relevanten) Geschehensmomente ausgewählt, in die Geschichte überführt und damit interpretiert. Den Geschehensmomenten wird Ereignishaftigkeit, Figürlichkeit und Räumlichkeit bzw. Objekthaftigkeit verliehen. Somit ist die Ebene des puren Geschehens nicht spannungsvoll, die Geschehensmomente haben von sich aus keinen Sinn und sie besitzen keine narrative Funktion. In diesem Feld von Darstellbarkeiten liegt für die Geschichte ein Potential von "Unbestimmtheitsstellen", das in die Geschichte als einer funktionalen und im Umfang begrenzten Ebene erzählerischer Gestaltung nicht voll aufgehen kann; dem Leser wird ein Bereich von 'Ausweichmöglichkei-

---

12   K. Stierle, "Die Struktur narrativer Texte", 212-213.

ten' eröffnet, welche die Geschichte nicht einlösen kann, die aber dem Leser weiterhin zur Verfügung stehen.[13]

Es ist zu fragen, ob jedes Geschehen eine Geschichte werden kann, oder ob Geschehen nur unter bestimmten Gesichtspunkten oder Voraussetzungen in eine Geschichte überführt werden kann. Da erst besondere Organisationsgesichtspunkte der Geschichte den Geschehensmomenten eine narrative Funktion geben, kommt es nach Stierle zu dieser Sinnkonfiguration von Geschehen nur unter dem Einfluß eines abstrakten und zeitlosen Systems von *Konzepten*, welche Geschehen fassen und anordnen. Weil den Geschehensmomenten erst auf der narrativen Ebene der Geschichte eine Sinnbestimmung verliehen wird, ist es angebracht, die Konzepte erst bei der Behandlung dieser Ebene zu erläutern.

3.3. Die Ebene der Geschichte

In Anlehnung an den französischen Begriff "l'histoire" ("story") wird diese narrative Ebene die *Ebene der Geschichte* genannt.

TEXT 7

> Es ist die Ebene der Geschichte, das heißt des spezifischen Arrangements der Geschehensmomente im Kontext eines Verlaufszusammenhangs, die den narrativen Sinn bewirkt und damit zugleich die Geschehensmomente selbst in ihrer Funktion vereindeutigt. Die Geschichte ist eine Instanz der Vermittlung zwischen purem Geschehen auf der einen Seite, das in sich selbst noch ganz sinnindifferent ist, und auf der anderen Seite einem abstrakten System von Konzepten, unter denen Geschehen erfaßt und geordnet werden kann, etwa als Mord, als Unfall, als Krieg, als Spiel, und wie auch immer solche Konzepte lauten mögen. [...]
> Im Hinblick auf die Geschichte ordnen sich die Geschehensmomente an auf einer Achse der Narration. Diese Achse der Narration, auf der die Geschehensmomente der Geschichte situiert sind, ergibt sich durch Differenz von Anfangspunkt und Endpunkt der Geschichte. Um jedoch überhaupt von Anfangspunkt und Endpunkt einer Geschichte reden zu können, bedarf es einer konzeptuellen Opposition auf der Zeitachse. Nur wenn sich etwas relevant verändert hat, verlohnt es sich, davon zu erzählen. Je eindeutiger und klarer diese konzeptuelle Opposition ist, um so prägnanter ist der Rahmen, innerhalb dessen sich die Geschichte entfalten kann. Die Geschichte selbst als Bewegung zwischen zwei Zeit-

---

13 Siehe dazu die Erörterungen in und um Wolfgang Isers *Die Appellstruktur der Texte* (1970) und *Der implizite Leser* (1972) sowie *Der Akt des Lesens* (1976); Franz K. Stanzel, "Die Komplementärgeschichte: Entwurf einer leserorientierten Romantheorie", *Erzählforschung, 2*, ed. W. Haubrichs (Göttingen: Vandenhoeck, 1977), 240-259.

punkten, die bestimmt sind durch eine konzeptuelle Differenz, kann aufgefaßt werden als eine Interpretation dieser Differenz. Die Geschichte erzählt, was die Differenz von Anfangspunkt zu Endpunkt bewirkt hat, und erklärt damit ihr Zustandekommen.[14]

Die *Geschichte* wird als ein Organisationsprinzip von Geschehen wirksam und erstellt eine narrative Achse zwischen dem 'ersten und letzten Satz' der Erzählung. Geschehensmomente als die Fundierung der Geschichte sind unter dem Aspekt der Zeit arrangiert, z. B. gereiht, umgestellt, untergeordnet, eingefügt, gedehnt, gerafft usw. Geschehen ist jedoch, wie bereits angedeutet, ''nur unter ganz bestimmten Voraussetzungen [...] überhaupt geeignet, in eine Geschichte überführt, als Geschichte organisiert zu werden.''[15] Am Beispiel einer Kalendergeschichte von J. P. Hebel weist K. Stierle auf das Außergewöhnliche, Denkwürdige und Rührende dieser Geschichte hin, das *außerhalb* des Geschehens liegt und in abstrakten *Konzepten* zu finden ist. Diese Konzepte werden zu den die Geschichte bestimmenden zentralen Relevanzgesichtspunkten erhoben. Somit treten zum Konkreten (Geschehensmomente, noch sinnindifferent) die abstrakten Konzepte, welche einander als Oppositionen entgegengesetzt begriffen werden.

TEXT 8

Jede Geschichte setzt einen Zusammenhang von Konzepten voraus, die zueinander in einer spezifischen Beziehung stehen und die die abstrakteste Fundierungsebene der Geschichte ausmachen, von der sich erst die Relevanz von Geschehenszusammenhängen für eine Geschichte erfassen läßt. Jede Geschichte ist also bezogen auf eine Menge einander zugeordneter und zugleich in Opposition zueinander stehender Konzepte, die ihrerseits noch nicht narrativ gerichtet sind, sondern nur die Voraussetzung darstellen für die narrative Organisation.[16]

Am Beispiel von Romantiteln lassen sich solche Konzepte einprägsam veranschaulichen, z. B. *Krieg und Frieden, Soll und Haben, Schuld und Sühne, Le Rouge et le Noir, Pride and Prejudice, Sons and Lovers, From Here to Eternity (Verdammt in alle Ewigkeit), Strangers and Brothers.*

Am leichtesten lassen sich Konzepte, z. B.
— Personen- und Rollenkonzepte,
— Handlungskonzepte,
— moralische Wertkonzepte,
— historische Konzepte, etwa als Epochenkonzepte,
im Bereich von einander zugeordneten Figuren erkennen bzw. dort 'erzählbar' machen.[17] Allerdings ist es sicher einfacher, diese Konzepte in kurzen

14   K. Stierle, ''Die Struktur narrativer Texte'', 216-217.
15   *Ibid.*, 219.
16   *Ibid.*, 220.
17   *Ibid.*, 220.

und weniger ausdifferenzierten Geschichten zu erkennen als in umfangreiche-ren, in denen oft eine Kombination solcher Konzepte anzutreffen ist. In dem Augenblick, wenn Konzepte in die Organisation der Geschichte einge-hen, erstellen sie deren narrative Achse, z. B. als Opposition von Glück und Unglück, Leben und Tod, unerfahren und erfahren, allein und verheiratet, Gut und Böse, wobei selbstverständlich auch eine Umkehrung dieser Achse (Böse — Gut, Unglück — Glück usw.) möglich ist.

Für die Beschreibung und die Analyse *fiktionaler Texte* ist es es nun bedeut-sam, daß die *Konzepte* selbst das eigentliche *Thema* der Geschichte werden. Das ist im Gegensatz zu den auf die Realität bezogenen abbildenden narra-tiven Texten zu sehen, für welche die abgebildete Realität im Vordergrund steht, auch wenn sie erst unter dem Eindruck bestimmter Konzepte 'abbil-dungsrelevant' wird (z. B. warum etwas wirklich Geschehenes erzählt wird, zu welchem Zweck usw.: um jemanden zu beeindrucken, jemanden zu über-reden usw.).

TEXT 9

Die Fiktion meint nie allein den besonderen Fall, den sie darstellt, son-dern immer etwas Allgemeines, für das der besondere Fall einsteht. So geht es der Fiktion nicht einfach darum, Wirklichkeit zu erfassen und abzubilden, sondern sie ist darauf gerichtet, Wirklichkeitsäquivalente zu finden, die die konzeptuellen Konfigurationen zur Anschauung bringen können. In gewissem Maß kann dies freilich auch immer schon der nicht-fiktionale Text, aber zumeist nur partiell und mehr oder weniger zufäl-lig.[18]

3.4. Die Ebene des Diskurses

Im Rahmen des *Schichtenmodells* narrativer Texte wird *das Erzählte, die Geschichte,* unterschieden vom *Akt des Erzählens,* dem *Diskurs*: die Kom-munikation des narrativen Textes ist u. a. abhängig und gesteuert von der Ebene des Diskurses. Auf dieser Ebene findet zweierlei statt:

1. ein noch vorsprachliches *Ordnen* und *Komponieren* des *Erzählzusammen-hangs* durch den *Erzähler* und dann
2. die konkrete *sprachliche Realisierung* des Erzählten im Sinne von Erzäh-len sowie Wiedergabe von Sprechen und Denken der Figuren der Geschich-te, und zwar mit den *semantischen* und *syntaktischen* Mitteln der jeweili-gen Sprache des narrativen Textes (Text- und Stilqualität).

18   K. Stierle, ''Die Struktur narrativer Texte'', 223-224.

TEXT 10

Wir müssen jetzt übergehen von der Ebene der Geschichte zur Ebene ihrer Realisierung. Hier haben wir zwei Perspektiven zu unterscheiden. Zuerst einmal ist jede Geschichte bezogen auf einen Erzähler, der immer die Möglichkeit hat, die zeitliche Abfolge der Geschichte nach Kriterien neu zu organisieren, die außerhalb der Geschichte selbst liegen. [. . .] Die Manifestation der Geschichte steht also unter der einheitlichen Perspektive eines Erzählers, der, da er die Geschichte in ihrer Ganzheit überblickt, die Möglichkeit hat, sie nach ganz verschiedenen Gesichtspunkten der Wirkung beim Leser neu zu arrangieren. Doch wird die Geschichte erst wirklich konkret mit ihrer sprachlichen Artikulation nach den Möglichkeiten einer gegebenen Syntax und einer gegebenen Semantik. [. . .] Beide Ebenen werden im französischen Sprachgebrauch der strukturalen Erzählanalyse als 'Diskursebene' zusammengefaßt. Doch ist es nicht unwichtig zu sehen, daß diese Ebene in Wirklichkeit aus zwei Ebenen, einer noch außersprachlichen und einer abschließenden sprachlichen Ebene des Erzählens besteht.

Behelfsmäßig soll diese Differenz durch die Einführung der Begriffe 'discours I' ('Tiefendiskurs') und 'discours II' ('Oberflächendiskurs') bezeichnet werden. [Später heißt es: "Text der Geschichte ('discours II')"][19]

Der *Diskurs* ist die Ebene des Erzählvollzugs eines im Erzählen geschaffenen Wirklichkeitsmodells; dort wird eine Geschichte erzählt, indem dafür Geschehensmomente verwendet werden. Es entsteht ein Vorstellungsbild von Ereignissen, Figuren und Räumen, welche die Wirklichkeitsansicht eines Erzählers repräsentieren. Die Geschichte, das Erzählte, ist demnach vom Vollzug des Erzählens (Akt des Erzählens) zu unterscheiden, aber zugleich von ihm abhängig:

— im Diskurs finden Selektion und Kombination von die Geschichte konstituierenden Geschehensmomenten statt,
— im Diskurs werden kleinere Erzähleinheiten zu Sequenzen und Phasen zusammengefügt,
— im Diskurs wird die Perspektivierung der narrativen Aussagen durch einen Erzähler vorgenommen,
— im Diskurs wird die Rezeption des Lesers gesteuert,
— im Diskurs wird die Geschichte verwirklicht entsprechend dem gewählten Erzählmedium und bekommt eine bestimmte Textqualität, z. B. als Roman, Kurzgeschichte, Film, Comic, Ballett, Programmusik.

Der Aufbau von narrativen Texten ist bisher schrittweise von der sinnindifferenten vor-narrativen Ebene (Geschehen, Konzepte) über die schon sinnhafte (Geschichte) bis zur endgültigen Realisierung (Diskurs, Text der Geschichte) beschrieben worden. Das geschah aus systematischen Gründen. Der Kommunikationsprozeß mittels des narrativen Textes, der Akt des Lesens, verläuft grundsätzlich umgekehrt, nämlich im Rahmen der allgemeinen

---

19 K. Stierle, "Die Struktur narrativer Texte", 224 und "Geschehen, Geschichte, Text der Geschichte", 214.

Kommunikationssituation von der Textoberfläche zu den Bedeutungen und Sinnebenen des Textes: der Leser findet sich zuallererst mit dem Medium (Buch, Film, Comic) konfrontiert sowie der darin übermittelten Textoberfläche des narrativen Textes. Von dorther wird die Erfassung des Sinns des Textes gesteuert.

Zum Abschluß dieses Problemfeldes sollen die bisher im Zusammenhang beschriebenen Charakteristika von Geschehen, Geschichte und Diskurs noch einmal im Überblick gruppiert werden.

Ebene des Geschehens

— fundiert die Geschichte als Voraussetzung für das Erzählen
— baut sich auf aus Geschehensmomenten
— ist unartikuliert, sinnindifferent, diffus
— ist ein unabschließbares Feld von Darstellungsmöglichkeiten

Konzepte

— sind zeitenthobene, abstrakte Anschauungen zur Fundierung der Geschichte
— können z. B. in gegensätzliche Begriffspaare (Oppositionen) übersetzt werden
— werden in der Geschichte ausgeführt oder liegen ihr als bestimmende Gesichtspunkte (Thema) zugrunde

Ebene der Geschichte

— ist eine Reduktion im Hinblick auf das Geschehen
— ist Organisation des Geschehens
— ist Vermittlungsinstanz zwischen Geschehen und Konzepten
— ordnet Geschehen auf der narrativen Achse

Ebene des Diskurses

Tiefendiskurs (Diskurs I)

— ist der Bezug der Geschichte auf einen Erzähler
— ist der Spielraum des Verfügens über die Geschichte
— hat Intentionalität und Ausrichtung auf Wirkung und Zweck des Erzählens

Oberflächendiskurs (Diskurs II, Text der Geschichte)

— ist die Ebene der (sprachlichen) Realisierung des Erzählens
— ist Einlösung und Materialisierung von Intention und Sinngebung nach den Möglichkeiten eines gegebenen Mediums

4. Problemfeld IV:
ERZÄHLER

Gerhart v. Graevenitz

4.0. Problemstellung und Lernziele

In Problemfeld II, Kommunikation, wurde die Unterscheidung von 'werkexterner' und 'werkinterner' Kommunikation erläutert. Die Romantheoretiker sahen sich, schon lange bevor sie die Überlegungen der Kommunikationstheorie übernahmen, veranlaßt, eine (Roman-interne) Erzähler-Figur oder -Instanz prinzipiell zu unterscheiden vom (Roman-externen) Autor, also von der historischen Person, die den Roman geschrieben hat.

Auf welche Weise tritt diese werkinterne Erzählerinstanz im Text überhaupt in Erscheinung? Wie verhält sich ein solcher, nur vom und im Text 'lebender' Erzähler zu seinem Autor, vor allem aber zu seinen Lesern? Oder kommunikationstheoretisch ausgedrückt: wie wird im Verhalten des werkinternen Erzählers der Kommunikationsprozeß zwischen realem Autor und realem Leser gestaltet und vermittelt? Repräsentative Antworten der Romantheorie auf solche Fragen, die im übrigen selten direkt auf kommunikationstheoretische Modelle und Terminologien bezogen sind, werden im Folgenden vorgestellt.

In diesem Problemfeld soll der Leser
— die Unterscheidung zwischen Autor und Erzähler theoretisch begründen lernen.
— die ''Rückkopplung'' von Erzähler und Autor erfassen und die Konsequenzen dieser ''Rückkopplung'' für die Romananalyse begreifen lernen.
— die Erscheinungsweisen des internen Erzählers im Text erkennen, insbesondere deren Schwerpunkte:
  — Erzähler als Figur
  — Erzähler als Medium
  — Erzähler als Element der Erzählgrammatik.

4.1. Die Unterscheidung von Autor und Erzähler

4.1.1. Autor — Aussagefunktion — Erzähler

Für die jüngere Literaturwissenschaft beginnt die Theorie des Erzählers mit Käte Friedemanns Buch *Die Rolle des Erzählers in der Epik* (1910).[1]

---

1 [1910] (Darmstadt: Wissenschaftliche Buchgesellschaft, 1969).

K. Friedemann erreichte zweierlei Klärungen:

1. Auch im Erzählen gilt die erkenntnistheoretische Regel, daß es keinen Gegenstand gibt, der losgelöst von einer bestimmten Betrachtungsweise ganz 'objektiv' oder 'an sich' in Erscheinung tritt. Vielmehr ist auch im Erzählen jedes Objekt, jede Handlung "durch das Medium eines betrachtenden Geistes hindurchgegangen".[2]

2. Dieses "Medium" ist nicht nur eine theoretische Behauptung, sondern es macht sich im erzählten Text direkt bemerkbar. Seine Manifestationen sind aber nicht einfach auf den Verfasser zurückzuführen als dessen authentische Verlautbarung. In jedem erzählten Text ist ein *fiktiver Erzähler* am Werk, auf den allein und dessen "Charakteristik" Äußerungen im Text zu beziehen sind.

K. Friedemann argumentierte zwar mit Kant, das von ihr dargestellte fiktive Medium war aber schon für sie nicht nur allgemeine erkenntnistheoretische Kategorie der Fiktion, sondern es verselbständigte sich im Laufe der Beschreibung als eine vom Autor abgespaltene zweite Person, die sich im Text wie ein Mensch aus Fleisch und Blut bewegen sollte. Auch Thomas Mann beschrieb zunächst nur einen *"Geist* der Erzählung": "Und doch kann er sich auch zusammenziehen zur Person, nämlich zur ersten, und sich verkörpern in jemanden, der in dieser spricht und spricht: Ich bin es."[3] Der zur ersten Person verkörperte *Geist,* das zum fiktiven Erzähler personifizierte *Medium:* Diese Zweideutigkeit der Erzählerfigur hat Wolfgang Kayser übernommen, als er 1957 die Summe aus den theoretischen Bemühungen um die Trennung von Autor und Erzähler zog und vom "persönlichen" und "figürlichen" Erzähler als einer "Rolle" sprach.[4] Er ließ die Zweideutigkeit unberücksichtigt, die entsteht, wenn der Inhalt einer nur sprachlich fixierten "Rolle" eine "Person" sein soll, die nach den auch für Kayser noch geltenden traditionellen Begriffen eine die Sprache weit übersteigende "Gestalt" hat. Diese Ungenauigkeit hat Käte Hamburger erkannt und hat die bei Käte Friedemann nur angedeutete Erkenntnistheorie des Mediums ausgeweitet zu einer Erkenntnistheorie der Dichtung, einer sprachtheoretisch fundierten *Logik der Dichtung.* Käte Hamburger erklärt die "Projektion des Autors" in eine vom "Autor geschaffene Gestalt",[5] also den fiktiven Erzähler für ungerechtfertigt.

---

2   *Ebd.,* 26.

3   Thomas Mann, *Der Erwählte,* Stockholmer Gesamtausgabe der Werke von Thomas Mann, Bd. 6 (Frankfurt/M.: Fischer, 1951), 10.

4   Wolfgang Kayser, "Wer erzählt den Roman?" [1957] Volker Klotz, ed., *Zur Poetik des Romans,* Wege der Forschung, 35 (Darmstadt: Wissenschaftliche Buchgesellschaft, 1965), 197, 216.

5   Käte Hamburger, *Die Logik der Dichtung,* zweite, stark veränderte Auflage (Stuttgart: Klett, 1968), 117.

TEXT 1

Das Erzählen, so kann man auch sagen, ist eine Funktion, durch die das Erzählte erzeugt wird, die *Erzählfunktion,* die der erzählende Dichter handhabt wie etwa der Maler Farbe und Pinsel. Das heißt, *der erzählende Dichter ist kein Aussagesubjekt,* er erzählt nicht von Personen und Dingen, sondern *er erzählt die Personen und Dinge;* die Romanpersonen sind erzählte Personen so wie die Figuren eines Gemäldes gemalte Figuren sind. *Zwischen dem Erzählten und dem Erzählen besteht kein Relations- und das heißt Aussageverhältnis, sondern ein Funktionszusammenhang.* Dies ist die logische Struktur der epischen Fiktion, die sie kategorial von der logischen Struktur der Wirklichkeitsaussage unterscheidet.[6]

Mit dieser Unterscheidung hat Käte Hamburger *de facto* drei Instanzen voneinander abgegrenzt: den Autor, die von ihm gehandhabte Erzähl- oder Aussagefunktion und alle jene sprachlichen Indikatoren, die im Erzählfluß eine sprechende Person fingieren, ohne je den Status einer Person, einer "Ich-Origo" zu haben.[7]

Viel deutlicher allerdings als bei Käte Hamburger ist ein solches Drei-Instanzen-Modell herausgearbeitet in Wayne C. Booths *Rhetoric of Fiction.*[8] Booth unterscheidet
1. den Autor,
2. den "impliziten Autor"
3. die rhetorischen Möglichkeiten zur Dramatisierung der Erzählerrolle.

TEXT 2

Wenn er [der Autor] schreibt, schafft er nicht einfach einen idealen, unpersönlichen "Menschen schlechthin", sondern eine implizierte Version "seiner selbst", die sich von den in anderen Werken implizierten Autoren unterscheidet. In der Tat haben einige Romanschriftsteller den Eindruck, daß sie sich beim Schreiben selbst entdecken oder schaffen.
[...]

---

6 *Ebd.,* 113.

7 Ich verkürze hier Käte Hamburgers Argumentation stark. Eine ausführliche Auseinandersetzung in G.v.G., *Die Setzung des Subjekts: Untersuchungen zur Romantheorie,* Studien zur deutschen Literatur, 36 (Tübingen: Niemeyer, 1973). Dort auch ein mit Analysen Husserls begründetes Drei-Instanzen-Modell. Das Drei-Instanzen-Modell des Erzählers hat eine kommunikationstheoretische Entsprechung auf seiten des Lesers. Vgl. dazu z.B. Dieter Janik, *Die Kommunikationsstruktur des Erzählwerks: Ein semiologisches Modell,* Thesen und Analysen, 3 (Bebenhausen: Rotsch, 1973); Wolf Schmid, [Rezension Janik], *Poetica,* 6 (1974), 404-415; Hannelore Link, *Rezeptionsforschung: Eine Einführung in Methoden und Probleme,* Urban Taschenbücher, 215 (Stuttgart: Kohlhammer, 1976), 11ff.

8 Wayne C. Booth, *Rhetoric of Fiction* [1961], hier zitiert nach der deutschen Übersetzung von Alexander Polzin, *Die Rhetorik der Erzählkunst,* 2 Bde., UTB, 384 (Heidelberg: Quelle & Meyer, 1974). Booths Position auch in Luis D. Rubin, *The Teller in the Tale* (Seattle: U. of Washington P., 1967).

Unser Eindruck von dem implizierten Autor schließt nicht nur die herauslösbaren Sinngehalte ein, sondern auch den moralischen und emotionalen Gehalt jeder kleinsten Handlung und Erfahrung jeder einzelnen Romanfigur. Kurz gesagt, er impliziert das intuitive Erfassen eines vollständigen künstlerischen Ganzen; der vornehmste Wert, dem sich *dieser* implizierte Autor verpflichtet fühlt, und zwar unabhängig davon, welchen Platz sein Schöpfer im wirklichen Leben einnimmt, ist derjenige, welcher durch die totale Form zum Ausdruck kommt.[9]

Der Romantext als Ganzes stellt ein Beziehungsgeflecht von Ansichten, Leitvorstellungen und Wertungen dar, die nicht einfach nebeneinanderstehen, sondern eine Art geschlossenen 'moralischen' Kosmos repräsentieren. Der unausgesprochene, aber alle Aussagen des Romans steuernde Werte*katalog* wird dem Autor nicht fremd sein. Dennoch tritt er ihm als ein nach eigenen Gesetzen organisiertes 'moralisches' Ganzes gegenüber, spaltet sich ab als ein 'zweites Selbst' des Autors. Nur gemessen an seinen eigenen Gesetzen, an der eigenen inneren Folgerichtigkeit des moralischen Ganzen entscheidet sich, ob der "implizite Autor" eines Romans "zuverlässig"[10] ist. Was der Verfasser des Romans dazu äußert oder beabsichtigt, ist unerheblich.

In Analogie zu Käte Hamburgers sprachlogischer "Erzählfunktion" kann man Booths implizierten Autor eine 'moralische Erzählfunktion' nennen. Zwar akzentuiert K. Hamburger stärker das Unpersönliche der Funktion, während Booth stärker bei der Vorstellung vom zweiten Selbst als moralischer Person bleibt. Doch machen beide in dieser unterschiedlichen Weise deutlich, daß der Text sich vom Verfasser trennt, und daß die Gesetzmäßigkeiten des erzählten Textes mehr als die Absichten des Verfassers die maßgebenden Instanzen für den Leser sind.

Noch in einem dritten, in "strukturalistischem" Zusammenhang wurde die Erzähl- oder Aussagefunktion beschrieben. Michel Foucault erläutert in *Archäologie des Wissens*[11] am Beispiel des Romans die Nicht-Identität von Autor und Subjekt einer Aussage, verallgemeinert dann jedoch und nimmt für jede sprachliche Aussage, auch z.B. für eine mathematische Abhandlung, die "Dissoziation"[12] von Autor und Subjekt der Aussage in Anspruch. Das Subjekt der Aussage ist ein "determinierter und leerer Platz"[13] im Text. "Determiniert", weil ähnlich wie bei Booth die "Gesamtheit" der Aussage die Normen und die Angebote festlegt für den Nachvollzug durch den Leser. Denn das schematische, "leere" Subjekt, das der Autor geräumt hat, wird wieder von einem Individuum besetzt, wenn ein Leser das Aussagesubjekt zu dem seinen macht.

9   Booth, *Die Rhetorik der Erzählkunst*, I, 77; 80.
10 Zentral in Booths Argumentation ist der Begriff der "reliability".
11 Michel Foucault, *Archäologie des Wissens* [1969], Aus dem Französischen von Ulrich Koeppen (Frankfurt/M.: Suhrkamp, 1973). Vgl. auch *ders.,* "Was ist ein Autor?" *Schriften zur Literatur,* Aus dem Französischen übersetzt von Karin von Hofer, Sammlung Dialog (München: Nymphenburger Verlagshandlung, 1974), 7-31.
12 Foucault, *Archäologie des Wissens,* 136.
13 *Ebd.,* 139.

Foucaults Beschreibung ist im einzelnen nicht ganz einfach nachzuvollziehen. Grundsätzlich gehört sie in die Reihe der Abtrennungen der Sprecherinstanz im Text vom konkreten Sprecher.

Bei K. Friedemann und W. Kayser war der abgetrennte Erzähler eine leibhaftige Person, der man alles Menschliche zutrauen konnte. Bei Booth war es immerhin noch das dem Autor gegenübertretende zweite Selbst eines moralischen Normengefüges. Bei Hamburger und Foucault ist das Abgetrennte *formale Funktion:* diesem "Subjekt" fehlt gerade all das, was es zu einem Erzähler in irgend einem 'persönlichen' Sinne machen könnte. Die Darstellung der Erzähler-Merkmale im 2. Abschnitt (S. 92f.) wird sich an dieser historischen Wandlung des Erzählers vom 'moralischen Selbst' zur 'sprachlichen Funktion' orientieren.

4.1.2. Rückkopplung von Autor und Erzähler

Durch häufiges Wiederholen ist die Trennung des Autors von den fiktiven Erzählerinstanzen zu einer Art Dogma geworden, das kein Romantheoretiker mehr ernsthaft in Frage stellt. Stanzel nennt die Trennung eine "definitive Klarstellung".[14] Sie unterliegt allerdings inzwischen Mißverständnissen, die ihre ursprüngliche theoretische Berechtigung zumindest verdunkeln. Hamburgers oder Booths Drei-Instanzen-Modelle beschrieben das Unterscheidende ja immer nur innerhalb eines *Verhältnisses* von Autor-Funktion-Erzählerrede. Sieht man nur einseitig das Trennende, sieht man sich auf Grund der Unterschiede zwischen konkretem Autor und Erzählerrollen ververanlaßt, den Autor aus dem Gesamtbezug der verschiedenen Instanzen der Fiktion zu eliminieren, dann kommt es zu einer theoretisch zwar 'sauberen', zuletzt aber falschen Auffassung, man habe es beim Roman mit einer abgeschlossenen, autonomen Fiktion zu tun, die mit dem *Leben* des Autors nichts mehr gemein hat. Für eine solche 'autonome Fiktion' kommt auch der Leser nur noch als formales Füllsel für formale Leerstellen in Betracht, und nicht als ein Engagierter, den ein Roman nur kümmert, wenn er ihn in seine Lebensbezüge integrieren kann. Fiktion hat dann aufgehört, in einem inhaltlichen Sinne Teil der Wirklichkeit zu sein. Dieser *Abkapselung der Fiktion* hat die Theorie vom *nur* fiktiven Erzähler Vorschub geleistet. Kein Wunder, daß die Vereinseitigung Widerspruch hervorgerufen hat. "Wirkliche Leser brauchen den Autor", sagt Harald Weinrich.[15] Das Interesse des Lesers liegt zum Beispiel darin, daß der Autor das Werk seinem Leben "abgetrotzt" hat, daß eine bestimmte "Identität" unter "Schwierigkeiten und Widrigkeiten durchgehalten worden ist".

---

14 Franz K. Stanzel, *Theorie des Erzählens,* UTB, 904 (Göttingen: Vandenhoeck, 1979), 111.

15 Harald Weinrich, "Der Leser braucht den Autor", *Identität,* ed., Odo Marquard und Karlheinz Stierle, Poetik und Hermeneutik, 8 (München: Fink, 1979), 722-724, 722.

"Jedes Werk, das dem Autor gelungen ist, kann vom Leser als ein Dokument durchgehaltener Identität gelesen werden. Darin liegen deshalb auch für ihn genügend Anreize, seine eigene Identität auf die Probe zu stellen."[16]

Das "Abgetrotzte", die im Werk durchgehaltene Identität, verweisen wieder auf das moralische zweite Selbst des "implied author". Aber es erscheint im Roman nicht, um sich zu verselbständigen, sondern um als Unterschiedenes eine reale Funktion für den Leser auszuüben, der am 'anderen Selbst' die eigene Identität erproben will.

Von Jacques Lacan stammen die wohl anspruchsvollsten Formulierungen über die lebensnotwendige Funktion imaginärer, fiktiver Bilder, Formulierungen über die *reale* Notwendigkeit, ein fiktives 'zweites Selbst' von sich abzutrennen, um zum eigenen Selbst, zur eigenen Identität finden zu können. Diese "beim Subjekt durch die Aufnahme eines Bildes ausgelöste Verwandlung" umschreibt Lacan in seinem zu spätem Ruhm gelangten Aufsatz von 1949 über "Das Spiegelstadium als Bildner der Ichfunktion, wie sie uns in der psychoanalytischen Erfahrung erscheint."[17]

Für die *historische* Erfahrung ist das Vorzeigen eigener und fremder Identitäts-Bilder nach Hermann Lübbes Auffassung von nicht geringerer Bedeutung. "Was ich durch Geschichte bin",[18] erfahre ich durch das Erzählen und zeige es den anderen. Aber nur weil im Erzählen eine geordnete, eine zu einem Sinn-Ganzen strukturierte Identität erscheint, kann ich die Zufälligkeiten meiner tatsächlichen Lebens-Geschichte als historisch gewachsene Identität erfahren und erfahrbar machen.

Diese sehr abgekürzten Hinweise auf Lacan und Lübbe sollen darauf aufmerksam machen, daß Booths "implied author" nicht eine beliebige fiktionstheoretische Spezialität ist, die nur in den Logikspielen der Romantheoretiker eine gewisse Berechtigung hat. Vielmehr zeigen Lacans und Lübbes Überlegungen — so verschieden sie im übrigen sonst sind —, daß auch in Wirklichkeitsbereichen wie "Psyche" und "Geschichte" imaginierte Rollen, fingierte Identitäten eine entscheidende, unersetzliche Funktion haben. Der "implied author", ja die ganze Diskussion um Autor/Erzählfunktion/fiktiver Erzähler ist daher aufzufassen als *eine* Variante des weit über den Roman hinausreichenden Nachdenkens über die Unersetzlichkeit vorgestellter, imaginierter Wirklichkeiten.

---

16 *Ebd.,* 724.

17 In Jacques Lacan, *Schriften 1,* ausgewählt und herausgegeben von Norbert Haas, suhrkamp taschenbuch wissenschaft, 137 (Frankfurt/M.: Suhrkamp, 1975), 61-70, 64.

18 Hermann Lübbe, "Zur Identitätspräsentationsfunktion der Historie", *Identität,* 277-292, 280.

P.D. Juhl[19] hat neuerdings der Theorie vom "implied author" entgegenge-
halten, sie schaffe einen billigen Kompromiß zwischen der Unverzichtbarkeit
des Verfassers und dem Konzept von der Autonomie der Fiktion. Juhl
zieht daraus die theoretisch eindeutige Konsequenz, was im Roman spreche,
sei zuletzt der Autor selbst und niemand anderer an seiner Stelle. Das
stimmt, wenn man berücksichtigt, was auch in Booths "implied author"
steckt, daß der Autor nur selbst reden kann, wenn er vorübergehend sein
'Selbst' in die relative Autonomie der Imagination entläßt. Richtig verstanden ist gerade die *Unterscheidung* von Autor und Erzähler das *Verbindende*
zwischen dem Romanerzähler und unserer Lebenswirklichkeit. Man kann es
auf die scheinbar paradoxe Formel bringen: der fiktive Erzähler ist die Voraussetzung für den Leser, einen Autor kennen zu lernen.

Das Verhältnis von Autoren und ihren Erzähler-Rollen als Bedingung einer
Auseinandersetzung mit Hörern und Lesern ist im übrigen selbst zum Thema
im Roman geworden. Alfred Döblins Roman *Hamlet oder Die lange Nacht
nimmt ein Ende*[20] zum Beispiel handelt von den vielfältigen existentiellen
Belangen der Verdoppelung von Erzählern und ihren Masken.

4.2. Manifestationen des Erzählers im Text

Der erste Abschnitt sollte verdeutlichen, daß die Unterscheidung von *fiktiven* Erzähler-Instanzen vor allem Bedeutung hat für den Kontakt von Autor
und Leser. Elemente des Texts wie der fiktive Erzähler sind nicht unabhängig von der 'externen Kommunikation'.

Im 2. Abschnitt soll die text-interne Kategorie der Erzählerrollen genauer
vorgestellt werden. Das geschieht in einer zumindest groben historischen
Ordnung, die erlaubt, allgemeinere text-externe Deutungsmuster auf den
jeweiligen "Sinn" der Erzählerfigur zu beziehen.

4.2.1. Zur Geschichte der Erzählfigur

4.2.1.1. Der 'persönliche' Erzähler und seine Neutralisierung

Es gibt kaum ein Beispiel in der Weltliteratur, das anschaulicher machen
könnte, wie ein Erzähler spricht, als der Erzähler in *Tom Jones.*

---

19 P.D. Juhl, "Life, Literature, and the Implied Author", *DVjs,* 54 (1980), 177-203,
   auch in P.D. Juhl, *Interpretation: An Essay in the Philosophy of Literary Criticism* (Princeton: Princeton U.P., 1980), 153-195.

20 Alfred Döblin, *Hamlet oder Die lange Nacht hat ein Ende* (München: Albert
   Langen, Georg Müller, [3]1960).

Beispiel

I have told my reader, in the preceding chapter, that Mr. Allworthy inherited a large fortune; that he had a good heart, and no family. Hence, doubtless, it will be concluded by many that he lived like an honest man, owed no one a shilling, took nothing but what was his own, kept a good house, entertained his neighbours with a hearty welcome at his table, and was charitable to the poor, i.e. to those who had rather beg than work, by giving them the offals from it; that he died immensely rich and built an hospital.

And true it is that he did many of these things; but had he done nothing more I should have left him to have recorded his own merit on some fair freestone over the door of that hospital. Matters of a much more extraordinary kind are to be the subject of this history, or I should grossly mis-spend my time in writing so voluminous a work; and you, my sagacious friend, might with equal profit and pleasure travel through some pages which certain droll authors have been facetiously pleased to call *The History of England.*[21]

Zweierlei vermittelt in diesem Text den Eindruck, daß das sprechende "Ich" einer sich selbst bewußten Persönlichkeit gehört: der Sprecher setzt sich mit dem Leser auseinander, er zieht den Leser in die Erzählung hinein. Und er gibt seine Urteilsfähigkeit zu erkennen. Er begründet, warum er über Allworthy erzählt und was er über ihn erzählt. Als Dialogpartner und als verantwortlich Handelnder beweist dieser Sprecher zur Genüge, daß er eine Persönlichkeit ist. Er muß uns nicht 'leibhaftig' vor Augen gestellt werden. Immerhin könnte man sich ihn im 'Kostüm' vorstellen. Muster wären der blinde Sänger Homers, vielleicht auch nur ein Bänkelsänger. Im 20. Jahrhundert könnte er in die Rolle des Kommentators im Stummfilmkino schlüpfen. Döblin hat sich diese Rolle zum Muster für einen seiner Erzähler genommen.[22] Erzähler vom Schlage des "Ich" im *Tom Jones* werden nicht mit ihrem Kostüm, sondern mit ihrem "sittlichen Kern" als frei handelnde Individuen zur dominierenden Erscheinung im Roman des 18. und 19. Jahrhunderts.[23] Diese autonome Erzählerpersönlichkeit war zwar nie ganz unbestritten, hat aber, vor allem im romantischen Erzählen, unendliche Variationen erfahren. Doch erst in der zweiten Hälfte des 19. Jahrhunderts wurde ihre mehr oder minder unbegrenzte Herrschaft grundsätzlich zweifelhaft. Das freie Schalten und Sich-Aufdrängen eines Sprechers hielt man für unver-

21 Henry Fielding, *The History of Tom Jones, A Foundling,* Book I, Chapter III.

22 Vgl. Dietrich Scheunemann, *Romankrise: Die Entstehungsgeschichte der modernen Romanpoetik,* Medium Literatur, 2 (Heidelberg: Quelle & Meyer, 1978), 167ff.

23 Eine Dokumentation der theoretischen Diskussion des 18. Jh.s, überwiegend in Deutschland, in *Texte zur Romantheorie II (1731–1780),* mit Anmerkungen, Nachwort und Bibliographie von Ernst Weber (München: Fink, 1981). – Ausgeklammert bleiben in meiner Darstellung Dialog- und Briefroman. Vgl. dazu Volker Neuhaus, *Typen multiperspektivischen Erzählens,* Literatur und Leben, NF 13 (Wien: Böhlau, 1971).

einbar mit den neuen Ansprüchen an das Erzählen. Statt wie bisher die erzählte Wirklichkeit zu einem Symptom der Erzähler-'Allwissenheit' zu machen, war jetzt auch der Erzählerstandpunkt den Bedingungen der darzustellenden "Wirklichkeit" unterzuordnen. Denn die Wirklichkeit im Roman sollte nicht mehr nur die eingeschränkte Wirklichkeit einer einzelnen Person sein. Man wollte sich jetzt darauf verlassen können, daß nach dem Beispiel der neueren Wissenschaften auch in der Literatur eine Wirklichkeit 'wie sie ist' und nicht 'wie einer sie sieht' erscheint. Die subjektive Betrachtungsweise einer Figur im Roman war nicht mehr selber interessant. Sie war allenfalls noch zugelassen als romantechnisches Mittel, der 'Realität' im Roman zur Geltung zu verhelfen.

In der unabsehbaren Diskussion um die geeignetste Verwirklichung des 'realistischen' Anspruchs an die Literatur hat Flauberts "impassibilité" den wohl nachhaltigsten Einfluß auf die Bewertung der Erzählerperson gewonnen. In einer oft zitierten Briefstelle wird anschaulich, was Flaubert mit dem Zurücktreten des Autors meint. Die Unterscheidung von Autor und Erzähler war dabei für Flaubert irrelevant.

TEXT 3

L'auteur, dans son œuvre, doit être comme Dieu dans l'univers, présent partout, et visible null part. L'Art étant une seconde nature, le créateur de cette nature-là doit agir par des procédés analogues. Que l'on sente dans tous les atomes, à tous les aspects, une impassibilité cachée et infinie. L'effet, pour le spectateur, doit être une espèce d'ébahissement. Comment tout cela s'est-il fait? doit-on dire, et qu'on se sente écrasé sans savoir pourquoi. L'art grec était dans ce principe-là et, pour y arriver plus vite, il choisissait ses personnages dans des conditions sociales exceptionelles, rois, dieux, demi-dieux. On [ne] vous intéressait pas avec vous-mêmes; le divin était le but.[24]

Flauberts Ansichten folgten viele. Man war jetzt sehr allergisch gegen jede Form von sichtbarem In-Erscheinung-Treten des Erzählers, die Rede von der Erzähler-losen "Objektivität"[25] kam auf. Das "Darstellen", die "scenic method", "Unmittelbarkeit", "Illusion of actuality" wurden zu Normen des Erzählens erhoben.[26] Je ausgeprägter die Abwehr des sicht- oder hörbaren Erzählers war, für desto 'moderner' wurde das Erzählen gehalten. Das Zu-

---

24 Gustave Flaubert, Brief an Louise Colet vom 9.12.1852. Flaubert, *Oeuvres complètes de Gustave Flaubert,* Bd. 13: *Correspondance 1850—1858* (Paris: Club de l'Honnête Homme, 1974), 265.

25 Zu Spielhagen vgl. zuletzt Rolf Geissler, "Verspielte Realitätserkenntnis: Zum Problem der objektiven Darstellung in Friedrich Spielhagens *Hammer und Amboß*", *DVjs,* 52 (1978), 496-510.

26 Vgl. Joseph Warren Beach, *The Method of Henry James* [1918], enl. ed. (Philadelphia: Saifer, 1954); Percy Lubbock, *The Craft of Fiction* [1921] (London: Cape, 1960).

rückdrängen aller Elemente des Erzählens, die auf eine traditionelle "Personen"-Vorstellung vom Erzähler schließen ließen, wurde im 20. Jahrhundert fortgesetzt. Der scheinbar ungesteuerte, also keinem autonomen Urteil mehr unterliegende Assoziationsfluß eines Bewußtseins, ist eine der Leitvorstellungen des Romans des "stream of consciousness". Die nur noch durch den räumlichen Ausschnitt begrenzte, sonst ganz passive Wahrnehmungstechnik des "camera eye"[27] ist eine andere, extreme Vorstellung. Sie gehört zum Programm des 'Nouveau Roman'. Das scheint tatsächlich das Ende des frei handelnden und hörbaren Erzählers im Roman zu sein. Daß seine 'Verfalls'-Geschichte[28] nicht ganz so einfach verläuft, zeigt schon Döblins Stummfilmkommentator, der immerhin noch hörbar ist. Und Thomas Manns schon genannter "Geist der Erzählung" zieht durch Ironisierung noch einmal großen erzählerischen Gewinn aus der Vorstellung vom 'handelnden Erzähler'.

TEXT 4

Wer läutet die Glocken? Die Glöckner nicht. Die sind auf die Straße gelaufen wie alles Volk, da es so ungeheuerlich läutet. Überzeugt euch: die Glockenstuben sind leer. Schlaff hängen die Seile, und dennoch wogen die Glocken, dröhnen die Klöppel. Wird man sagen, daß *niemand* sie läutet? − Nein, nur ein ungrammatischer Kopf ohne Logik wäre der Aussage fähig. "Es läuten die Glocken", das meint: sie werden geläutet, und seien die Stuben auch noch so leer. − Wer also läutet die Glocken Roms? − *Der Geist der Erzählung.* − Kann denn der überall sein, hic et ubique, zum Beispiel zugleich auf dem Turme von Sankt Georg in Velabro und droben in Santa Sabina, die Säulen hütet vom greulichen Tempel der Diana? An hundert weihlichen Orten auf einmal? − Allerdings, das vermag er. Er ist luftig, körperlos, allgegenwärtig, nicht unterworfen dem Unterschiede von Hier und Dort. Er ist es, der spricht: "Alle Glocken läuteten", und folglich ist er's, der sie läutet. So geistig ist dieser Geist und so abstrakt, daß grammatisch nur in der dritten Person von ihm die Rede sein und es lediglich heißen kann: "Er ist's." Und doch kann er sich auch zusammenziehen zur Person, nämlich zur ersten, und sich verkörpern in jemanden, der in dieser spricht und spricht: "Ich bin es. Ich bin der Geist der Erzählung. [. . .]"[29]

---

27 Vgl. Anm. 35.

28 Vgl. Wolfgang Kayser, "Die Anfänge des modernen Romans im 18. Jahrhundert und seine heutige Krise", *DVjs,* 28 (1954), 417-446. Zur Romankrise und zur Geschichte der De-Personalisierung vgl. auch Scheunemann (Anm. 22).

29 Thomas Mann, *Der Erwählte,* 10.

4.2.1.2. Der Ich-Erzähler

Um es noch einmal aufzugreifen: Der Geist der Erzählung kann sich zusammenziehen zur Person, er kann dann "ich" sagen. Fieldings Erzähler sagt "ich", und doch ist der *Tom Jones* kein Ich-Roman. Wenige Sätze aus Gottfried Kellers *Grünem Heinrich* können den Unterschied deutlich machen.

Beispiel

> Wie lang ist es her, seit ich das Vorstehende geschrieben habe. Ich bin kaum derselbe Mensch, meine Handschrift hat sich längst verändert, und doch ist mir zu Mut, als führe ich jetzt fort zu schreiben, wo ich gestern stehen blieb. Dem unveränderlichen Lebenszuschauer sind Stern und Unstern gleich kurzweilig, und er zahlt seinen wechselnden Platz unbesehen mit Tagen und Jahren, bis seine fliehende Münze zu Ende geht.
>
> Der Wendepunkt, welcher mit dem Entschwinden der ersten Jugendzeit und der Judith unvermerkt genaht war, zeigte sich in der Notwendigkeit, meine Kunstübungen nunmehr einem Abschluß entgegenzuführen.[30]

Das Ich, das hier erzählt, ist doppelt anwesend, denn es teilt sich in zwei Rollen: einmal in die des "erinnernden Ich", des "Lebenszuschauers", wie es der *Grüne Heinrich* nennt, der die eigene Jugendgeschichte erzählt wie die Geschichte eines anderen: "ich bin kaum derselbe Mensch". Zum zweiten in die Rolle des "erinnerten Ich", des vergangenen Ich, das mit seinen Schicksalen Gegenstand der Erzählung ist.[31] Doch diese zeitlich getrennten Ich-Stufen gehören in *einen* biographischen Zusammenhang: "und doch ist mir zu Mut, als führe ich jetzt fort zu schreiben, wo ich gestern stehen blieb". Das Bild von der 'Lebenskurve', deren "Wendepunkt" jetzt eingetreten ist, bekräftigt den inneren Zusammenhalt der Zeitstufen des Ich.

Diese Zusammengehörigkeit zweier Lebensstufen des Ich, dieses *autobiographische Schema* binden den Ich-Roman an ein historisches Modell, das als eigene Gattung nicht zum Gebiet des Romans gehört: die Autobiographie. Mit ihrer ursprünglich strengen "Verpflichtung auf die historische Wahrheit"[32] hat sie zunächst nichts gemein mit der Roman-"Fiktion". Der religiöse Wahrheitsbegriff in Augustins *Confessiones* z.B. unterscheidet sich

30 Gottfried Keller, *Der grüne Heinrich*, Sämtliche Werke und Ausgewählte Briefe, Bd. 1, ed. Clemens Heselhaus (München, Hanser, 1978), 773.

31 Leo Spitzer, "Zum Stil Marcel Proust's, *Stilstudien*, II (München: Hueber, 1928), 365-497; Hans Robert Jauß, *Zeit und Erinnerung in Marcel Prousts 'A la recherche du temps perdu'*, Heidelberger Forschungen, 3 (Heidelberg: Winter, 1955), Bertil Romberg, *Studies in the Narrative Technique of the First Person Novel*, translated by Michael Taylor and Harold H. Borland (Stockholm: Almqvist & Wiksell, 1962).

32 Klaus-Detlef Müller, *Autobiographie und Roman: Studien zur literarischen Autobiographie der Goethezeit*, Studien zur deutschen Literatur, 46 (Tübingen, Niemeyer, 1976), 61.

radikal von der ungehemmten Erfindungslust des Romans. Zwar gibt es eine Verweltlichung der Autobiographie, eine Angleichung ihres Wahrheitsstrebens an die Fiktion des Romans, schließlich ihr Vordringen ins Terrain des Romans in Form des Ich-Romans. Wann immer man aber den Ich-Roman am historischen Modell der Autobiographie mißt, wird die Frage nach der besonderen 'Wahrhaftigkeit' des Erzählers, nach dem besonderen Verhältnis von Ich-Erzähler und erzählter Wirklichkeit akut. Es kommt zu einer kategorialen Absonderung der Ich-Erzählung vom Er-Roman nach den Unterscheidungskriterien von 'Wahrhaftigkeit' und Fiktion. Das wird in der Romantheorie sehr unterschiedlich begründet.

Für Käte Hamburger ist der Ich-Roman eine imitierte Wirklichkeitsaussage; imitiert wird im Grunde die Wahrheit der Autobiographie. Und diese 'fingierte Wirklichkeitsaussage' unterscheidet K. Hamburger als eigene literarische Gattung vom Er-Roman: "Die Setzung der Fiktion ist eine völlig andere Bewußtseinshaltung als das Fingiertsein."[33] K. Hamburger trägt abstrakte "sprachlogische" Argumente vor. F.K. Stanzel bringt den Wahrheitsanspruch der Autobiographie direkter ins Spiel:

"Alles, was in der Ich-Form erzählt wird, ist irgendwie von existentieller Relevanz für den Ich-Erzähler. Für diese existentielle Relevanz des Erzählten für den Ich-Erzähler gibt es in der Er-Erzählung . . . keine entsprechende, ähnlich wirkende Sinndimension. Die Erzählmotivation eines auktorialen Erzählers ist literarisch-ästhetischer, nie aber existentieller Art."[34] "Imitierte Wirklichkeitsaussage" contra "Fiktion"; "existentielle" contra "literarisch-ästhetische" Erzählmotivation — diese Unterscheidungen stehen in der sehr alten Tradition, Bekenner-Wahrhaftigkeit und Erzähler-Lüge voneinander abzugrenzen.[35]

Wenn man jenseits dieser Tradition argumentiert, wenn man all die Elemente des Ich-Erzählens in den Vordergrund rückt, die sich von der 'normalen' Er-Fiktion nicht unterscheiden — und das sind mit Ausnahme des Autobiographie-Relikts alle Phänomene des Texts — dann liegt es nahe, mit Wayne C. Booth zu sagen, die Ich/Er-Unterscheidung sei "the most overworked distinction". Das ist dann kein "Irrtum",[36] wie Stanzel meint, sondern nur ein anderer historischer Standpunkt.

Für dieses Problem ist eine Spielart des Ich-Romans erhellend, die man unter die Rubrik des "Ich als Augenzeuge" ('I as witness') einordnen kann. Der

---

33 Hamburger, *Die Logik der Dichtung*, 247. Bekräftigt von Dorrit Cohn in *Transparent Minds: Narrative Modes for Presenting Consciousnees in Fiction* (Princeton: Princeton U. P., 1978).

34 Stanzel, *Theorie des Erzählens*, 132.

35 Zum Alter dieser Tradition vgl. Fritz Peter Knapp, "Historische Wahrheit und poetische Lüge: Die Gattungen der weltlichen Epik und ihre theoretische Rechtfertigung im Hochmittelalter", *DVjs*, 54 (1980), 581-635.

36 Stanzel, *Theorie des Erzählens*, 146, vgl. Booth, *Rhetorik*, I, 15.

Ich-Erzähler ist nicht mehr selbst Haup[t]held des Erzählten. Das Ich ist eine Nebenfigur, die an den Ereignissen um den Haupthelden so viel Anteil hat, daß sie aus erster Hand von ihnen berichten kann, ganz so, wie sich etwa die Romane über Sherlock Holmes präsentieren: "Being a Reprint from the Reminiscenses of John H. Watson, M.D., late of the Army Medical Department."[37] Auch bei Sherlock Holmes geht es um Wahrheitssuche, aber gerade nicht um autobiographische. Der Held ist Akteur in kriminalistischer Wahrheitsfindung. Sein Begleiter und Chronist ist nur so etwas wie der kleine Bruder des Fieldingschen Erzählers, der auch "ich" sagt und dabei doch als Prototyp des auktorialen Er-Erzählers gelten kann. Dieses "ich" beglaubigt nur die Authentizität des Erzählten, an die besonderen Gesetze der Autobiographie ist es nicht gebunden.

Ein Augenzeugen-Ich, das sich fast buchstäblich zum 'kleinen Bruder' des auktorialen Erzählers macht, das seine Autorität und seine eigene Geschichte absichtlich herunterspielt, erzählt in Thomas Manns *Doktor Faustus.*

Beispiel

> Mit aller Bestimmtheit will ich versichern, daß es keineswegs aus dem Wunsche geschieht, meine Person in den Vordergrund zu schieben, wenn ich diesen Mitteilungen über das Leben des verewigten Adrian Leverkühn, dieser ersten und gewiß sehr vorläufigen Biographie des teuren, vom Schicksal so furchtbar heimgesuchten, erhobenen und gestürzten Mannes und genialen Musikers, einige Worte über mich selbst und meine Bewandtnisse vorausschicke. Einzig die Annahme bestimmt mich dazu, daß der Leser — ich sage besser: der zukünftige Leser; denn für den Augenblick besteht ja noch nicht die geringste Aussicht, daß meine Schrift das Licht der Öffentlichkeit erblicken könnte, — es sei denn, daß sie durch ein Wunder unsere umdrohte Festung Europa zu verlassen und denen draußen einen Hauch von den Geheimnissen unserer Einsamkeit zu bringen vermöchte; — ich bitte wieder ansetzen zu dürfen: nur weil ich damit rechne, daß man wünschen wird, über das Wer und Was des Schreibenden beiläufig unterrichtet zu sein, schicke ich diesen Eröffnungen einige wenige Notizen über mein eigenes Individuum voraus, — nicht ohne die Gewärtigung freilich, gerade dadurch dem Leser Zweifel zu erwecken, ob er sich auch in den richtigen Händen befindet, will sagen: ob ich meiner ganzen Existenz nach der rechte Mann für eine Aufgabe bin, zu der vielleicht mehr das Herz, als irgendwelche berechtigende Wesensverwandtschaft micht zieht.[38]

---

37 "A Study in Scarlet: Part 1 Being a Reprint from the Reminiscences of John H. Watson . . .", *The Complete Sherlock Holmes* by Sir Arthur Conan Doyle, with a preface by Julian Symons (London: Secker & Warburg, 1981), 15.

38 Thomas Mann, *Doktor Faustus: Das Leben des deutschen Tonsetzers Adrian Leverkühn erzählt von einem Freunde,* Stockholmer Gesamtausgabe der Werke von Thomas Mann, Bd. 5 (Frankfurt/M.: Fischer, 1951), 9.

Auch der *Doktor Faustus* handelt von Wahrheitssuche, in der unter anderem der schwierige Zusammenhang von biographischer und politischer "Wahrheit" von Bedeutung ist. Die Frage nach Kategorien der Autobiographie ist dabei sekundär. Auch für diesen Ich-Erzähler gelten weit mehr die Gesetze des Er-Erzählers und seiner Perspektiven als die speziellen Bedingungen der autobiographischen "Wahrheit". Die Folgerung, die die angeführten Beispiele nahelegen lautet: Ob die Er-Fiktion oder das Autobiographie-Modell auf einen Ich-Roman anzuwenden ist, muß von Fall zu Fall durch Analyse des Textes geklärt werden, es kann *nicht* 'sprachlogisch' entschieden werden.

Stanzel führt selbst zahlreiche Fälle der Grenzverwischung von Ich- und Er-Roman an.[39] Im Nouveau Roman schließlich wird durch die "Entpersönlichung des Darstellungsvorganges mittels der 'Camera-Eye'-Technik"[40] die Unterscheidung von Ich- und Er-Bezug hinfällig. Winfried Wehle hat gezeigt, wie sich die Nouveaux Romans aus dem autobiographischen Schema lösen und an die Stelle der Autobiographie-Relikte der Ich-Darstellung die "Materialisation einer Subjektivität in der Sprache"[41] tritt. Der Nouveau Roman kann als Extremstufe der De-Personalisation des Erzählers gelten, gleichermaßen des Ich- und des Er-Erzählers. Deutlicher kann nicht werden, daß es eine ausschließlich *historische* Frage ist, wann die Grenzen zwischen Ich- und Er-Fiktion verschwinden, wann die Unterscheidung von Ich und Er im Roman keine "existentielle" Unterscheidung mehr, sondern eine rein pronominale, "grammatikalische" ist.

Hinter einem solchen grammatikalischen, pronominalen Wechsel mögen sich dann wieder "existentielle" Probleme des Autors verbergen. Sartre hat die psychologische Rolle des Ich/Er-Wechsels in Briefen Flauberts analysiert. "Gustave weiß nicht mehr, ob er Subjekt oder Objekt ist, sein Ich ist ein Er, und sein Er ein Ich."[42] Eine äußere "Depersonalisation": zur "impassibilité" Flauberts, dem Anfang vom Ende des persönlichen Erzählers, gehört im Hintergrund der Verlust der Ich/Er-Fixierung ihres Autors. Eine "existentielle Motivierung" unpersönlichen Erzählens wird sichtbar, die kein Privileg des Erzählers im Ich-Roman ist.

Diese Hinweise zur Erzähler-Geschichte sollen zweierlei verdeutlichen: 1. Der persönliche Erzähler und die Geschichte seiner De-Personalisierung sind historisch ein anderes Thema als die Trennung des persönlichen Erzählers in eine Ich- und in eine Er-Person. Die historische Entwicklung beider Themen verläuft auf verschiedenen Ebenen der Problemstellung.

---

39 Vgl. Stanzel, 134ff.

40 *Ebd.,* 293ff.

41 Winfried Wehle, *Französischer Roman der Gegenwart: Erzählstruktur und Wirklichkeit im Nouveau Roman,* Grundlagen der Romanistik, 2 (Berlin: Schmidt, 1972), 260.

42 Jean Paul Sartre, *Der Idiot der Familie: Gustave Flaubert 1821 bis 1857,* deutsch von Traugott König (Reinbek: Rowohlt, 1977), II, 134.

2. Die Geschichte der De-Personalisierung ist das Oberthema, dem die Geschichte der Ich-Unterscheidung (Ich-Roman) als Nebenthema untergeordnet ist. Im Folgenden werden die wichtigsten systematischen Unterscheidungsmerkmale des Erzählers in der Ordnung vorgestellt, wie sie sich aus dem Oberthema, aus den drei wichtigsten Etappen in der Geschichte des Erzählers ergeben:
1. Merkmale des 'persönlichen' Erzählers
2. Merkmale des Erzähler-Mediums
3. Erzähler und Erzählgrammatik.

Die Vorstellung der systematischen Erzähler-Merkmale in diesen drei Gruppen ist gleichzeitig eine Präzisierung der kurz entworfenen Erzähler-Geschichte. Diese Präzisierung wird zweierlei zum Ausdruck bringen:
1. Die Schwerpunkte der Interessen und Ergebnisse in der systematischen Erzähler-Theorie hängen vom jeweiligen Stand der Erzähler-Geschichte ab.
2. Die systematischen Merkmale des Erzählers für sich allein genommen, ohne die historischen Rahmenbedingungen ihrer *Bedeutungs*möglichkeiten, bleiben für die Roman-Interpretation stumm.

4.2.2. Merkmale des 'persönlichen' Erzählers

Der "auktoriale" Er-Erzähler, oft auch "allwissender" Erzähler genannt, gibt sich in der Regel schon zu Beginn des Erzählens zu erkennen. Typisch dafür ist der erste Satz von Goethes *Wahlverwandtschaften:* "Eduard, so nennen wir einen reichen Baron im besten Mannesalter . . .". Hier ist zweifelsfrei, wer das Erzählen organisiert. Auch Goethes Erzähler, wie der des *Tom Jones,* wählt aus, was er wie erzählen will, und gibt dafür oft seine Gründe an. Dazu Beispiele aus Goethes *Wilhelm Meisters Lehrjahre:* ". . . sie sang ein Lied, das wir unsern Lesern nicht mitteilen können, weil sie es vielleicht für abgeschmackt oder wohl gar unanständig finden könnten."[43] Oder bei der Wiedergabe eines Briefes: "Wir lassen nur den Eingang weg und geben übrigens das Schreiben mit weniger Veränderung."[44] Nach dem Brief: ". . . und auf diese Weise entstand eine Antwort, die wir gleichfalls einrücken."[45]

Das Ausgewählte muß *angeordnet* werden: "Von seinen Schicksalen und Abenteuern sprechen wir vielleicht an einem andern Ort, und bemerken hier nur so viel . . ."[46] — Die relative Selbständigkeit der Romanfigur kann jederzeit von diesem Erzähler eingeschränkt werden durch indirekte Wiedergabe ihrer Reden. Nach längerer Rede einer der Heldinnen der *Lehrjahre* drängt sich der Erzähler wieder vor: ". . . sie erzählte . . . die Folgen ihrer Begeben-

---

43 2. Buch, 11. Kapitel. Goethe, *Werke,* ed. Erich Trunz, Hamburger Ausgabe (München: Beck, 1974—1976), VII, 130.
44 5. Buch, 1. Kapitel, *ebd.,* 286.
45 5. Buch, 2. Kapitel, *ebd.,* 289.
46 4. Buch, 18. Kapitel, *ebd.,* 273.

heit in verschiedenen Absätzen sehr umständlich. Ihrem Gedächtnis war Tag und Stunde, Platz und Name gegenwärtig, und wir ziehen, was unsern Lesern zu wissen nötig ist, hier in Kürze zusammen."[47]

Am deutlichsten gibt sich dieser Erzähler in seinen *Kommentaren* als urteilende Persönlichkeit zu erkennen. "Wir machen bei dieser Gelegenheit folgende Bemerkung"[48] ist eine charakteristische Einleitung für das Erzähler-Raisonnement über die Handlungsweisen einer der Romanfiguren.

Zwei Merkmale sind es vor allem, die den "auktorialen" Erzähler auszeichnen: er hat so viel *Distanz zum Erzählten,* daß er es überblicken und von seinem übergeordneten Standpunkt aus organisieren kann. Er kann, wenn er will, die Distanz vorübergehend aufgeben und die begrenzte Sichtweise seiner Figuren annehmen. Die Gründe für eine solche Entscheidung ergeben sich dann wieder aus seinen distanzierten Organisationsprinzipien. Der Erzähler benützt seine überlegene Distanz zum Erzählten, um die *Distanz zum Leser abzubauen.* Das "Ich" im *Tom Jones* spricht den Leser an, wie ein Gleicher zu Gleichen redet, und er begründet sein Erzählen, weil er seine Leser in den Vollzug des Erzählens hineinziehen will. Distanz zum Erzählgegenstand als eine Methode der Erzähler-Leser-Kommunikation: auf diese Formel kann man die Ausgestaltungen, die Inszenierungen der Er-Erzähler im Roman vor allem des 18. und 19. Jahrhunderts verkürzen.

Sucht man in der Romantheorie, die zeitlich zu diesem Erzähler-Typ gehört, nach einem Merkmal mit symptomatischen Parallelen zur Erzähler-Autonomie, dann fällt am ehesten auf, daß gerade die Romantheorie selbst zu den Gegenständen gehört, die der Erzähler in seinen Kommentaren abhandeln kann.[49] Er "macht" nicht nur alles im Roman, er "weiß" auch theoretisch darüber Bescheid. Dieser autonome Erzähler kann sich jederzeit in seinem Roman auch zum Herrn der Romantheorie machen. Dabei kann es auch vorkommen, daß er über Theoreme nachdenkt, die sein eigenes Verhalten betreffen: ". . . I am, in reality, the founder of a new province of writing, so I am at liberty to make what laws I please therein."[50]

4.2.3. Merkmale des Stellvertreter-Mediums (die 'personale' Erzählsituation)

Im folgenden Textbeispiel wird sichtbar, daß es ein von der Redeweise des Er-Erzählers spürbar verschiedenes Erzählverhalten gibt.

---

47 7. Buch, 6. Kapitel, *ebd.,* 460.

48 *Wilhelm Meisters Wanderjahre,* 2. Buch, 4. Kapitel, Hamburger Ausgabe, VIII, 193.

49 Zur "integrierten Romantheorie" vgl. Ernst Weber, "Nachwort", *Texte zur Romantheorie, II,* 618.

50 Henry Fielding, *The History of Tom Jones,* Book II, Chapter I.

Beispiel

"Won't you stay a little longer?" the hostess said, holding the girl's hand and smiling. "It's too early for everyone to go; it's too absurd." Mrs. Churchley inclined her head to one side and looked gracious; she held up to her face, in a vague, protecting, sheltering way, an enormous fan of red feathers. Everything about her, to Adela Chart, was enormous. She had big eyes, big teeth, big shoulders, big hands, big rings and bracelets, big jewels of every sort and many of them. The train of her crimson dress was longer than any other; her house was huge; her drawing room, especially now that the company had left it, looked vast, and it offered to the girl's eyes a collection of the largest sofas and chairs, pictures, mirrors, and clocks that she had ever beheld. Was Mrs. Churchley's fortune also large, to account for so many immensities? Of this Adela could know nothing, but she reflected, while she smiled sweetly back at their entertainer, that she had better try to find out.[51]

Die Wendungen "to Adela Chart", "to the girl's eyes" zeigen es deutlich: noch gibt es eine Erzählerinstanz, von der aus die Heldin ein Gegenüber in der dritten Person darstellt. Aber diese Instanz ist 'inhaltlich' unwichtig geworden. Denn der Erzähler zeigt nur, was seine Heldin sieht. Er folgt ihrem Blick, wenn sie Mrs. Churchley von oben bis unten mustert, von den "big eyes" bis zu den Armen und Händen mit den "big jewels". Und er weiß gerade so viel, wie seine Heldin weiß. Oder er sagt zumindest gerade so viel, wie sie weiß: "of this Adela could know nothing". Er zieht Vorteile aus dem beschränkten Wissen, denn es liefert ihm eine Begründung dafür zu erzählen, wie Adela herausfindet, was sie nicht weiß. Fortschreitende Kenntnis- und Bewußtseinserweiterung des Helden, durch dessen Augen man sieht, das ist ein beliebtes Thema des "personalen" Erzählens. Auch der "auktoriale" Erzähler[52] erzählt dann mit Vorliebe aus dem Innern seines Helden, wenn es ihm auf dessen Bewußtseinsgeschichte, ihre Vor- und Rückschritte ankommt. Innenansicht, *Innenperspektive* der Helden gibt es also auch im klassischen Roman vom Schlage des *Tom Jones* oder des *Wilhelm Meister*. Was das James'sche Erzählen davon unterscheidet, ist die Entschiedenheit, mit der die persönliche Äußerung des Erzählers verdrängt wird und mit der der Erzähler sich freiwillig an die Sichtweise, an den *point of view* des Haupt-

---

51 Henry James, "The Marriages", *The Complete Tales of Henry James*, ed. Leon Edel, vol. 8 (1891–1892) (London: Rupert Hart-Davis, 1963), 33-70, 33.

52 Die Gegenüberstellung von "personalem" und "auktorialem" Erzähler führt dann leicht zu Verwirrungen, wenn man, wie ja durchaus sachangemessen, "auktorial" und "persönlich" gleichsetzt. Zwei sehr nahe beieinander liegende Begriffe, *personal* und *persönlich* bezeichnen dann zwei verschiedene Erzählverhalten: der "personale" Erzähler ist ja gerade nicht "persönlich" wie der "auktoriale" Erzähler. Die Schwierigkeit ist zu vermeiden, wenn man sich klarmacht, daß sich *personal* auf die Bedeutung 'Rolle' (vgl. lat. 'persona') bezieht, während *persönlich* unserem landläufigen Sprachgebrauch von 'Person' entspricht. Gleichwohl bleibt die Verwechselbarkeit von Fremd- und Lehnwort eine Schwäche der Terminologie.

oder Nebenhelden bindet. Adela Chart ist eine der vielen Helden und Heldinnen, die Henry James "the impersonal author's concrete deputy or delegate"[53] nennt. Hauptgrund für dieses Delegieren war, die Illusion einer unmittelbaren Wahrnehmung zu erzeugen und damit die Vorstellung von möglichst uneingeschränkter Authentizität der Wirklichkeits-Wiedergabe zu vermitteln.[54] Ein *Tom Jones*-Erzähler, der die Innenperspektive, den "personalen" Stil nur gelegentlich und nach eigenem Gutdünken wählt, stört diese Unmittelbarkeit und Authentizität.

Nicht das Vorkommen von "personalem" Erzählen, von delegierter Betrachtungsweise überhaupt[55] unterscheidet den "auktorialen" vom "personalen" Erzähler, sondern ihre verschiedene 'Prinzipientreue'. Der "auktoriale" Erzähler benutzt ein "personales" Medium unter vielen anderen Darstellungsmitteln. Der "personale" Erzähler bindet sich ein für alle mal an sein Medium.

Zwei *Grundformen der Perspektive* im Erzählen kann man feststellen: Die *Außenperspektive;* z.B. die Auswahl der Erzählgegenstände, die Festlegung der Raffungsintensitäten (vgl. S. 167f.) von einem Fluchtpunkt her, der *außerhalb* der Romanfiguren und des erzählten Geschehens liegt.

Gegenüber dieser Außenperspektive des "auktorialen" Erzählers bedeutet die Festlegung des "personalen" Erzählers auf die *Innenperspektive*[56] eines Stellvertreter-Mediums, eines *Reflektors,*[57] die weitgehende Steuerung des Erzählens nach psychologischen Kriterien. Die psychologische Wahrscheinlichkeit, gemessen an den Bewußtseinsmöglichkeiten des Reflektor-Helden, wird zum Organisationsprinzip des Erzählten. Die Frage ist dabei immer, wieviel kann erzählt werden, ohne daß die wahrscheinlichen Grenzen des Bewußtseins-Innenraumes verschwimmen; wird zu viel erzählt, das nach psychologischer Wahrscheinlichkeit[58] dem Reflektor-Helden nur äußerlich sein kann? Es kommt in diesen Romanen leicht zu einer Konkurrenz zwischen

---

53 Henry James, "Preface to the 'Golden Bowl' ", *The Art of the Novel: Critical Prefaces,* ed. Richard P. Blackmur [1934] (New York: Scribner, 1950), 327.

54 Vgl. zu dieser Deutung insbesondere Lubbock, *The Craft of Fiction.*

55 "Personales" Erzählen als integriertes Stilmittel läßt sich schon im Roman der Antike nachweisen. Bernd Effe, "Entstehung und Funktion 'personaler' Erzählweisen in der Erzählliteratur der Antike", *Poetica,* 7 (1975), 135-157.

56 Zu den Begriffen "Innen-" und "Außenperspektive" vgl. Erwin Leibfried, *Kritische Wissenschaft vom Text: Manipulation, Reflexion, Transparente Poetologie* (Stuttgart: Metzler, 1970); Wilhelm Füger, "Zur Tiefenstruktur des Narrativen: Prolegomena zu einer generativen 'Grammatik' des Erzählens", *Poetica,* 5 (1972), 268-292.

57 Zum Begriff "Reflektor" vgl. Stanzel, *Theorie des Erzählens,* 16.

58 Extremes Beispiel einer psychologischen Perspektive-Norm für das Erzählen ist Eduard Sprangers Aufsatz "Der psychologische Perspektivismus: Eine Skizze zur Theorie des Romans erläutert an Goethes Hauptwerken" [1930], *Zur Poetik des Romans,* 217-238.

den Darstellungsformen der Innen-Sicht — „erlebte Rede" etc., (vgl. S. 182ff.) — und den Inhalten, die in dieser Form erzählt werden. Die historische Konsequenz liegt nahe, die James'sche Bindung der Innenperspektive an einen bestimmten Reflektor-Helden aufzugeben und die Innensicht des Erzählbewußtseins zu befreien von den Normen eines "psychologischen Realismus". Das ist der Schritt hin zum "Bewußtseinsstrom".[59]

Es lassen sich jetzt zwei Stufen der De-Personalisierung des Erzählers präzisieren:

a) Die handelnde, autonome Erzähler-Person verliert ihre Freiheit an eine Stellvertreter-Figur. An die Stelle "persönlicher" Entscheidungen tritt das allgemeine Gesetz psychologischer Wahrscheinlichkeiten. Man wechselt nicht nur die Personen Erzähler oder Held aus. Man wechselt vom klassischen Bild der individuellen *Persönlichkeit* zum erkenntnispsychologisch definierten *Medium*. Dieser historische Schritt liegt zwischen Vorherrschen der Außenperspektive und Vorherrschen der Innenperspektive im Erzählen.

b) Die Personifikation der Wahrnehmungspsychologie in einer Reflektor-Figur wie der der Adela Chart kann ihrerseits preisgegeben werden. Das Erzählen wird dann sehr frei in der Darstellung von Bewußtseins-Innenwelt. Eine Extremform ist die Steuerung nach gewissermaßen medientechnischen Gesichtspunkten. Das schon zitierte "camera eye" des Nouveau Roman ist zumindest seiner Programmatik nach Personen-neutral. "I am a camera with its shutter open, quite passive, recording, not thinking" (Isherwood).[60] Der Satz dementiert alles, was sich mit seiner Eröffnung durch das "I" vielleicht an traditionellen Personen-Vorstellungen hätte einstellen können.

Das psychologische oder das an der 'Kamera-Technik' orientierte Perspektive-Modell sind zwei theoretische Leitvorstellungen, die in der Erzählpraxis kaum "rein" verwirklicht sind. Sie orientieren sich an Gesetzmäßigkeiten, die außerhalb der Literatur ihre Bestimmung finden. Es ist daher einer der entscheidenden Schritte der neueren Erzähltheorie, in der Steuerung des Erzählens vor allem Gesetzmäßigkeiten der *Sprache* am Werk zu sehen.

Man kann zusammenfassen: Die ordnende Distanz des persönlichen Er-Erzählers, zu der der Wechsel von Innen- und Außenperspektive gehört, wird im sogenannten "personalen" Erzähler ersetzt durch die Ordnungsfunktion einer entschiedenen Innenperspektive. Diese leitende Innenperspektive kann ein Stellvertreter-Medium (Reflektor) innehaben. Sie kann auch, ohne personifizierten Reflektor, in verschiedenen Formen entpsychologisierter Bewußtseins-Darstellung sich manifestieren.

---

59   Vgl. dazu Dorrit Cohn, *Transparent Minds* (Anm. 33).
60   Zitiert bei Stanzel, *Theorie des Erzählens,* 293.

TEXT 5

Katalog der wichtigsten Unterscheidungsmerkmale[61]

Texte mit der Konstruktion *"persönlicher Erzähler"*	Texte mit der Konstruktion *"Stellvertreter-Medium"*
— Ordnung des Erzählten aus der Distanz	— Ordnen des Erzählten "perspektivisch", Aufstellung einer meist psychologischen Perspektive-Norm
— Erkennbare Leser-Erzähler-Kommunikation (z. B. schon am Anfang des Erzählens)	— Statt Erzähler-Leser-Dialog Versuch, zwischen Leser und Erzählung "Unmittelbarkeit der Wahrnehmung" herzustellen
— Offenlegen der Erzähler-Entscheidungen (z.b. über Auswahl, Raffungen) Wechsel von Verbergen und Offenlegen	— Ausschalten illusionsstörender Erzählerbekundungen
— Appelle an die Leser-Reflexion (zusätzlich zu Formen der Leser-Identifikation)	— "Unmittelbarkeit"-Leser-Reflexion über Identifikation mit dem Erzählten indirekt bewirkt.
— Freier Wechsel von Innen- und Außenperspektive. Außenperspektive vorherrschend. Innenperspektive von Außenperspektive abhängig.	— Deutliches Überwiegen der Innenperspektive. Passagen mit Außenperspektive von der Innenperspektive abhängig.

Diese Merkmale gelten prinzipiell auch für den *Erzähler des Ich-Romans.* Das klassische autobiographische Schema mit seiner besonderen Wahrhaftigkeitsnorm wird man am ehesten mit "auktorialem" Erzählen ausgestattet finden. Das "erinnernde Ich" unterwirft zwar seine Autonomie dem Gesetz der Wahrhaftigkeit. Doch zu dessen Verwirklichung verfügt es "auktorial" über die Darstellung des "erinnerten Ich". Das "erinnernde Ich" hält dabei nicht zuletzt deshalb auf Distanz zum "erinnerten Ich", weil es seine größere 'Reife' dem Jüngeren gegenüber zur Geltung bringen will.

Selbst auktoriale Kommentare sind dabei nicht ausgeschlossen. Das deutlichste Beispiel dafür ist vielleicht die Ich-Erzählerin Moll Flanders in Defoes gleichnamigem Roman.

Beispiel

These were things I knew not how to bear; my vanity was elevated to the last degree. It is true I had may head full of pride, but knowing nothing of the wickedness of the times, I had not one thought of my

---

61   Vgl. dazu Stanzels Katalog, *ebd.,* 221f.

virtue about me; and had my young master offered it at first sight, he might have taken any liberty he thought fit with me; but he did not see his advantage, which was my happiness for that time.[62]

Andere Entwicklungen der Ich-Form sind nicht mehr durch kurze Textausschnitte belegbar, sie realisieren sich schrittweise im Prozeß des ganzen Erzählens. So ist es zum Beispiel möglich, daß das "erinnernde Ich" seine moralische Distanz aufgibt und sich ganz in den Ich-Standpunkt der früheren Lebensstufe versetzt. Der so vergegenwärtigte Ich-Standpunkt wird dann zur Perspektive des Erzählens. Der Begriff "Reflektor" hat in diesem Zusammenhang eine besondere Bedeutung: das Spiel von Identifikation und Distanz mit sich selbst im 'Spiegel' des alten Ich repräsentiert die wichtigsten psychischen Operationen der Selbst-Findung. Nicht die perspektivische Lücke zwischen erinnerndem Ich und erinnertem Ich ist dann entscheidend, sondern die Überbrückung der beiden Stufen, die fortschreitende Reduktion zweier Ich-Stufen auf *ein* Ich.[63] Die Reduktion des Erzählers auf die 'andere' Figur des beobachtenden Helden, der trotzdem ein Rest-Gegenüber bleibt (vgl. das Beispiel aus James' *Marriages*), das "personale" Erzählen ist dieser zuletzt genannten Ich-Form analog.

Schließlich: der Ich-Roman kann, wie oben erwähnt, unterscheidungslos in der De-Personalisierung mit dem Er-Roman verschmelzen. Das autobiographische Schema und seine Wahrheitsnorm hat für diese Art Ich-Erzählung keine Gültigkeit mehr.

Wirft man wieder einen Blick von der Geschichte des Erzählers auf die Geschichte der ihn begleitenden Romantheorie, dann ist auffallend, daß zum Zeitpunkt, zu dem im Roman die Sichtbarkeit des autonomen Erzählers zurückgedrängt wurde, auch der "autonome" Erzähler nicht mehr nur nach den ursprünglich für ihn maßgebenden moralischen Gesetzen eines handelnden Individuums beurteilt wurde, sondern daß auch er jetzt in allgemeinen, urpersönlichen erkenntnis-theoretischen Begriffen beschrieben wurde. Käte Friedemann macht zu Beginn der neueren Erzählsystematik den Anfang mit der Rede vom Erzähler als "Medium" und von seinem alles entscheidenden "Blickpunkt". Freilich bleibt die Analyse des erkenntnistheoretischen Mediums überlagert von der traditionellen Personen-Vorstellung (vgl. oben S. 79). Daraus entwickelt sich schrittweise eine Perspektivenlehre des Erzählens,[64] die auf die Erzähler-Person bezogen bleibt. Endergebnis davon

62 Daniel, Defoe, *The Fortunes and Misfortunes of the Famous Moll Flanders*, Signet Classic (New York: New American Library, 1964), 240.

63 Dargestellt in Jauß, *Zeit und Erinnerung*.

64 Eine der wichtigsten Etappen repräsentiert Norman Friedmans Aufsatz "Point of View in Fiction: The Development of a Critical Concept", *PMLA*, 70 (1955), 1160-1184. Perspektiventheorie aus "strukturaler Sicht": Lubomir Doležel, "Die Typologie des Erzählers: 'Ezählsituationen' (Point of view) in der Dichtung" [1967], in *Literaturwissenschaft und Linguistik: Ergebnisse und Perspektiven*, ed. Jens Ihwe, Bd. 3: *Zur linguistischen Basis der Literaturwissenschaft, II* (Frankfurt/M.: Athenäum, 1972), 376-392; vgl. dazu Stanzel, *Theorie des Erzählens*, 75-77.

ist die neuerliche Bekräftigung der Gattungssystematik des Romans in Form einer Erzählertypologie durch Franz K. Stanzel.

TEXT 6

Die drei Konstituenten, auf denen die ES [= Erzählsituationen] basieren, sind . . . Modus, Person und Perspektive. Jede dieser Konstituenten gestattet eine Vielzahl von Realisationen, vorzustellen am besten als ein Formenkontinuum von Möglichkeiten zwischen zwei Gegensatzpolen. Jede der Konstituenten kann daher auch in Form einer binären Opposition dargestellt werden:

Modus: Opposition Erzähler − Reflektor
Person: Opposition Identität − Nichtidentität der Seinsbereiche des Erzählers und der Charaktere
Perspektive: Opposition Innenperspektive − Außenperspektive
[. . .]

Die vorliegende Theorie des Erzählens auf der Basis der typischen Erzählsituationen unterscheidet sich von allen hier referierten Theorien vornehmlich dadurch, daß sie versucht, ein triadisches System zu entwerfen, in dem alle drei Konstituenten *in gleicher Weise* berücksichtigt werden. In jeder der drei typischen Erzählsituationen erlangt nämlich eine andere Konstituente bzw. ein Pol der ihr zuzuordnenden binären Opposition Dominanz über die anderen Konstituenten und ihre Oppositionen:

Auktoriale ES − Dominanz der Außenperspektive
Ich-ES   − Dominanz der Identität der Seinsbereiche von Erzähler und Charakteren
Personale ES − Dominanz des Reflektor-Modus[65]

Trotz aller Einzeldifferenzierungen gab es nie einen ernsten Zweifel an der klassifikatorischen Brauchbarkeit der Stanzelschen Begriffe "auktorial" und "personal". Auch dieser Abschnitt über den Erzähler hätte ohne Stanzel so nicht geschrieben werden können. (Schwierigkeiten bereitet allerdings der Kategorien-Sprung beim Ich-Roman.)

Eine ganz andere Frage ist es, ob man alle denkbaren Erzählermerkmale, ohne große Rücksicht auf ihre logische und historische Vergleichbarkeit[66] in ein System von "binären Oppositionen" einbringen kann, das den Strukturalisten nachempfunden ist, und ob man diese Oppositionen wiederum vereinbaren kann mit einer ganz anders gearteten Vorstellung, dem "Typen-

---

65   Stanzel, *Theorie des Erzählens,* 74, 79.

66   Vgl. auch Jürgen H. Petersen, "Erzählforschung als Spiegel literaturwissenschaftlicher Theoriediskussion", *ZfdPh,* 99 (1980), 597-615. Zur "Perspektive" − teilweise unter Abwandlung der Stanzelschen Begriffe − vgl. auch Robert Scholes, Robert Kellogg, *The Nature of Narrative* (New York: O. U. P., 1966) Chapter 7: "Point of View in Narrative", 240-282; Johannes Anderegg, *Fiktion und Kommunikation: ein Beitrag zur Theorie der Prosa* (Göttingen: Vandenhoeck, 1973); Uffe Hansen, "Segmentierung narrativer Texte: Zum Problem der Erzählperspektive in der Fiktionsprosa", *Text & Kontext,* 3.2. (1975), 3-48.

kreis" nämlich, für den Goethes Naturformenlehre der Dichtarten das Modell gewesen ist. Zumindest müßte man die Vereinbarkeit so verschiedener methodischer Orientierungen erläutern. Mir erscheint Stanzels erneuerter Typenkreis vor allem symptomatisch zu sein für den End-Zustand eines bestimmten theoretischen Interesses, eben des historisch bedingten Vorherrschens der Problematik "Erzähler-Medium". Daher sollte man die Nützlichkeit der Stanzelschen Begriffe für die Beschreibung von Textphänomenen unterscheiden von der zweifelhaften theoretischen Absicherung des Typenkreises.

4.2.4. Erzähler und Erzählgrammatik

Die De-Personalisierung der Erzähler- oder Reflektor-Figur kann man auch beschreiben als das Zurücktreten des psychologischen Realismus oder Illusionismus zugunsten der sprachlichen Eigengesetzlichkeiten des Erzählens. Hört man auf, die Vorstellungen 'leibhaftiger Personen' (z.B. Stanzels "Ich mit Leib"!)[67] als begründende Instanz des Erzählens zu betrachten, dann treten die Regeln der Sprache uneingeschränkter in den Vordergrund und bestimmen sichtbarer den Verlauf des Erzählens. Oder wie Roland Barthes es ausdrückt:

TEXT 7

Im modernen Text werden die Stimmen bis zur Verleugnung jedes Anhaltspunktes behandelt: der Diskurs, oder besser noch: die Sprache spricht — das ist alles. Im klassischen Text hingegen sind die meisten Aussagen mit einem Ursprung versehen, ihr Vater und Besitzer kann identifiziert werden: es ist das Bewußtsein (einer Person, eines Autors) . . .[68]

An die Stelle der Erzählertheorie vom Bewußtsein tritt die Erzählgrammatik derjenigen Sprache, die im modernen Text "spricht".

Es hat verschiedene Versuche gegeben, Erzählgrammatiken zu entwerfen. Viele berufen sich auf Claude Bremond.[69] Sie alle behandeln das Problem von Erzähler und Perspektive in erster Linie vom linguistisch-strukturalisti-

---

67 Stanzel, *Theorie des Erzählens,* 132.

68 Roland Barthes, *S/Z,* aus dem Französischen von Jürgen Hoch (Frankfurt/M.: Suhrkamp, 1976), 46. Vgl. auch "Schreibweise des Romans", *Am Nullpunkt der Literatur. Objektive Literatur: Zwei Essays* (Hamburg: Claassen, o.J.), 31-41.

69 Vgl. Thomas M. Scheerer und Markus Winkler, "Zum Versuch einer universalen Erzählgrammatik bei Claude Bremond: Darstellung, Anwendungsprobleme und Modellkritik", *Poetica,* 8 (1976), 1-24. Scheerer und Winkler verweisen auf den Forschungsbericht von Elisabeth Gülich, "Erzähltextanalyse (Narrativik)", *Linguistik und Didaktik,* 4 (1973), 325-328. Siehe auch Wilhelm Füger, "Zur Tiefenstruktur des Narrativen" (Anm. 56).

schen Standpunkt aus. Subjekte haben im Erzählen keinen persönlichen Wesenskern mehr, sie sind nur noch grammatikalische 'Subjekte' in einem "Grundschema von möglichen Beziehungen".[70]

TEXT 8

Der Handlungsträger selber ist eigenschaftslos, er ist nichts als eine leere Form, die von den verschiedenen Prädikaten erst erfüllt wird; er ist nicht sinnhafter als ein Pronomen wie *der(jenige)* in "der, der läuft" oder "der, der mutig ist". Das grammatische Subjekt besitzt keinerlei interne Eigenschaften, diese müssen erst in der Form abrufbarer Bindungen an ein Prädikat hinzukommen.[71]

Die linguistisch-strukturalistischen Forschungen zur Erzählgrammatik sind zwar eine methodische Begleiterscheinung zu den "modernen Texten" ohne "Stimmen". Sie haben sich aber nicht auf diese Texte beschränkt, sondern gerade in den "klassischen" Texten, unter der Oberfläche des psychologischen Realismus die Erzählgrammatik bloßgelegt. Eine der anregendsten Studien dieser Art ist Roland Barthes Analyse von Balzacs *Sarrasine* (Titel: *S/Z*).[72] Barthes bezeichnet deutlich das Konkurrenzverhältnis von realistischer Illusion der *Person* — "eine moralische Freiheit, die mit Beweggründen und einer Überfülle an Sinn ausgestattet ist" — und der nur sprachlich bestimmbaren *Figur* — "ein unpersönliches Netz von Symbolen, das unter dem Eigennamen . . . gehandhabt wird".[73]

Wenn unter demselben Eigennamen identische Symbole wiederholt werden "und sich in ihm festzusetzen scheinen, entsteht eine Person. Die Person ist also ein Produkt der Kombinatorik".[74] Aber es entsteht so keine wirklich "freie Person", sie 'lebt' unter dem Gesetz der sprachlichen Kombinatorik: "Über die Freiheit der Person herrscht der Selbsterhaltungstrieb des Diskurses."[75] Erst "weit weg vom Papier", in der Phantasie des Lesers — Barthes spricht von der "referentiellen Utopie" — entstehen Vorstellungen von Personen, die scheinbar selbst entscheiden und agieren. Die "sprachliche Kombinatorik" aber ist, auf der einfachsten Stufe, nichts anderes als die Bindung des grammatikalischen Subjekts an ein Prädikat[76] (Todorov). Die Person im Erzählen ist die Summe solcher Prädikate. Im Balzacschen, im "klassischen" Text tritt die "Illusion" hinzu, daß "die Summe durch

70   Rita Gnutzmann, "Standpunkt — point of view — point de vue", *Orbis Litterarum*, 32 (1977), 254-264, 259.

71   Tzvetan Todorov, "Grammatik und Erzählgrammatik", *Poetik der Prosa* (Frankfurt/M.: Athenäum, 1972), 115-124.

72   Vgl. Anm. 68.

73   Barthes, *S/Z*, 98.

74   *Ebd.,* 71.

75   *Ebd.,* 136.

76   Vgl. dazu den Abschnitt "Das Wappen", *ebd.,* 116f.

einen kostbaren Rest ergänzt wird (so etwas wie *Individualität,* wenn sie als Qualitatives, Unauslöschliches dem vulgären Zählsystem der Charakterbestandteile entgeht) . . ."[77] Solche Illusionen werden zum Beispiel durch die Eigennamen gefördert — auch das "Ich des Erzählers ist ein Eigenname".

TEXT 9

Der Eigenname erlaubt der Person, außerhalb der Seme zu existieren, von deren Summe sie jedoch ganz konstituiert wird. Sobald ein NOMEN existiert (sei es auch ein Pronomen), auf den alles hinfließen und sich fixieren kann, werden die Seme . . . Indikatoren von Wahrheit und das Nomen wird Subjekt.[78]

Das "Ich" ist dann "kein Pronomen mehr, es ist ein Name, der beste aller Namen".[79]

Man erkennt leicht den Unterschied zur traditionellen Romantheorie auf der Basis vorgestellter Personen, die das Verhalten und die Sichtweisen von Erzählern und Medien studiert. Die Entstehung von Personenvorstellungen selbst wird jetzt analysiert als ein Prozeß auf der Ebene sprachlicher Konnotationen. Der Erzähler hat dann keine Sonderstellung mehr gegenüber anderen "Personen" der Erzählung. Wie sie ist auch er nur *ein* Gegenstand der Erzählgrammatik und der Erzählsemantik. Die Unterscheidung von Ich- und Er-Roman fällt dann ins Studium semantischer Konventionen. Der Erzähler ist eben nicht mehr "Ursprung", "Vater" eines Textes, er ist ein Nomen oder Pronomen, das sich unter bestimmten Voraussetzungen aufbauen kann zur "referentiellen Utopie" einer "Person".

Der "moderne Text" mit der Verleugnung der "Person" ist für Barthes nur eine extreme theoretische Position, die ihm eine methodische Leitlinie für die Unterscheidung von psychologischem und sprachlichem 'Realismus' im Erzählen gibt, so wie die Vereinfachung der Erzähler-Geschichte zu drei Etappen der De-Personalisierung ein "methodisches Regulativ" ist, um die verschiedenen Konzepte der Erzählertheorie in Anlehnung an ihre historische Entstehung zu ordnen — denn rein systematisch-logisch lassen sie sich nicht widerspruchsfrei ordnen. Bei allem methodisch berechtigten Umgang mit extremen, gewissermaßen experimentell reinen Leitvorstellungen kann die Theorie nicht ignorieren, daß ungeachtet der fortgeschrittenen De-Personalisierung die Romane nach wie vor das Problem der "Person", auch der des Erzählers bearbeiten, wenn auch unter neuen Voraussetzungen. Das heißt konkret, daß die Geschichte der De-Personalisierung die Regeln der Sprache als letzte Instanz bloßgelegt hat, und daß innerhalb dieser Regeln die Methoden zur Erzeugung von Personen-Vorstellungen unverändert wirksam und für die Gestaltung des Erzählens wichtig sind.

77 *Ebd.,* 190.
78 *Ebd.*
79 *Ebd.,* 71.

Dieser Tatsache trägt Gérard Genettes *Discours du récit* (1972) Rechnung. Genette organisiert seine Analyse des Erzählens einerseits nach Kategorien, die der Grammatik des Verbs entlehnt sind. Andererseits verbindet er seine grammatikalischen Kategorien über *Analogieschlüsse* mit den traditionellen Beschreibungsmustern der Erzähltheorie: "point of view", "telling/showing", Verhältnis Erzähler/Held etc. Drei "basic classes of determination" leitet Genette von der Grammatik des Verbs ab: *tense, mood, voice.*

Für die Erzählertheorie kommen insbesondere die Kategorien *mood* und *voice* in Betracht. *Mood* ist "regulation of narrative information",[80] analog zur Definition der Modalität des Verbs: "name given to the different forms of the verb that are used to affirm more or less the thing in question, and to express the different points of view from which the life or the action is looked at."[81] Oder anders: bei *mood* geht es um die Frage "who sees?", bei *voice* um die Frage "who speaks?" — *voice* betrifft also die klassische Erzählerrolle. Was Genette über seine Kategorie der *voice* schreibt, lenkt zurück zu den Unterscheidungen Todorovs und Barthes:

TEXT 10

> We might be tempted to set this third determination under the heading of "person", but, for reasons that will be clear below, I prefer to adopt a term whose psychological connotations are a little less pronounced (very little less, alas), a term to which I will give a conceptual extension noticeably larger than "person" — an extension in which the "person" (referring to the traditional opposition between "first-person" and "third-person" narratives) will be merely one facet among others: this term is *voice*, whose grammatical meaning Vendryès, for example, defined thus: "Mode of action of the verb in its relations with the subject."[82]

Die folgende tabellarische Übersicht (Hans-Werner Ludwig) verzeichnet Genettes Hauptkategorien und deren Untergliederung; sie kann als Wegweiser für Genettes Buch dienen. Die Begrifflichkeit folgt der englischen Übersetzung von 1979.

---

80 Ich zitiere nach der englischen Übersetzung: *Narrative Discourse: An Essay in Method,* translated by Jane E. Lewin, foreword by Jonathan Culler (Ithaca, N.Y.: Cornell U. P.,1979; Oxford: Blackwell, 1980), 162.

81 *Ebd.,* 161.

82 *Ebd.,* 31. Zur Kritik und Diskussion von Genettes Kategorien, insbesondere der Unterscheidung von *mood* und *voice* siehe die Literaturangaben in der Rezension von Gerald Prince in *Comparative Literature,* 32 (1980), 413-417.

KATEGORIENTAFEL: NARRATIVE DISCOURSE (G. Genette)

VOICE

PERSON
- HETERODIEGETIC
- HOMODIEGETIC
- AUTODIEGETIC
  [narrator as hero]
  [narrator as observer]

NARRATIVE LEVELS
- EXTRADIEGETIC
- INTRADIEGETIC
- METADIEGETIC

RELATIONSHIP between 1st and 2nd narrative
- causal
- thematic
- not explicit

TIME OF THE NARRATING
- SUBSEQUENT
- PRIOR
- SIMULTANEOUS
- INTERPOLATED

MOOD

PERSPECTIVE (focalization)
- ZERO FOCALIZATION
- INTERNAL FOCALIZATION
- EXTERNAL FOCALIZATION

DISTANCE (diegesis mimesis)
- NARRATION OF EVENTS (telling showing)
- NARRATION OF WORDS
  - auch immediate speech
  - reported speech
  - auch free indirect style
  - transposed speech
  - narrated speech

TENSE

FREQUENCY
- SINGULATIVE NARRATION
- REPEATING NARRATION
- ITERATIVE NARRATION
  - EXTENSION
  - SPECIFICATION
  - DETERMINATION

DURATION
- PAUSE
- SCENE
- SUMMARY
- ELLIPSIS
  - explicit
  - implicit
  - hypothetical
  - definite
  - indefinite

ORDER
- ANACHRONY
  - ANALEPSIS
    - EXTENT complete / partial
    - REACH internal / external
  - PROLEPSIS
    - EXTENT complete / partial
    - REACH internal / external
- ACHRONY
- SYLLEPSIS

Wie Barthes an Balzacs *Sarrasine* so gewinnt Genette seine Kategorien an einer Analyse von Prousts *A la recherche du temps perdu.* Damit entstehen zwei methodische Rahmenbedingungen: einerseits die subtile Textanalyse mit ihren vielfältigen sprachlichen Individualisierungen der Erzähler-Merkmale; andererseits ein grammatikalisches Kategoriengerüst, das zum "Schicksal" des Erzählers geworden ist. Man könnte mit einem Seitenblick auf historische Erfahrungen sagen: Strukturen, die Beziehungen von Elementen, regieren das Erzählen, das "sein" Erzähler nicht beeinflußt, sondern nur repräsentiert. Der Erzähler gibt nicht seine moralische Identität weiter an die Geschichte, sondern eine Erzähleridentität gibt es nur im Verlauf des Erzählens. "Die Geschichte steht für den Mann" – was Hermann Lübbe im Hinblick auf historische Identitätserfahrung und -beschreibung zitiert, gilt auch für Erzähler und Helden im Roman: Die Namen von Personen sind "Überschriften von Geschichten" und "nur über Geschichten" gibt es "Zugang zu ihnen".[83] Der ehedem handelnde, "auktoriale" Erzähler ist bestenfalls noch "Referenzsubjekt" der Erzählung, so wie das "handelnde Subjekt" in der Geschichte nach dem Durchgang der Historik durch Prozeß- und Strukturgeschichten nur noch vorstellbar ist als das die Geschichte "erleidende" Referenzsubjekt.[84]

Die "Person" zu Zeiten Fieldings oder Goethes wurde anders eingeschätzt als das "Subjekt" der modernen Romane, deren Zeitgenossen die "Depersonalisierung" zu erfahren glauben. Fieldings oder Goethes Erzähler versteht man nur, wenn man die zeitgenössischen Vorstellungen von der autonomen Person zur Kenntnis nimmt. Demgegenüber ist der in Grammatik-Kategorien beschriebene Erzähler nicht nur linguistische Variation ('Subjekt') des bekannten Begriffs ('Person'), sondern Teil eines Theoretisierens auf der Grundlage jener historischen Selbsteinschätzung, die an die Stelle der Person das abstrakte, das 'leere' Subjekt gesetzt hat. Das bedeutet, daß die systematische Erfassung von Erzählermerkmalen, daß ihre Beschreibung und Deutung in moralischen, psychologischen oder sprachformalen Kriterien, immer Rückschlüsse zuläßt auf ein Bild vom "Individuum" und seinen historischen Zustand. Dieses Bild verbirgt sich hinter jedem Erzähler. Oder andersherum gewendet: jeder Erzähler und auch jede ihn beschreibende Erzählertheorie sind repräsentativ für dieses historische Bild vom Individuum. Die Erzählertheorie kann im Grunde nur in romantheoretischer Terminologie eine bestimmte historische Auffassung vom Individuum reproduzieren. Verkürzt gesagt: Die *Systematik* der Erzählermerkmale verweist immer auf die *Geschichte ihrer Deutungen.*

---

83 Lübbe, "Zur Identitätspräsentationsfunktion der Historie", 279. Lübbe zitiert Wilhelm Schapp, *In Geschichten verstrickt: Zum Sein von Mensch und Ding* [1953], mit einem Vorwort zur Neuauflage von Hermann Lübbe (Wiesbaden: Heymann, 1976).

84 Vgl. Hermann Lübbe, *Geschichtsbegriff und Geschichtsinteresse: Analytik und Pragmatik der Historie* (Basel: Schwabe, 1977).

5. Problemfeld V:
FIGUR UND HANDLUNG

Hans-Werner Ludwig

5.0. Problemstellung und Lernziele

Wer die erzähltheoretische Literatur auf die Behandlung der Romanfiguren hin durchmustert, wird feststellen, daß gemessen an dem breiten Raum, der zum Beispiel Fragen der Erzählperspektive, des Zeitgerüsts des Erzählens oder auch der Handlungsstruktur eingeräumt wird, Arbeiten zu den „Charakteren" spärlich vorliegen bzw. die Romanfiguren, ihre Konzeption, Entwicklung und Funktion im Erzähltext, in romantheoretischen Gesamtdarstellungen relativ knapp behandelt werden. Zugleich fällt auf, mit welcher Selbstverständlichkeit in Romaninterpretationen aus dem Bereich des "practical criticism" mit dem Begriff "Charakter" umgegangen wird, als wie unproblematisch es offenbar angesehen wird, Romanfiguren und ihre moralischen Entscheidungen geradeso zu analysieren und zu bewerten, als wären sie lebendige Menschen, welches Interesse an der Entwicklung des psychologisch stimmigen, "rund" ausgezeichneten Romanhelden herrscht, wie leicht den Kritikern die Rede von der Identifikation des Lesers mit dem Helden von den Lippen geht.

Beide Befunde, das schwach ausgebildete theoretische Interesse und der wie selbstverständliche Umgang mit den Charakteren vor allem der realistischen Romantradition, hängen offenbar zusammen: Das Besondere, ganz Individuelle des literarischen Charakters scheint sich der klassifizierenden Einordnung und der theoretischen Distanz zu widersetzen. Nun gilt es allerdings, neben dem im 19. Jahrhundert kulminierenden Vorbild des realistischen Romans andere Erzählformen in ihr historisches Recht einzusetzen, in denen Figuren eher typisiert als individualisiert und der Handlung untergeordnet sind. Wenn die Romantheorie die Verabsolutierung eines historischen Typus vermeiden will, so muß sie den engen Zusammenhang von Romanfiguren und Handlung wiederherstellen. Figuren, die Handlungen in Gang setzen, Handlungen, die die Figuren sich in Entscheidungssituationen enthüllen lassen.

In diesem Problemfeld wird deshalb das Verhältnis von Handlung und Figur an den Anfängen der europäischen Poetik, bei Aristoteles, aufgesucht (5.1.), die Kontinuität der dort aufgefundenen Fragestellung wird sodann am Beginn der Romantheorie im 17. und 18. Jahrhundert demonstriert (5.2.) und als bis in die theoretischen Entwürfe des 20. Jahrhunderts als wirksam erwiesen (5.3.). In einem Zwischenteil folgt die Reflexion auf die historische Bedingtheit der unter dem Stichwort "Psychologismus" gefaßten Dominanz des "realistischen" Charakters (5.4.) als Voraussetzung für die Darstellung strukturalistischer Verfahren der Analyse von Figuren als Handlungsträgern ("Apsychologismus") (5.5.). Ein abschließender Teil gibt Hinweise auf die handwerklich-praktische Seite der Figurenanalyse (5.6.).

In diesem Problemfeld soll der Leser also
— Aussagen der Aristotelischen Poetik auf Grundfragen der Romantheorie zu durchleuchten lernen, dabei insbesondere
— erkennen, daß und warum Aristoteles in seiner Poetik Handlung (den Mythos) den Charaktern vorordnet.
— wichtige theoretische Äußerungen aus den Anfängen der Romantheorie im 17. und 18. Jahrhundert sowie der konventionell arbeitenden Romantheorie im 20. Jahrhundert kennenlernen,
— Psychologismus und Apsychologismus als gleichermaßen historische Ausprägungen des Verhältnisses von Figur und Handlung begreifen lernen,
— die Leistungsfähigkeit und Grenzen strukturalistischer Analyse von Handlung und Figuren (als Handlungsträgern) einschätzen lernen, und schließlich
—Kategorien der praktischen Analyse von Erzähltexten bezogen auf die Figurenanalyse kennenlernen.

5.1. Grundlegung der Problemstellung bei Aristoteles

Aristoteles bezeichnet in der Poetik die Gattungen der Dichtkunst insgesamt als "Nachahmungen" *(miméseis)*. Sie unterscheiden sich in dreierlei Hinsicht: durch die ihnen je eigenen Kunstmittel, durch ihre Gegenstände sowie durch die Art und Weise der Nachahmung. Was aber insgesamt nachgeahmt wird, das sind „handelnde Menschen" *(práttontes)*.

TEXT 1

> Die Nachahmenden ahmen handelnde *(práttontes)* Menschen nach *(mimeísthai)*. Diese sind notwendigerweise entweder gut oder schlecht. Denn die Charaktere *(éthe)* fallen fast stets unter eine dieser beiden Kategorien; alle Menschen unterscheiden sich nämlich, was ihren Charakter betrifft, durch Schlechtigkeit und Güte. Demzufolge werden Handelnde nachgeahmt, die entweder besser oder schlechter sind, als wir zu sein pflegen, oder auch ebenso wie wir.[1]

Epos und Tragödie werden in erster Linie nach der Art und Weise der Nachahmung unterschieden:

---

1 Aristoteles, *Poetik,* tr. Manfred Fuhrmann (München: Heimeran, 1976), 40.

TEXT 2

Nun zum dritten Unterscheidungsmerkmal dieser Künste: zur Art und Weise, in der man alle Gegenstände nachahmen *(mimeísthai)* kann. Denn es ist möglich, mit Hilfe derselben Mittel dieselben Gegenstände nachzuahmen, hierbei jedoch entweder zu berichten *(apangéllein)* — in der Rolle eines anderen, wie Homer dichtet, oder so, daß man unwandelbar als derselbe spricht — oder alle Figuren als handelnde *(práttontes)* und in Tätigkeit befindliche auftreten zu lassen.[2]

Damit liegt am Anfang der abendländischen Poetik sowohl der Grundunterschied zwischen Erzähltexten und dramatischen Texten klar zutage, als auch bei den Erzähltexten die Scheidung in die Ich-Erzählung und in die Er-Erzählung. Aristoteles behandelt das Verhältnis von Handlung und Charakteren im Zusammenhang der Tragödie. Er unterscheidet sechs qualitative Elemente, nämlich "Mythos, Charaktere, Sprache, Erkenntnisfähigkeit, Inszenierung und Melodik" und bestimmt eine Rangordnung:

TEXT 3

a. Handlung und Charakter:
Nun geht es um Nachahmung von Handlung, und es wird von Handelnden gehandelt, die notwendigerweise wegen ihres Charakters *(éthos)* und ihrer Erkenntnisfähigkeit *(diánoia)* eine bestimmte Beschaffenheit haben. (Es sind ja diese Gegebenheiten, auf Grund deren wir auch den Handlungen eine bestimmte Beschaffenheit zuschreiben, und infolge der Handlungen haben alle Menschen Glück oder Unglück). Die Nachahmung von Handlung ist der Mythos. Ich verstehe hier unter Mythos die Zusammensetzung der Geschehnisse *(sýnthesis ton pragmáton),* unter Charakteren das, im Hinblick worauf wir den Handelnden eine bestimmte Beschaffenheit zuschreiben, unter Erkenntnisfähigkeit das, womit sie in ihren Reden etwas darlegen oder auch ein Urteil abgeben.[3]
b. Vorordnung von Handlung vor Charakter in der Tragödie:
Der wichtigste Teil ist die Zusammenfügung der Geschehnisse *(ton pragmáton sýstasis).* Denn die Tragödie ist nicht Nachahmung von Menschen, sondern von Handlung und von Lebenswirklichkeit sowie von Glück und Unglück. (Glück und Unglück beruhen auf Handlung, und das Lebensziel ist eine Art Handlung, keine bestimmte Beschaffenheit. Die Menschen haben wegen ihres Charakters eine bestimmte Beschaffenheit, und infolge ihrer Handlungen sind sie glücklich oder nicht. Folglich handeln die Personen nicht, um die Charaktere nachzuahmen, sondern um der Handlungen willen beziehen sie Charaktere ein. Daher sind die Geschehnisse *(prágmata)* und der Mythos das Ziel der Tragödie; das Ziel aber ist das Wichtigste von allem. Ferner könnte ohne Handlung keine Tragödie zustandekommen, wohl aber ohne Charaktere [...] Die Tragödie ist Nachahmung von Handlung und hauptsächlich durch diese auch Nachahmung von Handelnden.[4]

2 *Ibid.,* 42.
3 *Ibid.,* 51.
4 *Ibid.,* 51 f.

c. Bestimmung von Charakter:
Der Charakter ist das, was die Neigungen *(prohaíresis)* und deren Beschaffenheit zeigt. Daher lassen diejenigen Reden keinen Charakter erkennen, in denen überhaupt nicht deutlich wird, wozu der Redende neigt oder was er ablehnt. Die Erkenntnisfähigkeit zeigt sich, wenn die Personen darlegen, daß etwas sei oder nicht sei, oder wenn sie allgemeine Urteile abgeben.[5]

Richard Kannicht[6] hat dargelegt, daß der poetologisch grundlegende Satz der Aristotelischen Poetik - "Die Mimesis der *Handlung* aber ist der *Mythos*, und mit Mythos meine ich hier die *Zusammensetzung* (Organisation, Konstruktion) der Handlungen" — aus den beiden Sätzen folgt, daß Dichtung "Nachahmung" sei und daß das Objekt dieser Mimesis "handelnde Menschen" seien: "Dieser Satz ist ersichtlich der fundierende Satz einer Poetik, deren Hauptthema das *Drama* ist. Zugleich ist er der *handlungstheoretisch* grundlegende Satz der Schrift: Keine Aussage über den Primat und keine Anweisung über die Organisation der tragischen Handlung, die nicht sachlich und methodisch auf ihn bezogen wäre."[7] Die Hervorhebung des Mythos, (der "Organisation der Handlungen"), werden von Kannicht verstanden als Polemik "gegen eine Theorie, die der Mimesis der Charaktere den Primat zusprach."[8] Kannicht zeigt, wie der Begriff Mythos — ursprünglich in der allgemeinen Bedeutung "Geschichte, Erzählung", besonders die Geschichten der Heldensage — in der Aristotelischen Poetik in durchaus moderner Weise die spezielle Bedeutung "organisierte Handlungsstruktur" erhält:

TEXT 4

In der terminologischen Reduktion von μῦϑος "(mythische Geschichte" auf μῦϑος "organisierte Handlungsstruktur" hat Aristoteles also sachlich die entsprechende Reduktion von lateinisch fabula auf "Fabel" im Sinne der heutigen Terminologie vorgeleistet, und in genau diesem Sinne ist die Aristotelische *Poetik* in der Hauptsache ein Traktat darüber, "wie die μῦϑοι zu organisieren sind, wenn gute Dichtung herauskommen soll" (Titelsatz).[9]

So findet sich also schon in dem "Grundbuch der europäischen Dichtungstheorie" (Kannicht) die Unterscheidung von *Fabel* und *Sujet* (Russ. Formalismus), von *Geschehen* und *Geschichte* (Karlheinz Stierle u.a.) vorgeformt.[10] Der Mythos wird bei Aristoteles im einzelnen bestimmt als geschlossene Handlung, die Ganzheit aufweist, d. h. Anfang, Mitte und Ende hat, die eine

---

5 *Ibid.*, 54.
6 Richard Kannicht, "Handlung als Grundbegriff der aristotelischen Theorie des Dramas", *Poetica*, 8 (1976), 326-336.
7 *Ibid.*, 328.
8 *Ibid.*, 329.
9 *Ibid.*, 331f.
10 Siehe ausführlich in Problemfeld III: Die Ebenen narrativer Texte.

überschaubare Größe hat und die eine Einheit ist. Seine Konstruktion soll nach den Prinzipien von Notwendigkeit oder Wahrscheinlichkeit erfolgen, womit der Bezug zu den "Kategorien der empirischen Wirklichkeitserfahrung" hergestellt ist. Aus solcher Notwendigkeit oder Wahrscheinlichkeit von Handlungsstruktur und Charaktergestaltung resultiert — unter der ebenfalls schon bei Aristoteles angesprochenen rezeptionsästhetischen Perspektive — die Glaubwürdigkeit poetischer Handlungen:

TEXT 5

Noch die extremste, unbelegteste und in diesem Sinne empirisch unmöglichste Handlungssituation wird also als glaubwürdig rezipierbar, sofern und indem sie durch ihre Wahrscheinlichkeitsstruktur die Wirklichkeitserfahrung der Rezipierenden berücksichtigt. Dramatische wie narrative Dichtung ist also kraft des Mythos Mimesis von Handlungen und von Leben (und ist als solche rezipierbar), sofern und indem sie Mimesis der Wirklichkeitsstruktur möglicher Handlungen ist.[11]

Kannicht macht darauf aufmerksam, daß die Aristotelische *Poetik* zwar Handlungstheorie ist, daß aber der Handlungsbegriff selber nicht theoretisch fundiert, sondern praktisch vorausgesetzt wird. Insbesondere klärt die *Poetik* nicht theoretisch "die Beziehungen zwischen der Handlung als kollektiver Interaktion und dem Handeln (und Leiden) des tragischen Helden."[12] Dies gilt, obwohl in der *Poetik* der Bezug der Handlung zu den Handlungsträgern, ihrer Handlungsabsicht und ihrem Charakter hergestellt ist.

TEXT 6

In den Kapiteln 6 und 7 der *Poetik* entfaltet Aristoteles mit Nachdruck die These, daß unter den sechs qualitativen "Teilen" der Tragödie den absoluten Vorrang der "Mythos" (im Sinne der 'Handlungssituation') als die "Mimesis der Handlung" habe, auch und gerade gegenüber dem "Ethos" als der Mimesis der "Charaktere". Da sich jedoch Handlung per definitionem durch Handlungsträger ($\pi\rho\acute{\alpha}\tau\tau o\nu\tau\epsilon\varsigma$), d.h. durch Menschen in Aktion vollzieht, ist das Moment des 'Ethischen' für alles Handeln notwendig konstitutiv. Damit ist die Frage nach der Bewertung von Handlungen gestellt (Kap. 6, 1450 a 1), denn Handlungen haben zwei natürliche Ursachen, die "Überlegung" ($\delta\iota\acute{\alpha}\nu o\iota\alpha$) bzw. Handlungsabsicht, die sich durch den Handlungsträger als 'Sprachhandlung' im Drama entfaltet und den "Charakter" ($\tilde{\eta}\vartheta o\varsigma$) des Handlungsträgers, der von einer bestimmten Qualität ist (Kap. 6, 1450 a 2-7). Nur insofern die Eigenart der Handlung durch die Qualität der im Wählen und Verwerfen ($\pi\rho o\alpha\acute{\iota}\rho\epsilon\sigma\iota\varsigma$), (Kap. 6, 1450 b 8-10) handelnden Charaktere erklärt werden kann, kommen diese ins Spiel. In diesem Sinne wird Handlung in der Spannung vom Gelingen ($\epsilon\grave{\upsilon}\delta\alpha\iota\mu o\nu\acute{\iota}\alpha$) und Scheitern des Lebensvollzugs gesehen (Kap. 6, 1450 a 16-20); 'Glück' und 'Unglück' beruhen al-

---

11 Kannicht, "Handlung", 334.
12 *Ibid.*, 335.

so nicht auf einer Beschaffenheit des Charakters, sondern auf Handeln (Kap. 6, 1450 a 19f.).[13]

Von den Charakteren verlangt Aristoteles viererlei:

TEXT 7

Was die Charaktere *(ēthe)* betrifft, so muß man auf vier Merkmale bedacht sein. Das erste und wichtigste besteht darin, daß sie tüchtig *(chrestā)* sein sollen. Eine Person hat einen Charakter, wenn, wie schon gesagt wurde, ihre Worte oder Handlungen *(prāxis)* bestimmte Neigungen *(prohaíresis)* erkennen lassen; ihr Charakter ist tüchtig, wenn ihre Neigungen tüchtig sind. [. . .] Das zweite Merkmal ist die Angemessenheit *(harmóttonta)*. [. . .] Das dritte Merkmal ist das Ähnliche *(homóion)*. [. . .] Das vierte Merkmal ist das Gleichmäßige *(homalón)*. *Und wenn* jemand, der nachgeahmt werden soll *(mímesis)*, ungleichmäßig ist und ein solcher Charakter gegeben ist, dann muß er immerhin auf gleichmässige Weise ungleichmäßig sein. [. . .] Man muß auch bei den Charakteren – wie bei der Zusammenfügung der Geschehnisse *(pragmáton sýstasis)* – stets auf die Notwendigkeit oder Wahrscheinlichkeit bedacht sein, d. h. darauf, daß es notwendig oder wahrscheinlich ist, daß eine derartige Person derartiges sagt oder tut, und daß das eine mit Notwendigkeit oder Wahrscheinlichkeit auf das andere folgt.[14]

Aristoteles betont, wie schon zuvor, die Übereinstimmung von Handlung und Charakter, er fordert ein Verhältnis der Angemessenheit zwischen Charaktereigenschaft und Handlungsträger, bezieht die Gestaltung (historischer) Charaktere auf die Überlieferung, womit das Problem der Leser/Zuschauererwartung angesprochen ist, und der propagiert schließlich (viertens) eine Charaktergestaltung, die in sich stimmig ist, so daß die Charaktere denselben Kriterien von Notwendigkeit oder Wahrscheinlichkeit unterworfen werden wie die Handlungen. Während Aristoteles zunächst allgemein feststellt, die verschiedenen Dichtarten unterscheiden sich auch danach, ob die nachgeahmten Menschen "besser oder schlechter sind, als wir zu sein pflegen, auch ebenso wie wir",[15] setzt er unter wirkungsästhetischer Perspektive für den für die Tragödie konstitutiven Umschlag von Glück in Unglück den "mittleren Helden" voraus:

TEXT 8

Da nun die Zusammensetzung *(sýnthesis)* einer möglichst guten *(kallíste)* Tragödie nicht einfach *(haplé)*, sondern kompliziert *(peplegméne)* sein und da sie hierbei Schaudererregendes *(phoberá)* und Jammervolles *(eleeiná)* nachahmen *(mimetiké)* soll (dies ist ja die Eigentümlichkeit dieser Art von Nachahmung) ist folgendes klar:

---

13   Hellmut Flashar, "Die Handlungstheorie des Aristoteles", *Poetica*, 8 (1976), 336f.

14   Aristoteles, *Poetik*, 73f.

15   *Poetik*, Kap. 2; *ibid.*, 40.

1. Man darf nicht zeigen, wie makellose *(epieikeîs)* Männer einen Umschlag *(metabállein)* vom Glück ins Unglück erleben; dies ist nämlich
weder schaudererregend noch jammervoll, sondern abscheulich *(miarón)*.
2. Man darf auch nicht zeigen, wie Schufte einen Umschlag vom Unglück
ins Glück erleben; dies ist nämlich die untragischste aller Möglichkeiten,
weil sie keine der erforderlichen Qualitäten hat: sie ist weder menschen-
freundlich *(philánthropon)* noch jammervoll noch schaudererregend.
3. Andererseits darf man auch nicht zeigen, wie der ganz Schlechte einen Umschlag vom Glück ins Unglück erlebt. Eine solche Zusammenfügung enthielte zwar Menschenfreundlichkeit, aber weder Jammer
noch Schaudern. Denn das eine stellt sich bei dem ein, der sein Unglück
nicht verdient, das andere bei dem, der dem Zuschauer ähnelt *(hómoios)*,
der Jammer bei dem unverdient Leidenden, der Schauer bei dem Ähn-
lichen. Daher ist dieses Geschehen weder jammervoll noch schaudererer-
regend.

So bleibt der Held übrig, der zwischen den genannten Möglichkeiten
steht. Dies ist bei jemanden der Fall, der nicht trotz seiner sittlichen
Größe und seines hervorragenden Gerechtigkeitsstrebens, aber auch
nicht wegen seiner Schlechtigkeit und Gemeinheit einen Umschlag
ins Unglück erlebt, sondern wegen eines Fehlers *(hamartía)* — bei
einem von denen, die großes Ansehen und Glück genießen, wie Ödipus
und Thyestes und andere hervorragende Männer aus derartigen Ge-
schlechtern.[16]

In diesen knappen Skizzen von Grundaussagen der Aristotelischen Poetik
lassen sich *in nuce* fast alle wichtigen Probleme erkennen, die die spätere
Dramen- und Romantheorie aufgegriffen hat und — mit wechselnden Lö-
sungsvorschlägen — bis heute diskutiert:

Die für das *Arbeitsbuch Romananalyse* wichtigsten seien hier noch einmal
aufgezählt:

1. Dramatische Handlung *vs.* Bericht/Erzählung: Drama *vs.* Epos/Roman
2. Erzählung in Er-Form oder Ich-Form
3. Handlung *vs.* Charakter
4. Kategorisierung von Charakteren in bezug auf den Leser-/Zuschauerstand-
   ort (besser/schlechter/gleich)
5. Darstellung von Charakteren durch Eigenschaften/Absichten/Handeln/Rede
6. Stimmigkeit in der Charakterkonzeption
7. Lesererwartung im Blick auf den Traditionsbezug historischer Figuren
   oder 'stock characters'
8. Glaubwürdigkeit der Figurengestaltung in der Rezeptionsperspektive
   nach Kriterien von Notwendigkeit und Wahrscheinlichkeit.

---

16 *Poetik*, Kap. 13; *ibid.*, 66f. Weiterführende Literatur zu Aristoteles: Manfred Fuhr-
    mann, *Einführung in die antike Dichtungstheorie* (Darmstadt: Wiss. Buchgesell-
    schaft, 1973); D.A. Russel und M. Winterbottom, eds., *Ancient Literary Criticism*
    (Oxford: O.U.P., 1972); "Dramentheorie — Handlungstheorie" (Bochumer Dis-
    kussion, 1975), *Poetica*, 8 (1976), 321-450; Elder Olson, ed., *Aristotle's Poetics
    and English Literature* (Chicago: U. of Chicago P., 1965).

Es ist nicht bloß ein abstraktes historisches Interesse oder die Freude am Wiedererkennen von unter der Vielzahl und terminologischen Differenziertheit moderner Theorienentwürfe zur Erzählforschung verschütteten "einfachen" Wahrheiten, die es dem Leser angeraten sein läßt, die Quellen der abendländischen Dichtungstheorie ebenso wie die Anfänge der Romantheorie im 17. Jahrhundert aufzusuchen, sondern weil sich häufig zeigt, daß in solchen frühen Formulierungen Problemstellungen, ja sogar Lösungen aufgehoben sind, die die Forschung erst nach vielen Umwegen wieder erreicht hat, und die in ihrer Einfachheit sich besonders dazu eignen, in grundlegende Reflexionen über Romantheorie hineinzuführen. Dieses Kapitel des *Arbeitsbuchs Romananalyse* sucht deshalb im Rückgriff auf Aristoteles und die frühe Romantheorie des 17. und 18. Jahrhunderts eine Plattform zu gewinnen, von der aus auch divergierende moderne Lösungsversuche theoretisch eingeordnet werden können.

5.2. Romantheorie in historischer Perspektive: Der Roman zwischen Epos und Drama; Dominanz von Handlung oder Figur

Bei den ersten tastenden Versuchen von Romanautoren, später auch von -kritikern, die neue, formal labile Gattung Roman in programmatischer Weise von der höfischen Romanze abzuheben, steht neben Horaz und Pseudo-Longinus in Frankreich und, vermittelt durch französische Kritiker, auch in England Aristoteles Pate. Die neue Gattung Roman muß dabei in die seit der Antike in der Dichtungstheorie bearbeiteten Bezugsfelder Drama — Epos einerseits, Tragödie — Komödie andererseits eingeordnet werden.[17]

In Abhebung gegen den höfischen Großroman orientieren sich Paul Scarrons *Roman comique* (1651) und wenig später Antoine Furetières *Roman bourgeois* (1666) im Hinblick auf Gegenstand und Figurengestaltung an populären Erzähltraditionen; sie bringen dem Leser Figuren aus seiner eigenen Welt nahe:

TEXT 9

> Je vous raconteray sincerement et avec fidelité plusieurs historiettes ou galanteries arrivées entre des personnes qui ne seront ny heros ny heroines qui ne defferont point d'armées, ny ne renverseront point de royaumes, mais qui seront de ces bonnes gens de mediocre condition, qui vont tout doucement leur grand chemin; dont les uns seront beaux et les autres laids; les uns sages et les autres sots; et ceux-cy ont bien la mine des composer le plus grand nombre.[18]

---

17 Vgl. zu diesem Abschnitt vor allem Walter F. Greiner, *Studien zur Entstehung der englischen Romantheorie an der Wende zum 18. Jahrhundert* (Tübingen: Niemeyer, 1969).

18 A. Furetière, *Roman bourgeois,* ed. Georges Mongredien (Paris, 1955), 2, 145.

114

Es sind Geschichten, die sich in der Nachbarschaft ereignet haben: "Ce sont des petites histories et advantures arrivées en divers quartiers de la ville".

So wird auch in Huets *Traité de l'origine des romans* (1670), dessen erste englische Übersetzung schon 1672 erschien, in Abhebung zum Epos ein Programm des 'Realismus', der Wirklichkeitsnähe, des Wahrscheinlichen ("vray-semblable") und Möglichen ("probable") entwickelt. William Congreve hebt in der für die Romantheorie wichtigen Vorrede zu *Incognita: Or Love and Duty Reconcil'd* (1692) die neue Gattung *Novel* von der höfischen *Romance* ab und orientiert sich in bezug auf Handlungsführung und Charaktergestaltung an der Tradition des Dramas:

TEXT 10

Since all Traditions must indisputably give place to the *Drama,* and since there is no possibility of giving that life to the Writing or Repetition of a Story which it has in the Action, I resolved in another beauty to imitate *Dramatic Writing,* namely, in the Design, Contexture and Result of the Plot.[19]

Henry Fielding orientiert sich hinsichtlich der *conservation of character* ebenfalls an der Dramentheorie und besonders an Aristoteles' Postulaten der Angemessenheit und Wahrscheinlichkeit:

TEXT 11

In the last Place, the Actions should be such as may not only be within the Compass of human Agency, and which human Agents may probably be supposed to do; but they should be likely for the very Actors and Characters themselves to have performed: For what may be only wonderful and surprizing in one Man, may become improbable, or indeed impossible, when related of another.

This last Requisite is what the dramatic Critics call Conservation of Character, and it requires a very extraordinary Degree of Judgment, and a most exact Knowledge of human Nature.[20]

Fielding schließt sich in der Forderung nach Wahrscheinlichkeit ausdrücklich an Aristoteles an, um erst auf der Grundlage der prinzipiellen Einhaltung der Regeln der Wahrscheinlichkeit vom Leser Glaubwürdigkeit selbst da zu beanspruchen, wo er über Figuren und Ereignisse berichtet, die den Erfahrungsbereich des Lesers übersteigen:

TEXT 12

For though every good Author will confine himself within the Bounds of Probability, it is by no means necessary that his Characters, or his Incidents, should be trite, common, or vulgar; such as happen in every

19 *The Complete Works of William Congreve,* ed. Montague Summers (London, 1923), Vol. I, 112.

20 Henry Fielding, *Tom Jones,* Book VIII, Chapter 1.

Street, or in every House, or which may be met with in the home Articles of a News-paper. Nor must he be inhibited from shewing many Persons and Things, which may possibly have never fallen within the Knowledge of great Part of his Readers. If the Writer strictly observes the Rules abovementioned, he hath discharged his Part; and is then intitled to some Faith from his Reader, who is indeed guilty of critical Infidelity if he disbelieves him.[21]

An Fieldings *Joseph Andrews* lobt die zeitgenössisches Literaturkritik die Lebensnähe der Darstellung — "a lively Representation of real Life" — und sieht dies nicht zuletzt durch Fieldings Technik bewirkt, die Charaktere selbst auftreten zu lassen. Entsprechend hebt Dr. Johnson an der zeitgenössischen Romanliteratur ihre Lebensnähe hervor:

TEXT 13

The works of fiction, with which the present generation seems more particularly delighted, are such as exhibit life in its true state, diversified only by accidents that daily happen in the world, and influenced by passsions and qualities which are really to be found in conversing with mankind. [. . .]

The task of our present writers [. . .] requires, together, with that learning which is to be gained from books, that experience which can never be attained by solitary diligence, but must arise from general converse and accurate observation of the living world. [. . .] They are engaged in portraits of which every one knows the original, and can detect any deviation from exactness of resemblance.[22]

Auch die französische Romantheorie orientiert sich seit Diderots *Eloge de Richardson* (1762) am Vorbild des Dramas.[23] Diderot hebt an Richardsons Romanen vor allem die Charaktergestaltung hervor, wobei die Handlungsführung, die schon bei Dr. Johnson mit kritischen Seitenhieben bedacht worden war, keine Beachtung findet.[24]

Friedrich von Blanckenburg exemplifiziert in seinem *Versuch über den Roman* (1774) die Merkmale des von ihm bevorzugten Typus des Charakterromans ebenfalls weitgehend an Dramen, im besonderen an Shakespeare und Lessing. Er nimmt Partei für Sterne und — in Aufnahme von Shaftesburys Kritik — gegen Richardsons vollkommenen Helden[25]. Indem Blanckenburg die für ihn bezeichnende Verschiebung der Gewichte von der äußeren Handlung auf die innere Entwicklung des Helden, sein "Werden", vollzieht, bildet

21 *Ibid.*

22 Samuel Johnson, *The Rambler,* No. 4 (31. März 1750), zitiert nach *English Theories of the Novel,* vol. II, ed. Walter F. Greiner (Tübingen: Niemeyer, 1970), 64f.

23 Hans Robert Jauß, ed., *Nachahmung und Illusion* (München: Eidos, 1964), 157.

24 W. F. Greiner, *Studien,* 47.

25 Vgl. zu Blanckenburg Eberhard Lämmerts Nachwort zur Faksimile-Ausgabe des *Versuch über den Roman* (Stuttgart: Metzler, 1965), 543-583.

sein Werk eine wichtige theoretische Grundlage für den Typus des Entwicklungs- und Bildungsromans.

TEXT 14

Jeder Roman ist eine Masse von Begegebenheiten und Personen. In einem solchen Werk kann entweder eine Person oder eine Begebenheit das Hauptwerk seyn. Das Ende nämlich, der Ausgang eines Werks kann die *Vollendung* einer Begebenheit, so daß wir uns dabey beruhigen können, oder die *Vollendung* eines Charakters seyn, so daß dieser im Lauf des Werks entstandene und ausgebildete Charakter jetzt so weit ist, als er der Absicht des Dichters zufolge seyn soll, und wir nun nichts mehr wissen dürfen, um uns zu befriedigen. [. . .]

Wenn, nach all' den vorhergehenden Bemerkungen, in einem Roman, von einem gewissen Umfange, die Begebenheiten dem Charakter untergeordnet seyn müssen, so daß sie nämlich nur der Wirkungen wegen, die sie auf ihn machen, der Form wegen, die sie ihm geben, gewählt werden dürfen; wenn der Dichter sie nur als Mittel gebrauchen kann, so bald nämlich der Dichter, der Natur der Sachen gemäß, verfahren, und seinen Endzweck erreichen will: so folgert hieraus sehr natürlich, daß unter den beyden zuerst gedachten Anordnungen, deren die Materialien des Romandichters fähig sind, diejenige, in der die Begebenheiten des Hauptwerks und nur die Charaktere der Vollendung desselben wegen, gewählt sind, nicht die natürlichere, nicht die eigenthümlichere und bessere, sondern daß sie geradeswegs dem Endzweck des Dichters, und der Natur der Sachen zuwider sey. [. . .]

Wenn der Dichter nicht das Verdienst hat, daß er das *Innere* des Menschen aufklärt, und ihn sich selber kennen lehrt: so hat er gerade — gar keins. [. . .]

(Der Romandichter) kann dies vorzüglich. Er hat vorzügliche Mittel in Händen, uns Thüren zu öffnen, die nur der Dichter überhaupt öffnen kann. [. . .]

Ich weis es, daß unser Inneres und Äußeres so mit einander verwebt sind, daß beyde gleich sehr zu unsrer Glückseligkeit beytragen; aber ich weis auch, daß dies *Innre* allein von unserm Glück oder Unglück, Verdienst oder Unverdienst entscheidet.[26]

Diesem Ziel der Darstellung der inneren Entwicklung des Helden kommt der Erzähler dadurch nahe, daß er seine Figuren sich selbst charakterisieren läßt und daß er ihnen "Rotundität" verleiht:

TEXT 15

Der Dichter muß bey jeder Person seines Werks gewisse *Verbindungen* voraussetzen, unter welchen sie in der wirklichen Welt das geworden ist, was sie ist. Und er hat sie in seiner kleinen Welt geboren und erzogen werden lassen: so ist sie unter denen Verbindungen, die sich in seinem

---

26 Friedrich von Blanckenburg, *Versuch über den Roman* (Stuttgart: Metzler, 1965), 254, 336f., 356f.

Werke befinden, und deren Grundlage immer aus der wirklichen Welt
genommen ist, das geworden, was sie ist. Durch diese Verbindungen
nun, das heißt, mit anderen Worten, durch die Erziehung, die sie erhalten, durch den Stand, den sie bekleidet, durch die Personen, mit denen
sie gelebt, durch die Geschäfte, welchen sie vorgestanden, wird sie gewisse Eigenthümlichkeiten erhalten; und diese Eigenthümlichkeiten in
ihren Sitten, in ihrem ganzen Betragen, werden einen Einfluß auf ihre
Art zu denken, und ihre Art zu handeln, auf die Äußerung ihrer Leidenschaften, u.s.w. haben; so daß all' diese kleinen Züge aus ihrem Leben
und aus ihrem ganzen Seyn, mit dem Ganzen dieser Person, in der ge-
nauesten Verbindung als *Wirkung* und *Ursache* stehen, — und wir folglich auch viel von diesen kleinern Zügen sehen müssen, so viel nämlich,
als mit dem Hauptgeschäft der Personen bestehen kann, wenn wir nicht
ein Skelet vom Charakter vor uns haben, sondern, die völlige, runde Gestalt derselben erkennen, und uns Rechenschaft von ihrem ganzen Thun
und Lassen geben sollen. Denn die bloße Äußerung der Leidenschaften
einer Person, ihr bloßes Thun der Sache, so wie es ohngefehr aus dem
Temperament und der jetzigen Lage der Person erfolgen kann, ist dem
guten Dichter so wenig genug, — obgleich bey den mehrsten so sehr ge-
wöhnlich — daß er lieber von der Person gar nichts, als nur diese flache
Oberseite zeigen wird. Es ist unmöglich, daß ohne diese kleinen Züge,
das Gemälde aus dem Grunde hervortreten, und die Ründung erhalten
könne, vermöge deren wir es nur als lebend, als wirklich erkennen.
Ohne sie ist, wie gedacht, jeder Charakter ein dürres Skelet. Er läßt sich
alsdenn eben so wenig sinnlich gedenken, als das Quadrat des Mathema-
tikers.[27]

Solche und ähnliche Kritikerstimmen zeigen in ihrer historischen Abfolge,
wie zunächst die Abgrenzung von der *romance* das Prinzip der Wahrscheinlichkeit — und damit der Lebensnähe und -echtheit — wieder zur Geltung
brachte, so daß sowohl in der Handlung ("Geschichten aus der Nachbarschaft") als auch in der Figurengestaltung ("mittlere Charaktere") "natural
representation" (Scarron) zum Programm wird — die (vorgebliche) Darstellung des "wirklich Geschehenen", wie Defoe im Vorwort zu *Robinson Crusoe* betont: "The Editor believes the thing to be a just History of Fact, neither
is there any Appearance of Fiction in it."[28] Und Defoe wird seinerseits etwa durch das Vorwort des — anonymen — Autors des *Highland Rogue* (1723)
übertroffen, der den Wahrheitsgehalt seiner Geschichte und die Lebensnähe
seines Helden über *Robinson Crusoe* und *Moll Flanders* stellt: "It is not a
romantic Tale that the Reader is here presented with, but a real History:
Not the Adventures of a *Robinson Crusoe*, a *Colonel Jack*, or a *Moll Flanders*, but the Actions of the HIGHLAND ROGUE, a Man that has been too
notorious to pass for a meer imaginary Person."[29]

---

27 *Ibid.,* 207-209.
28 *English Theories of the Novel,* vol. II, 26.
29 *Ibid.,* 33.

Im Gefolge der klassizistischen Poetik wird vor allem die Dramentheorie bestimmend für die neue Gattung Roman und damit wiederum Aristoteles, allerdings greift hinsichtlich der "Höhe" der Charaktere vor allem das Vorbild der Komödie: Scarrons Roman heißt "Roman comique", und Fieldings *Joseph Andrews* (1742) "a comic Epic-Poem in Prose":

TEXT 16

Now a comic Romance is a comic Epic-Poem in Prose; differing from Comedy, as the serious Epic from Tragedy: its Action being more extended and comprehensive; containing a much larger Circle of Incidents, and introducing a greater Variety of Characters. It differs from the serious Romance in its Fable und Action, in this: that as in the one these are grave and solemn, so in the other they are light and ridiculous: it differs in its Characters, by introducing Persons of inferiour Rank, and consequently of inferiour Manners, whereas the grave Romance, sets the highest before us; lastly in its Sentiments and Diction; by preserving the Ludicrous instead of the Sublime.[30]

Aber während hier Handlung ("action") und Figuren ("characters") noch gleichgewichtig nebeneinander genannt werden, findet, wie die TEXTE 14 und 15 gezeigt haben, bei Blanckenburg die für die Entwicklung des Romans ab der Mitte des 18. Jahrhunderts charakteristische Verschiebung von Handlung zu Charakter, vom Außen auf das Innen statt. Charakter rangiert hier eindeutig vor Handlung, wenn Handlung nur noch das ist, woran sich der Charakter offenbart. Hier wird die Voreinstellung faßbar, die im 18. und 19. Jahrhundert die Romanliteratur weithin beherrscht: psychologisch stimmige, feinsten Regungen und Stimmungen nachgehende Charakterzeichnung, bewirkt durch neue an diesem Ziel entwickelte Darstellungstechniken für "Innenwelt".[31]

Auch die die wissenschaftliche Diskussion prägende Auffassung vom literarischen Charakter wurde lange Zeit von dieser Phase der Geschichte des Romans geprägt; umso wichtiger ist es sich klarzumachen, daß es sich hier nur um eine, wenn auch historisch gewichtige und einflußreiche Tendenz handelt. Zur Klärung dieses Sachverhalts beitragen kann deshalb auch eine terminologische Differenzierung: Um das Gemachte, den "Kunstcharakter", der Romanfiguren (psychologischer wie a-psychologischer Natur) abzuheben von lebensweltlichen Personen, empfiehlt es sich, ganz allgemein von Roman*figuren* zu sprechen.

---

30 *Ibid.*, 42f.
31 Franz Karl Stanzel, "Innenwelt: Ein Darstellungsproblem des englischen Romans", *GRM,* 43 (1962), 273-286.

5.3. Handlung und/oder Charakter in der konventionellen Romantheorie im 20. Jahrhundert

Das bei Aristoteles als Problem aufgefundene Grundverhältnis Handlung zu Charakter hat, wie in 4.2. demonstriert wurde, in der Romangeschichte Akzentuierungen in die eine oder die andere Richtung erfahren. Am Anfang des 20. Jahrhunderts tritt dieses Grundverhältnis eher in der Gestalt eines Entweder-Oder, denn eines Sowohl-Als-Auch in Erscheinung. Edwin Muir und Edward Morgan Forster sind die Exponenten einer an den Anfängen der modernen Romantheorie stehenden Auseinandersetzung in dieser Sache.

5 3.1. Novel of action — novel of character: Edwin Muir

Edwin Muir teilt 1928 die Gattung Roman, wie er sagt, in "einige grobe, jedoch leicht erkennbare Klassen" ein.[32] Seine Grundunterscheidung ist die in *novels of action* und *novels of character:*

TEXT 17

a. Novel of Action:
In a novel of action a trifling event will have unexpected consequences; these will spread, and soon they will be numberless; an apparently inextricable web will be woven which will later be miraculously unravelled. In the action, its complication and its resolution, our interest is taken up; and being interested we are pleased. As the figures are roughly characterised, however, the events will evoke responses from them as well as serve to complicate the action. But the action is the main thing, the response of the characters to it incidental, and always such as to help on the plot. The actors have generally such characters, and so much character, as the action demands.

b. Novel of Character:
The novel of character is one of the most important divisions in prose fiction. Probably the purest example of it in English literature is *Vanity Fair. Vanity Fair* has no "hero"; no figure who exists to precipitate the action to which everything contributes; no end towards which all things move. The characters are not conceived as parts of the plot; on the contrary they exist independently, and the action is subservient to them. Whereas in the novel of action particular events have specific consequences, here the situations are typical or general, and designed primarliy to tell us more about the characters, or to introduce new characters . [. . .]
In *Treasure Island* the characters are general, the plot specific; in *Vanity Fair* the characters are specific, the situations general.

---

32   Edwin Muir, *The Structure of the Novel* (London: Hogarth P., [1]1928, [8]1960), 7.

> Thus far we have roughly distinguished two kinds of novel, one in which the plot must be strictly developed, and one in which it may best be loosely improvised.[33]

Der Text läßt die symmetrische Gegenüberstellung von *novel of action* und von *novel of character* erkennen. Wichtig ist auch eine scheinbar nebensächlich getroffene Unterscheidung zwischen "actors" und "characters"/"character": "Actors" — die Handelnden bei Aristoteles — *"haben"*, wie Muir sagt, in der *novel of action* "solche Charaktere und so viel Charakter(zeichnung), wie die Handlung es erfordert." Dies geht zusammen mit Muirs eigener Bestimmung des Roman'helden' als "Figur, die existiert, um die Handlung voranzutreiben." Es ist unschwer zu erkennen, daß Aristoteles hier Pate gestanden hat. Grundsätzlich ist hier wieder zu lernen, daß die Kategorie *Handlungsträger* ("actor", "hero") systematisch zu scheiden ist von der anderen Kategorie *Charakter* (als der jeweiligen "Ausstattung" von Figuren z. B. durch ihre Charaktereigenschaften).

Muir beschreibt sodann einen weiteren Romantyp, *The Dramatic Novel,* in dem Handlung und Charaktere untrennbar miteinander verbunden sind. Dieser Romantyp, gerade wegen dieser Qualität mit besonderer Wertschätzung versehen, wird von Muir in Parallele zur Tragödie gesetzt, während der Typ des Charakterromans in die Nähe der Komödie gebracht wird — auch hierin in deutlicher Abhängigkeit von bei Aristoteles angelegten Gedanken. *The Dramatic Novel* erscheint als Gegentyp zum Charakterroman und stellt damit praktisch die Vollendung des Typs der *novel of action* dar:

TEXT 18

> The plot of the character novel is expansive, the plot of the dramatic novel intensive. The actions of the first begins with a single figure [. . .] or with a nucleus [. . .] and expands towards an ideal circumference, which is an image of society. The action of the second, on the contrary, begins never with a single figure, but with two or more; it starts from several points on its circumference, which is a complex, not a nucleus, of personal relationships, and works towards the centre, towards one action, in which all the subsidiary actions are gathered up and resolved. The novel of character takes its figures, which never change very much, through changing scenes, through the various modes of existence in society. The dramatic novel, while not altering its setting, shows us the complete human range of experience in the actors themselves. There the characters are changeless, and the scene changing. Here the scene is changeless, and the characters change by their interaction on one another. The dramatic novel is an image of modes of experience, the character novel a picture of modes of existence.[34]

---

33 *Ibid.,* 20, 23f., 27.
34 *Ibid.,* 59f.

Während sich für Muir die *dramatic novel* in der Zeit entwickelt, ist die *novel of character* auf den Raum bezogen.[35] Schließlich sucht Muir einen weiteren Romantyp, *The Chronicle,* zu fundieren, der die Begrenztheiten sowohl des in der Zeit organisierten dramatischen Romantyps als auch des im Raum organisierten Charakterromans vermeidet; Muir exemplifiziert ihn an Tolstois *Krieg und Frieden* und sieht in ihm als "period novel" den dominierenden Romantyp seiner eigenen Zeit. Damit hat Muir schließlich drei Romantypen entwickelt, *The Dramatic Novel, The Novel of Character* und *The Chronicle.*

5.3.2. Geschehnisroman, Figurenroman, Raumroman: Wolfgang Kayser

Wolfgang Kayser unterscheidet je nach der Dominanz von Handlung, Figuren und Raum in Geschehnisroman/-drama, Figurenroman/-drama und Raumroman/-drama;[36] er wandelt damit seinerseits die Muir'schen Kategorien ab:

TEXT 19

> Man kann dem Satz eines der bedeutendsten Theoretiker des Romans, Edwin Muir, völlig zustimmen: der Roman sei die 'most complex and formless of all its divisions (its: der Literatur)'. Und doch ist damit das Formproblem nicht erledigt (auch für Muir nicht). Dem Formproblem bzw. Gattungsproblem nähern wir uns erst, wenn wir nach den formbaren Substanzen fragen. Geschehen, Figur und Raum sind die drei Substanzschichten in aller Epik; wird eine von ihnen ausgeformt und tragend, so ergibt sich eine Gattung. Mit anderen Worten: die drei Gattungen des Romans sind *Geschehnisroman, Figurenroman und Raumroman.*[37]

Kayser hält zunächst an einem Romantyp fest, in dem Handlung dominiert, dem *Geschehnisroman.* Mit Aristoteles sieht er hier die Dominanz des Geschehens, das "für festen Anfang, Mitte und Ende sorgt",[38] und er sieht diesen Romantyp historisch erstmals im spätantiken Liebesroman mit seinem formelhaften Handlungsschema von Begegnung, Trennung, Vereinigung und seinem Motivinventar von Schiffbrüchen, Überfällen, Gefangenschaft, Verwechslungen usw. verwirklicht. Daneben läßt Kayser nun jedoch zwei weitere Romantypen zu, deren Berechtigung sich aus der historischen

---

35   *Ibid.,* 63ff. — Vgl. dazu Seymour Chatmans Unterscheidung in "story time" und "story space": S. Chatman, *Story and Discourse* (Ithaca: Cornell U.P., 1978).

36   Wolfgang Kayser, *Das sprachliche Kunstwerk* (Bern: Francke, [1]1948; [17]1976), 360ff., 368ff.

37   *Ibid.,* 360.

38   Hier liegt ein Echo der Formulierung aus dem siebten Kapitel der *Poetik* des Aristoteles vor, in der die Ganzheit der Tragödienhandlung so bestimmt wird: "Ganz ist was Anfang, Mitte und Ende besitzt." Vgl. oben S. 109.

Entwicklung des Romans herleitet. Der *Figurenroman* ist durch die Dominanz einer Figur gekennzeichnet. Historisches Vorbild ist einmal Cervantes' *Don Quichote*, dann aber vor allem Goethes *Werther*, Hölderlins *Hyperion*, also der aus der Autobiographie hergeleitete Typ des Entwicklungs- bzw. Bildungsromans. "Goethe ist im übrigen vorbildhaft für die Art, wie er aus der Figur selber und nur aus ihr die bündige Fabel für seinen Roman gewinnt."[39] Als Modell des *Raumromans* gilt Kayser der Picaroroman:*Lazarillo de Tormes*, *Simplizissimus* oder *Gil Blas*. Der Held dieser Romane hat keine Individualität; die Episodenstruktur der Handlung läßt sie hinter die Geschlossenheit des Geschehnisromans zurückfallen: "Auf die Darstellung der vielfältigen, offenen Welt komme es ja gerade an. Das Mosaikhafte, die Addition ist das notwendige Bauprinzip, und die Fülle der Schauplätze und auftretenden Figuren wird von innen her verlangt."[40] Kaysers Kategorisierung ist ebensowenig wie die Muirs auf Dauer von der Erzählforschung übernommen worden — im übrigen ist die Zahl der Klassifizierungskriterien nahezu so groß wie die der Romanforscher[41] — : Festzuhalten ist an diesen Entwürfen die Weiterentwicklung der aristotelischen Aussagen bis zu einer gleichrangigen Einstufung von Handlung und Figur als Konstituenten des Erzähltextes.

5.3.3. Homo fictus vs. homo sapiens: E.M. Forster

Auf E.M. Forster geht die weitverbreitete Fassung der Unterscheidung von *story* und *plot* zurück: "A story is a narrative of events arranged in timesequence." — Leitfrage: "What happens next?" — "A plot is also a narrative of events the emphasis falling on causality." Oder: "The plot [. . .] is the novel in its logical intellectual aspect." Die beiden Kapitel über die Romanfiguren — "To whom did it happen?" — sind zwischen die Kapitel über *story* und *plot* eingeschaltet. Hier liegt das Gewicht der Argumentation, was auch dadurch deutlich wird, daß Forster im Kapitel über *plot* an Beispielen zeigt, was mit den Charakteren geschieht, wenn sie dem *plot* untergeordnet werden.[42] Forster setzt seine Darlegungen zu den Romanfiguren bei einem Ver-

---

39 *Ibid.*, 362.
40 *Ibid.*, 363.
41 Vgl. dazu Problemfeld VII. Die an Edwin Muir und Wolfgang Kayser exemplifizierte Kategorisierung findet eine Entsprechung in Robert Petschs Einteilung in Entwicklungsroman und Ereignisroman (Robert Petsch, *Wesen und Formen der Erzählkunst* [Halle: Niemeyer [2] 1942], 510ff.); Ronald Crane unterscheidet "plots of action", "plots of character", "plots of thought" (R.S. Crane, "The Concept of Plot and the Plot of 'Tom Jones'," *Critics and Criticsm* [Chicago, 1957], 66f.).
42 Z. B. in George Merediths *The Egoist* — "This is one of the countless examples in which either plot or character has to suffer, and Meredith with his unerring good sense here lets the plot triumph". — oder bei Thomas Hardy: "The characters have been required to contribute too much to the plot; except in their rustic humours, their vitality has been impoverished, they have gone dry and thin." (E.M. Forster, *Aspects of the Novel* [London: Arnold, [1] 1927; rpt. 1974], 64 f.).

gleich von Leben und Roman oder *Homo sapiens* und *Homo fictus* an: Romanfiguren haben keine Geheimnisse, es gibt über sie nichts, das nicht erzählt worden wäre. Folgerichtig läßt Forster hinsichtlich des Kunstprodukts Romanfigur auch den Bezug zum wirklichen Leben nicht zu:

TEXT 20

> The novel is a work of art, with its own laws, which are not those of daily life, and a character in a novel is real when it lives in accordance with such laws. [. . .] The barrier of art divides them [i.e. Romanfiguren wie Amelia oder Emma] from us. They are real not because they are like ourselves (though they may be like us) but because they are convincing. [. . .] [A character in a novel] ist real when the novelist knows everything about it.[43]

Forsters Unterscheidung zwischen *flat characters* — Figuren, die um eine einzige Idee oder Qualität herum konstruiert sind, deshalb in einem einzigen Satz zusammengefaßt werden können und demzufolge vom Leser leicht wiedererkannt werden — und *round characters* — Figuren, die den Leser überraschen können, deren Reaktionen nicht vorhersagbar sind, die durch die "incalculability of life . . . life within the pages of a book" gekennzeichnet sind[44] — beruht auf dem Kriterium, inwieweit Charaktere die Bedingtheiten der Handlung frei überschießen. Folgerichtig setzt Forster sich von Aristoteles' Vorordnung von Handlung vor Figur kritisch ab:

TEXT 21

> 'Character', says Aristotle, 'gives us qualities, but it is in actions — what we do — that we are happy or the reverse.' We have already decided that Aristotle is wrong and now we must face the consequences of disagreeing with him. 'All human happiness and misery,' says Aristotle, 'take the form of action.' We know better. We believe that happiness and misery exist in the secret life, which each of us lead privately and to which (in his characters) the novelist has access. And by the secret life we mean the life for which there is *no* external evidence, *not,* as is vulgarly supposed, that which is revealed by a chance word or a sigh. A chance word or sigh are just as much evidence as a speech or a murder: the life they reveal ceases to be secret and enters the realm of action. [. . .] The speciality of the novel is that the writer can talk about his characters as well as through them or can arrange for us to listen when they talk to themselves. He has access to self-communings, and from that level he can descend even deeper and peer into the subconscious.[45]

Für Forster ist die Frage, wie der Romanautor Einsichten in das Innenleben seiner Figuren haben kann, falsch gestellt. Worauf es allein ankommt, ist ob der Übergang von beschränkter zu allwissender Perspektive und die Darstel-

43 *Ibid.,* chapter 3: "People".
44 *Ibid.,* 44.
45 *Ibid.,* 59.

lung des Innenlebens überzeugend ist: "Whether it is 'pithanón' in fact, and with his favourite word ringing in his ears Aristotle may retire."

5.3.4. Handlung vor Figur oder Figur vor Handlung: C.C. Walcutt und W.J. Harvey

Es wäre ein leichtes, die Grundproblematik des Verhältnisses von Handlung und Figur an einer Fülle weiterer Positionen zu demonstrieren — mit unterschiedlichen, allerdings kaum entscheidend neuen Lösungen des alten Problems. Ein weiteres extremes Beispiel aus jüngerer Zeit für die Wiederaufnahme der aristotelischen Position in normativer Gestalt (C.C. Walcutt, 1966) und, dazu konträr, die Akzentuierung von Figur vor Handlung in einer nahezu gleichzeitig erschienenen Studie (W.J. Harvey, 1965) belegen die Kontinuität der Auseinandersetzung.

TEXT 22

[Charles Child Walcutt unternimmt es,] to show how characterization depends upon plot [. . .], how the significance of the plot reflects the social and moral values of a society and in turn determines the significance of the characters, and how the patterns of characterization established in fiction influence and affect the image of man that people 'recognize' in themselves.[46]

Walcutt demonstriert an *Hamlet*, wie sich der Charakter des Helden in der komplexen Handlung herausbildet und zugleich durch sie enthüllt wird. Im Melodrama werden die Figuren vollständig von der Handlung beherrscht. Jane Austens Roman *Pride and Prejudice* ist für Walcutt — wie früher schon für Edwin Muir — das ideale Beispiel einer Fusion von Handlung und Figuren.[47] Entsprechend seiner normativen Voreinstellung kritisiert Walcutt den Typ des Reiseromans (Beispiele u.a. Conrad, *Heart of Darkness*; Melville, *Moby Dick*; Hawthorne, *Young Goodman Brown*), weil in ihm die Motive und die Motivation der Figuren von ihren Handlungen getrennt sind. Entsprechend sieht Walcutt in der Geschichte des Romans bis zur Gegenwart eine Entwicklung, als deren Ergebnis Figuren erscheinen, die mehr und mehr statisch konzipiert sind und nicht mehr in Entscheidungssituationen (Handlung) geformt werden. In solchen als typisch modern angesehenen Romanen (Beispiele: Beckett, Salinger, Bellow, Updike) ist für Walcutt die "ideale wechselseitige Durchdringung von Handlung, Charakter und Thema" verlorengegangen. Das Ergebnis ist der — beklagte — Verlust an Identität, die sich als Verlust der Fähigkeit zu handeln äußert:

---

46 Charles Child Walcutt, *Man's Changing Mask: Modes and Methods in Characterization in Fiction* (Minneapolis: U. of Minnesota P., 1966), Preface.

47 "The people exist in the onflowing movement of their society. They can almost be said to have no being apart from that movement, which they are. The movement is the material of which they are composed. We see what they *do,* always with reference to that social flow, and only with reference to it." *Ibid.,* 90.

TEXT 23

> The drift toward thinking of characters as essence rather than as action
> carries from the elusive to the ambiguous to the impalpable — and on
> toward characters with strong feeling, perhaps, but no substance with
> which to act or no value system in which to locate themselves so that
> they *can* act.[48]

W.J. Harvey verschiebt das Spannungsverhältnis zwischen Handlung und Figur wiederum ganz in Richtung Charakter: Indem er festlegt: "most great
novels exist to reveal and explore character",[49] weist er zugleich explizit
Aristoteles' Betonung des *plot* als "prime mimetic agent" zurück. Und da für
diesen Autor der Maßstab für Kunst in ihrer Lebensbezogenheit liegt,[50]
rechtfertigen sich für ihn selbst solche Romane, in denen "Leben" die Kunst-
prinzipien des Werkes zu überwuchern droht: "[The authors of great novels]
display an appetite and passion for life which threatens to overwhelm the
formal nature of their art."[51] Harvey beurteilt die Romanwirklichkeit nach
Prinzipien der Lebenswelt. Die Betrachtung des Verhältnisses von Ich und
Welt, unter dem Gesichtspunkt von "freedom and causality" läßt Harvey
die Romanliteratur auf simple Weise in drei große Gruppen einteilen:

TEXT 24

> Novels which portray roughly the same equipoise between Self and
> World, which achieve the effect of conditional freedom that I have
> described, we may call *realistic.* [. . .] Granted the greater freedom of
> the novelist, he may then adjust the balance in one of two directions.
> He may stress the greater importance of the World, may give greater
> weight to all the various factors which limit our sense of freedom. That
> way lies determinism, which in its various forms is reflected in the kind
> of fiction we may call *naturalistic.* Or he may stress the greater freedom
> than we in fact discover in our commerce with the world; this kind of
> novel I wish for convenience to describe as the *subjective novel.*[52]

Man mag sich gewiß wundern, welch naives Bild des Verhältnisses von Roman und Wirklichkeit hier vorherrscht — Problemfeld VIII dieses Arbeitsbuches wird dieses Gebiet differenzierter behandeln —, doch geht es bei
der Vorstellung dieses Autors weniger um dieses Problem als darum, im
Kontrast zweier normativer Positionen zu demonstrieren, daß die einseitige
Auflösung des Spannungsverhältnisses von Handlung und Figur, in welche
Richtung auch immer, in unfruchtbaren Alternativen endet.

---

48 *Ibid.,* 239.

49 W.J. Harvey, *Character and the Novel* (London: Chatto & Windus, [2]1966), 23.

50 "We judge a work of art as we judge life." Oder: "The value of art lies in its
openness and fidelity to what is central or most important in life itself." *Ibid.,*
13f.

51 *Ibid.,* 187f.

52 *Ibid.,* 133f.

5.4. Psychologismus und Apsychologismus in der Figurenbehandlung

Die für die Romantheorie des 18. Jahrhunderts charakteristische Verschiebung von Handlung zu Charakteren mit psychologischer Tiefe und Stimmigkeit bestimmt *grosso modo* ebenso die Verhältnisse im realistischen Roman
des 18. und 19. Jahrhunderts wie auch die theoretische Betrachtung von Roman wie Drama bis weit in das 20. Jahrhundert hinein. Es muß genügen, diesen Sachverhalt durch wenige, aber einflußreiche Positionen zu illustrieren.

A.C. Bradley bleibt in seinen 1904 erschienenen Vorlesungen *Shakespearean
Tragedy* zunächst noch im Rahmen der aristotelischen Poetik, wenn er Tragödie bei Shakespeare als "a story of exceptional calamity leading to the
death of a man in high estate" beschreibt und hinzufügt: "The calamities of
tragedy do not simply happen, nor are they sent; they proceed from actions,
and those the actions of men."[53] Sogleich jedoch erfolgt die Hinwendung
zu den Charakteren:

TEXT 25

The 'story' or 'action' of a Shakespearean tragedy does not consist, of
course, solely of human actions or deeds; but the deeds are the predo-
minant factor. And these deeds are, for the most part, actions in the
full sense of the word; not things done 'tween asleep and wake', but
acts or omissions thoroughly expressive of the doer, — characteristic
deeds. The centre of the tragedy, therefore, may be said with equal
truth to lie in action issuing from character, or in character issuing in
action.

Shakespeare's main interest lay here. To say that it lay in *mere* character, or was a psychological interest, would be a great mistake, for he
was dramatic to the tips of his fingers. [. . .] it would be very difficult,
and in his later tragedies perhaps impossible, to detect passages where
he has allowed such freedom to the interest in character apart from action. But for the opposite extreme, for the abstraction of mere 'plot'
[. . .] it is clear that he cared even less. [. . .] What we do feel strongly,
as a tragedy advances to its close, is that the calamities and catastrophe
follow inevitably from the deeds of men, and that the main source of
these deeds is character. The dictum that, with Shakespeare, 'character
is destiny' is no doubt an exaggeration [. . .]; but it is the exaggeration
of a vital truth.[54]

---

53 A.C. Bradley, *Shakespearean Tragedy* (London: Macmillan, 1904; rpt. 1957), 6.

54 *Ibid.*, 7f. Entsprechend ist Bradleys Sicht auf *Hamlet:* "[. . .] the whole story turns
     upon the peculiar character of the hero. For without this character the story would
     appear sensational and horrible." (70) — oder auf Othello: "Evil is displayed before
     (the reader) not indeed with the profusion found in *King Lear*, but forming, as it
     were, the soul of a single character..." (143) — oder: "Iago's plot is Iago's charac-
     ter in action." (145) Entsprechend ist die Analyse des Dramas ganz auf die Charak-
     tere und hier besonders auf Othello und Iago konzentriert.

Ein zweites Beispiel für die Hochschätzung von "Psychologie" im Roman in den ersten Jahrzehnten dieses Jahrhunderts (Walter F. Schirmer):

TEXT 26

Das Beobachten der menschlichen Seele und ihr Aussprechen ist in unserer Zeit zu einem selbstverständlichen Verlangen geworden, ohne daß wir kaum je an einen Roman herantreten. Seit den ersten Anfängen des englischen Romans von Richardson bis heute ist die Wertschätzung des Psychologischen eigentlich nie in Zweifel gezogen worden und nach der großen Tradition des psychologischen Romans im 19. Jahrhundert fügte sich auch die ereignisfreudige Abenteuererzählung den Forderungen der seelischen Erforschung. Ein Zeitalter der Wissenschaftlichkeit schraubte die Bedingungen exakter Wiedergabe immer höher, und als zu Beginn des 20. Jahrhunderts der junge Roman sich nach Lehrmeistern umsah, fand er diese nicht mehr in Thackeray und Eliot, sondern in Meredith und Henry James. Beider Roman hatte dem Psychologischen eine nicht mehr überbietbare Vormachtstellung angewiesen und alle Forderungen einer bewegten Handlung geflissentlich mißachtet.[55]

Walter Allen legt sich noch 1954 in seiner weitverbreiteten Studie *The English Novel: A Short Critical History* hinsichtlich des Verhältnisses von Figur und Handlung so fest:

TEXT 27

We know, too, what the novelist sets out to do when he writes a novel. Like any other artist the novelist is a maker. He is making an imitation, an imitation of the life of man on earth. [. . .] Part of the impulse that drives the novelist to make his imitation world must always be sheer delight in his own skill in making: part of the time he is, as it were, taking the observed universe to pieces and assembling it again for the simple and naive pleasure of doing so. He can no more help playing than a child can. And there is this further to be noted. The child cannot help but play; but how he plays is not under his conscious control, a fact made use of by psychiatrists in the psychological analysis of children. In play the child symbolizes, by the way he arranges his toys and so on, his emotional relation to the universe. In the play he expresses a personal myth. The novelist does much the same through his 'choice' of characters and the action they undergo. [. . .] The novelist is free to choose his material only in a limited sense, and his choice is governed by the deepest compulsions of his personality. It is these that dictate both the nature of his novels and the conclusions about life he expresses through them. This is why in judging a novel we are faced with the task of assessing not only the author's ability to create characters, for instance, but also the values inherent in the charakters and their behaviour. [. . .] A novel is a totality, made up of all the words in it, and it

---

55 Walter F. Schirmer, *Der englische Roman der neuesten Zeit* (Heidelberg: Winter, 1923), 47 f.

must be judged as a totality. Of this totality characterization is only a part; yet it is plainly an essential one and the first in order of importance since, so far as the reader is concerned, without it the most profound apprehensions of man's fate count for nothing. Only through character can the novelist's apprehensions of man's fate be uttered at all.[56]

Entsprechend dieser Voreinstellung auf Charakter fällt z. B. Walter Allens Diskussion von George Eliot aus:

TEXT 28

George Eliot's moral beliefs chimed with what appeared to be the findings of contemporary science, particularly heredity, which appeared as a scientific -- and scientifically proved — determinism. [. . .] by placing the responsibility for a man's life and fate firmly on the individual and his moral choices, she changed the nature of the English novel. If it is the individual's choice of actions that shape his life, then plot in the old sense of something external to character and often working unknown to it, is irrelevant and unnecessary. Character, in fact, itself becomes plot; though in her greatest novel character itself is discovered to be conditioned by environment, or rather, its capacity for growth and scope to be limited, almost to the point of tragedy, by the world around it.[57]

Die Gegenposition: Tzvetan Todorov interpretiert Henry James' Aussagen zum Verhältnis von Figur und Handlung in "The Art of Fiction" (1884) als Universalisierung des Ideals der psychologischen Charakteranalyse und stellt ihr als konträre literarische Tradition die des Apsychologismus entgegen:

TEXT 29

"Was ist Charakter anderes als die Determinierung des Ereignisses, der Handlung? Was ist Ereignis oder Handlung anderes als Illustrierung des Charakters? Was ist ein Bild oder ein Roman, das bzw. der *nicht* vom Charakter bestimmt ist? Was sonst suchen und finden wir darin?" [Henry James, "The Art of Fiction"] [. . .]
Einen so reinen Fall universalistischen Egozentrismus wie hier findet man nicht oft. Entgegen dem theoretischen Ideal von James, das die Erzählung ganz und gar auf die Psychologie der erzählten Personen abstellen will, läßt sich die Existenz einer ganzen Literatur kaum ignorieren, bei der die Handlungen nicht der "Darstellung" der Person dienen, sondern die Personen im Gegenteil der Handlung unterworfen sind, und bei der die Person allgemein etwas ganz anderes bedeutet als psychologische Kohärenz oder Charakterbeschreibung. Diese Literatur, zu deren berühmtesten Beispielen die *Odyssee* und das *Dekameron*, die *Erzäh-*

---

56 Walter Allen, *The English Novel* (Harmondsworth: Penguin, 1954, rpt. 1962), 14ff.

57 *Ibid.,* 220f. "The individual and his moral choices" kann auch als Leitvorstellung für die von F.R. Leavis 1948 unter dem bezeichnenden Titel *The Great Tradition* vorgelegten Analysen des Romanwerks von George Eliot, Henry James und Joseph Conrad, sowie von Dickens' *Hard Times* gelten: F.R. Leavis, *Tne Great Tradition* (London: Chatto & Windus, 1948).

lungen aus Tausendundeinenacht und die *Handschrift von Saragossa* gehören, kann als ein Grenzfall literarischen Apsychologismus angesehen werden.[58]

Was hier als zwei Pole der Figurendarstellung erscheint, läßt sich sowohl historisch wie gattungstypologisch begreifen. Jurij M. Lotman führt im Anschluß an G.A. Gukovskij aus, daß die Figurengestaltung einerseits bestimmt wird vom allgemeinen "Charakterverständnis einer bestimmten Kulturepoche", konkret etwa des Klassizismus, der Romantik und des Realismus, daß andererseits die Figurendarstellung in künstlerischen Texten von solchen gesamtkulturellen Normen "bedeutungsrelevant abweicht":

TEXT 30

Bedeutungsrelevante Abweichungen erzeugen eine gewisse Wahrscheinlichkeits-"Streuung" für das Verhalten des Helden beiderseits der vom außerkünstlerischen Verständnis der Menschennatur vorgeschriebenen Norm. Das Wesen des Menschen, wie es in einem bestimmten Kulturtyp als einzigmögliche Verhaltensnorm erscheint, wird im künstlerischen Text zu einem Fächer oder Satz (set) von Möglichkeiten, die im Rahmen des Textes nur teilweise realisiert sind. Und das ist nicht nur ein Satz von Verhaltenstypen, die innerhalb des Klassifikationssystems zulässig sind. Der Grad und Umfang dieser "Streuung" reicht von der fast vollständig in Formeln festgelegten Determination jedes Verhaltensdetails bei den Helden der Folklore oder in mittelalterlichen Texten bis hin zu der bewußten Unvorhersagbarkeit des Verhaltens bei den Helden des absurden Theaters. Die Größe dieses Streuungswertes ist an sich bereits ein wichtiges Kriterium für die künstlerische Methode eines Autors.[59]

---

58   Tzvetan Todorov, *Poetik der Prosa* (Frankfurt: Athenäum, 1972), 77.
Man beachte, daß Todorov selber Henry James einseitig auslegt. Im Kontext des Essays "The Art of Fiction" geht es in Auseinandersetzung mit Walter Besant vielmehr um die Überwindung solcher primitiver kritischer Unterscheidungen wie die in *novel of incident* und *novel of character:* "There is an old-fashioned distinction between the novel of character and the novel of incident which must have cost many a smile to the intending fabulist who was keen about his work. It appears to me as little to the point as the equally celebrated distinction between the novel and the romance — to answer as little to any reality. There are bad novels and good novels, as there are bad pictures and good pictures; but that is the only distinction in which I see any meaning, and I can als little imagine speaking of a novel of character as I can imagine speaking of a picture of character, when one says novel one says of incident, and the terms may be transposed at will. What is character but the determination of incident? What is incident but the illustration of character? What is either a picture or a novel that is *not* of character? What else do we seek in it and find in it? [. . .] The novel and the romance, the novel of incident and that of character — these clumsy separations appear to me to have been made by critics and readers for their own convenience, and to help them out of some of their occasional queer predicaments, but to have little reality or interest for the producer, from whose point of view it is of course that we are attempting to consider the art of fiction." (Henry James, "The Art of Fiction", *The Art of Fiction and Other Essays* [New York, O.U.P. 1948], 13f.)

59   Jurij M. Lotman, *Die Struktur literarischer Texte* (München: Fink, 1972), 358.

Zu beachten ist dabei, wie solche Aussagen — wie beispielsweise auch an
Lotmans Verwendung des formalistischen Schemas von Norm und Norm-
durchbrechung klar wird — den wissenschaftstheoretischen Standpunkt ihrer
Autoren reflektieren. Diese Standpunktgebundenheit ist bei der nun folgenden Erörterung strukturalistischer Beiträge zu berücksichtigen.

TEXT 31

Die nicht-strukturalistische Literaturwissenschaft hat sich seit der Romantik den Personen der Handlung unter dem Aspekt ihres "Charakters"
zugewendet. Die Frage, die dabei aufgeworfen wurde, war: Wie ist der
Verlauf einer Handlung aus den Charaktereigenschaften der Handlungsträger abzuleiten. Dies führte zur psychologisierenden Analyse der Charaktere als eigenständige Einheiten der Erzählung, durch welche der
Handungsverlauf bestimmt werde.
In strukturalistischem Ansatz werden die Personen der Handlung nicht
als psychologisch mehr oder weniger komplexe Charaktere verstanden
und unter dem Aspekt ihres psychischen Wesens untersucht, sondern
die strukturalistische Betrachtungsweise macht sich den aristotelischen
Ansatz zueigen, nach dem die Vorstellung vom Charakter und der Persönlichkeit allenfalls eine sekundäre Vorstellung und dem primären Begriff der Handlung nachgeordnet ist: Die Personen einer Handlung werden dabei nicht als individualisierte Charaktere verstanden, sondern als
die "Agenten einer Handlung". Noch einmal anderes gewendet heißt
dies, daß die handlungstragenden Personen nicht danach klassifiziert
werden, was sie *sind*, sondern danach, was sie *tun* und dabei zum Verlauf der Handlung beitragen, d. h. nach ihrer Funktion für die Handlung. Dies bedeutet eine radikale Umkehrung des Ansatzes der psychologischen Charakterkritik.[60]

5.5. Elementarsequenzen und Aktanten, Funktionen und Indices: Zu Grundbegriffen der strukturalistischen Narratologie (Bremond, Greimas, Barthes)

Todorovs Voreinstellung des Apsychologismus findet ihre konsequente
Ausprägung in den narratologischen Entwürfen von Claude Bremond, Algirdas J. Greimas und Roland Barthes.[61] Bremond und Greimas entwickeln
das von Vladimir Propp 1928 vorgestellte Verfahren der Analyse russischer
Zaubermärchen in Richtung einer allgemeinen Erzähltheorie weiter. Propp
hatte aufgrund seiner Untersuchung eines Korpus von 100 Zaubermärchen
dem Typus Zaubermärchen eine einheitliche formale Struktur, bestehend

---

60 Lothar Fietz, *Strukturalismus: Eine Einführung,* Literaturwissenschaft im Grundstudium, 15 (Tübingen: Narr, 1982).

61 Vgl. hierzu Jonathan Culler, *Structuralist Poetics: Structuralism, Linguistics and
the Study of Literature* (London: Routledge, 1975) und Lothar Fietz, *Strukturalismus: Eine Einführung,* Literaturwissenschaft im Grundstudium, 15 (Tübingen:
Narr, 1982).

aus Funktionen von Handlungen, die zu festen Sequenzen gruppiert erscheinen, zugeschrieben. Die Analyse von Erzählsegmenten unter dem Aspekt der Funktion der Handlungen im Erzählverlauf führte zur Unterscheidung von strukturbildenden Invariablen und nebensächlichen Variablen:

TEXT 32

1. Der Zar gibt dem Burschen einen Adler. Dieser bringt den Burschen in ein anderes Reich.
2. Der Großvater gibt Sučenko ein Pferd. Das Pferd bringt Sučenko in ein anderes Reich.
3. Der Zauberer gibt Ivan ein kleines Boot. Das Boot bringt Ivan in ein anderes Reich.
4. Die Zarentochter gibt Ivan einen Ring. Die Burschen, die in dem Ring stecken, bringen Ivan in das fremde Zarenreich.[62]

Die formale Verwandtschaft dieser vier Erzählsegmente springt in die Augen: "Die Namen der Personen wechseln ebenso wie ihre jeweiligen Attribute, weder die Handlungen noch die Funktionen aber wechseln."[63] In dem gewählten Beispiel sehen wir zwei Handlungen viermal wiederholt, die mit demselben Resultat aufeinanderfolgen: ein Geschenk und ein Ortswechsel, wobei das Geschenk den Ortswechsel bedingt und dieser wiederum die Episode, die das Märchen im folgenden verzeichnet. Sogleich erkennen wir das Prinzip, mit dem wir das Invariable vom Variablen zu trennen vermögen. Das Invariable ist die Funktion, die dieses oder jenes Ereignis, wenn es eintritt, im Erzählverlauf erfüllt. Das Variable ist die erzählerische Ausschmückung der Umstände dieses Ereignisses. Was zählt ist also das, was eine Person tut, welche Funktion sie erfüllt. Die Frage nun, wer das tut (Mensch, Tier, übernatürliches Wesen, Gegenstand), welche Mittel dieses Agens dazu bemüht (Überredung, Betrug, Gewalt, Magie usw.) und in welcher Absicht (um zu schaden, zu helfen, sich zu belustigen usw.) gehört, wie Propp sagt, "in den Bereich des Nebensächlichen." (Propp, *ibid.*, 19).[64]

Propp hatte die Struktur des Typus des russischen Zaubermärchens als Sequenz von 31 Funktionen bestimmt,[65] wobei im einzelnen Märchen nicht alle Funktionen realisiert sein müssen, die Reihenfolge der Funktionen insgesamt jedoch in chronologischer und logischer Hinsicht unumkehrbar ist. So lautet denn Punkt 1 der von Propp gegebenen Zusammenfassung:

---

62 V. Propp, *Morphologie des Volksmärchens* [1928] (München: Hanser, 1972), 25.

63 Propp, *Morphologie des Volksmärchens*, 18.

64 Claude Bremond, "Die Erzählnachricht", *Literaturwissenschaft und Linguistik*, ed. Jens Ihwe. Vol. III (Frankfurt: Athenäum, 1972), 180f.

65 Diese Funktionen werden allgemein gefaßt, z. B. Abwesenheit, Verbot, Übertretung, Bitte um Auskunft, Auskunft erhalten, Täuschung, unfreiwillige Komplizenschaft; Missetat, Hilferuf, Versuch der Wiedergutmachung, Aufbruch, Erste Funktion des Gebers, Reaktion des Helden, Übergabe, Überführung in ein anderes Reich, Kampf, Zeichnung, Sieg usw.

TEXT 33

Die konstanten und unveränderlichen Elemente des Märchens sind die Funktionen der handelnden Personen, unabhängig davon, von wem oder wie sie ausgeführt werden. Sie bilden die wesentlichen Bestandteile des Märchens.[66]

Bremonds Weiterentwicklung des Proppschen Ansatzes in Richtung einer allgemeinen Erzähltheorie[67] geht von der Überlegung aus, daß nicht alle Erzähltexttypen von solcher Stereotypie gekennzeichnet sind wie der Texttyp Volksmärchen, dann aber auch folkloristische Texte (oral literature) überhaupt. Bremond sieht deshalb die Abfolge der Erzählfunktionen nicht als einlinige Strecke, sondern als Netz, das durch die Abfolge vielfältiger Gabelungen erzeugt wird.[68] Die Generalisierung des Proppschen Ansatzes für beliebige Erzähltexte verlangt die Aufhebung der von Propp vorgenommenen Reduktion der Erzählfunktionen auf eine einzige Kette:

TEXT 34

Unser Ziel erlegt uns den umgekehrten Weg auf. Wir trachten nicht danach, eine Gruppe besonderer Nachrichten zu typisieren, sondern danach, das linguistische System, aufgrund dessen eine Erhebung solcher Nachrichten gemacht wird, in seiner Allgemeinheit wieder zu erstellen. Über die mit Vorliebe abgegebenen Optionen einer Kultur hinweg müssen wir den ganzen Fächer der dem Erzähler theoretisch gebotenen Möglichkeiten entfalten. Wir müssen also den erstarrten Syntagmen, die dem russischen Märchen als Material dienen, ihre maximale Beweglichkeit und Variabilität zurückerstatten. Dann aber darf keine Abweichung von der gewöhnlichen Ordnung der Funktionen vernachlässigt werden. [. . .] Wir müssen Propps Schema also von solchen Einheiten her neu formulieren, die kleiner sind als die Serie, aber größer als die Funktion. Diese Einheiten sind die eigentlichen 'Fäden' der Intrige, die Konstituenten, die zu verknüpfen, zu verwirren und zu entwirren die Kunst der Erzählung ausmacht. Jeder 'Faden' ist eine Sequenz von Funktionen, die sich dem Proppschen Prinzip [. . .] gemäß notwendig gegenseitig implizieren. [. . .] Statt die Struktur der Erzählung als eine unilineare Kette von Elementen vorzustellen, die eine konstante Ordnung gemäß aufeinander folgen, werden wir sie uns als die Juxtaposition einer bestimmten Anzahl von Sequenzen vorstellen, die sich nach Art von Muskelfasern oder Zopfsträngen überlagern, verknüpfen, kreuzen, verästeln. Innerhalb jeder Sequenz ist die Position der Funktionen absolut fixiert. Von einer Sequenz zu ihr assoziierten aber sind die Funktionen im Gegenteil prinzipiell frei. Alles kann sich mit allem kombinieren, alles kann allem folgen.[69]

---

66 Propp, *ibid.*, 27-29.
67 Bremond, *ibid.*, 192.
68 *Ibid.*, 187.
69 *Ibid.*, 198f., 197.

Bremond ordnet die in einer Erzählung aufgefundenen Funktionen in Annäherung an Lévi-Strauss in vertikalen Rubriken an, deren jede eine Elementarsequenz darstellt; die Erzählung als ganze wird als Verschachtelung solcher Elementarsequenzen verstanden. Die Elementarsequenz wird nach drei Momenten bestimmt:

TEXT 35

Die Elementarsequenz [. . .] ist in drei Hauptpunkten, deren jeder zu einer Alternative Anlaß gibt, typisch:
— in einer Situation, die die Möglichkeit eines Verhaltens oder eines Ereignisses "öffnet" (unter der Bedingung, daß diese Virtualität sich aktualisiert);
— im Übergang dieser Virtualität zum Geschehen (z. B. das Verhalten, das auf den in der "Öffnungs"-Situation enthaltenen Anreiz antwortet);
— im Ergebnis dieser Handlung, die den Prozeß mit einem Erfolg oder Mißerfolg "schließt".

Wir erhalten das folgende Schema von Dichotomien:

$$\text{Situation, die eine Möglichkeit öffnet} \begin{cases} \text{Aktualisierung der Möglichkeit} \begin{cases} \text{Erfolg} \\ \text{Mißerfolg} \end{cases} \\ \text{Nicht aktualisierte Möglichkeit[70].} \end{cases}$$

Die Elementarsequenz besteht also nach Bremond jeweils aus den Momenten Ausgangssituation — Handlung — Ergebnis, wobei auf der Stufe Handlung wie auf der Stufe Ergebnis jeweils nur einfache Oppositionen der Funktion und ihrer jeweiligen "gegensätzlichen Option" zugelassen werden.

TEXT 36

The moments of choice or bifurcation of which Bremond speaks can be thought of as points in the plot when action itself poses a problem of identification and classification. After a severe quarrel hero and heroine may either be reconciled or go their separate ways, and the suspense which the reader might feel at such moments is, structurally, a desire to know whether the quarrel is to be classified as a testing of love or as an end to love. Though the action itself may be presented with all the clarity he could wish, he does not yet know its function in the plot structure. And it is only when the enigma or problem is resolved that he moves from an understanding of action to an understanding or representation of plot.[71]

70   *Ibid.,* 201.

71   Jonathan Culler, *Structuralist Poetics,* 211.

Die Darstellung des Bremondschen Ansatzes kann hier abgebrochen werden, seine umfassende kritische Bewertung muß einschlägigen Studien vorbehalten bleiben.[72] Im Zusammenhang dieses Kapitels gilt es, die allgemeinen Intentionen dieses theoretischen Entwurfs festzuhalten:

— Bremond unternimmt eine Generalisierung des Proppschen Ansatzes für beliebige Erzähltexte.

— Bremond hält an Propps Grundunterscheidung fest zwischen Invariablen, den Funktionen von Ereignissen im Erzählverlauf (was? welche Funktion?), auf die es ihm ankommt, und Variablen, sogenannten erzählerischen Ausschmückungen (wer? welche Mittel? welche Absicht?), die als Nebensächlichkeiten bewertet werden.

— Bremond begreift die Erzählung als Netz, das aus 'Fäden' von Elementarsequenzen verknüpft ist, und analysiert solche Elementarsequenzen als aus den drei Momenten Ausgangssituation — Handeln — Ergebnis bestehend.

Das Verhältnis von Handlung und Figur ist in diesem Ansatz — wie schon bei Propp — ganz auf die Handlungsstruktur verschoben worden. Die Figuren der Handlung sind zu reinen Funktionsträgern reduziert, deren Namen und Attribute wechseln, nicht aber ihre Handlungen und deren Funktionen.

Die umgekehrte Perspektive bestimmt Algirdas J. Greimas' Untersuchung der Struktur der Erzählaktanten.[73] Greimas isoliert aus den Varianten eines Märchens ("Suche nach der Angst") eine Erzählsequenz des Schemas Ausgangssituation — Trennung, Vertrag, Prüfung — Lösung und entwickelt ebenfalls in Anlehnung an Propp ein Erklärungsmodell, das die durch die existierenden Varianten belegten tatsächlich realisierten Erzählverläufe als Selektionen aus den theoretisch gegebenen Möglichkeiten begreift. Greimas beschreibt zunächst komparatistisch anhand der vorhandenen Varianten, welche *Akteure* jeweils bestimmte *Aktanten* der Erzählsequenz realisieren. Die Unterscheidung von Akteuren und Aktanten ist dabei grundlegend:

TEXT 37

Die hier vorgeführte okkurrente Sequenz zeigt auch eine bestimmte Distribution der *Akteure,* also lexikalisierter Einheiten, ausgehend von *Aktanten* (Hervorhebung H.W. L.), also semantischen Einheiten der Erzählstruktur. Das Aktans Subjekt = Held wird durch den Akteur Sohn dargestellt, während das Aktans Absender zugleich vom Akteur Vater und dem Akteur Priester dargestellt wird. Ein vierter Akteur, die Küchenmagd, stellt den Opponenten dar, ohne daß ihm indessen die Funktion des Verräters ausschließlich zugewiesen werden kann. Eher wird man sagen, der Opponent = Verräter sei als Aktans zugleich durch das Mädchen und den Priester lexikalisiert.[74]

---

72 Vgl. J. Culler, *ibid.*, 208-211; L. Fietz, *Strukturalismus.*

73 Algirdas J. Greimas, "Die Struktur der Erzählaktanten: Versuch eines generativen Ansatzes", *Linguistik und Literaturwissenschaft,* ed. Jens Ihwe, Vol. III (Frankfurt: Athenäum, 1972), 218-238, hier 222.

74 *Ibid.,* 222.

Greimas betrachtet also die in der Erzählsequenz auftretenden Personen (= Akteure: Vater, Priester, Sohn, Küchenmagd) in ihrer Funktion (= als Aktanten: Absender, Held, Opponent). Das jeweilige Aktans ist seiner Funktion als Einheit der Erzählung nach invariabel, während seine Realisierung durch bestimmte Personen variabel ist. Damit vollzieht Greimas hinsichtlich der Funktionen der handelnden Personen prinzipell dieselbe strukturalistische Grundoperation, wie sie in Bremonds Ansatz sichtbar geworden ist.

Die Beobachtung, daß die Zuweisung von Akteuren zu Klassen von Aktanten nur hinsichtlich bestimmter Akteure eindeutig gelingt, während andere mehrere Rollen[75] übernehmen, führt dazu, die auf der Ebene der Aktanten angesiedelte Funktionsanalyse nun auf der Ebene des Diskurses als Rollenopposition zu analysieren. Die komplexe Rollenstruktur der Ausgangssituation fungiert als Auslöser für die Erzählung. Greimas konstruiert ein Modell der Setzung der Akteure der Ausgangssituation und entwickelt logisch-systematisch die möglichen Transformationen der Entwicklung dieser Rollenstruktur nach den Möglichkeiten ''komplexe Struktur'' – d. h. der Vereinigung zweier Rollen in einen Akteur – oder ''Elementarstruktur'' – d. h. der Trennung der Rollen und ihrer Aufspaltung auf zwei Akteure.

Entsprechend betrachtet er die Schlußlösungen der Sequenz sowie die durch die angenommene Zielgerichtetheit der Erzählung auf das Ende hin gegebenen Restriktionen der Erzählmöglichkeiten. Die Prüfung der logisch möglichen Transformationen, gewissermaßen der möglichen ''Gabelungen'' der Erzählsequenz, an den tatsächlich realisierten ergibt einen Hinweis auf Restriktionen außerliterarisch-kultureller sowie innerliterarisch-finaler Art. Greimas schlägt als Hypothese eine Deutung vor, ''derzufolge die geringe Zahl bekannter Varianten nicht dem Zufall oder dem Phantasiemangel des Erzählers zuzuschreiben ist, sondern den einengenden strukturalen Eigenschaften der Erzählung.''[76]

Die Basis für Greimas' Aktantenmodell der Erzähltextanalyse ist seine strukturale Semantik, die auf der Satzebene mit sechs Aktanten auskommt, die jeweils zu Oppositionen gruppiert sind: *sujet – objet; destinateur – destinataire; opposant – adjuvant.*[77]

---

75 Während Greimas den Begriff *Akteur* durch die Merkmale ''a) *figürliche Entität* (anthropomorph. zoomorph oder anderes), b) *lebendig* und c) zur *Individuation* fähig (im Falle bestimmter Erzählungen, besonders literarischer, durch Zuweisung eines Eigennamens konkretisiert)'' (*ibid.* , 225) bestimmt sein läßt, definiert er das Konzept *Rolle* durch die ersten beiden Merkmale minus das Merkmal *Individuation:* ''Der semantische Minimalinhalt der *Rolle* ist folglich mit dem des Akteurs identisch, mit Ausnahme jedoch des Individuationssems, das sie nicht enthält: Die Rolle ist eine lebendige, aber anonyme und *gesellschaftliche* figürliche Entität, der Akteur dagegen ist ein integrierendes Individuum, das eine oder mehrere Rollen übernimmt.'' *(ibid., 225).*

76 *Ibid.,* 236.

77 A.J. Greimas, *Sémantique structurale* (Paris: Larousse, 1966), 173-176.

Bedingung für die Anwendung dieses Modells auf Erzähltexte ist eine angenommene Strukturhomologie zwischen Satz und Erzählung. Der Greimas-
sche Ansatz reduziert die Fülle der in Erzähltexten vorkommenden Figuren
— die "Akteure" — auf diese wenigen Grundfunktionen, die in festen para-
digmatischen Beziehungen zueinander stehen, und stellt zugleich einen Re-
gelapparat für die Überführung solcher paradigmatischer Oppositonen auf
die syntagmatische Achse bereit. Bemerkenswert ist der Gedanke, daß die
Aktanten nicht als einzelne, sondern im Kontext und damit aneinander definiert werden. Indem jedoch Greimas die Figuren in Erzähltexten nicht in
bezug auf ihre Eigenschaften, sondern in bezug auf ihre Handlungsfunktionen untersucht,[78] scheint doch auch hier der aristotelische Grundansatz der
Vorordnung von Handlung vor Figur durch.

Hinweise zur Vertiefung

Der bei Greimas verwendete Rollenbegriff hat Verwandtschaft mit dem
von der Soziologie ursprünglich aus der Literatur — Theatermetapher —
entliehenen Begriff der (sozialen) Rolle. Die soziologische Rollentheorie
faßt, kurz gesagt, soziale Rollen als "Bündel von Erwartungen, die sich
in einer gegebenen Gesellschaft an das Verhalten der Träger von Positionen knüpfen" (Dahrendorf); solche Rollenerwartungen kommen von außen auf den einzelnen zu; sie sind "kollektiver Natur, eine soziale Haut
konfektioneller Art" (Popitz), von der Gesellschaft mit Sanktionen be-
wehrt: Belohnung bei Rollenkonformität, Bestrafung bei Rollenabwei-
chung (normativer Gehalt). Rollenkonflikte entstehen, wo der einzelne
unterschiedlichen Rollenerwartungen ausgesetzt ist. Rollendistanz ist die
Fähigkeit des einzelnen, sich über die Anforderungen von Rollen zu er-
heben, auszuwählen, zu negieren oder zu interpretieren (Krappmann).

Im Bereich der Erzähltextanalyse ist versucht worden, Figuren, aber
auch Erzähler oder Leser hinsichtlich ihrer Rollen zu analysieren. (Vgl.
oben Problemfelder II und III zur "Rolle" von Erzähler und Leser).
Dies ist dort sinnvoll, wo wie z. B. im modernen Roman das Verhältnis
von Ich und Gesellschaft als problematisch dargestellt wird, Rollenkonflikte und das Problem der Identität selber thematisch geworden sind.
Zu denken ist etwa an die Aufspaltung von Erzählerfiguren bzw. Helden
in Uwe Johnson, *Das dritte Buch über Achim,* Martin Walser, *Das Ein-
horn* oder Max Frisch, *Mein Name sei Gantenbein* (Ullrich).

Die Übertragung des soziologischen Rollenmodells auf die Literatur
trägt indessen in aller Regel dem fiktionalen Charakter des Erzähltextes
nicht genügend Rechnung, wie denn z. B. von Gisela Ullrich in ihrer
Analyse des Rollenhandelns in den genannten Romanen "den Interaktionen der Romanfiguren einen quasi realen Modus auf der Basis von
Wirklichkeitserfahrungen ihrer Autoren" unterstellt (12). Auch Klaus
Wellner hält, um ein zweites neueres Beispiel zu geben, daran fest, daß

---

78 "A.J. Greimas has proposed to describe and sort out characters in narratives not
on the basis of what they are but on the basis of what they do (hence the name of
actants)..." (Roland Barthes, "An Introduction to the Structural Analysis of
Narrative", *NLH,* 6 (1975), 257).

fiktive Handlungszusammenhänge — "als die literatursprachlichen Objektivationen subjektiv angeeigneter Realität" — um verständlich zu sein, "prinzipiell gleichartig strukturiert sein müssen wie die realen Handlungszusammenhänge," und er schließt daraus: "Wenn aber erzählende Literatur derart Menschen als in Rollen handelnde darstellt, dann ist es unproblematisch, auch auf die fiktiven Handlungszusammenhänge diejenigen Theorien zu richten, die auch die realen symbolisch vermittelten Interaktionsformen zu erklären beanspruchen." (145) Damit schwindet der Unterschied zwischen Realität und Fiktion bis auf den — dann vernachlässigbaren — "Rest" bloßer Form. Gerade hier aber ist der kritische Vorbehalt vonnöten.

Häufig wird aber auch der Rollenbegriff wenig prägnant und eher modisch verwendet, so daß in der Analyse z. B. von Figurenkonstellationen im Roman nicht mehr als die auch mit konventionellen Kategorien zu erzielenden Einsichten gewonnen werden.[79]

Roland Barthes' Unterscheidung von Erzählebenen *(levels of description/instances de description)* stellt vor ähnliche Probleme. Auf der ersten Ebene, der der *functions* (im Sinne Propps) unterscheidet Barthes zwei Klassen von Einheiten, die er *functions* und *indices* nennt. *Functions* sind Erzähleinheiten mit distributioneller Funktion, nämlich Handlungskerne *(nuclei)*, oder *cardinal functions,* die durch die Fähigkeit gekennzeichnet sind, logische Alternativen für die Fortsetzung der Handlung zu eröffnen, und Füllglieder *(catalyses),* die den Handlungsraum zwischen *cardinal functions* füllen. *Indices* dagegen sind durch ihre integrative Funktion gekennzeichnet, sie sind nicht (voll) funktional auf der Ebene der Handlungen, sondern leisten die

---

79 Vgl. Erving Goffman, *The Presentation of Self in Everyday Life* (New York, 1956); ders., *Encounters: Two Studies in the Sociology of Interaction* (Indianapolis, 1961); Ralf Dahrendorf, *Homo Sociologicus* [1958] (Köln: Westdeutscher Verlag, ⁴1964); Heinrich Popitz, *Der Begriff der sozialen Rolle als Element der soziologischen Theorie* (Tübingen, 1967); Lothar Krappmann, *Soziologische Dimensionen der Identität* (Stuttgart: Klett, 1972); Hans Peter Dreitzel, *Das gesellschaftliche Leiden und das Leiden an der Gesellschaft* (Stuttgart: Enke, 1972); Malcolm Bradbury [mit Erving Goffman], "The Man and the Mask: A Discussion of Role Theory", *Role,* ed. J. A. Jackson (Cambridge, 1972); H. Joas, *Die gegenwärtige Lage der soziologischen Rollentheorie* (Frankfurt: Athenäum, 1973); Hans Robert Jauß, "Soziologischer und ästhetischer Rollenbegriff", *Identität,* ed. Odo Marquard und Karlheinz Stierle, Poetik und Hermeneutik, 8 (München: Fink, 1979), 599-607; Thomas Luckmann, "Persönliche Identität, soziale Rolle und Rollendistanz", *Identität,* ed. Odo Marquard und Karlheinz Stierle, Poetik und Hermeneutik, 8 (München: Fink, 1979), 293-315. — Klaus Wellner, *Leiden an der Familie: Zur sozialpathologischen Rollenanalyse im Werk Gabriele Wohmanns* (Stuttgart: Klett, 1976); Gisela Ullrich, *Identität und Rolle: Probleme des Erzählens bei Johnson, Walser, Frisch und Fichte* (Stuttgart: Klett, 1977). In Aufnahme von G. H. Mead, *Mind, Self and Society* (1934) zur Figurenanalyse im englischen Roman des 18. Jahrhunderts: Martin Price, "The Other Self: Thoughts about Character in the Novel", *Imagined Worlds: Essays on Some English Novels and Novelists in Honour of John Butt,* ed. Maynard Mack and Ian Gregor (London: Methuen, 1968), 279-299.

Integration zwischen dieser ersten und der zweiten Erzählebene, die — analog zu Greimas' Aktanten — als *level of actions* bezeichnet wird. Während Barthes die Funktionalität der *cardinal functions* und auch der *catalyses* betont, damit im Sinne Propps und Bremonds die Strukturanalyse auf der Ebene der Handlung als theoretisch gesichert ansieht, werden die *indices* hinsichtlich ihrer Funktionalität als ungleich schwächer charakterisiert:

TEXT 38

> The second broad class of units, integrative units, comprises all the "indices" or "indicators" (in the broader sense of the word). In that case, the unit, instead of referring to a complementary and consequential act, refers to a more or less diffuse concept which is nonetheless necessary to the story: personality traits concerning characters, information with regard to their identity, notations of "atmosphere", and so on. The relation between the unit and its correlate is no longer distributional [. . .] but integrative; in order to understand what purpose an index *(indice)* or indicator serves, one must pass on to a higher level (actions of the character or narration), for only there can the "index" be clarified.[80]

Immerhin gestattet die Unterscheidung in *functions* und *indices* eine grobe Klassifizierung von Erzähltypen.

TEXT 39

> These two main classes of units, functions and indices, account for a certain classification of narratives. Some narratives are predominantly functional (such as popular tales), while some others are predominantly indicial (such as "psychological" novels). Between these two opposites, we have a whole spectrum of intermediary forms, deriving their characteristics from history, society, or genre.[81]

Die Schwierigkeiten auch dieses Ansatzes mit den "indices", ihrer eingeschränkten und doch behaupteten Funktionalität, wenn auch nur im Sinne der Realitätsbeglaubigung der Fiktion, verweist letztlich auf die Grundproblematik, das Personhafte, Individuelle der Figurengestaltung mit Hilfe struktural er Operationen überhaupt erfassen zu können, ohne es auf typische Handlungsrollen zu reduzieren:

TEXT 40

> Indices imply a deciphering activeness and consequence, what-comes-*after* being read in a narrative with a character or an atmosphere; informants bring with them a ready-made knowledge. Like cata!yses, they are marginally functional yet still functional: whatever the "flatness" in relation to the rest of the story, the informant (e.g. the precise

---

80 Roland Barthes, "Structural Analysis", 246 f.
81 *Ibid.*, 247.

age of a character) is there to authenticate the reality of the referent, to root fiction in the real world. Whatever serves as informant is a realistic operator, and to that extent it possesses of an undeniable functionality, if not on the level of the story, at least on the level of discourse.[82]

Solche systeminhärenten Schwierigkeiten des Strukturalismus, mit den Figuren der Erzählung umzugehen, werden im übrigen von Roland Barthes in kritischer Rezension der Arbeiten von Bremond, Todorov und Greimas unumwunden zugegeben — trotz der Leistung der auch in der traditionellen Charakteranalyse z. B. psychoanalytischer Provenienz vorgenommenen Operation der Reduktion der Vielzahl von Handlungsfiguren durch Substitution, trotz der dem Greimasschen Aktantenmodell bescheinigten Fähigkeit zur Klassifikation.

TEXT 41

This 'actantial' or 'functional' theory of characters and their relationships to narrative predicates needs a lot more development before it can provide solid reference points in criticism and novel theory. If we can imagine it developed, we may still see a potential defect: its aim is to devise, with the authority of linguistic theory, a set of types of narrative situation and of participants in stories, whereas (it might be said) the goal, and central aesthetic, of the novel is to express particularity, specificity, individuality.[83]

Ehe Fowlers Begehren nachgegeben wird — "A less reductive, less universalizing, approach is needed in practical criticism"[84] ist es dennoch angezeigt, diejenigen Momente der strukturalistischen Analyse von Handlung und Figur herauszustellen, die auch der konventionellen Analyse nützen können:

Der Strukturalismus betrachtet die Figuren als *handelnde.* Die hier gewiß einseitige radikale "Entpsychologisierung" der Charaktere läßt ihrerseits die Phase des Vorherrschens von Charakter im Roman als historisch relativiert erscheinen und lenkt stattdessen das Augenmerk auf die historische Spielbreite des Verhältnisses von Figur und Handlung.

TEXT 42

Actually, the correctness of this claim about individuality is questionable; the distinction between 'type' and 'individual' as subjects of fiction is historical rather than absolute. Oral folk-narrative, myth and early European written tales (Chaucer, Boccaccio, Marguerite de Navarre), even down to the works of Balzac, are preoccupied with (or contented with, if you like) the typical in human behaviour.[85]

82   *Ibid.,* 249f.
83   Roger Fowler, *Linguistics and the Novel* (London: Methuen, 1977),31.
84   *Ibid.,* 30.
85   *Ibid.,* 31.

140

So wird man auch einem anderen – im weiteren Sinne – strukturalen Verfahren wie dem von Northrop Frye Erkenntnisgewinn zusprechen, wenn das Verhältnis des individuellen literarischen Charakters und zugrundeliegenden "stock types" – in Fryes Genre-Modell der Komödie zugehörig – so bestimmt wird:

TEXT 43

All lifelike characters, whether in drama or fiction, owe their consistency to the appropriateness of the stock type which belongs to their dramatic function. That stock type is not the character but it is as necessary to the character as a skeleton is to the actor who plays it.[86]

Die Herausarbeitung des Typischen an einer Vielzahl handelnder Figuren entspricht einer allgemein praktizierten Erkenntnisfunktion, sie ist notwendig, als die *eine* Richtung der Interaktion von Text und Leser, nämlich die vom Besonderen zum Typischen, die freilich durch die *andere* Bewegung vom (erkannten) Typischen wieder zum Besonderen ergänzt werden muß.

Der Strukturalismus betrachtet, verallgemeinernd gesprochen, Handlung als sich in kleinen Einheiten, den Handlungssequenzen, realisierenden (logischen) Entscheidungsmöglichkeiten. Zwar ist der Abstand groß zwischen einem solchen Formalismus der (logischen) Alternativen und der Aristotelischen "Entscheidung" – "Charakter ist nun das, was die Entscheidung und deren besondere Qualität offenbart."[87] – dennoch bewahrt sich in einem solchen Entscheidungsmodell der Handlung ein durchgängiges Moment. Das Denken in *logischen* Alternativen weist zugleich auf den Kunstcharakter literarischer Werke, auf die *ästhetischen* Alternativen, auf die nicht realisierten Möglichkeiten, die als virtuelle den Rahmen abgrenzen, innerhalb dessen die reelle, vom Autor gewollte Alternative gesetzt ist. Man denke nur, um ein Beispiel zu geben, an John Fowles' Roman *The French Lieutenant's Woman* und die dort gesetzten Handlungs-"Gabelungen", die zu Alternativ-Handlungen führen, um die Bedeutsamkeit dieses Prinzips am Werk zu sehen.

Allen strukturalistischen Theorieentwürfen haftet indessen als gemeinsames Charakteristikum ihre Herkunft von Propps *Morphologie des russischen Volksmärchens* an. Die ursprüngliche Dominanz von Handlungsfunktionen

---

86 Northrop Frye, *Anatomy of Criticism* (Princeton: Princeton U.P., 1957), 172. Über den Aufweis der Kontinuität der Figuren des *alazon* und des *eiron*, des *agroikos* und des Buffo sowie des *pharmakos* in der Komödie und im Roman in der *Anatomy of Criticism* demonstriert Frye in "Dickens and the Comedy of Humours" *(The Stubborn Structure* [London: Methuen, 1970], 218-240) die Anwendung der Struktur der *new comedy* auf Dickens' Romane und die Analyse der Dickenschen Figuren als *humours (miser, hypocrite, parasite, pedant, braggart soldier)*, die die Nähe zum Melodrama erkennen läßt.

87 Aristoteles, *Poetik*, Kap. 6 in der Übersetzung von Olof Gigon (Stuttgart: Reclam, 1961), 36.

— als Invariable — vor Charakter — als "in den Bereich des Nebensächlichen" verbannte "erzählerische Ausschmückung" (Bremond) — wirkt sich bis in die Arbeiten von Greimas, Bremond und Barthes hinein hinsichtlich der Figurenanalyse als systemgegebene Schwäche aus, die auch Seymour Chatmans Versuch der Öffnung der strukturalistischen Narratologie hin zu traditionellen Vorstellungen nicht hat überwinden können.[88]

5.6. Figurenanalyse praktisch

TEXT 44

A character is, then: (a) an 'actant' — s/he performs a role or roles in the structure of the plot; (b) an assemblage of semes; (c) a proper name — which is a sort of peg on which the attributes (a) and (b) are hung. [. . .] Finally, (d), a character is distinguished by the structure and the semantic content of the language and thoughts that are assigned to him.[89]

Roger Fowlers Definition kann dazu dienen, im Rückblick auf das Problemfeld "Figur und Handlung" wichtige Momente in Bezug auf die Figurenanalyse zu resümieren: Figuren sind zunächst Handlungsträger; als solche stehen sie mit anderen Figuren in Wechselbeziehung und werden aneinander bestimmt; durch ihre "Ausstattung" oder ihre Entscheidungen lösen sie Handlungsfäden aus. Figuren sind weiter durch Merkmalsbündel ("semes", "traits") gekennzeichnet, die sie als in Opposition zu mit anderen Merkmalen ausgestatteten Figuren stehend bezeichnen. Inbegriff solcher Figurenausstattung ist der die Figur typisierende oder individualisierende Name. Schließlich ist angesprochen, daß sich Figuren durch Gedanken oder Rede selber äußern, damit ist in einem Punkt bereits die Technik der Figurencharakterisierung berührt, die durch weitere Punkte zu ergänzen wäre: z.B. im Blick auf Selbstcharakterisierung — Fremdcharakterisierung oder auf direkte Charakterisierung (Benennung von Merkmalen) — indirekte Charakterisierung (z.B. durch Handeln, durch das *setting* usw.).

Ein systematisches Raster für die Figurenanalyse hat im Blick auf das Drama Manfred Pfister erstellt, das sich in Teilen für narrative Texte adaptieren läßt.[90] Dieses Raster liegt im folgenden zugrunde.

---

88 Seymour Chatman, *Story and Discourse* (Ithaca: Cornell U.P., 1978), vgl. bes. Ch. 3: "Story: Existents".

89 Fowler, *Linguistics and the Novel*, 36 f.

90 Manfred Pfister, *Das Drama: Theorie und Analyse* (München: Fink, 1977), 240-264.

5.6.1. Figurenensemble — Figurenkonstellation

Diese Kategorien beziehen sich zunächst auf die Gesamtheit aller Figuren eines Textes. Pfister faßt mit Jurij M. Lotman den Charakter einer Figur als "die Summe der Korrespondenz- und Kontrastrelationen zu den anderen Figuren des Textes".[91] *Figurenrelationen* lassen sich *quantitativ* ermitteln. So kann gefragt werden nach
— der Zahl der Figuren,
— dem Anteil einer Figur am Text im Verhältnis zu anderen Figuren.
Figurenrelationen lassen sich aber auch *qualitativ* nach — zunächst statisch verstandenen — Kontrast- und Korrespondenzrelationen bestimmen. Hier geht es um
— Merkmalsoppositionen (z.B. Generationszugehörigkeit), Geschlecht, sozialer Stand, kognitive Fähigkeiten usw.)
Figurenkonstellationen sind dann die sich aufgrund solcher Merkmalsoppositionen ergebenden "dynamischen Interaktionsstrukturen", eine Vorstellung, die sich an Propps Schema von Handlungsfunktionen und Souriaus "dramatische Situationen" anschließt.[92]

Unter dem Stichwort *Figurenkonfiguration* wird (beim Drama) "die Teilmenge des Personals, die jeweils zu einem bestimmten Punkt des Textverlaufs auf der Bühne präsent ist", gefaßt; durch die Figurenkonfiguration werden Auftritt und Szene bestimmt. Die Beteiligung der Figuren an den Auftritten läßt sich schematisch in der sogenannten Konfigurationsstruktur tabellieren, die den Zusammenhang von Figur(en) und Handlung erkennbar macht. Entsprechend läßt sich in narrativen Texten die Verteilung der Figuren auf die einzelnen Handlungssequenzen tabellieren.

5.6.2. Figurenkonzeption

Dieser Punkt bezieht sich nunmehr jeweils auf eine einzelne Figur. Figurenkonzeptionen werden bei Pfister durch die folgenden Oppositionen erfaßt, quasi idealtypische Modelle, zwischen denen eine Skala der Realisierungen zu denken ist. Pfister übernimmt hier traditionelle Vorstellungen wie etwa E.N. Forsters *flat* und *round characters,* systematisiert jedoch in anderer Weise, um die in solchen Konzepten vermischt auftretenden Merkmale auseinanderzulegen:

---

91 *Ibid.,* 224; vgl. Jurij M. Lotman, *Die Struktur literarischer Texte,* tr. Rolf-Dietrich Keil (München: Fink, 1972), 356: "Der Charakter einer Figur ist die Summe aller im Text gegebenen binären Oppositionen zu anderen Figuren (andern Gruppen), die Gesamtheit ihrer Zugehörigkeiten zu Gruppen anderer Figuren, d. h. ein Satz von Differentialmerkmalen."

92 E. Souriau, *Les deux cent mille situations dramatiques* (Paris, 1950).

— statisch *vs.* dynamisch
(Figuren, die sich gleichbleiben/Figuren, die sich entwickeln)
— eindimensional *vs.* mehrdimensional
(ein bzw. wenige Merkmal(e)/viele Merkmale auf unterschiedlichen Ebenen; als typische historische Realisierungen: Personifikation/Typ/Individuum)
— geschlossen *vs.* offen
(für den Rezipienten vollständig definierte Figuren/mehrdeutige, rätselhafte Figuren)
— transpsychologisch *vs.* psychologisch
(Figuren, die den Rahmen des psychologisch Plausiblen überschreiten, dabei z.B. zur Verkörperung abstrakter Werte werden bzw. auktoriale Kommentarfunktion [Sprachrohr] haben/Figuren, die im psychologisch plausiblen Rahmen der [subjektiven] Figurenperspektive bleiben).

5.6.3. Figurencharakterisierung

Hier stellt Pfister ein Repertoire der Charakterisierungstechniken auf, das, bezogen auf das Drama, nach den Merkmalen *figural/auktorial* und *explizit/implizit* — mit jeweils weiteren Untergliederungen — unterscheidet.

TEXT 45

Unser übergreifendes Klassifizierungskriterium geht von der Frage aus, ob die charakterisierende Information eine einzelne Figur zum Sender hat ("figural"), oder ob sie allein auf die Position des impliziten Autors als ihr Aussagesubjekt bezogen werden kann ("auktorial"). Sodann unterscheiden wir jeweils danach, ob diese Informationsvergabe explizit [= diskursiv] oder implizit [= präsentativ] erfolgt. Damit kommen wir zu vier Klassen von Techniken der Figurencharakterisierung.[93]

Die Übertragung von Charakterisierungstechniken des Dramas auf narrative Texte ist wegen der unterschiedlichen Kommunikationsbedingungen nur noch beschränkt möglich; denn während das Drama als aufgeführtes sowohl auf sprachlicher als auch auf nicht-sprachlicher Kommunikation beruht, ist der gesamte narrative Text sprachlich vermittelt. Damit fallen bestimmte Unterscheidungen in Pfisters Diagramm[94] zusammen oder entfallen ganz.

In Analogie zur Klassifizierung *figural/auktorial* läßt sich für narrative Texte das Merkmalspaar
— Figurenperspektive *vs.* Erzählerperspektive einsetzen.
Der Opposition *explizit/implizit* (oder auch *diskursiv/präsentativ*) entspricht am ehesten die Unterscheidung
— *direkt* vs. *indirekt.*

93 Pfister, *Drama,* 251.
94 *Ibid.,* 252.

In narrativen Texten ist auch die implizite Figurencharakterisierung notwendigerweise sprachlich realisiert. Direkte Charakterisierung erfolgt entweder figural durch Personenrede oder auktorial durch Erzählerkommentar; indirekte Charakterisierung durch das Verhalten (Handeln) von Figuren, ihre Ausstattung (z.B. Kleidung, physische oder sprachliche Eigenheiten usw.), durch das *setting* usw. Allerdings wird hier besonders deutlich, daß dieses traditionell zur Kennzeichnung der Charakterisierungstechnik verwendete Merkmalspaar wegen der genannten medialen Unterschiede zwischen Drama und Roman quer zu der bei Pfister vorgenommenen Hierarchisierung steht.

Die Opposition
— Eigenkommentar *vs.* Fremdkommentar (bei Pfister als Untergliederung der explizit-figuralen Charakterisierung) ist auch für narrative Texte anwendbar; Fremdkommentar kann jedoch auch explizit-auktorialer Natur sein. Schließlich entspricht der Unterscheidung in Monolog/Dialog am ehesten die in

— Gedankendarstellung *vs.* Personenrede.

Die von Pfister bereitgestellten Kategorien eignen sich also unter weitgehender Aufgabe der vorgenommenen Hierarchisierung, d.h. als Oppositionen, auch für die Analyse von Charakterisierungstechniken in narrativen Texten.

6. Problemfeld VI:

EREIGNISSE, ZEIT UND RAUM, SPRECHSITUATIONEN IN NARRATIVEN TEXTEN

Hans-Wilhelm Schwarze

6.0. Problemstellung und Lernziele

In diesem Problemfeld soll der Leser weitere Prinzipien der Organisation narrativer Texte erkennen lernen, das heißt im einzelnen
— Ereignisse (d.h. Handlungen und Geschehnisse) als Konstituenten der Ebene der Geschichte begreifen lernen
— die Situierung des Erzählten in Zeit und Raum in ihren wesentlichen Möglichkeiten bestimmen lernen
— Arten und Funktionen von Sprechsituationen in narrativen Texten erkennen lernen.

6.1. Ereignisse: Handlungen und Geschehnisse

Zur Orientierung in diesem Problemfeld wird — gleichzeitig in Ergänzung zu Karlheinz Stierles Modell der Struktur narrativer Texte (vgl. Problemfeld III), das die Ebenen des Geschehens, der Geschichte und des Diskurses unterschieden hat — ein weiteres Modell eingeführt, dessen ausführlichere Ausdifferenzierungen als Wegweiser durch die Darlegungen dieses Problemfeldes dienen sollen.

TEXT 1

Seymour Chatman: Modell der Struktur narrativer Texte[1]

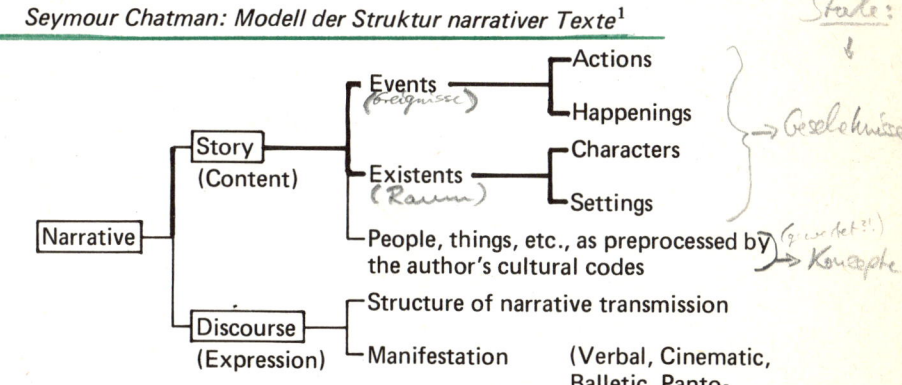

---

1   S. Chatman, *Story and Discourse,* 26.

Das Diagramm von Chatman differenziert die in diesem Problemfeld zunächst behandelten Konstituenten der *Ebene der Geschichte* wie folgt. Im oberen Ast wird auf *Ereignisse ("events")* und damit auf die zeitliche Strukturierung der narrativen Achse verwiesen, und zwar unterteilt in *Handlungen* und *Geschehnisse.* Der andere Teil dieses Astes bezieht sich auf "existents", d.h. *Figuren, Räume* und *Gegenstände,* insgesamt also die räumliche Strukturierung der narrativen Achse. Da der Bereich "Figur und Handlung" bereits im Problemfeld V erörtert worden ist, wird hier im wesentlichen nur Raum und Gegenstände behandelt werden. Was Chatman mit "People, things, etc., as preprocessed . . ." bezeichnet (der dritte Teil des oberen Astes des Modells), entspricht in etwa den "Konzepten" im Modell von Stierle.

Als Konstituenten der Ebene der Geschichte gelten Ereignisse, und zwar als Handlungen, Geschehnisse und Zustände, sowie Figuren, Räume und dazugehörige Gegenstände. *Ereignisse* sind figurengebunden oder doch auf Figuren bezogen und in Zeit und Raum angesiedelt.

Ereignisse sind entweder
— *Handlungen* von Figuren oder
— *Geschehnisse* und *Zustände,* die sich an Figuren vollziehen oder Figuren betreffen.

Handlungen im weitesten Sinne sind
— Aktionen
— nonverbale Akte,
— Sprechakte,
— Gedanken,
— Gefühle, Empfindungen,
— Sinneseindrücke.

Bei *Geschehnissen* und *Zuständen* sind Personen Einflüssen ausgesetzt; an ihnen und mit ihnen vollzieht sich etwas, worauf sie reagieren oder auch nicht regaieren oder was sie erdulden. Einflüsse können sehr unterschiedlicher Herkunft und Wirkung sein, z.B. als

z.B.
— politische,
— gesellschaftliche,
— wirtschaftliche Bedingungen,
— Moralvorstellungen,
— Ideologien, aber auch
— Zufälle, "Schicksalsschläge" o.ä., gar
— Klima- und Wetterbedingungen.

In neueren Handlungsmodellen sind *Handlungen* durch Veränderungen in der Zeit gekennzeichnet: ein *Ausgangszustand,* eine *Ausgangssituation,* wird in einen *Endzustand* überführt; dieser kann seinerseits zum Ausgangspunkt einer weiteren Veränderung werden. Aristoteles' ursprüngliche Handlungstheorie — "jede Handlung [. . . wird] von Handelnden geführt [. . .], welche hinsichtlich ihres Charakters und ihrer Absichten von einer bestimmten Qualität sind"[2] — ist seither ausdifferenziert worden, wozu vor allem soziologische Handlungstheorien und die Sprechakttheorie beigetragen haben.[3] Das Grundschema einer Handlung wird als *triadisches* (dreigliedriges) *Modell* gefaßt.

TEXT 2

La notion de *séquence* sera également maintenue, mais au prix d'un remaniement important. Il ne s'agira plus d'une succession toujours identique des mêmes fonctions, mais de groupements plus souples, dont la base est une série élémentaire de trois termes correspondant aux trois temps qui marquent le développement d'un processus: virtualité, passage à l'acte, achèvement. Dans cette triade, le terme postérieur implique l'antérieur: il ne peut y avoir achèvement s'il n'y a eu passage à l'acte, il ne peut y avoir passage à l'acte s'il n'y a eu virtualité. Mais jamais l'antécédent n'implique le conséquent; après chaque fonction, une alternative est ouverte: la virtualité peut évoluer en passage à l'acte ou demeurer virtualité; le passage à l'acte peut atteindre ou manquer son achèvement. Le schéma suivant résume ce jeu d'options:

[handwritten: Evelyne:]

[handwritten: se décider à partir]

éventualité
- passage à l'acte
    - achèvement → *elle part*
    - inachèvement → *elle ne part pas*
- non passage à l'acte

[fonction: l'action d'un personnage][4]

Handeln findet in einer *Situation* statt, dazu gehören ein *Handlungsraum* und ein *Handlungszeitpunkt*. Der Handelnde richtet sein Verhalten und Handeln auf seine Umgebung ein (Handlungsraum). Eine Handlung *verändert* die Situation (*Ausgangszustand* → *Endzustand*), und zwar in der Dimension der Zeit. Eine Handlung kann im Sinne der *Handlungsabsicht* erfolgreich oder nicht erfolgreich sein. Der Zeitpunkt einer Handlung läßt sich einmal auf die handelnde Person beziehen, d.h. ihr Leben und ihre Entwicklung bis zu diesem Zeitpunkt, dann aber auch auf die Koordinaten von sukzessiven und simultanen Ereignissen der erzählten Geschichte.

---

2   Aristoteles, *Poetik,* Kapitel 6.

3   Siegfried J. Schmidt, *Grundriß der empirischen Literaturwissenschaft.* Teilband 1: *Der gesellschaftliche Handlungsbereich Literatur* (Braunschweig: Vieweg, 1980); Kapitel 1 gibt einen Abriß einer Handlungstheorie.

4   C. Bremond, *Logique du récit,* 131. Zum gleichen Problem siehe Robert Scholes, *Structuralism in Literature* (New Haven, London: Yale U.P., 1974), 97-98, der die Begriffe wie folgt übersetzt: "situation opening a possibility — actualization of possibility/nonactualization — success/failure". "At every stage of development there is a choice: at the second, realization or not; at the third, success or failure. But we can observe that the second choice in the second stage is not really a narrative choice at all, since it simply keeps us at the point of departure." Im Roman *Free Fall* (1959) von William Golding wird zu Beginn des ersten Kapitels dieses Thema der Wahl bei einer Handlung zum Gegenstand der Erzählung gemacht.

Handelnde können mit Blick auf ihre Individualität und nach ihrer gesellschaftlichen Position und Funktion charakterisiert werden, und zwar als
— individuelle,
— kollektive und
— institutionelle Handelnde.

Da Handlungen eine Handlungsmöglichkeit und einen Veränderungsversuch
einschließen, ist es sinnvoll, die Voraussetzungen und Absichten genauer zu
bestimmen. Die folgenden Konzepte können dazu als Anhaltspunkt dienen:
— Fähigkeit zu handeln,
— Bedürfnis,
— Motivation,
— Intention,
— Handlungsrolle.[5]

6.1.1. Ereignisse in der Kurzgeschichte "Eveline" von James Joyce

Am Beispiel der Kurzgeschichte *Eveline* von James Joyce[6] sollen die Ausführungen zu den Kategorien *Ereignisse — Handlungen — Geschehnisse* veranschaulicht werden.

1. *Ebene des Geschehens* für *Eveline:*
— Geschehensmomente aus den Sphären
  — des menschlichen Zusammenlebens,
  — des familiären Zusammenlebens,   im allgemeinen Geschehens-
  — der menschlichen Handlungswelt,   rahmen: Dublin um 1900
  — der menschlichen Arbeitswelt,
  — der Natur
stellen den Spielraum (die Darstellungsmöglichkeiten) für die Konstruktion
einer Geschichte bereit.

2. Der narrative Sinn entsteht mit Hilfe der Oppositionen von *Konzepten* wie
— aktiv/inaktiv,
— allein/zu zweit,
— bisheriges Leben/neues Leben,
— Leben/Tod.

3. Die *Ebene der Geschichte* der Kurzgeschichte *Eveline* als sinnbestimmte
Distanz und Differenz zwischen einem Anfangs- und einem Endpunkt auf
der narrativen Zeitachse (hier in Gestalt einer Inhaltsangabe gegeben):
— Eveline, 19 Jahre alt, hat zugestimmt, mit Frank nach Argentinien auszu-
wandern, genauer 'durchzubrennen', um ein neues Leben zu beginnen. Am
frühen Abend des Abreisetages, als sie am Fenster sitzt, auf die Straße hin-

---

5 S.J. Schmidt, *Grundriß,* 19-36, mit Erläuterungen und Definitionen der hier verwendeten Begriffe.
6 James Joyce, *Dubliners* (1914; London: Panther/Granada, 1977), 32-37.

ausschaut und die ihr bekannte Umgebung, in der sie aufgewachsen ist, betrachtet, wägt sie in ihren Gedanken die Erinnerungen an eine glückliche Kindheit, ihr Gefühl von Verbundenheit mit dem Bekannten und ihre Verpflichtung gegenüber ihrer Familie ab gegen die derzeitige Härte im Verhalten ihres Vaters (die Mutter ist tot), ihre Bindung an Frank und die Hoffnung auf das neue Leben, das er ihr geben wird. Sie entscheidet, daß sie fliehen muß und Franks Angebot annehmen wird. Als sie gerade mit Frank an Bord des Überseedampfers gehen will, spürt sie in sich eine heftige Gegenwehr und weigert sich, ihm auf das Schiff zu folgen.[7]

4. Bei der *Realisierung* dieser Geschichte (*Diskurs*) ist erfolgt
— eine *Perspektivierung* der Geschichte durch einen Erzähler, als Einordnung der Geschichte in das von Lähmung gekennzeichnete Leben in Dublin ("She set her white face to him, passive, like a helpless animal."),
- die *sprachliche Realisierung* mit Hilfe einer besonders ausgeprägten Technik der Wiedergabe von Gedanken handelnder Figuren.

5. Die *Ereignisse* (Handlungen, Geschehnisse, Zustände) in *Eveline* sind u.a. bestimmbar als
— nonverbale Akte (Eveline schaut aus dem Fenster),
— Sprechakte (Frank ruft Evelines Namen),
— Gedanken (E. überlegt, ob die Zustimmung, die Stadt mit Frank zu verlassen, richtig ist),
— Gefühl, Empfindung, Sinneseindruck (E. empfindet Unbehagen beim Anblick des Schiffes),
— Zustand (E. ist als Angestellte in einem Kaufhaus der Krittelei ihrer Vorgesetzten ausgeliefert),
— Handeln als *Individuum* (E. ist 19 Jahre alt, ein junges, offenbar einsames Mädchen, das unter deprimierenden Lebensverhältnissen leidet; sie will das ändern),
— Handeln zu einem *Zeitpunkt* (E. ist 19 Jahre alt; am Tag ihrer Abreise scheint sie unsicher zu werden, ob sie überhaupt gehen sollte; später am Abend steht sie in der Menge der Reisenden am Hafen),
— Handeln in einem *Handlungraum* (ihre Wohnung, die staubigen und schäbigen Gegenstände in der Wohnung; E. unter den Reisenden am Hafenkai),
— *Ausgangssituation* mit Handlungsmöglichkeit (E. denkt nach und wägt ab, sie kann gehen oder bleiben; sie steht am Hafenkai und kann Frank folgen oder nicht),
— *Veränderungsversuch* (E. will ihre jetzige Situation veränden, will mit jemandem zusammenleben, der ihr ein anderes Leben ermöglichen wird),
— *Endsituation* (E. verläßt ihre Wohnung; E. geht nicht an Bord des Schiffes), d.h. Unterlassen einer situationsverändernden Handlung,

---

7   Siehe dazu J. Culler, *Structuralist Poetics*, 219.

— *Fähigkeiten, Bedürfnis, Motivation, Intention, Handlungsrolle* (E's Sehnsucht, die Stadt zu verlassen; Unzufriedenheit mit dem gegenwärtigen Zustand; E. ist als älteste daheim lebende Tochter für die Familie verantwortlich; E. ist Freundin von Frank; liebt Frank und möchte ihn heiraten usw.).

6.1.2. Funktionen und Indices

Die *Teile einer Geschichte* (Erzähleinheiten) als Handlungen, Geschehnisse und Zustände, von denen zuvor die Rede war, sind mit Blick auf ihre *Funktion* im Erzählgefüge nicht in gleicher Weise wesentlich. Die neuere Erzählforschung unterscheidet hier (mit wechselnder Terminologie) *Funktionen* und *Indices,* die jeweils weiter untergliedert werden; es handelt sich hierbei um die kleinsten Einheiten im Aufbau narrativer Texte.[8]

Funktionen ("function", "fonction") sind:
— *Kerne* ("kernel", "nucleus", "noyau") und
— *Satelliten* ("satellite", "catalyst", "catalyse", Katalyse). *Handlungen*

Indices sind:
— *eigentliche Indices* ("index", "indice") und
— *Informationen* ("information", "informant"). *Information*

Satelliten, eigentliche Indices und Informationen dienen dazu, die *Kerne* (auch als Kardinalfunktionen bezeichnet) zu erweitern, zu differenzieren oder zu umspielen. Aus diesen kleinsten Einheiten wiederum bauen sich größere Sequenzen von Ereignissen und kompliziertere Figurenrelationen auf.

Kerne sind die wichtigsten narrativen Konstituenten der Geschichte im Gefüge einer Erzählung. Sie sind logisch unentbehrlich, "Scharnierstellen", "Angelpunkte", Punkte narrativen Risikos für den Fortgang der Geschichte. In ihnen stehen wesentliche Alternativen des Handelns zur Wahl. Kerne sind wechselseitig aufeinander bezogen, d.h. ein Kern ist einem anderen zugeordnet (z.B. Kauf eines Fahrrades, Benützen dieses Fahrrades; Plan für ein Reiseziel, Erreichen dieses Ziels).

Satelliten gruppieren sich um die Kerne. Es sind weniger prominente Teile einer Geschichte und somit für die narrative Organisation von geringerer Bedeutung als die Kerne, sie enthalten weniger narratives Risiko. Im logischen Sinne wären Satelliten entbehrlich, aber ohne sie wäre ein narrativer Text nur ein karges Gerüst, sehr verarmt und ohne volle Wirkungsmöglichkeiten. Satelliten sind durchweg Kernen zugeordnet: zunächst füllen sie die Zwischenräume aus, die sich zwischen Kernen auftun; sie ergänzen, erläutern, differenzieren, machen verständlicher, können zur Vorbereitung von Kernen dienen und auch auf vorausgehende Kerne zurückverweisen. Sie dienen dazu,

---

8 S. Chatman, *Story and Discourse,* 53-56; ders., "New Ways of Analyzing Narrative Structure", 5. K. Stierle, *Funkkolleg Literatur, Studienbegleitbrief 4,* 32.

das Erzähltempo des narrativen Textes entsprechend ihrem zahlenmäßigen Auftreten zu beeinflussen.

TEXT 3

A kernel raises a question, an alternative, an uncertainty — in Barthes' word, *a risk (risque)*. Kernels are genuine *nodes* or *hinges* of the story; they are branching points which require progression into one of two or more alternative paths. On the other hand, catalysts [Satelliten] are completive in nature: they entail no choice but simply fill in and elaborate some kernel (not necessarily [. . .] the one nearby).[9]

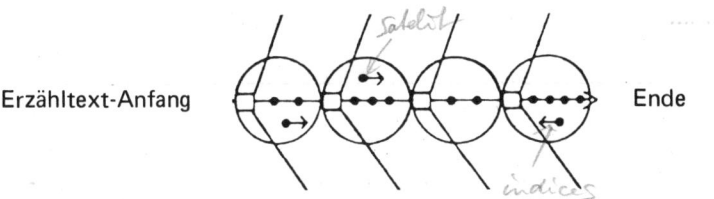

Erzähltext-Anfang   Ende

Kern mit Alternativen/ ● Satellit/ ●→ S. voraus- oder zurückweisend

Kerne und *Satelliten* sind als solche nicht immer auf den ersten Blick, beim ersten Lesen des narrativen Textes, zu unterscheiden; sie werden erst bei genauerer Analyse oder einer wiederholenden Lektüre erkennbar. Wesentliche Kriterien für Kerne sind, daß sie Fragen stellen, Alternativen des Handelns eröffnen, Unsicherheiten produzieren, wie sich an folgendem Beispiel sehen läßt:

TEXT 4

The first sentence in "Eveline" must be interpreted as a kernel — "She sat at the window watching the evening invade the avenue" — because it raises the question "Why? Why is she sitting and watching the evening?" The answer could be one of several alternatives [. . .].[10]

Um Kerne zu beschreiben und ihre Position und Funktion im Gesamtgefüge einer Geschichte zu bestimmen, ist es ratsam, sie in der Form von Aussagesätzen aufzulisten. Für *Eveline* hat S. Chatman acht Kerne genannt:

Beispiel

1. Eveline sitzt am Fenster und schaut ziellos hinaus,
2. sie denkt nach und erinnert sich,
3. sie probt in Gedanken ihr Fortgehen,
4. sie fragt sich, ob ihre Zustimmung zum Fortgehen richtig ist,

---

9   S. Chatman, "New Ways", 5 und 13. Die graphische Darstellung folgt S. Chatman, *Story and Discourse,* 54.

10   S. Chatman, "New Ways", 13.

5. es werden Vorbereitungen zum Anbordgehen getroffen,
6. Unentschlossenheit wird zu Angst,
7. Frank, Evelines Freund, drängt sie mitzukommen,
8. Eveline kommt nicht mit.[11]

Erzählungen mit einer großen Zahl und raschen Folge von Kernen und sie ergänzenden Satelliten können oft in die Kategorie von Abenteuer- oder Kriminalgeschichten eingeordnet werden; stehen jedoch psychologische Probleme und komplexe Figurenbeziehungen im Mittelpunkt, sinkt die Zahl der Kerne und Satelliten zugunsten der die Figuren, ihre Probleme sowie die Atmosphäre erläuternden *Indices* und *Informationen*.

Indices, die vor allem eine verweisende, charakterisierende und beschreibende Aufgabe im narrativen Text übernehmen, haben zwei Untergruppen. Die *eigentlichen Indices* sind solche Erzähleinheiten, die nichts zum Vorantreiben der erzählten Geschichte beitragen; sie verweisen z.b. auf Figuren, Atmosphäre, den räumlichen und gesellschaftlichen 'Spielraum' für die Figuren (Angabe von Charakterzügen und Gefühlen von Figuren, Landschafts- und Gebäudebeschreibungen, Beschreibung gesellschaftlicher und historischer Zustände).

Die innerhalb dieser Hierarchie von Erzähleinheiten am wenigsten prominenten Konstituenten sind die *Informationen.* Sie verweisen im narrativen Text auf Details, sie geben vor allem Sachinformationen und tragen zum Aufbau der Realitäts-Illusion der erzählerischen Wirklichkeit bei (z.B. Angaben zur Jahreszeit oder zum Wetter, auch zur Uhrzeit, sofern sie nicht handlungsrelevant ist; Nennen von Orten, Straßennamen, geographischen Details).

Indices werden in charakteristischer Weise bei Zusammenfassungen oder Kurzfassungen von narrativen Texten ausgespart. In der Kurzgeschichte *Eveline* lassen sich z.B. folgende *Indices* benennen:

Beispiel

1. eigentliche *Indices:*
Eveline ist müde. Die Kinder waren früher ziemlich glücklich gewesen. Der Dampfer hat erleuchtete Bullaugen.

2. *Informationen:*
Ein Mann aus Belfast kaufte Land auf. Die neuen Häuser haben glänzende Dächer. Die Eveline bekannten Familien heißen Devine, Water, Dunn. Die Passagiere nach Übersee treffen sich "at the North Wall".

Es ist vordergründig ein Mangel dieses funktionalen Modells der Hierarchisierung von Erzähleinheiten, daß kein eindeutiges Verfahren zum Auffinden und Benennen der Funktionen und Indices vorgeschlagen werden kann. Die Segmentierung und Klassifizierung der Einheiten des narrativen Textes kann im Einzelfall umstritten sein, weil je nach Betrachtungsweise Erzähleinhei-

---

11   *Ibid.,* 19-20 in größerer Ausführlichkeit.

ten gelegentlich der einen oder der anderen Kategorie zugeordnet werden können. Insoweit ist diese Klassifizierung interpretationsabhängig. Mehrmaliges Lesen oder die Verkürzung eines Textes zu einem Textsubstrat können das Erkennen von *Funktionen* und *Indices* erleichtern.

Es wurde bereits angedeutet, daß sich aus der Kombination von *Funktionen* und *Indices* Sequenzen von Ereignissen und komplexe Figurenrelationen aufbauen. Die sich dabei ergebende Binnengliederung narrativer Texte läßt sich dann mit Blick auf die Zeitverhältnisse und die Gewichtung der Erzähleinheiten im Rahmen der Gesamtgeschichte beschreiben.[12]

6.2. Zeit der Geschichte

Der Zeitbegriff, der bislang verwendet worden ist, bedarf der exakteren Beschreibung. Die grundsätzliche Kategorie des Erzählens — unabhängig vom Medium — ist die Zeit, genauer die *Sukzessivität,* das Aufeinanderfolgen narrativer Aussagen.

TEXT 5

> Wenn es wahr ist, daß die Malerei zu ihren Nachahmungen ganz andere Mittel, oder Zeichen gebrauchet, als die Poesie; jene nämlich Figuren und Farben in dem Raume, diese aber artikulierte Töne in der Zeit; wenn unstreitig die Zeichen ein bequemes Verhältnis zu dem Bezeichneten haben müssen: so können nebeneinander geordnete Zeichen auch nur Gegenstände die nebeneinander, oder deren Teile nebeneinander existieren [Körper], aufeinanderfolgende Zeichen aber auch nur Gegenstände ausdrücken, die aufeinander, oder deren Teile aufeinander folgen [Handlungen].[13]

Ereignisse sind sowohl auf einer *natürlichen Zeitachse der Sukzessivität* angeordnet (erst 1, dann 2, dann 3 usw.) als auch *simultan* (erst 1 mit 1a, 1b, 1c usw. gleichzeitig, dann 2 mit 2a, 2b, 2c usw.). Das Arrangieren, Ordnen und Zuordnen von Ereignissen ergibt in narrativen Texten die *narrative Achse* mit einem *Ereignisgefüge,* das einen *Anfangs-* und einen *Endpunkt* hat. Die Anordnung der Ereignisse auf dieser Achse ist *sukzessiv,* braucht aber nicht *chronologisch* zu sein, also nicht dem natürlichen physikalischen Zeitverlauf der Ereignisse zu entsprechen, sondern sie kann die *Zeitfolge* von Ereignissen bis zur Grenze des durch den Leser noch Verstehbaren manipulieren. *Simultane* Ereignisse lassen sich in narrativen Texten nur unter besonderen Vorkehrungen übermitteln, z.B. durch ausdrückliche Hinweise des Erzählers oder typographische Verfahren.

12 Siehe dazu z.B. E. Lämmert, *Bauformen des Erzählens,* 32-43. Beispiele unterschiedlicher komplexer Zeitauffassung und -gestaltung in narrativen Texten diskutiert D.L. Higdon, *Time and English Fiction;* dort finden sich auch tabellarische Übersichten zu den Zeitverhältnissen in den besprochenen Texten.

13 Gotthold Ephraim Lessing, *Laokoon: oder über die Grenzen der Malerei und Poesie* (1766), XVI.

Beispiel

— I wonder what's all that noise, and running backwards and forwards for, above stairs, quoth my father, addressing himself [. . .] to my uncle *Toby*, — who, you must know, was sitting on the opposite side of the fire, smoking his social pipe all the time [. . .].

I think, replied my uncle *Toby*, taking his pipe from his mouth, and striking the head of it two or three times upon the nail of his left thumb, as he began his sentence, — I think, says he: — But to enter rightly into my uncle *Toby's* sentiments upon this matter, you must be made to enter first a little into his character, the outlines of which I shall just give you, and then the dialogue between him and my father will go on as well again. [. . .]

But I forget my uncle *Toby,* whom all this while we have left knocking the ashes out of his tobacco-pipe. [. . .]

I think, replied my uncle *Toby*, — taking, as I told you, his pipe from his mouth, and striking the ashes out of it as he began his sentence; — I think, replied he, — it would not be amiss, brother, if we rung the bell.[14]

Beispiel

High, high above the North Pole, on the first day of 1969, two professors of English Literature approached each other at a combined velocity of 1200 miles per hour. They were protected from the thin, cold air by the pressurized cabins of two Boeing 707s, and from the risk of collision by the prudent arrangement of the international air corridors. [. . .] They were, in fact, in process of exchanging posts for the next six months [. . .].

[. . .] the crossing of their paths at the still point of the turning world passed unremarked by anyone other than the narrator of this duplex chronicle. [. . .]

And now, in the two Boeings, falls simultaneously the special silence that precedes an airliner's landing. [. . .]

Bump!

Bump!

At exactly the same moment, but six thousand miles apart, the two planes touch down.[15]

Die *Zeitfolge* bekommt also mit Blick auf narrative Texte eine besondere Qualität: es sind zwei verschiedene Zeitebenen oder *Zeitskalen* zu unterscheiden.

14 Laurence Sterne, *Tristram Shandy* (1759—1767; London: Dent, 1912, rpt.), 47-72 (Book I, ch. XXI — Book II, Ch. VI). Der erste und der letzte Satz des Zitats sind etwa 25 Druckseiten voneinander 'entfernt'.

15 David Lodge, *Changing Places* (1975; Harmondsworth: Penguin Books, 1978, rpt.), 7-53. Vgl. damit den Roman von John Fowles, *The French Lieutenant's Woman* (1969), in dem der Erzähler dem Roman mehrere Schlüsse gibt; da er sie nicht gleichzeitig zu erzählen vermag, lost er die Reihenfolge aus (Kap. 55).

TEXT 6

[. . .] Unterscheidung von *Erzählen* und *Erzähltem*, von *Erzählzeit*, d.h. der Zeit, die das Erzählen einer "Geschichte" beansprucht, und von *erzählter Zeit,* nämlich der Zeit, die eine "Geschichte" nach Angabe ihres Erzählers dauert. [. . .] Um es mit einem Beispiel zu verdeutlichen: Goethes *Wahlverwandtschaften* umfassen annähernd 300 Seiten; das ist *die Erzählzeit.* Die erzählte "Geschichte" erstreckt sich von einem Frühling bis in den Herbst des folgenden Jahres, also über etwa anderthalb Jahre; das ist *die erzählte Zeit.* Das Erzählen verläuft nun in ziemlich gleichmäßigem Tempo Satz um Satz vorwärts. Der erzählte Vorgang hingegen wird keineswegs gleichmäßig Schritt vor Schritt dargestellt, sondern streckenweise sehr breit und eindringlich gegeben, streckenweise nur mehr oder weniger flüchtig angedeutet, und daraus ergibt sich ein rhythmischer Wechsel, der sich am Maßband der gleichmäßig voranschreitenden Erzählzeit näher bestimmen läßt. Es handelt sich hier um ein Spannungsverhältnis, das der Erzählkunst durchweg zugrunde liegt und zu den elementaren Bedingungen des erzählerischen Aufbaus gehört.[16]

TEXT 7

Thus in the analysis of narrative, we must observe that there is not one but two time scales. We must distinguish the inner time of the content (time as represented *in* the story) from outer or discourse time, the time that it takes the audience to peruse the story. We may call the first *story-time* and the second *discourse-time.* (German theorists make the dinstinction neatly between *erzählter Zeit* and *Erzählzeit.*)[17]

[Im Französischen: *temporalité de l'histoire* und *temps de la lecture.*]

---

16   Günther Müller, "Aufbauformen des Romans dargelegt an den Entwicklungsromanen G. Kellers und A. Stifters", *Morphologische Poetik: Gesammelte Aufsätze* (Darmstadt: Wiss. Buchgesellschaft, 1968), 559. Siehe dazu auch G. Müllers seit 1946 vertretene Unterscheidung von Erzählzeit und erzählter Zeit in verschiedenen Aufsätzen und Textanalysen, veröffentlicht in dem genannten Sammelband, besonders "Die Bedeutung der Zeit in der Erzählkunst" und "Erzählzeit und erzählte Zeit". Zur Forschung vgl. die "Einleitung" von Alexander Ritter in *Zeitgestaltung in der Erzählkunst,* ed. A. Ritter (Darmstadt: Wiss. Buchgesellschaft, 1978), 1-25. Siehe auch: *Aspects of Time,* ed. C.A. Patrides (Manchester: Manchester U.P., 1976). David Leon Higdon, *Time and English Fiction* (London: Macmillan, 1977). Walter Jens, "Uhren ohne Zeiger: Die Struktur des modernen Romans . . .", *Statt einer Literaturgeschichte* (Pfullingen: Neske, [2]1958), 23-58. Lubomír Doležel, "A Scheme of Narrative Time", *Semiotics of Art: Prague School Contributions,* ed. L. Matejka und I.R. Titunik (Cambridge, Mass., London: MIT Press), 209-217. A.A. Mendilow, *Time and the Novel* (London: Nevill, 1952).

17   S. Chatman, "Towards a Theory of Narrative", *New Literary History,* 6 (1975), 314-315.

Bei der Analyse dieser beiden Zeitskalen, die in einem funktionalen Verhältnis zueinander stehen, ergeben sich wichtige *Fragestellungen,* z.B. die folgenden:

— wie ist die erzählte Zeit in der Geschichte präsent, mit welchen Mitteln und Hinweisen wird sie im Leser evoziert, kann der Leser sie aus den verfügbaren Hinweisen rekonstruieren?

— wie weit sind Anfang und Ende der erzählten Ereigniskette voneinander entfernt?

— was geschieht innerhalb dieser Differenz von Anfang und Ende?

— in welchem Verhältnis zueinander stehen die natürliche Reihenfolge der Ereignisse und die Abfolge der Präsentation dieser Ereignisse in der Geschichte?

— wie ist das Verhältnis der zeitlichen Dauer der erzählten Ereignisse zu der Dauer des Diskurses (des Erzählens und damit des Lesens oder Zuhörens) zu bestimmen.[18]

— welchen Einfluß hat dieses Verhältnis auf die Rhythmisierung der Geschichte?

— wie werden sich wiederholende Ereignisse in der Geschichte dargestellt?

— werden an sich 'uninteressante' oder 'unwesentliche' Teile der Geschichte nicht erzählt, also 'übergangen' und 'ausgespart'?

— wie (und ob überhaupt) vermittelt die Erzählung Informationen über Ereignisse, welche vor und nach der erzählten Geschichte (erzählten Gegenwart der Geschichte) liegen?
usw.[19]

Wie Romanautoren mit den in diesen Fragen angesprochenen Problemen der Zeitgestaltung selber umgehen, können die folgenden Texte andeuten:

---

18 Erzählzeit (oder genauer Lesezeit, Vorlesezeit, Textzeit) ist die Zeit, welche zu der dem Leser eigenen — nicht fiktiven — Realität gehört; sie ist daher selbstverständlich leserabhängig und kann variieren. Stattdessen kann als objektives Kriterium auch der *Umfang* (Ausdehnung) des narrativen Textes im Sinne von Druckseiten oder Zeilen in ein Verhältnis zur *erzählten Dauer* der Ereignisse der Geschichte gesetzt und als eine Hilfskonstruktion benützt werden. Grundsätzlich gilt, daß die Erzählzeit (Diskurs-Zeit) die im narrativen Text wiedergegebene Wirklichkeit interpretiert.

19 Diese ausgewählten Fragestellungen beziehen sich vorwiegend auf die Bedeutung der Zeit für die Komposition des narrativen Textes. Darüber hinaus wird vor allem im Roman des 20. Jahrhunderts das Zeitproblem als thematische Konstituente betont. ''Das Zeitproblem ist *das* Problem des modernen Romans, und es dürfte kaum einen Romancier von Rang geben, der sich nicht mit ihm auseinandergesetzt hätte. Nur die Gewinnung einer 'inneren Zeit' ermöglicht es, dem Stofflich-Naturalistischen des 'und dann geschah das' zu entrinnen [. . .] und den Roman in den ihm eigenen Kunstraum zu heben.'' Walter Jens, *Statt einer Literaturgeschichte,* 200, Anm. 3.

TEXT 8

Henry Fielding zur Methode seines Erzählens:

When any extraordinary scene presents itself (as we trust will often be the case), we shall spare no pains nor paper to open it at large to our reader; but if whole years should pass without producing any thing worthy his notice, we shall not be afraid of a chasm in our history, but shall hasten on to matters of consequence, and leave such periods of time totally unobserved. [. . .] My reader then is not to be surprised, if, in the course of this work, he shall find some chapters very short, and others altogether as long; some that contain only the time of a single day, and others that comprise years; in a word, if my history sometimes seems to stand still, and sometimes to fly. [. . .] for as I am, in reality, the founder of a new province of writing, so I am at liberty to make what laws I please therein. And these laws, my readers [. . .] are bound to believe in and to obey [. . .].[20]

TEXT 9

Thomas Mann:

[. . .] denn es ist auf die Dauer völlig unmöglich, das Leben zu erzählen, so, wie es sich einstmals selber erzählte. Wohin sollte das führen? Es führte ins Unendliche und ginge über Menschenkraft. Wer es sich in den Kopf setzte, würde nicht nur nie fertig, sondern erstickte schon in den Anfängen, umgarnt vom Wahnsinn der Genauigkeit. Beim schönen Fest der Erzählung und Wiedererweckung spielt die Aussparung eine wichtige und unentbehrliche Rolle.[21]

TEXT 10

William Golding:

For time is not to be laid out endlessly like a row of bricks. That straight line from the first hiccup to the last gasp is a dead thing. Time is two modes. The one is an effortless perception native to us as water to the mackerel. The other is a memory, a sense of shuffle fold and coil, of that day nearer than that because more important, of that event mirroring this, or those three set apart, exceptional and out of the straight line altogether.[22]

Vor dem Hintergrund derartiger Problematisierungen wird erkennbar, daß die Organisation des *Ereignisgefüges* einer Geschichte (*plot*) sehr verschiedene Funktionen erfüllen kann, so z.B.

— bestimmte Handlungsteile hervorheben,
— Vordergrund/Hintergrund-Relationen erstellen,
— dadurch Ereignisse kommentieren und kontrastieren,

20 Henry Fielding, *Tom Jones* (1749), Book II, ch. I.

21 Thomas Mann, *Joseph und seine Brüder. Joseph der Ernährer* (1943), 4. Hauptstück.

22 William Golding, *Free Fall* (1959), ch. 1.

— Spannung erzeugen,
— Kausalitätsverhältnisse bezeichnen, verdecken, erzeugen, vortäuschen, usw.

Ein und dasselbe Material wird, wenn es in verschiedenen Geschichten zu Ereignisgefügen angeordnet wird, bei jedem neuen Arrangement einen andersartigen narrativen Text ergeben. Und wird eine Geschichte von einem Medium in ein anderes 'übersetzt' (Buch in Film, Comic, Ballett, Hörspiel, Oper, Musical, Theaterstück), sind wiederum je andere Erzählungen zu erwarten.

Im folgenden werden grundsätzliche Verfahren vorgestellt, mit denen die narrative Ebene der Geschichte mit Blick auf die Dimension der Zeit gestaltet wird:
— *Ordnung* ("order", "ordre"),
— *Dauer* ("duration", "durée"),
— *Häufigkeit* ("frequency", "fréquence").

6.2.1. Ordnung — Reihung — Umstellung — Anachronie

Es gibt eine nahezu unendliche Anzahl von Möglichkeiten, die *Reihung* der für die Geschichte gewählten Ereignisse zu organisieren. So haben Erzählungen einen *Anfang* und ein *Ende,* und beide Begrenzungen sind in der Bewegung des narrativen Textes 'von A nach Z' wesentliche Stellen, etwa mit Blick auf die Leserlenkung und damit für die Deutung des Erzählten. Anfänge und Schlüsse von narrativen Texten sind insofern miteinander vergleichbar, als sie beide willkürliche, aber sinnhafte Abgrenzungen inmitten einer als kontinuierlich gedachten Abfolge von Ereignissen (Geschehen) sind, welche quasi 'vor' dem Erzählten beginnen und noch 'danach' andauern.[23]

Es gibt eine Vielfalt von Möglichkeiten, sich dem "Problem der Grenze" zu stellen; hier kommt es zunächst auf das Prinzip an: Kunstwerke — im Gegensatz zur Realität — haben "Grenzen":

---

23 Der erste Satz des Romans *The End of the Affair* (1951) von Graham Greene lautet: "A story has no beginning or end: arbitrarily one chooses that moment of experience from which to look back or from which to look ahead. I say 'one chooses' with the inaccurate pride of a professional writer [. . .] but do I in fact of my own will *choose* that black wet January night [. . .] or did these images choose me?" Günter Grass läßt den Erzähler in *Die Blechtrommel* (1959) auf der dritten Seite fragen: "[. . .] wie fange ich an? Man kann eine Geschichte in der Mitte beginnen und vorwärts wie rückwärts kühn ausschreitend Verwirrung anstiften. Man kann sich modern geben, alle Zeiten, Entfernungen wegstreichen und hinterher verkünden oder verkünden lassen, man habe endlich und in letzter Stunde das Raum-Zeit-Problem gelöst. [. . .] Ich beginne weit vor mir; denn niemand sollte sein Leben beschreiben, der nicht die Geduld aufbringt, vor dem Datieren der eigenen Existenz wenigstens der Hälfte seiner Großeltern zu gedenken."

– Bilder haben Papier- oder Leinwandränder,
– Bilder haben einen Rahmen,
– die Filmleinwand ist begrenzt,
– die bildliche Darstellung im Comic ist gerahmt,
– die Bühne im Theater hat eine Rampe,
– narrative Texte in Büchern sind zwischen Buchdeckeln eingeschlossen,
– narrative Texte haben ein ihnen eigenes semantisches Feld, sind endlich.

TEXT 11

Das Kunstwerk, das selbst begrenzt ist, stellt ein Modell der unbegrenzten Welt dar. Der Rahmen des Gemäldes, die Rampe im Theater, der Anfang und das Ende eines literarischen oder musikalischen Werkes, die Oberflächen, die eine Plastik oder eine architektonische Konstruktion von dem nichteinbezogenen Raum abgrenzen, – all das sind verschiedene Formen einer allgemeingültigen Gesetzmäßigkeit der Kunst: das Kunstwerk stellt ein endliches Modell der unendlichen Welt dar. Und schon allein deshalb, weil das Kunstwerk grundsätzlich eine Abbildung des Unendlichen im Endlichen, des Ganzen in einer Episode ist, kann es nicht als Kopie seines Objektes in dessen eigenen Formen angelegt sein. Es ist die Abbildung einer Realität auf eine andere, das heißt immer eine *Übersetzung.*[24]

Versuche, diese Endlichkeit, die Grenzen von ästhetisch geformten Texten zu überspringen (z.B. Breitwandprojektionen, Überspringen der Handlung des Theaterstückes über die Rampe in das Publikum, Fortsetzungsromane, Novellen-, Roman- und Film- oder Fernsehserien), erzeugen lediglich die Illusion von Unbegrenztheit und unterstreichen das Faktum ihrer prinzipiellen Begrenztheit nur noch mehr.[25]

---

24 J. Lotman, *Die Struktur literarischer Texte,* 301.
25 Vgl. Werner Faulstich, *Medienästhetik und Mediengeschichte* (Heidelberg: Winter, 1982).

Bei den *Anfängen* narrativer Texte können schematisch die folgenden Verfahren unterschieden werden:

Beginn *ab ovo*	Soweit wie nötig und möglich von der Vorgeschichte her die eigentliche Geschichte entfalten ("es war einmal . . .")
Beginn *in medias res*	Wahl eines bestimmten Zeitpunktes (Geschehensmomentes) mitten in der Geschichte als Einsatzpunkt des Erzählens, Beginn mit einer Episode ("point of attack")
Beginn *in ultimas res*	Beginn mit dem Ende der Geschichte oder kurz vor diesem (z.B. bei Detektivgeschichten oder 'Krimis', das Erzählen der Resultate vor den Ursachen, analytisches Erzählen)
Vorwort z.B. als Invocatio (Anrufung), Widmung, Einleitung, Rahmenerzählung, Nennen von Herkunft oder Quelle, Definition usw.	Hinführung auf die Geschichte unter einem besonderen Blickpunkt; Begründung des Erzählens; die Legitimation des Erzählens und/oder des Erzählten

Die *Schlüsse* narrativer Texte lassen sich weniger übersichtlich kategorisieren. Die gängige Unterscheidung von "geschlossen" und "offen" ist terminologisch eher vage. Da aber Erzählungen einen Schluß haben müssen — "We cannot, of course, be denied an end; it is one of the great charms of books that they have to end."[26] — soll auch hier eine Schematisierung versucht werden. Dabei wird erkennbar, daß die Schlüsse narrativer Texte vielfältige Möglichkeiten zur Interpretation der Texte bereithalten.

'geschlossenes' Ende

inhaltlich bestimmte typische Schlußsituationen, z.B.	
— Heirat	als Erfüllung
— Tod	tragisch oder als Erfüllung
— Heirat und Tod	z.B. bei zwei zentralen Figuren
— happy ending	z.B. Wiedererkennung, Finden nach Verlust oder Trennung

---

26 Frank Kermode, *The Sense of an Ending: Studies in the Theory of Fiction* (London: Oxford U. P., 1968, rpt.), 23.

erwartetes Ende

auflösendes Ende — spannungslösend	Handlungsgefüge aufgelöst, Handlungsfäden entwirrt, logisch zu Ende geführt, Enthüllung und Lösung
poetische Gerechtigkeit, Ende mit 'Finalität'	Lesererwartungen befriedigt, Eindruck der Endgültigkeit, Stabilität
Résumé, Peroratio, "quod erat demonstrandum"	zusammenfassend, dabei retrospektiv oder auf die Zukunft gerichtet
Nachwort, postscriptum, Epilog	das Erzählte wird zu einem außerhalb liegenden Sachverhalt in Beziehung gesetzt

überraschendes Ende

deus ex machina-Ende	unerwarteter Eingriff einer "fremden Macht"
Abbruch, 'unvollendete' Erzählung	es könnte 'eigentlich' weitererzählt werden
unlogischer Schluß	

'offenes' Ende

Ende mit Potential für etwas 'Neues'	z.B. Möglichkeiten für einen 'Neuanfang', ohne daß dieser schon ausgeführt wird (Auswanderung, Rückzug aus der Gesellschaft usw.)
rätselhaft, mehrdeutig	
allegorisch	
mehrere (alternative) Schlüsse	
konfliktgeladen	ungelöster Konflikt besteht weiter
Nicht-Schluß	Verweigerung eines Endes
mit Rückbezug, Rückbewegung zum Anfang (zirkulär)	Bewegung zur Wiederholung des Gleichen oder Ähnlichen
als neuer Anfang für etwas logisch Folgendes	Ende mit Blick auf die Fortsetzung in Serien ("sequel")
Nachwort als Annullierung des Erzählten	
Übergang von Fiktion in Realität	Einmündung in die Gegenwart und Realität des Lesers

Die *Reihenfolge* der narrativen Aussagen in den Grenzen von Anfang und Ende ist:

chronologisch	Sukzession der erzählten Ereignisse in natürlicher Zeitfolge im Sinne von 1, 2, 3, 4, 5 usw.
anachronisch	Durchbrechung der natürlichen Zeitfolge, als Sukzession im Sinne von 2, 3, 1, 4, 5 usw. oder 5, 1, 2, 3, 4, 6, 7, 8 usw.
Sonderfall: achronisch	zeitliche Einordnung fehlt scheinbar ganz
logisch	eine nicht dominant zeitlich organisierte Fügung im Sinne von Kontrastierungen, Entsprechungen, Parallelen, Kausalitätsverhältnissen als Ursache und Wirkung, vor allem im Übergang von einfacheren zu komplizierteren Zusammenhängen
zufällig	anscheinend nicht logische und nicht chronologische Fügung im Sinne von Zufall, Schicksal, Wahrscheinlichkeit usw.

Die antike Rhetorik hat als Nachteile chronologischen Erzählens Einförmigkeit und Langeweile genannt und sie den Vorteilen der 'künstlichen' Anordnung der Erzählteile, welche Aufmerksamkeit errege, gegenübergestellt. Die Möglichkeiten der *Anachronie* im Erzählen lassen sich wie folgt unterscheiden:[27]

Rückwendung, Rückblende, "flashback", "retrospection", Analepse	Unterbrechung des erzählten Zeitverlaufs, des jeweiligen 'Jetzt', durch Hereinnahme von diesem 'Jetzt' vorausliegender Ereignisse. Schema: 3, 4, 5, 1, 2, 6, 7 usw. Funktion: aufbauend oder auflösend, Synchronisierung verschiedener Zeitabläufe

---

27 Ausführliche Erklärungen zu den Begriffen bei E. Lämmert, *Bauformen des Erzählens,* 100-139, 139-194. Siehe auch die Erläuterungen der Begriffe in S. Chatman, *Story and Discourse,* und G. Genette, *Narrative Discourse* (jeweils am leichtesten zugänglich über den Index).

Weitere Arten von *Rückwendungen:*

Rückschritt	Einschnitt im Erzählfluß im Sinne eines Nachtrags, einer Ergänzung, Erweiterung, Kontrastierung, Abschweifung, materialreicheren Ausgestaltung usw. des Erzählten
Rückgriff	weniger spürbarer Einschnitt in der Handlungsgegenwart im Sinne rückgreifenden Berichtens, von Erinnerungen, Erklärungen, Beifügungen, Vergleichen ohne eigene ausführliche Geschehensmomente
Rückblick	stark reflektive Rück- und Überschau, Zusammenfassung von Wirkungen der Vergangenheit auf die Gegenwart; kann nahezu zeitlos wirken, kann Spannungshöhepunkt bilden

Bei den *Vorauswendungen* lassen sich folgende Begriffe und Funktionen unterscheiden:

Vorauswendung, Vorausdeutung, "flashforward", "foreshadowing", Prolepse	Unterbrechung des erzählten Zeitverlaufs im 'Jetzt' durch Verweis auf diesem 'Jetzt' folgende Ereignisse, z.B. realisiert als Voraussage, Drohung, Traum usw. Schema: 1, 2, 3, 7, 4, 5, 6, 8, 9 usw., oder: 1, 2, 3, 6 (= Ende), 4, 5, 6 Funktion: Vorwegnahme der Richtung des Erzählten, auf dessen Auflösung hin ausgerichtet, phasenbildend, u.U. spannungsbildend Verläßlichkeit: kann zukunftsgewiß oder -ungewiß sein

Es ist anzumerken, daß die *Nahtstellen* bei Umstellungen im Sinne der Anachronie in der Regel erkennbar sind: als Verständnishilfe für den Leser wird häufig noch einmal, wenn auch nur kurz, auf die 'eigentliche' Anordnung verwiesen bzw. mit der Auflösung der Vorauswendung auf eben diese zurückverwiesen. Das ist in Romanen oder Kurzgeschichten um so mehr notwendig, als die aus filmischem Erzählen bekannten *Schnitte* nicht unbesehen in analoger Weise im rein sprachlichen Erzähltext verwendet werden können: ihm fehlen die audio-visuellen Mittel des Films, welche eine Orientierung des Zuschauers ermöglichen. In modernen Erzähltexten fehlen jedoch solche Leserorientierungen häufiger.

Umstellungen (*Anachronie*) können mit Blick auf ihre *zeitliche Reichweite* vom 'Jetzt' der erzählten Geschichte und auf ihre eigene *zeitliche Ausdehnung* hin analysiert werden. Darüber hinaus lassen sich ihre Funktionen bei der *Synchronisierung* verschiedener Handlungsstränge beschreiben. Wesentlich für ihre Wirkung ist auch, ob sie vom Erzähler in die Erzählung eingebracht werden oder ob sie auf der Ebene der erzählten Geschichte bei den

Figuren angesiedelt sind, deren Erinnerungen, frühere Erfahrungen, Zukunftsträume oder Mutmaßungen usw. so zum Erzählgegenstand werden.

6.2.2. Spannung

Ein Aspekt des Erzählens, bei dem die logische Fügung der Erzähleinheiten mit der chronologischen Abfolge der Ereignisse in 'Konflikt' gerät, ist die *Spannung* ("suspense"). Spannung entsteht dadurch, daß der Leser in bezug auf seine evozierten Erwartungen in *Unsicherheit* oder *Unwissen* versetzt wird, die er auflösen möchte. Dazu tragen z.B. bei: Umstellungen der Chronologie oder 'Lücken', fehlende logische Glieder, Falschaussagen vom Erzähler oder von Figuren, Mißverhältnis von Schein und Sein, nicht nachprüfbare Andeutungen. Allerdings wird bei einer wiederholten Lektüre eines narrativen Textes, der derartige Mittel verwendet, dieses Spiel mit Ungewißheiten, Unsicherheiten und Überraschungen unter den Bedingungen des Vorwissens anders erlebt, muß aber dadurch nicht spannungslos werden. Folgendes Schema zur Bestimmung von Spannung wird vorgeschlagen:

Spannung im 'Spannungsfeld' von *Vergangenem* und *Zukünftigem* mit unterschiedlicher *Reichweite* der einzelnen *Spannungsbögen (Finalspannung, Detailspannung)*

Vergangenes	Informationsstand des Lesers in der jeweiligen Gegenwart, als jeweiliges 'Jetzt'	*Zukünftiges*
Aufbau von Bedingungen für (z.B. Absicht, Plan, Bedürfnis, Aufgabe)	Teilwissen ⟶ fehlende Gewißheit ⟶ Erwartungen ⟶ Neugier ⟶ Sympathie ⟶ Unsicherheit ⟶ Angst ⟶	ganzes Wissen, Gewißheit, eingelöst, befriedigt, 'richtig' gelenkt, gewichen, begründet/unbegründet
	Wer? Wie? ⟶ Wann? Wo?	
	Was-Spannung = Wie-Spannung =	auf den Ausgang gerichtet auf den Gang gerichtet
	Neugier Erkenntnisspannung (Verstand) Sympathie Gefühlsspannung (Gefühl)	 (besonders auf Figuren bezogen)
 auf die nicht oder teilweise aufgedeckten Bedingungen zurück	Spannung nach vorwärts ⟶ Spannung nach ⟵ rückwärts	

6.2.3. Achronie

Ein Sonderfall der Anachronie ist die *Achronie*. Eine zeitliche Einordnung von Erzählteilen in die narrative Zeitachse der Geschichte wird weitgehend aufgegeben oder scheint aufgegeben zu sein. Es handelt sich z.b. um nicht auf der Zeitachse des erzählten Geschehens lokalisierbare *Kommentare* des Erzählers, welche sich häufig — allerdings nicht immer — an kein erzähltes Ereignis unmittelbar anschließen lassen. Auch eingeschobene *Anekdoten* oder *Exkurse,* entweder aus dem Mund der Figuren oder vom Erzähler geäußert, können die erzählte Geschichte unterbrechen und damit das Erzähltempo verlangsamen.

6.2.4. Mehrsträngige Erzählungen

Die bisherigen Ausführungen waren vornehmlich auf die Konstruktion und Rekonstruierbarkeit eines *einzelnen Handlungsstranges* bezogen. Doch finden sich in narrativen Texten häufig zwei oder mehrere solcher Stränge. In diesen Fällen wird einmal mehr deutlich, wie der Erzählvorgang den erzählten Geschichten hierarchisch und funktional übergeordnet ist, denn das Erzählen bestimmt Reihenfolge und Anordnung des Erzählten. Die analytische Trennung verschiedener Handlungsstränge wird aufgrund der folgenden Kriterien möglich:

Figur	Figuren im Handlungsstrang, in den Handlungssträngen: die gleichen, andere, gleiche Zahl, mehr, weniger, usw.
Ort	Schauplatz und Schauplätze: die gleichen, andere usw., Verbindung durch Gegenstände
Zeit	erzählte Zeit der dargestellten Ereignisse: vorher, nachher, zeitgleich
thematischer Bezug	eigenständig, nicht eigenständig, Wechselbeziehungen
Ausdehnung/Umfang	gleich, ungleich, Verhältnis, Quantität
Anordnung	alternierend, gereiht, verkettet, eingebettet, verschachtelt
Erzählperspektive	gleich, ungleich; ein-, bi-, multi-perspektivisch
Erzähltechnik	gleich, ungleich

Entsprechend vielfältiger fallen die Verknüpfungen in mehrsträngigen narrativen Texten aus.[28]

---

28 Zum Vorausgehenden und mit systematischen Untersuchungen zur ein- und mehrsträngigen Handlungsstrukturation siehe Reingard M. Nischik, *Einsträngigkeit und Mehrsträngigkeit der Handlungsführung in literarischen Texten* (Tübingen: Narr, 1981), bes. 66-96. Dort auch weiterführende Literaturangaben.

6.2.5. Dauer — Geschwindigkeit

Diese Kategorie erfaßt das komplexe Verhältnis der zwei Zeitskalen von *Erzählzeit* und *erzählter Zeit* nicht mehr mit Blick auf die Anordnung der Teile einer Geschichte, sondern bezieht sich auf die *Dauer* des Erzählens und des Erzählten.

TEXT 12

Duration concerns the relation of the time it takes to read out the narrative to the time the story-events themselves lasted. Five possibilities suggest themselves: (1) *summary:* discourse-time is shorter than story-time; (2) *ellipsis:* the same as (1), except that discourse-time is zero; (3) *scene:* discourse-time and story-time are equal; (4) *stretch:* the discourse-time is longer than story-time; (5) *pause:* the same as (4), except that story-time is zero.[29]

TEXT 13

Die erzählerische Wiedergabe von Geschehensverläufen kann deren Zeiterstreckung sowohl unter- als überschreiten. Die Unterschreitung der erzählten durch die Erzählzeit bezeichnet man als eigentliche *Zeitraffung;* sie führt im Grenzfall zu völliger *Aussparung.* Die Überschreitung der erzählten durch die Erzählzeit bedeutet entsprechend *Zeitdehnung.* Zwischen beiden liegt die ideale (praktisch nur dem Drama eignende) *Zeitdeckung* zwischen Geschehen und Wiedergabe.[30]

Die *Dauer* des Erzählens bestimmt demnach die *Geschwindigkeit* (Tempo), mit welcher Erzähltes erzählt wird, d.h. die Geschwindigkeit ergibt sich aus dem Verhältnis der jeweiligen Ereignisdauer und der Länge des Erzähltextes. Eingriffe auf der Ebene des Diskurses in die (ideale, gedachte) Erstreckung der Ereignisse ist häufig aufgrund sprachlicher und grammatischer Erscheinungen erkennbar, und zwar durch die Verwendung *durativer Verben, durativer Adverbien, iterativer Partikel,* von *Modalverben* sowie anderer *Formen der Wiederholung und Zusammenfassung.* Des weiteren kommen explizite *Weigerungen* des Erzählers vor, von etwas zu erzählen.

Beispiele

— Er wartete eine Stunde (Tag, Woche) in der Wohnung. Als es dann an der Tür läutete, . . .

— Sie verbrachte den Sommer in London. Anfang September erhielt sie einen Brief. Es hieß darin, daß . . .

— Sie versuchten immer wieder (wiederholt, häufig) . . .

— Er suchte und suchte und suchte, bis er endlich . . .

---

29 S. Chatman, *Story and Discourse,* 67-68.
30 E. Lämmert, *Bauformen des Erzählens,* 82-83.

- The children of the avenue used to play together in that field. (*Eveline*)
- That was a long time ago; she and her brothers and sisters were all grown up; her mother was dead; Tizzie Dunn was dead, too, and the Waters had gone back to England. (*Eveline*)
- Five uneventful days passed after the last I have described. [. . .] As for the afternoons, Ernestina usually persuaded him to stay [. . .]. And the evenings! Those gaslit hours that had to be filled, and without benefit of cinema or television! [. . .] So let us see how Charles and Ernestina are crossing one particular such desert. (J. Fowles, *The French Lieutenant's Woman,* Kap. 16)
- And now let us jump twenty months. It is a brisk early February day in the year 1869. Gladstone has in the interval at least reached No. 10 Downing Street [. . .]. (J. Fowles, *The French Lieutenant's Woman,* Kap. 57)
- Miss Gavan would be glad. She had always had an edge on her, especially whenever there were people listening.
- Miss Hill, don't you see these ladies are waiting?
- Look lively, Miss Hill, please.
  (*Eveline,* zusammengefaßte direkte Reden)
- Dem Biberkopf wird gleich nach dem Prozeß eine Stelle als Hilfsportier in einer mittleren Fabrik angeboten. Er nimmt an. Weiter ist hier von seinem Leben nichts zu berichten. (Alfred Döblin, *Berlin Alexanderplatz,* kurz vor Schluß des Buches)

Kategorien der *Dauer* in schematischer Gegenüberstellung:

	Erzählzeit discourse-time	erzählte Zeit story-time
Zeitraffung "summary"	Erzählzeit	$<$ kleiner als erzählte Zeit
Aussparung "ellipsis"	0 (Nullstelle)	1 (läuft weiter)
Zeitdeckung "scene"	Erzählzeit	$=$ gleich erzählte Zeit
Zeitdehnung "stretch"	Erzählzeit	$>$ größer als erzählte Zeit
Pause "pause"	1 (realisiert)	0 (Stillstand)

Während in der *Raffung* (gedachte oder nicht ausführlich erzählte) Ereignisse zusammengefaßt oder angedeutet werden, bedeutet die *Ellipse (Aussparung),* daß Zeit zwischen erzählten Ereignissen ganz ausgelassen wird, also nichts davon erzählt wird, somit die Dauer des Diskurses gleich Null ist. In beiden Fällen ist es dem Leser freigestellt, wenigstens eine Minimalmenge von Geschehensmomenten zu ergänzen, wobei seine eigene Erfahrung der Lebensrealität oder seine Lektüreerfahrung die erforderlichen Versatzstücke dafür bereithält. Raffungen und in noch größerem Umfang Ellipsen sind für die Erzählökonomie notwendige Gestaltungsmittel, denn andernfalls käme das Erzählen nie an sein Ende, ja könnte nicht einmal richtig beginnen; das verdeutlicht auf amüsante Weise der Roman *Tristram Shandy* von Laurence Sterne.

Für die Technik *szenischen Erzählens* gilt die Annahme, daß Erzählzeit und erzählte Zeit von etwa gleicher Dauer sind. Szenen in narrativen Texten sind entweder reine Dialogszenen oder Erzählung von Ereignissen relativ kurzer Dauer. Die in Erzähltexten bei Dialogszenen oftmals verwendeten sogenannten *Redeformeln* ("inquit"-Formeln, "verba dicendi") zur Kennzeichnung des Sprechers und eventuell der Weise des Sprechens (z.B. "sagte sie", "rief Peter mit freudiger Stimme", "Philipp entgegnete schnell", "Karolin jauchzte auf") machen jedoch den Unterschied zu Theatertexten deutlich, in denen die Figurenbezeichnungen und Bühnenanweisungen lediglich im Nebentext erscheinen.

Das Mittel der *Dehnung,* vergleichbar der Zeitlupe im filmischen Erzählen, streckt die Diskurszeit über die Zeit des Dargestellten hinaus. Vor allem Erzähltexte des 20. Jahrhunderts haben sich dieses Darstellungsmittels bedient, um Gedanken, Eindrücke und Bewußtseinsprozesse von Figuren erzählbar zu machen.[31]

Pausen treten dann auf, wenn der Zeitablauf der Geschichte angehalten wird, obwohl die Diskurszeit weiterläuft, d.h. wenn in einer Pause in der Geschichte weitererzählt wird, z.B. bei (eingeschobenen) *Beschreibungen, Betrachtungen, Exkursen, Reflexionen, Kommentaren, Blockcharakterisierungen* von Figuren; es handelt sich um Ausgestaltungen der *Achronie.* Solche Ausgestaltungen können an einem bestimmten Punkt direkt auf die erzählte Geschichte bezogen sein: auf eine Figur, eine Handlung, ein Geschehen, einen Raum.

Es ist deutlich, daß die Kategorie der *Dauer* als Tempo, Beschleunigung, Stillstand, Verlangsamung oder Synchronisierung den *Rhythmus* von narrativen Texten beeinflußt.

Erzählungen verwenden in der Regel nicht durchgehend und exklusiv eine der erläuterten Relationen von Erzählzeit und erzählter Zeit. Zumeist wechseln die erzählerischen Mittel der Zeitstrukturierung miteinander ab.

6.2.6. Häufigkeit

Die Kategorie *Häufigkeit* bezieht sich ebenfalls auf das Verhältnis von *Erzählzeit* und *erzählter Zeit.* Die folgenden Möglichkeiten sind zu unterscheiden:

31 Siehe z.B. Alan Sillitoe, *The Loneliness of the Long-distance Runner* und Ambrose Bierce, *An Occurrence at Owl Creek Bridge.*

1. Ein *einmaliges Ereignis* der Geschichte wird *einmal* erzählt oder gezeigt. Diese Relation von Häufigkeit liegt narrativen Texten überwiegend zugrunde.
2. Auf *einmalige Ereignisse* in der Geschichte wird *mehrmals* eingegangen (Redundanz, Wiederholung). Oftmals ein Merkmal von Briefromanen und psychologischen Romanen.
3. *Einmal* erzählen, was sich *mehrmals* ähnlich oder regelmäßig ereignet hat (*iteratives* Erzählen).[32]

Iteratives Erzählen ist eine Möglichkeit raffenden Erzählens. Narrative Aussagen enthalten dann iterative Wendungen, z.B. Adverbien ("während", "immer wenn", "häufig"), Nomina mit Zeitangaben ("jeden Tag", "das ganze Jahr hindurch", "sonntags"), iterative Modalverben ("used to come", "would go to") oder andere typische Konstruktionen ("kept coming to us", das "imparfait" im Französischen).

Beispiele

It was always a great affair, the Misses Morkan's annual dance. [. . .] For years and years it had gone off in splendid style as long as anyone could remember. (*The Dead*, aus J. Joyce, *Dubliners*)

When the short days of winter came dusk fell before we had well eaten our dinners. When we met in the street the houses had grown sombre. (*Araby*, aus J. Joyce, *Dubliners*)

Longtemps, je me suis couché de bonne heure. Parfois, à peine ma bougie éteinte, mes yeux se fermaient si vite que je n'avais pas le temps de me dire: «Je m'endors.» Et, une demi-heure après, la pensée qu'il était temps de chercher le sommeil m'éveillait; je voulais poser le volume que je croyais avoir encore dans les mains et souffler ma lumière; je n'avais pas cessé en dormant de faire des réflexions sur ce que je venais de lire, mais ces réflexions avaient pris un tour un peu particulier; il me semblait que j'étais moi-même ce dont parlait l'ouvrage: une église, un quatuor, la rivalité de François Ier et de Charles-Quint. (Marcel Proust, *A la Recherche du Temps Perdu*, 1. Kap.)

Iteratives Erzählen kann genauer analysiert werden, wenn auf die folgenden Faktoren geachtet wird:
— Inwieweit kann für die sich gleichenden oder wiederholenden Ereignisse eine *zeitliche Erstreckung* angegeben werden (z.B. "als es Frühling wurde, kam ich oft . . ."; "später geschah es dann immer wieder, daß wir . . ."; "in meiner Kindheit waren wir oft . . .").
— Inwiefern werden die sich gleichenden oder wiederholenden Ereignisse *zeitlich fixiert* (z.B. "manchmal", "an einigen Tagen", "jeden Tag", "jeden Sonntag", "bei schlechtem Wetter").

---

32 Das Verhältnis (Häufigkeit) von erzählerischen Aussagen zu erzählten Ereignissen könnte wie folgt schematisiert werden: 1. Korrespondenz 1:1 (Aussage : Ereignis); 2. Aussagen > Ereignis; 3. Aussage < Ereignisse.

— Welche *Ausdehnung* nimmt das Erzählen von sich gleichenden oder wiederkehrenden Ereignissen ein (Länge des Textes) im Verhältnis zu anders erzählten Teilen des narrativen Textes.

6.3. Räume und Gegenstände

Während die Dimension der *Zeit* die eine wesentliche Konstituente für die Evozierung und Strukturierung der erzählten Ereignisse in narrativen Texten ist, wird der andere Bereich der *Ebene der Geschichte* aus *Figuren* und *Räumen* mit *Gegenständen* konstituiert.

TEXT 14

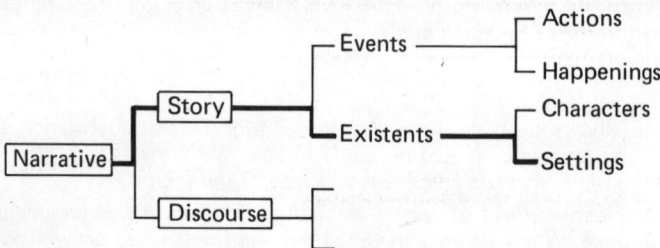

Entsprechend der Trennung von Erzählzeit und erzählter Zeit kann auch eine Unterscheidung zwischen *Raum des Diskurses* und *Raum der Geschichte* eingeführt werden. Der Raum, der dem *Diskurs* zur Verfügung steht, ist stets durch die Menge der durch das jeweilige Medium übermittelbaren Details begrenzt:

— beim sprachlich realisierten Erzähltext: die Bedingungen und Möglichkeiten der Publikation in Buchform, Typographie, Sprache, Umfang/Länge usw.; der Standort des Erzählers;
— beim Film: Kamerawinkel, Ausschnitt, Farbe usw.;
— beim Comicstrip: Bildrahmen, Ausschnitt, Detailliertheit usw.

Die Unterscheidung der beiden Raumkonzepte ist allerdings für die Analyse visueller narrativer Texte (z.B. Film) ergiebiger als für ausschließlich sprachlich vermittelte Erzählungen. Im folgenden steht daher der *Raum der Geschichte* im Mittelpunkt der Ausführungen.

Der *Raum der Geschichte* (Schauplatz, "setting") ist ein Ausschnitt von Welt, und zwar als mehr oder weniger vertraute Lebensrealität oder als utopische Wirklichkeit. Er wird im narrativen Text zum Bestandteil eines *Wirklichkeitsmodells* und damit funktional. Der Leser kann entsprechend der Menge und Ausführlichkeit der ihm angebotenen Anschauungsdaten und aufgrund der ihn selber bestimmenden Disposition beim Lesen einen in der Geschichte nur schematisch repräsentierten Raum mit Gegenständen 'mitdenken'.

Räume (Schauplätze) und in ihnen vorhandene *Gegenstände, optische* und *akustische Eindrücke* (Lichtverhältnisse, Farben, Töne), *Wetterverhältnisse* usw. werden über Sprachzeichen vermittelt; im Sonderfall werden sie durch Illustrationen konkretisiert. Somit ergibt sich ein bedeutender Unterschied zwischen ausschließlich sprachlichem und audio-visuellem Erzählen: der relativen Freiheit in der Umsetzung von Anschauungsdaten in vorgestellte Wirklichkeit steht die Festlegung dieser Vorstellung durch die sichtbar und hörbar vorhandenen Figuren, Räume und Gegenstände gegenüber.

TEXT 15

In verbal narrative, story-space is doubly removed from the reader, since there is not the icon or analogy provided by photographed images on a screen. Existents [gemeint sind Figuren und Räume] and their space, if "seen" at all, are seen in the imagination, transformed from words into mental projections. There is no "standard vision" of existents as there is in the movies. While reading the book, each person creates his own mental image.[33]

Die *Wirklichkeitsrepräsentation* in narrativen Texten geschieht unter vielfältigen Bedingungen und Absichten; bei der Analyse sollten die folgenden Gesichtspunkte in den Vordergrund rücken.

TEXT 16

Die leitenden Gesichtspunkte sind die Erlebnisstrukturen des Raums und der Situation entsprechend den Grundverhaltensweisen des Anschauens, Handelns und gestimmten Erlebens, sowie weitergehende Perspektivierungsmöglichkeiten im Sinne von Vertrautheit und Fremdheit, Geborgenheit und Bedrohung, Erbauung und Enthüllung. [Ein weiterer Gesichtspunkt ist die Möglichkeit der Sinngebung (Symbolisierung) mit Hilfe von Räumen und Gegenständen.][34]

Die Konstituente *Räume* und *Gegenstände* erschöpft sich demnach nicht allein in der Notwendigkeit, den Figuren in narrativen Texten einen *Handlungsort* zu geben. Die folgende Übersicht möglicher Funktionen von Räumen und Gegenständen kann nicht vollständig sein, ist jedoch als Hilfe für die Analyse von Erzähltexten gedacht:

---

33 S. Chatman, *Story and Discourse,* 101.

34 Gerhard Hoffmann, *Raum, Situation, erzählte Wirklichkeit* (Stuttgart: Metzler, 1978), X, 52. Zum Folgenden siehe den Forschungsbericht und die einleitenden Ausführungen in dieser Monographie. Vgl. auch *Landschaft und Raum in der Erzählkunst,* ed. Alexander Ritter (Darmstadt: Wiss. Buchgesellschaft, 1975).

Raum als Handlungsraum	Orientierung der Figuren der Geschichte in Raum und Zeit; direkt auf handelnde Figuren bezogen; setzt den Bedingungsrahmen für Handeln; charakterisierende Funktion; Gegenstände im Raum sind wirklich und verfügbar.
der gestimmte Raum	Raum und Gegenstände werden zu Ausdrucksträgern mit einem expressiven Charakter; Beitrag zur Schaffung einer Stimmung; Konstituierung einer Atmosphäre im Raum; die Figuren erleben diesen so gestalteten Raum.
Anschauungsraum	Vorwiegend statisch konzipierter Raum, der eine Überschau oder Fernsicht vermittelt; in ihm werden Figuren und Ereignisse angesiedelt; ist eher Großraum und nicht begrenzter Handlungsort.
Perspektivierung	Räume und Gegenstände werden im Bewußtsein oder Unterbewußten der Figuren als vertraut/fremd, sicher/feindlich, verständlich/unverständlich gesehen; z.B. als Lebensraum alltäglichen Daseins, alltägliche Arbeitswelt, als idyllischer Raum, phantastischer, kurioser, grotesker, unheimlicher, visionärer, halluzinatorischer Raum, usw.
Kontrastierung	Räumliche Kontrastierungen, z.B. von mehreren Schauplätzen, von Räumen und Figuren, von Gegenständen und Figuren, von Figuren, deren Emotionen und Räumen; als ironische Kontraste; Kontraste von oben/unten, nah/fern, innen/außen, eng/weit, Stadt/Land, Heimat/Fremde usw.
übertragende, symbolisierende, sinnbildliche Funktion	Raum mit übertragender Bedeutung im Sinne von spezieller Semantisierung des Raumes, z.B. symbolische, allegorische, archetypische Zeichenhaftigkeit (etwa Wegestruktur, Grenzen, Naturbereich, Naturelemente, Gebäude, Unglücksorte, Orte der Erfüllung usw.).
Illusionsbildung	Beitrag zur Illusionierung des Lesers mit Blick auf Glaubwürdigkeit, Faktizität; unterschiedliche Grade der Anschaulichkeit, Spezifizierung, Differenzierung.
Kompositionselement	Verwendung von Räumen und Gegenständen zur Komposition der ein- und mehrsträngigen Erzählung, z.B. in additiver Reihung; mit kausaler oder finaler Verknüpfung als Hinbewegung auf einen bestimmten Raum zu; mit gegenseitigen Entsprechungen von Räumen.
selbstzweckhafter Raum	Beschreibung von Räumen und Gegenständen ist selbstzweckhaft, ist 'Bravourstück'.
Gegenstände Requisiten	Z.B. — zur Figur gehörig und diese charakterisierend, — zum Schauplatz gehörig, — mit oder ohne Einbezug in Geschehen, — Konkretisierung der Wirklichkeit, — Aufgabe in der Handlungsmotivation, — Aufgabe in der zeitlichen Kohärenzbildung, — sinnbildliche Bedeutung

Mit Blick auf die *sprachlichen* und *stilistischen* Verfahren, mit denen Vorstellungen einer räumlichen und gegenständlichen Wirklichkeit evoziert werden, lassen sich schematisch drei grundsätzliche Möglichkeiten nennen:

1. *die direkte Benennung und Beschreibung* von Anschauungsdetails (z.B. "bright brick houses with shining roofs" — *Eveline*);
2. die Verwendung quasi *genormter Bezeichnungen* und Beschreibungen ("she heard a melancholy air of Italy" — *ebd.*);
3. *Bildlichkeit* ("She sat at the window watching the evening invade the avenue" — *ebd.*).

Darüber hinaus ist es selbstverständlich wesentlich, *wessen Raumvorstellung* im narrativen Text vermittelt wird: die des Erzählers oder die einer Figur.

Raum- und Gegenstandsvorstellungen werden beim Erzählen *nacheinander* evoziert. Daher wird vom Leser *Erinnerungsvermögen* erwartet; Illustrationen als Hilfe können das 'Sehen' des Lesers unterstützen, zugleich jedoch auch einschränkend festlegen. Diskussionen über verfilmte Literatur kommen immer wieder auf diesen Aspekt zu sprechen, da sich die Figuren- und Wirklichkeitsdarstellung des Filmes von der des sprachlich realisierten Textes unterscheidet.

Zur Veranschaulichung sollen die oben erörterten Analysegesichtspunkte wiederum auf die Kurzgeschichte *Eveline* angewendet werden.

Räume und Gegenstände in *Eveline*

Handlungsraum	Zimmer, Wohnung, Fenster, Gegenstände, Personen	bekannt, vertraut, abgeschlossen
	Hafen, Personen	unbekannt, fremd, offen, außer Frank nur unbekannte Personen
gestimmter Raum	Zimmer, Wohnung, Gegenstände	schäbig, staubig, vergilbend, zerbrochen, paralysierend, ohne Farbe/Leben/Spontaneität
	Hafen	lebhaft, unübersichtlich
Anschauungsraum	nicht verwirklicht	(allenfalls die Straße, Häuser, das Feld zur Einordnung)
Perspektivierung	Wohnung, Hafen, Argentinien	vertraut/fremd, bedroht/respektiert, Alltagswelt/'neue' Welt
Kontrastierung	Wohnung, Hafen, Argentinien	Heimat/Fremde, nah/fern, eng/offen
Sinnbild	Wohnung, Dublin, Argentinien	Käfig, Gefangensein ("helpless animal"), Freiheit, Fremdheit, Angst

174

Illusion	Wohnung und Hafen	knapp, präzise, exemplarisch, aber ausreichend zur Illusionierung ausgestaltet
Komposition	Wohnung, Hafen, potentiell Argentinien	Teile der Geschichte, Bewegung (Finalität) von Wohnung zum Hafen nach (potentiell) Argentinien
selbstzweckhafter Raum	nicht verwirklicht	—
Gegenstände	Zimmer: Vorhänge, Bild, Harmonium (schäbig, entzwei)	schauplatz- und figurenbezogen, Situationserhellung, Handlungsmotivation (Fortgehen)

Ein bei dieser Erörterung von Räumen und Gegenständen hervortretendes Merkmal soll abschließend kurz angedeutet werden. Räume und Gegenstände können in narrativen Texten in "Modellbildungen von Weltmodellen" überführt werden: räumliche Darstellungen erhalten in ihrem Kontext soziale, religiöse, politische oder ethische Merkmale und Wertungen; diese wiederum lassen sich als semantische Oppositionen fassen. Dabei werden die räumlichen Koordinaten (horizontal und vertikal) in weltanschaulich-ideologische übersetzt. In künstlerischen Texten können diese Modellbildungen eine neue Bedeutungsschicht generieren.[35] So lassen sich z.B. die bei der Analyse von *Eveline* erkennbar gewordenen Oppositionen von nah/fern, geschlossen/offen, Heimat/Fremde usw. einordnen in ein Feld von räumlichen Merkmalen und ideologischen Wertungen, wie es J. Lotman erarbeitet hat:[36]

oben/unten, hoch/niedrig, rechts/links, nah/fern, offen/geschlossen, abgegrenzt/nicht abgegrenzt, eng/geräumig, bewegt/ unbeweglich, Haus/Stadt, Haus/Wald, Stadt/Land, Heimat/Fremde, Zivilisation, Kultur/Natur, usw.	können "Modelle" ergeben wie z.B.	gut/böse, sicher/feindlich, eigen/fremd, geborgen/ausgesetzt, hoch/niedrig, wertvoll/wertlos, sterblich/unsterblich, geistig/animalisch, Himmel/Erde, Erde/Unterwelt, die Oben/die Unten, Freiheit/Sklaverei, Schutz/ Bedrohung, Harmonie/Disharmonie, usw.

6.4. Sprechsituationen

TEXT 17

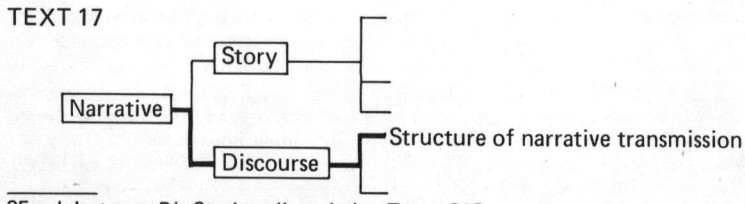

Story

Narrative

Discourse

Structure of narrative transmission

35 J. Lotman, *Die Struktur literarischer Texte*, 313.
36 *Ibid.*, 311-329.

Narrative Texte repräsentieren in der Regel zwei grundsätzlich verschiedene *Sprechsituationen:* die eines *Erzählers* und die der (erzählten) *Figuren.* Diejenige des Erzählers vermittelt die erzählte Wirklichkeit als ganze; sie ist hierarchisch und funktional der Sprechsituation der Figuren übergeordnet. Die Sprechsituation der Figuren ist in die Sprechsituation des Erzählers eingebettet und von ihr abhängig.

In seiner Sprechsituation verfügt der *Erzähler* über Ereignisse, Figuren und Räume, d.h. er benennt, beschreibt, informiert. Darüber hinaus berichtet der Erzähler auch, was Figuren sagen, denken und empfinden. Das wird vom Leser in der Regel nicht in Frage gestellt; denn in fiktionalen Texten gilt zunächst die Konvention des Akzeptierens der Fiktion. Seine Berichte, Wiedergaben und auch Wertungen des von Figuren Gesagten und Gedachten sowie seine Meinungsäußerungen zu Aspekten innerhalb und außerhalb der Fiktion werden vom Leser allerdings auch im Einzelfall als nicht verläßlich ("unreliable") beurteilt. Es entsteht dann ein Widerspruch zwischen Erzähltem und vom Leser Akzeptierten, so daß die 'Richtigkeit' des Erzählten umstritten ist.[37] Des weiteren kann der Erzähler sein Erzählen selbst reflektieren, den Erzählvorgang zum Thema des Erzählens machen.

Getrennt davon, wiewohl in die Sprechsituation des Erzählers eingebettet, sind die Kommunikationsakte der im narrativen Text agierenden *Figuren* zu sehen. Die ihnen zur Verfügung stehenden Sprechakte sind so weit gefächert wie diejenigen im nicht-fiktionalen Sprechen des alltäglichen Lebens. Sie werden durch den Rahmen der im jeweiligen Erzähltext vermittelten Ansicht von Wirklichkeit (ein historisch fixiertes Wirklichkeitsmodell) definiert und dazu noch dadurch bestimmt, daß sie im narrativen Text in Erscheinung treten, also schriftlich fixiert worden sind und damit Schreib- und Erzählkonventionen unterliegen.

Dem Leser begegnen in Erzähltexten vielfältige Ausformungen dieser Sprechsituationen. Sie bestimmen den jeweiligen Erzählstil. Sie können mit Blick auf ihre Erscheinungsformen und ihre Wirkungen beschrieben werden. Im folgenden werden die Sprechsituationen vor allem nach formalen Kriterien unterschieden.[38]

---

37 Zum Problem des zuverlässigen und unzuverlässigen Erzählens siehe Wayne C. Booth, *The Rhetoric of Fiction* (Chicago: U. of Chicago P., 1961).

38 Sprache und Sprechen in fiktionalen Erzähltexten bedeutet — von der Seite des Autors betrachtet — Auswahl mit kalkulierter Wirkungsabsicht; von der Leserseite betrachtet, sind Anpassung an die angebotene Sprache und Ergänzung des Erzählens aus dem Bereich der eigenen (Lese-) Erfahrung notwendige Elemente der Kommunikation. So gilt es z.B., den Ton oder die Sprechhaltung zu erkennen, direkte, indirekte oder ironische Aussagen zu trennen und auf leserlenkende Hinweise in Satzmustern und in der Wortwahl zu achten; und es ist auch nach der Funktion einer besonderen Sprechweise innerhalb eines Textganzen zu fragen.

6.4.1. Sprechsituation des Erzählers: Erzählen und Zeigen

Grundsätzlich können zwei Weisen des Sprechens des *Erzählers* (Modus, Aussageweise, "mood") unterschieden werden:
— *Erzählen* ("telling", "narration", Diegese) und
— *Zeigen* ("showing", "representation", Mimesis).

Beide Aussageweisen des Erzählers sind Verfahren der narrativen Illusionsbildung. Sie lassen sich durch das Verhältnis von *Information* und *Informationsvermittler* (Erzähler) unterscheiden:
— *Erzählen* bedeutet ein relatives Höchstmaß der Vermittlung durch einen Erzähler und ein relatives Mindestmaß unmittelbarer, direkter Darstellung; beim
— *Zeigen* ist das Verhältnis umgekehrt: es enthält ein relatives Höchstmaß an anscheinend selbständiger Information im sogenannten szenischen Erzählen und ein relatives Mindestmaß der Anwesenheit eines Erzählers.

TEXT 18

Finally, therefore, we will have to mark the contrast between mimetic and diegetic by a formula [. . .]: the quantity of information and the presence of the informer are in inverse ratio, mimesis being defined by a maximum of information and a minimum of the informer, diegesis by the opposite relationship.[39]

An dieser Stelle ist es angebracht, die Breite der Möglichkeiten verschiedener Sprechweisen in einer schematischen Übersicht darzustellen. Diese Typologie verzichtet auf einschränkende grammatische Kategorisierungen mit ihren Ableitungsregeln für direkte, indirekte und freie indirekte Rede, sie konzentriert sich auf die Wiedergabe von Sprechen und Denken in ihrer illusionsstiftenden Wirkung in narrativen Texten.[40]

Als kleine Auswahl aus einer umfangreichen Literatur zum Problem der Sprache und Sprechsituationen von Erzähler und Figuren siehe: Geoffrey N. Leech, Michael H. Short, *Style in Fiction: A Linguistic Introduction to English Fictional Prose* (London: Longman, 1981). Norman Page, *Speech in the English Novel* (London: Longman, 1973). Stephen Ullmann, *Style in the French Novel* (Cambridge: C.U.P., 1957).

39   G. Genette, *Narrative Discourse,* 166.

40   Ausführliche Diskussion des Folgenden bei Ann Banfield, "Narrative Style and the Grammar of Direct and Indirect Speech", *Foundations of Language,* 10 (1973), 1-39. S. Chatman, *Story and Discourse,* 146-195. Leech, Short, *Style in Fiction,* 318-351. Brian McHale, "Free Indirect Discourse: A Survey of Recent Accounts", *PTL: Poetics and Theory of Literature,* 3 (1978), 249-287. Roy Pascal, *The Dual Voice: Free Indirect Speech and Its Functioning in the Nineteenth-Century European Novel* (Manchester: Manchester U. P., 1977). Günter Steinberg, *Erlebte Rede: Ihre Eigenart und ihre Formen in neuerer deutscher, französischer und englischer Erzählliteratur* (Göppingen: Kümmerle, 1971).

	Kategorien:	Beispiele:
uneingeschränkte Erzählerkontrolle	Erzählerbericht von nicht-verbalen Ereignissen; narrative report of action; report of non-verbal events	She sat at the window watching the evening invade the avenue.
	Erzählerbericht von Sprechen und Denken; narrative report of speech acts and of thought acts; diegetic summary and less purely diegetic summary	He told her all that went on in his office. He had told me stories about the catacombs and about Napoleon Bonaparte, and he had explained to me the meaning of the different ceremonies of the Mass.
teilweise eingeschränkte Erzählerkontrolle	indirekte Rede und Gedankenwiedergabe; indirect speech and indirect thought; indirect content-paraphrase and indirect discourse which is mimetic to some degree	But Maria said that she didn't like nuts. Joe thought a hell of a lot of good it'd do him.
	freie indirekte Rede und Gedankenwiedergabe; free indirect speech and free indirect thought; free indirect discourse	Now she was going to go away like the others, to leave her home. Home! She looked round the room.
	direkte Rede und Gedankenwiedergabe; direct speech and direct thought; direct discourse	"I know these sailor chaps", he said (thought).
Erzählerkontrolle anscheinend aufgegeben	freie direkte Rede und Gedankenwiedergabe; innerer Monolog; free direct speech and free direct thought; free direct discourse; first-person interior monologue	Tea. Must get some from Tom Kernan. Couldn't ask him at a funeral, though.

6.4.2. Bericht – Beschreibung – Erörterung

Vorherrschende Grundformen der Sprechsituation des Erzählers sind der *Bericht* und die *Beschreibung.* In ihnen ist der Erzähler durchweg eindeutig als Vermittler erkennbar.

Beispiel

Bericht

Er stand vor dem Tor des Tegeler Gefängnisses und war frei. Gestern hatte er noch hinten auf den Äckern Kartoffeln geharkt mit den anderen, in Sträflingskleidung, jetzt ging er im gelben Sommermantel, sie harkten hinten, er war frei. Er ließ Elektrische auf Elektrische vorbeifahren, drückte den Rücken an die rote Mauer und ging nicht. Der Aufseher am Tor spazierte einige Male an ihm vorbei, zeigte ihm seine Bahn, er ging nicht. Der schreckliche Augenblick war gekommen [schrecklich, Franze, warum schrecklich?], die vier Jahre waren um. (Alfred Döblin, *Berlin Alexanderplatz*, Erstes Buch.)

Beispiel

Beschreibung

The houses themselves were substantial and very decent. One could walk round, seeing little front gardens with auriculas and saxifrage in the shadow of the bottom block, sweet-williams and pinks in the sunny top block; seeing neat front windows, little porches, little privet hedges, and dormer windows for the attics. But that was outside; that was the view on to the uninhabited parlours of all the colliers' wives. The dwelling-room, the kitchen, was at the back of the house, facing inward between the blocks, looking at a scrubby back garden, and then at the ash-pits. And between the rows, between the long lines of ash-pits, went the alley, where the children played and the women gossiped and the men smoked. (D.H. Lawrence, *Sons and Lovers*, Kap. 1.)

Der Übergang vom Erzählen im Sinne von Bericht und Beschreibung zu direktem, szenischem Erzählen im Sinne von *Zeigen* erfolgt, wenn sich der Bericht von Ereignissen, Gesprächen oder Gedanken sehr nah und tendentiell zeitdeckend einem erzählten Geschehensmoment annähert, so daß nahezu Simultaneität von Erzählen und Erzähltem erreicht wird: es wird dann
– ein begrenzter Zeitausschnitt erzählt in Gestalt eines narrativen Berichts von Ereignissen, Sprechen oder Denken von Figuren,
– Exaktheit im Detail angestrebt,
– die direkte Rede jedoch noch vorwiegend indirekt wiedergegeben.

Beispiel

But Joe said it didn't matter and made her sit down by the fire. He was very nice with her. He told her all that went on in his office, repeating for her a smart answer which he had made to the manager. Maria did not understand why Joe laughed so much over the answer he had made but she said that the manager must have been a very overbearing person to deal with. Joe said he wasn't so bad when you knew how to take him, that he was a decent sort so long as you didn't rub him the wrong way. Mrs Donnelly played the piano for the children and they danced and sang. Then the two next-door girls handed round the nuts. Nobody could find the nutcrackers and Joe was nearly getting cross over it and asked how did they expect Maria to crack nuts without a nutcracker. But Maria said she didn't like nuts and that they weren't to bother about her. Then Joe asked would she take a bottle of stout and Mrs Donnelly said there was port wine too in the house if she would prefer that. (James Joyce, *Clay*, in *Dubliners*)

Je mehr zusammenfassend erzählt wird (siehe oben Raffung usw.), desto mehr entfernt sich das Erzählen vom *Zeigen* und wird zum *Redebericht, Gedankenbericht* oder *Ereignisbericht* des offen auftretenden Erzählers. Die *indirekte Rede- und Gedankenwiedergabe* ist weniger unmittelbar und zeitdeckend als die direkte: die verwendete Sprache wird dem Verfügungsspielraum der Figuren entzogen und ist die des Erzählers. Durchweg werden eher die Inhalte von Aussagen wiedergegeben, ohne die ursprüngliche Form oder gar den individuellen Tonfall zu treffen. Die verkürzende und das Erzählen beschleunigende Zusammenfassung läßt allerdings kaum erkennen, *wie* weitgehend der Eingriff des Erzählers ist, da ja die 'tatsächliche' direkte Aussage zum Vergleich nicht vorliegt. Längere Erzählpassagen mit indirekter Rede führen wegen der notwendigen unterordnenden Konjunktionen ("daß", "that", "que") sowie der Konjunktive zu einem eintönigen Satzbau; sie können jedoch — wie im obigen Beispiel aus *Clay* — eine besondere Wirkung erzielen.

Erörterungen (Reflexionen) des Erzählers nehmen zu erzählten oder gezeigten Ereignissen, Figuren und Räumen Stellung; sie *unterbrechen* den Erzählverlauf der erzählten Geschehensmomente, etwa als Pause (siehe oben), und sie kommentieren aus der Distanz des Erzählers zum Erzählten. Solche Erörterungen können sich auch auf das Erzählen selbst richten.

Beispiel

> This story I am telling is all imagination. These characters I create never existed outside my own mind. If I have pretended until now to know my characters' minds and innermost thoughts, it is because I am writing in (just as I have assumed some of the vocabulary and 'voice' of) a convention universally accepted at the time of my story: that the novelist stands next to God. [Der Romanautor im 19. Jh.] He may not know all, yet he tries to pretend that he does. But I live in the age of Alain Robbe-Grillet and Roland Barthes; if this is a novel, it cannot be a novel in the modern sense of the word.
> (John Fowles, *The French Lieutenant's Woman,* Kap. 13.)

6.4.3. Sprechsituation des Zeigens: Sprechen und Denken der Figuren

Die Sprechsituation des *Zeigens* bringt es mit sich, daß der Grad der Vermittlung und 'Einmischung' des Erzählers abnimmt. Seine Allwissenheit ist, wenn auch nur dem Anschein nach, eingeschränkt. Sprechweisen, Gedankenabläufe und Empfindungen der Figuren der Geschichte rücken in den Mittelpunkt des Erzählens. Vorwiegend sind es *grammatische, lexikalische,* insgesamt stilistische und *(typo-) graphische* Kriterien, mit deren Hilfe verschiedene Weisen der Darstellung des Sprechens, Denkens und Empfindens der Figuren möglich sind.

Reines, anscheinend unvermitteltes *Zeigen* (Darstellung, Mimesis) liegt in

narrativen Texten dann vor, wenn diese vorgeben, das Sprechen oder die verbalisierten Gedanken und Empfindungen von Figuren direkt zu repräsentieren. Darunter fallen z.B.
— *Tagebucheinträge* und *Briefe*,
— *Monologe, Dialoge,*   *Drama*
— *verbalisierte Gedanken* und *Empfindungen.*

In der reinsten und ganz unvermittelten Form werden sie ohne Kennzeichnung von Sprecher (Figur) und damit ohne erkennbare Anwesenheit eines Erzählers aneinandergereiht. Da beim Lesen derartig repräsentierter längerer Passagen Verständnisschwierigkeiten auftreten können (etwa im Gegensatz zum Film), werden entweder nur überschaubare Teile von Erzähltexten so erzählt oder es werden Kennzeichnungen eingeführt, welche Sprechen und Denken genauer indizieren:
— Namen von Figuren,
— explizite und implizite Verweise auf Figuren,
— Orts- und Zeitangaben,
— minimale Kennzeichen der Erzählkonvention, z.B. Einleitungsverben der *verba dicendi* (auch "inquit-Formeln" oder "tags" genannt) und Einleitungsverben der *verba sentiendi.*

Daneben verwenden Autoren verschiedene typographische Verfahren zur Indizierung wie z.B.
— Einrückungen, Spiegelstriche,
— Leerzeilen, Abschnitte.

Auch die Konvention eines
— fiktiven Herausgebers oder Freundes (bei Tagebüchern oder Briefen)
kann zur besseren und eindeutigen 'Verständigung' zwischen dem Leser und dem Erzählten beitragen.

Daß bei wiedergegebenen Monolog-, Dialog- und Gedankenpartien überhaupt ein Text vorhanden ist, verweist zwar eindeutig auf einen Vermittler, der ein Gespräch mithört und quasi wörtlich wiedergibt oder Gedanken und Empfindungen von 'anderen' Figuren sprachlich formulieren kann; dies wird jedoch vom Leser als ein Teil der Erzählkonvention akzeptiert und ohne Illusionsverlust übersehen.

6.4.3.1. Tagebuch, Briefroman

In diesen Formen fiktionalen Erzählens wird die Illusion erzeugt, es würden bereits 'vorhandene' (hand)schriftliche 'Dokumente' als Erzähltext veröffentlicht. Sie können vom 'Verfasser' oder von einem 'Sammler', 'Herausgeber', 'Redakteur', 'Freund' u.ä. herausgegeben werden, was die Glaubwürdigkeit der Fiktion unterstreicht. Das Schreiben liegt hier häufig zeitlich nah am Erleben, kann sogar Simultaneität mit dem Erleben anstreben. Erzählen in dieser Form ist in der Regel dennoch nicht so spontan und lebendig wie direkte gesprochene Rede oder wie verbalisierte unmittelbare Gedanken, denn das Niederschreiben oder eventuell Redigieren bringt eine gewisse Reflektiertheit mit sich und kann durch einen besonderen Brief- oder Tagebuchstil gekennzeichnet werden.

Erzählen in der Form des Tagebuchs und durch Briefe im Briefroman charakterisiert zunächst
— den *Sprecher* selber (auch seine Sprecherrolle), dann aber auch sehr deutlich
— den *Adressaten,* sofern er wie im Tagebuch nicht zugleich Sprecher und Adressat ist; zugleich wird im Rahmen des monologartigen Sprechens
— die *erzählte Geschichte* konstituiert (Ereignisse, Figuren, Räume).
Weitere Ausführungen zum Briefroman siehe im Problemfeld VII.

6.4.3.2. Monolog, Dialog

Monolog und *Dialog* werden in *direkter Rede* wiedergegeben, d.h.
— *Anführungszeichen* trennen *Redeanführung* und *Redeteil* als *syntaktisch unabhängig* voneinander (in der indirekten Rede stehen Redeanführung und berichteter Redeteil in gegenseitiger Abhängigkeit),
— *Pronomina* und *Verbformen* der *ersten Person* werden vom Sprecher verwendet,
— der Augenblick des Sprechens ist die *Gegenwart,*
— es werden *deiktische Partikel* verwendet, welche *Nähe* und *Unmittelbarkeit* ausdrücken.

Beispiel

But Joe said: "It doesn't matter. Here, sit down by the fire."
He said, 'I'll come back here to see you again tomorrow.'

Die Vermittlung der direkten Rede durch einen Erzähler wird an den Anführungszeichen und der einleitenden, zwischen- oder nachgestellten Redeanführung erkennbar. Das gilt auch für die Wiedergabe von solchen Monologen, die eindeutig als Sprache und nicht als Gedanken gekennzeichnet sind.

Beispiel

She said to herself: "He is very nice with me."
He said to himself, 'I'll come back here to see you again tomorrow.'

Derartige Selbstgespräche, die eigentlich auf die Konvention von Theatertexten zurückgehen, sind allerdings in narrativer Prosa nicht häufig.

Fallen die genannten Kennzeichnungen direkter Rede in Monolog und Dialog fort, werden der Lese- und Verstehensprozeß erschwert. Autoren verzichten streckenweise auf die einleitenden Redeformeln, welche den Sprecher identifizieren, oder sie lassen die Sprech- und Erzählteile fast unmerklich ineinander übergehen.

Vor allem *Dialogpartien*, die durch *zeitdeckendes Erzählen* gekennzeichnet sind, tragen zur Rhythmisierung des Erzählens bei. Sie schaffen darüber hinaus den Eindruck von Unmittelbarkeit des Erzählens und Miterlebens für den Leser und können zu Höhepunkten geistiger Auseinandersetzung zwischen Figuren werden. Dabei können die Figuren sowohl direkt als auch indirekt charakterisiert werden. Obendrein kann der Erzähler in Dialogpartien das Gesagte erklären oder kommentieren mit Hilfe erläuternder und wertender Zusätze (vergleichbar mit den Bühnenanweisungen im Dramentext). Verzichtet er auf solche direkte Anleitung des Lesers und werden diesem also weniger Handreichungen zum Verständnis gegeben, wirkt die wiedergegebene Sprache authentischer. Dialogpartien vermitteln den Eindruck eines mitgehörten Gesprächs, dennoch sind sie nicht Transkriptionen von realen Gesprächsteilen, sondern weisen Bestandteile von Bearbeitung und Organisation auf; die auswählende, anordnende und die Wirkung kontrollierende Hand des Erzählers ist erkennbar.

Beispiel

— Ada! Ada!
His wife was a little sharp-faced woman who bullied her husband when he was sober and was bullied by him when he was drunk. They had five children. A little boy came running down the stairs.
— Who is that? said the man, peering through the darkness.
— Me, pa.
— Who are you? Charlie?
— No, pa. Tom.
— Where's your mother?
— She's out at the chapel.
— That's right. . . . Did she think of leaving any dinner for me?
— Yes, pa. I —
— Light the lamp. What do you mean by having the place in darkness? Are the other children in bed?
The man sat down heavily on one of the chairs while the little boy lit the lamp. He began to mimic his son's flat accent, saying half to himself: *At the chapel. At the chapel. At the chapel, if you please!*
When the lamp was lit he banged his fist on the table and shouted:
— What's for my dinner?
— I'm going . . . to cook it, pa, said the little boy.
(James Joyce, *Counterparts,* in *Dubliners*)

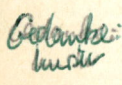

6.4.3.3. Freie indirekte Rede — freie indirekte Gedankenwiedergabe

Die *freie indirekte Rede* und *freie indirekte Gedankenwiedergabe* (diese Begriffe sind dem Begriff "erlebte Rede" vorzuziehen) geben im Gegensatz zur direkten freien Form in Monolog und Dialog *Sprechen, Denken* und *Empfinden* indirekt und vermittelt wieder. Da in der Erzählforschung die Terminologie zur Bezeichnung dieser Erzählkonvention sehr uneinheitlich ist, werden die gebräuchlichen Begriffe hier zusammengestellt:

Nicht differenzierende Begriffe:	— freier indirekter Stil
	— free indirect style/discourse
	— style indirect libre
	— erlebte Rede
Auf Sprache bezogen:	— freie indirekte Rede
	— free indirect speech
	— narrated monologue
	— represented speech
	— substitutionary speech
	— (erlebte Rede)
	— verschleierte Rede
	— uneigentlich direkte Rede
	— monologue intérieur indirect
Auf Gedanken bezogen:	— freie indirekte Gedankenwiedergabe
	— free indirect thought
Auf Empfindungen bezogen:	— freie indirekte Empfindungswiedergabe
	— free indirect perception
	— substitutionary perception[41]

In dieser Erzählkonvention bleibt eindeutig ein *vermittelnder Erzähler* erkennbar. Wenn sie in einen Erzählerbericht eingebettet wird, erschwert diese Integration oftmals die eindeutige Zuordnung von Erzählteilen entweder zum figurengebundenen Sprechen und Denken oder zum Erzähler (als Innensicht des auktorialen oder personalen Erzählers). Nur der Kontext sowie lexikalische und grammatische Besonderheiten können dann Anhaltspunkte zur Trennung geben.

Die freie indirekte Rede und freie indirekte Gedankenwiedergabe besitzen ein hohes Maß an *Authentizität* in der Wiedergabe von Redeteilen, Gedanken und Eindrücken einer Figur oder (weniger häufig) eines Ich-Erzählers. Das wird deutlich an der Verwendung
— *grammatischer* (Ausrufe, Fragen, Wiederholungen, Unterbrechungen, fragmentarische Sätze),
— *lexikalischer* (Idiomatik, Ideolekt, Kolloquialismen) und
— *typographischer* Faktoren (Interpunktion, Emphase durch Kursivdruck).

Weitere Kriterien zur Bestimmung des freien indirekten Sprechens und Denkens sind folgende Kennzeichen:

---

41 Siehe S. Chatman, *Story and Discourse,* 203f., Anm. 7 und 8; B. McHale, "Free Indirect Discourse", 249f., Anm. 1.

— die Sätze sind *syntaktisch unabhängig;*

-- der Rede oder Gedanken einführende oder abschließende *berichtende Satz* des Sagens, Denkens, Meinens oder Fühlens *fehlt;*

— falls er vorkommt und dann nicht regelmäßig wiederholt wird, zeigt das den Übergang von Erzählerbericht zu indirekter freier Figurenrede an;

— es werden *Pronomina in der dritten Person* und das

— *Präteritum* verwendet; bei Erzähltexten in der ersten Person wird weiterhin die *erste Person* verwendet; bei narrativen Texten im *Präsens* ist dieses Tempus bestimmend;

— die verwendete *Sprache* für Rede und Gedanken ist mehr oder weniger *figurenspezifisch* ausgeprägt und *situationsbezogen* (Idiomatik, Affekt, Intonation); die Sprache kann sich dann von der jeweiligen Figur (als "mind-style" bzw. als "subject of consciousness" bezeichnet) 'entfernen', wenn der Erzähler Rede- und Gedankenpartien zusammenfaßt, umgestaltet, stilistisch bearbeitet — also ihr 'seine eigene' Sprache gibt; dann können die Passagen in der freien indirekten Wiedergabe als der Figur oder der Situation nicht 'angemessen' erscheinen, da sie dem Sprachstil oder der Gedankenführung des Erzählers zuzurechnen sind;

— *konditionale* Verbformen kennzeichnen häufig diese Sprechsituation;

— die *unmittelbaren, figuren- und gegenwartsbezogenen* (und nicht erzählerbezogenen) *Orts- und Zeitadverbien* (nun, hier, heute, gestern, morgen) können verwendet werden statt der distanzierenden (dann, dort, am folgenden Tag);

— es finden sich relativ *zahlreiche Personalpronomina,* da das Subjekt des Bewußtseins sich und die anderen Bezugspersonen nur selten mit Namen oder durch Beschreibung bezeichnet.

Die Wirkungsweisen der freien indirekten Wiedergabe des Sprechens und Denkens können z.B. sein:

— *sympathielenkend* (für die Figur),

— *ironisch distanzierend,* wenn sich Erzählerbericht und -kommentar und die Sichtweise sowie das Empfinden der Figur nicht decken, und

— *neutral,* von den *Bewußtseinsvorgängen* in einer Figur berichtend.

Beispiele

> It wouldn't matter at all, he had said. She would rather sit by the fire now.
> Did he want her to sit by the fire?
> He would come back (t)here to see her again tomorrow.
> He would return (t)here to see her again tomorrow.
> He would return there to see her again the following day.
> Now she was going to go away like the others, to leave her home.
> (James Joyce, *Eveline,* in *Dubliners*)

> There was no hope for him this time: it was the third stroke. Night after night I had passed the house (it was vacation time) and studied the lighted square of window [. . .]. (James Joyce, *The Sisters,* in *Dubliners*)

Elle souhaitait un fils; il serait fort et brun; elle l'appellerait Georges, et cette idée d'avoir pour enfant un mâle était comme la revanche en espoir de toutes ses impuissances passées. Un homme, au moins, est libre; il peut parcourir les passions et les pays, traverser les obstacles, mordre aux bonheurs les plus lointains. Mais une femme est empêchée continuellement. Inerte et flexible à la fois, elle a contre elle les mollesses de la chair avec les dépendances de la loi. Sa volonté, comme le voile de son chapeau retenu par un cordon, palpite à tous les vents; il y a toujours quelque désir qui entraîne, quelque convenance qui retient.

(Gustave Flaubert, *Madame Bovary*, 2e Partie, III.)

Der Wagen [der Straßenbahn] machte eine Biegung, Bäume, Häuser traten dazwischen. Lebhafte Straßen tauchten auf, die Seestraße, Leute stiegen ein und aus. In ihm schrie es entsetzt: Achtung, Achtung, es geht los. Seine Nasenspitze vereiste, über seine Backe schwirrte es. "Zwölf Uhr Mittagszeitung", "B.Z.", "Die neueste Illustrierte", "Die Funkstunde neu", "Noch jemand zugestiegen?" Die Schupos haben jetzt blaue Uniformen. Er stieg unbeachtet wieder aus dem Wagen, war unter Menschen. Was war denn? Nichts. Haltung, ausgehungertes Schwein, reiß dich zusammen, kriegst meine Faust zu riechen. Gewimmel, welch Gewimmel. Wie sich das bewegte.

(Alfred Döblin, *Berlin Alexanderplatz*, Erstes Buch. Mischform aus Erzählerbericht, direkte Gedankenwiedergabe, freie indirekte Gedankenwiedergabe, innerer Monolog.)

6.4.3.4. Innerer Monolog

Das Interesse an der Wiedergabe von unmittelbar ablaufenden *Bewußtseinsvorgängen* in narrativen Texten hat zur Ausbildung einer Erzählkonvention geführt, welche als *innerer Monolog* ("interior monologue", "free direct thought", "monologue intérieur") bezeichnet wird. Solche Bewußtseinsvorgänge beziehen sich auf unterschiedliche geistige und emotionale Aktivitäten des Menschen: Denken, Empfinden, Sinneseindrücke verarbeiten. Gedanken sind bereits mehr oder weniger strukturiert, in Sprache gefaßt und können so in einen Erzähltext übernommen werden. Empfindungen und Sinneseindrücke sind dagegen eher 'vorsprachlich' und unbewußter als Gedanken, sie müssen erst in eine ihnen angemessene Sprache 'übersetzt' werden. Das ist in Erzähltexten eine Tätigkeit des vermittelnden, allerdings unsichtbaren Erzählers. Beim inneren Monolog entsteht die Illusion, als seien die Gedanken und Empfindungen im Augenblick ihrer 'Artikulation' im Bewußtsein der Figur in sprachlicher Form fixiert worden, ohne 'korrigiert' oder 'redigiert' worden zu sein. Es entsteht der Eindruck von Unmittelbarkeit, Nähe und Mithören von sonst Unzugänglichem, und zwar auf die Art und Weise, die das Medium Sprache/Text bereitstellt.

Am eindeutigsten werden Gedanken und Gefühle als nicht-gesprochene Sprache gekennzeichnet, wenn sie mit Verben des Denkens oder Fühlens (*verba dicendi et sentiendi*) eingeführt und durch graphische Zeichen kenntlich gemacht werden; es handelt sich dann um *direkte Gedankenwiedergabe*:

Beispiel

> "He is very nice with me", thought she. She wondered, 'Why is he so nice with me?' He thought: "I'll come back here to see you again tomorrow."

Fallen die Anführungszeichen und der einführende Satz fort, dann werden die Gedanken und Gefühle in Form des *freien direkten Denkens* und Empfindens erzählt, und es ergibt sich die Erzählweise des *inneren Monologs*.

Kriterien des inneren Monologs sind
- der Eindruck der *Simultaneität* von Denken oder Fühlen in den *gezeigten Bewußtseinsvorgängen* und der *Vermittlung* durch den Erzähltext;
- der Rückbezug auf die denkende Figur durch das *Personalpronomen* in der *ersten Person* und entsprechende Verbformen; die jeweilige Figur wird gezeigt und 'übernimmt' mit ihren Gedanken und Empfindungen das Erzählen;
- die Verwendung des *Präsens* für Aussagen, die sich auf den gegenwärtigen Augenblick des Denkens oder Fühlens beziehen; daneben sind Verbformen für die Kennzeichnung der Vergangenheit und Zukunft möglich;
- die im inneren Monolog verwendete *Sprache* ist extrem *figurenbezogen* und gibt Gedanken als Sprache wieder mit der Wortwahl und Syntax, dem Ideolekt und Dialekt der jeweiligen denkenden Figur;
- die Gedanken sind nicht an einen Adressaten gerichtet, sondern *auf die Figur selber bezogen*; bei Verweisen und Anspielungen werden daher nicht mehr 'Erläuterungen' gegeben als von der Figur selber in ihrem Denken und Fühlen benötigt werden;
- *fragmentarische Sätze, assoziative Gedankenabläufe, sprunghafte Übergänge* zwischen verschiedenen Gegenständen des Denkens, eine *flutende Bilderfülle, auseinanderstrebende Impressionen*, Reize, Stimmungen, Gefühle usw. kennzeichnen diese Erzählweise;
- die *Sichtweise* der jeweiligen Figur als eine Art *Reflektor* der Geschichte tritt ganz in den Vordergrund, der Erzähler interveniert nicht;
- dieses Erzählen kann *zeitdeckend* oder *zeitdehnend* sein, wobei besonders der Aspekt des inneren, subjektiven Zeitempfindens einer Figur betont werden kann, welches die äußere, natürliche Uhrzeit vergessen läßt.[42]

---

42 Als Auswahl aus umfangreicher Literatur siehe: Derek Bickerton, "Modes of Interior Monologue: A Formal Definition", *Modern Language Quarterly*, 28 (1967), 229-239. Lawrence E. Bowling, "What Is the Stream of Consciousness Technique?", *PMLA*, 65 (1950), 333-345. Dorrit Cohn, *Transparent Minds: Narrative Modes for Presenting Consciousness in Fiction* (Princeton: Princeton U. P., 1978). Melvin J. Friedman, *Stream of Consciousness: A Study in Literary Method* (New Haven: Yale U. P., 1955). Robert Humphrey, *Stream of Consciousness in the Modern Novel* (Berkeley: U. of California P., 1954).

Wenn auch — dem Anschein nach — bei der freien direkten sprachlichen Repräsentation der Gedanken und Gefühle einer Figur Logik und Chronologie aufgegeben scheinen und der Eindruck relativer A-Grammatikalität entsteht, bleibt derartiges Erzählen für den Leser in der Regel dennoch 'verständlich'. Der Erzähler schränkt die potentiell vorhandenen Wirkungen des inneren Monologs insofern ein, daß er — wenn auch versteckt — Ordnungs- und Gestaltungskriterien wirksam sein läßt und auch z.B. nicht mehrere Bewußtseinsströme verschiedener Figuren überlagert.

Für die Verwendung des Begriffes *Bewußtseinsstrom — stream of conscious- ness (technique),* der im Zusammenhang mit Ausführungen zum inneren Monolog und der freien indirekten Rede häufig gebraucht wird, gibt es verschiedene Vorschläge. Entweder er dient als *Oberbegriff* und bezeichnet dann die erzählerische Wiedergabe von Bewußtseinsvorgängen mit Hilfe der Erzählweisen des *inneren Monologs* und der *freien indirekten Rede und Gedankenwiedergabe;* oder der Begriff verweist auf eine besondere Ausprägung des inneren Monologs, nämlich die anscheinend wahllose, chaotische, unmotivierte, kreisende Wiedergabe von Gedanken im Sinne freier Assoziationen, ohne einen klaren Bezug zur erzählten Geschichte. Es ist jedoch sinnvoll, um die schwierige Qualifikation eines mehr oder weniger 'reinen' inneren Monologs zu vermeiden, den Begriff Bewußtseinsstrom als Oberbegriff zu verwenden, trotz dagegen vorgebrachter Vorbehalte.[43] Das den *inneren Monolog* von der *freien indirekten Wiedergabe* trennende

— *formale Kriterium* ist dann das Fehlen einer erkennbaren Erzählervermittlung im inneren Monolog;
— als *qualitatives Kriterium* der Unterscheidung kann gelten, daß der Bewußtseinsstrom im inneren Monolog (dem Anschein nach) unmittelbarer, unverfälschter und figurenbezogener gezeigt wird als in der freien indirekten Wiedergabe, wo der Grad und das Interesse der Einmischung des Erzählers offener zu Tage treten.

Beispiele

I know he's very nice with me. I'll better sit down by the fire. What did he say before?
Does she still love me? Shall I come back tomorrow to see her again?

---

43 S. Chatman, *Story and Discourse,* 186-194. Jochen Vogt, *Aspekte erzählender Prosa* (Düsseldorf: Bertelsmann Univ. Verlag, 1972), 78-79. Für R. Humphrey, *Stream of Consciousness,* bezieht sich der Begriff "stream of consciousness" auf Techniken, Inhalte, Themen und Ziele in der Darstellung von Vorgängen und Inhalten im Bewußtsein von Figuren in narrativen Texten. Er unterscheidet vier verschiedene Erzählkonventionen, welche den Bewußtseinsstrom darstellbar machen: "direct interior monologue, indirect interior monologue [oben als freie indirekte Rede und Gedankenwiedergabe bezeichnet], omniscient description (Gedankenbericht), soliloquy" (p. 23).

In Westland row he [Mr Bloom] halted before the window of the Belfast and Oriental Tea Company and read the legends of leadpapered packets: choice blend, finest quality, family tea. Rather warm. Tea. Must get some from Tom Kernan. Couldn't ask him at a funeral, though. While his eyes still read blandly he took off his hat quietly inhaling his hairoil and sent his right hand with slow grace over his brow and hair. Very warm morning.
(James Joyce, *Ulysses,* Part II.)

[. . .] a quarter after what an unearthly hour I suppose theyre just getting up in China now combing out their pigtails for the day well soon have the nuns ringing the angelus theyve nobody coming in to spoil their sleep except an odd priest or two for his night office the alarmclock next door at cockshout clattering the brains out of itself let me see if I can doze off 1 2 3 4 5 what kind of flowers are those they invented like the stars the wallpaper in Lombard street was much nicer the apron he gave me was like that something only I only wore it twice better lower this lamp and try again so as I can get up early I'll go to Lambes there beside Findlaters and get them to send us some flowers [. . .]
(James Joyce, *Ulysses,* kurz vor Ende des Romans.)

Die Wagen tobten und klingelten weiter, es rann Häuserfront neben Häuserfront ohne Aufhören hin. Und Dächer waren auf den Häusern, die schwebten auf den Häusern, seine Augen irrten nach oben: wenn die Dächer nur nicht abrutschten, aber die Häuser standen grade. Wo soll ich armer Deibel hin, er latschte an der Häuserwand lang, es nahm kein Ende damit. Ich bin ein ganz großer Dussel, man wird sich hier doch noch durchschlängeln können, fünf Minuten, zehn Minuten, dann trinkt man einen Kognak und setzt sich. Auf entsprechendes Glockenzeichen ist sofort mit der Arbeit zu beginnen. Sie darf nur unterbrochen werden in der zum Essen, Spaziergang, Unterricht bestimmten Zeit. Beim Spaziergang haben die Gefangenen die Arme ausgestreckt zu halten und sie vor- und rückwärts zu bewegen. Da war ein Haus, er nahm den Blick weg vom Pflaster, eine Haustür stieß er auf, und aus seiner Brust kam ein trauriges brummendes oh, oh. Er schlug die Arme umeinander, so mein Junge, hier frierst du nicht.
(Alfred Döblin, *Berlin Alexanderplatz,* Erstes Buch.)

7. Problemfeld VII:

FORMTRADITIONEN – ROMAN UND GESCHICHTE:
Dargestellt am Beispiel des Briefromans

Kurt Kloocke

7.0. Problemstellung und Lernziele

Der Roman ist eine historischen Veränderungen ausgesetzte literarische Gattung. Die Geschichte des Romans ist deshalb nur darstellbar, wenn ein diesem Sachverhalt angemessenes System von Kategorien zur Verfügung steht. Solche Kategorien können z.B. formale, inhaltsbezogene, stilistische, soziologische Aspekte betonen. Sie sind in der Regel jedoch nicht einfach strukturiert, sind vor allem immer auf einen bestimmten wissenschaftsgeschichtlich umschreibbaren Kontext bezogen und deshalb oft kontrovers.

Der Briefroman soll als Beispiel für die Genese und Entwicklung eines Romantyps in seiner geistesgeschichtlichen Bedingtheit vorgeführt werden. Dies ist ein mögliches, nicht jedoch das einzig mögliche Konzept einer literaturgeschichtlichen Darstellung über den Briefroman.

In diesem Problemfeld soll der Leser
- – grundsätzliche Überlegungen zum Verhältnis von Roman (als Gattungsbezeichnung) und Geschichte kennenlernen
- – dabei Möglichkeiten der Kategorienbildung nach den zugrundegelegten Klassifizierungskriterien unterscheiden lernen
- – den Briefroman in seiner historischen Entwicklung überblicken lernen
- – schließlich aufgrund des Exemplums "Briefroman" erneut die Problematik der Gattungskonstanz reflektieren.

7.1. Einführung in die Fragestellung: Der Roman in der Geschichte. Kategorienbildung im Hinblick auf die Darstellung der Geschichte des Romans

Der Terminus 'romans', der ursprünglich die romanische (französische) Volkssprache im Gegensatz zum Lateinischen, dann ein Buch in der Volkssprache bezeichnet, wird sehr früh schon (etwa seit der 2. Hälfte des 12. Jahrhunderts) auch in der Bedeutung 'Roman' verwendet. Er kann zur Bezeichnung einer epischen fiktionalen Erzählung dienen und wird damit zum Namen für eine literarische Gattung.[1] Romanhaftes Erzählen ist jedoch

---

1 Die Ausführungen dieses Kapitels, die den Gegenstand nach didaktischen Gesichtspunkten strukturieren, ohne ihn ausführlich darstellen zu können, setzen voraus, daß gleichzeitig die gängigen Handbücher benutzt werden; es sei insbesondere auf

wesentlich älter. In der europäischen Tradition, auf die wir uns hier ausschließlich beziehen, ist der Roman seit der hellenistischen Spätantike als
Liebes- und Abenteuerroman vorhanden.[2] Allerdings ist die Entwicklung
von der Antike zum Mittelalter nicht bruchlos.[3] Das französische Mittelalter entdeckte diese Art fiktionalen Erzählens von neuem, zunächst die
antiken Vorbilder (Diktys, Trojastoff) nachahmend, aber bald in weitgehender Eigenständigkeit, nachdem durch Chrétien de Troyes das Genus
des höfischen arthurischen Romans geschaffen wurde.[4] Von diesem Zeitpunkt an hat der Roman in allen Literaturen Europas als höfischer Versroman, später auch als Prosaroman, einen festen Platz.[5] Doch konnte romanhaftes Erzählen sich trotz der beeindruckenden Leistungen des Mittelalters
in den dann folgenden Jahrhunderten gegen die Konkurrenz der übrigen

---

die großen Enzyklopädien, auf Kindlers Literatur-Lexikon und die einschlägigen
Literaturgeschichten verwiesen. — Zur Bedeutungsentwicklung des Terminus
'romans', 'Roman' vgl. W.v. Wartburg, *FEW*, Bd. 10, S. 453 und 455. Der früheste
Beleg für: 'in franz. Sprache' ist auf 1140, und für 'Roman', 'récit' auf ca. 1160
datiert.

2   Vgl. dazu Brockhaus, *Enzyklopädie*, die Stichworte 'Mittellateinische Literatur'
und 'Roman', wo die Fakten knapp zusammengefaßt sind. Ferner M. Manitius:
Geschichte der lateinischen Literatur des Mittelalters, 3 Bde., 1911-1941. —
G. Gröber: *Grundriß der romanischen Philologie I*, 1902.

3   Die Überlieferung ist nur sehr schwer überschaubar. Es dürfte außer Zweifel
stehen, daß die abschreibende und kompilierende Arbeit, die für die Überlieferung
der Stoffe gesorgt hat, an die Klöster gebunden war. Der Schritt von der Kompila-
tion zur fiktional gestalteten Erzählung ist jedoch eine andere Sache.

4   Diese Bemerkung impliziert schwierige Probleme der relativen Chronologie. Die
wenigsten Texte des Mittelalters sind präzise und zweifelsfrei datierbar; jedoch ist
es möglich, aus einem Bündel von Indizien (Anspielungen, Stilmerkmale, Zitate
u.ä.) eine relative Chronologie zu erstellen, deren Ergebnisse nur in einigen Fällen
eindeutig gesichert sind. Da ferner mit Verlusten von Texten zu rechnen ist, sind
die meisten Aussagen mehr oder minder hypothetisch. Als weitgehend sicher darf
man annehmen, daß der erste erhaltene antike Roman, *Le Roman de Thebes*,
1156 entstanden ist, der Alexanderstoff um 1160 zum ersten Mal als Versepos
vorliegt, der *Roman d'Eneas*, ein Trojaroman, im Jahre 1160 entstanden ist. —
Der erste arthurische Roman, *Erec et Enide*, entstand 1164, der *Cliges* 1167, der
Lancelot 1169, der *Yvain* 1177, der *Perceval* 1181. — Der *Tristan*, der einzige tra-
gische Stoff des Mittelalters, wurde 1165 geschrieben. Vgl. zu dieser Problematik
Raphael Lévy, *Chronologie approximative de la littérature française du moyen âge*,
Beihefte zur *ZRPh.*, 98 (Tübingen, 1957).

5   Chrétiens Werke und etwas später auch andere Artusdichtungen fanden seit Ende
des 12. Jahrhunderts in Deutschland Übersetzer und Nachahmer (Hartmann von
Aue, Wolfram von Eschenbach); der Tristanstoff wurde von Gottfried von Straß-
burg bearbeitet. — Analoges gilt für die antiken Romane. — In England werden die
Werke der französischen Autoren ohnehin gelesen, da seit der normannischen
Eroberung Französisch die Kultursprache ist. — Die ersten Prosaromane, zu deren
Charakteristika nicht nur eine überraschend gewandte Sprache, sondern auch die
zyklische Anordnung der Stoffe gehört, sind in Frankreich und Deutschland in
der ersten Hälfte des 13. Jahrhunderts entstanden.

literarischen Gattungen nur als niedrigeres Genus behaupten und gelangte eigentlich erst relativ spät zu uneingeschränktem Ansehen, bevor es zeitweilig das wichtigste literarische Genus überhaupt wurde.[6]

In England hieß romanhafte Literatur bis ins 18. Jahrhundert 'romance', von dieser Zeit an begann sich der Terminus 'novel' durchzusetzen. Hinter dem Wechsel der Terminologie steht eine theoretische Auseinandersetzung. Zwar sind beide Begriffe zunächst nicht scharf zu trennen, doch bezeichnet 'romance' in der Regel ein fiktionales Werk in Versen und mit tradiertem Stoff, wohingegen 'novel' den Vers gerade ausschließt und ein realistischeres, die Grenzen zwischen Fiktion und Wirklichkeit oft verwischendes Darstellen impliziert (Congreve, *Incognita*).

Die Geschichte der Erzählgattung Roman ist wechselhaft, aber in den großen Umrissen durchaus übersichtlich geblieben.[7] Allerdings ist seit dem Mittelalter eine Fülle von Werken entstanden und die Entwicklung der einzelnen Etappen dieses historischen Prozesses so komplex verlaufen, daß sich die Geschichte des Romans nicht ohne ein den komplizierten Verhältnissen angepaßtes Kategoriensystem darstellen läßt. Zur ordnenden Beschreibung bieten sich zunächst grundsätzlich zwei Gesichtspunkte an, nämlich formale oder inhalts- und stoffbezogene Kategorien. Ferner dürfte evident sein, daß je nach Verlagerung des Erkenntnisinteresses (z.B. von der Beschreibung der Texte zur Darstellung der historischen oder soziologischen Bedingungen ihrer Entstehung oder Rezeption das Instrumentarium verfeinert werden muß und andere Gesichtspunkte bei der Entwicklung von Kategorien eine Rolle spielen. Die Kategorien sind zudem nicht ohne weiteres auf beliebige Fälle der Romantradition anwendbar, sondern müssen auf den jeweiligen literarhistorischen Kontext unbedingt Rücksicht nehmen, da die Gattung Roman, wie E. Muir betont, die denkbar größte Variationsbreite in den Erscheinungsformen besitzt.[8]

Die Reflexion der Romanliteratur sollte schließlich grundsätzlich komparatistisch angelegt sein, zumindest komparatistische Gesichtspunkte berücksichtigen. Doch wäre dabei zu beachten, daß wissenschaftliche Kategorien immer an einen bestimmten wissenschaftsgeschichtlichen und kulturellen Zusammenhang gebunden bleiben. Die zunächst genannte Einschränkung ist in der historischen Entwicklung der Gattung Roman selbst begründet; die zweite in der Tatsache, daß die Literaturgeschichtsschreibung ein Phä-

---

6 Der Roman gilt noch in Boileaus *Art poétique* (1674) als nicht ernstzunehmendes Genre: "Dans un roman frivole aisément tout s'excuse." (Chant II, 119) Dies obwohl es durchaus erfolgreiche und gern gelesene neuere Romane gab. Der Durchbruch kommt wahrscheinlich mit Mme de la Fayette: *La princesse de Clèves* (1678) und Fénelon: *Télémaque* (1699). Im 18. Jahrhundert ändert sich unter englischem Einfluß auch in Frankreich die Lage grundlegend.

7 Einen ersten Überblick gestatten die Artikel der großen Enzyklopädien. Von besonderem Interesse: *Brockhaus, Encyclopaedia Britannica, Enciclopedia Italiana*.

8 E. Muir, *The Structure of the Novel* ([1928] London, 1967), 149.

nomen der Geistesgeschichte ist und nicht unabhängig von Kulturtraditionen, auch 'nationalen' Bedingungen, sich entwickeln kann.

Die nun folgenden Beispiele sollen das Gesagte erläutern. So gehören etwa die Bezeichnungen 'arthurischer' oder 'pikaresker' Roman zu den *inhaltsbezogenen* Kategorien. Der erste Terminus faßt, ohne Rücksicht auf die Nationalsprachen, eine Gruppe von in der Regel in Versen geschriebenen Romanen des Mittelalters zusammen, die tradierte, also im Prinzip nicht beliebig veränderbare Stoffe aus dem keltischen Sagenkreis um König Arthur (Chrétien de Troyas, *Perceval;* Wolfram von Eschenbach, *Parzival*)[9] darstellen und in dieser Einkleidung die Ideale der höfisch-ritterlichen Gesellschaft reflektieren. Mit dem Verschwinden dieser Gesellschaft verliert diese Gattung ihre Voraussetzungen und scheidet deshalb allmählich aus der Geschichte aus bzw. muß als artistischer Anachronismus mit veränderter Bedeutung in einen anderen soziologischen Kontext übertragen werden.[10] Der 'pikareske' Roman ist als realistische, den Handlungsverlauf frei erfindende Beschreibung der Wirklichkeit aus der Sicht von Landstreichern, wandernden Scholaren oder ähnlichem Personal als Reaktion auf den idealisierenden 'Schäferroman' (Honoré d'Urfé, *L'Astrée*) im Spanien des 16. Jahrhunderts entstanden und hat, wie der psychologisch subtile und galante Schäferroman, weite Verbreitung gefunden (Lazarillo de Tormes; Grimmelshausen, *Simplicissimus*).[11] — Weitere Beispiele für eine inhaltsbezogene Kategorienbildung sind die Bezeichnungen 'Bildungsroman', in dem der psychologische und intellektuelle Werdegang eines interessanten Einzelschicksals dargestellt werden soll (Goethe, *Wilhelm Meister*), 'Utopie', die oft idealtypisch vereinfachte Darstellung einer vernünftigen Welt- und Gesellschaftsordnung (Thomas Morus), 'Reiseroman' (Sterne, *Sentimental Journey*), 'Historischer Roman', die fiktionale Ausgestaltung eines historischen Ereignisses in mehr oder minder enger Anlehnung an die Geschichte (W. Scott; V. Hugo), 'Gesellschaftsroman', die Schilderung einer Gesellschaftsschicht im Spiegel signifikanter Einzelschicksale (Fontane). Die Reihe ließe

---

9 Diese hier nur angedeutete Problematik wird übersichtlich abgehandelt in *Grundriß der romanischen Literaturen des Mittelalters,* Band IV, 1 (Heidelberg, 1978).

10 Eine Einführung in die Problematik des arthurischen Romans gibt Kurt Wais, ed., *Der arthurische Roman,* Wege der Forschung, 157 (Darmstadt, 1970). — Vgl. ferner den Artikel 'Romance' in der *Encyclopaedia Britannica,* der einen Überblick über die historische Entwicklung des Genus gibt. — Beispiele für den erwähnten artistischen Anachronismus sind z.B. Wielands *Sommermärchen* oder H. v. Doderers Novelle *Das letzte Abenteuer.*

11 Der Schelmenroman ist eine in allen europäischen Literaturen vertretene Gattung, die in der Moderne noch ihre Vertreter hat: Thomas Mann, *Felix Krull* oder G. Grass, *Die Blechtrommel* sind hier zu nennen. — Vgl. H. Heidenreich, *Pikarische Welt: Schriften zum europäischen Schelmenroman,* Wege der Forschung, 163 (Darmstadt, 1969). — Der Schäferroman, dessen erstes Beispiel Sannazaros *Arcadia* (1502) ist, hat sich von Italien aus über Europa ausgebreitet, ist aber seit Mitte des 17. Jahrhunderts so gut wie aus der Literatur verschwunden.

sich fortsetzen, wobei zu berücksichtigen ist, daß die Bezeichnungen mehr oder minder fest geprägt sein können und folglich nicht alle zum festen Bestand der wissenschaftlichen Diskussion geworden sind.

Die *formalen* Kriterien, die zur Kategorisierung der Romanliteratur Verwendung finden, nehmen nicht unbedingt auf inhaltliche Zusammengehörigkeit der Werke Rücksicht. So ist z.b. im Mittelalter der 'Versroman' vor dem 'Prosaroman' entstanden, jedoch nicht alle Versromane sind zugleich arthurische Romane, sondern es können auch antike Stoffe oder Abenteuerstoffe des höfischen Realismus[12] in Versen dargestellt werden, wie auch umgekehrt der Prosaroman des Mittelalters nicht an bestimmte Stoffe gebunden ist. Eine seltenere Sonderform stellen strophisch konzipierte Romane dar (Wieland, *Oberon*). Der 'Romanzyklus' ist eine z.b. für den Amadisstoff charakteristische und mit ganz anderer Begründung auch von Autoren des 19. und 20. Jahrhunderts (Balzac, Zola, Proust) geschätzte Darstellungsweise. Den 'Briefroman' hat man vornehmlich seit der Mitte des 17. Jahrhunderts bis in das beginnende 19. Jahrhundert gepflegt.

Unter rein *formalen* Gesichtspunkten versucht W. Kayser den Roman nach den Kategorien 'Geschehnisroman', 'Figurenroman' und 'Raumroman' zu bestimmen, wobei diese Bezeichnungen auch eine historische Perspektive implizieren. Der 'Geschehnisroman' ist die älteste Form romanhaften Erzählens, in deren Mittelpunkt eine Folge von Ereignissen steht (Romane der hellenistischen Antike), der 'Figurenroman' kennt einen zentralen Helden (Cervantes, *Don Quijote;* Goethe, *Werther;* B. Constant, *Adolphe*), und der 'Raumroman' schließlich stellt eine Handlung dar, in der der Held durch die Welt geführt wird ('pikarischer Roman'). Diese Definitionen sind idealtypisch gedacht und in reiner Form selten verwirklicht.[13]

Stilistische Merkmale können ebenfalls zur Kategorienbildung herangezogen werden. So spricht man etwa vom 'allegorischen Roman' (*Rosenroman*), vom 'satirischen Roman' (H. Mann, *Der Untertan*), vom Roman des Realismus, des Naturalismus, des Impressionismus oder des Expressionismus, wobei die mit diesen Namen erfaßten Gemeinsamkeiten ähnlich wie z.B. bei der eher inhaltsbezogenen Bezeichnung 'existentialistischer Roman' auf ein mehr oder minder ausdrücklich formuliertes, gelegentlich als Programm gefaßtes künstlerisches Selbstverständnis verweisen. Diese 'essayistische' Komponente ist oft integrierender Bestandteil des Erzählens selbst.

Es muß noch verdeutlichend unterstrichen werden, daß beinahe alle Kategorien problematische Aussagen und Voraussetzungen enthalten und daß die Bezeichnungen selten auf einen nur einfachen Sachverhalt verweisen. So be-

---

12 Zu dieser Gruppe von Romanen vgl. E. Köhler, ed., *Der alt-französische höfische Roman*, Wege der Forschung, 425 (Darmstadt, 1978). Die in der Einleitung dieses Buches entwickelten Gedanken sind auch in der neuen Bearbeitung des *Grundriß der romanischen Philologie* in gedrängter Fassung nachzulesen.

13 W. Kayser, *Das sprachliche Kunstwerk* (Bern, [17]1976), 360.

194

zieht sich z.B. der Terminus 'Trivialroman' (A. Dumas, *Kameliendame*) gleichzeitig auf den Stoff, den Stil und die Kompositionstechniken sowie das angesprochene Publikum.[14] Während Bezeichnungen wie 'arthurischer Roman', 'antiker Roman', 'Versroman' oder 'Briefroman' trotz der komplexen Strukturen des jeweils Gemeinten in sich unproblematisch sind, weil sie einen klar umrissenen Sachverhalt erfassen, sind Begriffe wie 'Roman des Realismus' oder 'bürgerlicher Roman' etc. oft kontrovers, weil ihre exakte Bedeutung von der je neu zu fassenden Definition des Epithetons abhängt; der Begriff ist nicht konventioneller Name, sondern gehört in den Kontext eines noch im Fluß befindlichen Erkenntnisprozesses.

7.2. Ein Beispiel: Der Briefroman

Anhand dieses Beispiels sollen folgende Fragestellungen erörtert werden:
— Die historische Entwicklung einer Sonderform romanhaften Darstellens von seinen Anfängen bis zum langsamen Niedergang dieser Gattung.
— Die besonderen Probleme und Möglichkeiten der Gestaltung, die mit dem Briefroman auftreten und z.T. den großen Erfolg der Gattung im 18. Jahrhundert erklären.
— Die thematische Variabilität der Gattung zwischen subtiler psychologischer Analyse und moralischem, philosophischem oder gesellschaftskritischem Traktat.

7.2.1. Historischer Abriß

Die Anfänge des Briefromans sind nicht eindeutig festzulegen. Doch darf man, ohne allzu sehr zu vereinfachen, davon ausgehen, daß die Geschichte des Briefromans mit dem unübersehbaren Erfolg der Gattung seit der zweiten Hälfte des 17. Jahrhunderts beginnt, obwohl es frühere italienische und spanische Beispiele für fiktionale Literatur in Briefen gibt.[15] Die auffallende Resonanz ist mit dem 'realistischen' Bedürfnis nach psychologischer Wahrheit und Authentizität der Darstellung erklärbar, das sich in der französichen Literatur des 17. Jahrhunderts schließlich durchgesetzt hat (Racine), Damit dürfte ferner das bevorzugte Thema dieser Literaturgattung zusammenhängen: die reflektierende Analyse von oft unglücklich verlaufenden Liebesbeziehungen, ein Thema, das seiner Natur nach nur schwer einen außenstehenden Beobachter zuläßt und deshalb dazu einlädt, es mithilfe von Briefen zu gestalten.

---

14 Vgl. Hans-Jörg Neuschäfer, *Populärromane im 19. Jahrhundert,* UTB, 524 (München, 1976).

15 Charles E. Kany, *The Beginnings of the Epistolary Novel in France, Italy and Spain,* Univ. of California Publ. in Modern Philology, 21 (Berkeley, 1944). An zwei Stellen werden Vorläufer der *Lettres portugaises* (s.u.) genannt (69ff; 106ff). — Dazu ferner L. Versini, *Le roman épistolaire* (Paris, 1979), 9-47.

Diese Form jedenfalls wählte Gabriel Joseph de Lavergne, Sieur de Guillera-gues, für seine *Lettres portugaises* (1669).[16] Sie stellen in fünf Briefen, den Akten eines Dramas vergleichbar, die schmerzlichen Erfahrungen einer von ihrem Geliebten verlassenen Nonne dar, und zwar ausschließlich aus der Perspektive der Frau. Guilleragues, der sich nicht nennt, beansprucht in dem einführenden Abschnitt nur die Rolle eines Herausgebers der authentischen Briefe, deren Übersetzung er sich hat verschaffen können und die er nun, der Wahrheit der dargestellten Gefühle halber, veröffentlicht. Alles an diesem kleinen Kunstwerk ist Fiktion, wenngleich nicht ohne stilistische Vorbilder (Ovid, *Heroides;* Abälard und Heloise; *L'Astrée*), vielleicht sogar Modelle für sein kompositorisches Konzept. Es ist jedoch auch ein Faktum, daß der unbestreitbare Erfolg dieses Büchleins (in kürzester Zeit mehrere Auflagen und Übersetzungen) der Gattung zum Durchbruch verhalf, und zwar, wie die Zahl der produzierten Titel zeigt, vor allem in England, wo 1678 eine Übersetzung erschienen war. Bald gibt es Raubdrucke, apokryphe Fortsetzungen und Imitationen, wobei der empfindsame Stoff den Autoren oft Gelegenheit gibt, ins Sentimentale und Triviale abzugleiten, was den Erfolg der Gattung eher förderte als schmälerte.

TEXT 1

Eine schonungslose Analyse der Widersprüche des Gefühls:

Cependant je sens bien que mes remords ne sont pas véritables, que je voudrais du meilleur de mon coeur avoir couru pour l'amour de vous de plus grands dangers, et que j'ai un plaisir funeste d'avoir hasardé ma vie et mon honneur: tout ce que j'ai de plus précieux ne devait-il pas être en votre disposition? (. . .) Il me semble même que je ne suis guère contente ni de mes douleurs, ni de l'excès de mon amour, quoique je ne puisse, hélas! me flatter assez pour être contente de vous. Je vis, infidèle que je suis, et je fais autant de choses pour conserver ma vie que pour la perdre.[17]

Das 18. Jahrhundert ist die große Zeit des Briefromans, der sich nach diesem elegischen Beginn auch andere, der 'bürgerlichen' Aufklärung vielleicht näherliegende Sujets aneignet bzw. zurückerobert. Das beste und erfolgreichste Beispiel dafür sind Montesquieus *Lettres persanes* (1721), die zwar auch die Herausgeberfiktion beibehalten und eine Liebesintrige als Rahmenhandlung benutzen, deren eigentliches Thema jedoch nicht psychologische Analyse, sondern eine scharfe Gesellschaftskritik ist.[18] Die orientalische Verfremdung — die Schreiber der 160 Briefe sind Perser — ermöglicht erst

---

16 Frédéric Deloffre et Jacques Rougeot, ed., Guilleragues, *Chansons et bons mots, Valentins, Lettres portugaises,* Textes littéraires français, 189 (Genf, 1972). In der ausführlichen Einleitung (59-144) ist über den Text, die Autorschaft etc. das Nötige gesagt. — Vgl. ferner: *Manuel de l'histoire littéraire de la France,* Bd. 2.

17 Guilleragues, *Lettres portugaises,* Troisième lettre, *op. cit.,* 157.

18 Zur Einführung in dieses Werk (weiterführende Literatur) vgl. *KLL.* — Vgl. ferner: *Encyclopédie de la Pléiade, Histoire des littératures* (Paris, 1978), Bd. 3, 676-679.

die unzensierte Publikation des Werkes, in dem weder die Kirche noch die Monarchie, die einzelnen Stände oder die hervorragendsten Einrichtungen der Hauptstadt ausgespart bleiben. Die essayistische Abhandlung — jeder Brief hat eine Überschrift — bestimmt die Form dieses Buches.

Erst in Richardsons Romanen freilich — *Pamela* (1740); *Clarissa* (1748); *The History of Sir Charles Grandison* (1754) — werden die darstellerischen Möglichkeiten, die im Genre liegen, mit virtuoser Überlegenheit entwickelt.[19] Richardson ist der Schöpfer des durchkomponierten mehrseitigen Briefromans, und sowohl die formale Perfektion wie auch die Themenwahl, die den Vorstellungen der bürgerlichen Empfindsamkeit in idealer Weise entspricht, erklären den kaum überschätzbaren Einfluß dieser drei Romane, die trotz ihrer beträchtlichen Länge sehr bald in die wichtigsten Sprachen übersetzt wurden. Rousseau, aber auch Goethe, sind ohne diese Vorbilder nicht vorstellbar. Richardsons Entdeckung besteht darin, neben der zusammenhängenden Schilderung eines Schicksals mit allen nur denkbaren Zwischenfällen zugleich das Bild einer Gesellschaft entstehen zu lassen, und zwar in engem Bezug zur Wirklichkeit, bei entschiedener Absage an alles Phantastische, nicht jedoch an abenteuerliche, die Spannung fördernde Umstände. Der Briefroman kommt solchen Forderungen auf ideale Weise entgegen: der Autor gibt sich ausschließlich die Funktion des die Handlung nicht kommentierenden Herausgebers; die Briefe selbst sind wegen der verschiedenen Schreiber facettenreiche Situationsberichte in unmittelbarer Nähe zum Ereignis der Handlung, und die rekapitulierende Beschreibung der Fakten ist durchsetzt mit Reflexion, moralischen Erörterungen, psychologischen Analysen bis zu dramatisch zugespritzter Schilderung der widersprüchlichsten Seelenzustände, die die Handlung ihrerseits in nicht vorhersehbarer Weise determinieren. Ferner ergibt sich notwendig eine gleichsam offen einsehbare Intrige, insofern als der Leser meist vor den handelnden Personen die aus Mißverständnissen, Unkenntnis der Motive der anderen, aus verborgenen psychologischen Antrieben entstehenden Komplikationen überblicken

---

19 Auch für diese drei Romane sei zunächst auf die Artikel in *KLL* verwiesen, sodann auf die in der Bibliographie zitierte Literatur. — Die aus heutiger Sicht zunächst vielleicht unverständliche Wirkung Richardsons auf die gesamte europäische Literatur, die sich in den sofort erscheinenden Übersetzungen spiegelt, ist mit einer Passage aus Goethes *Dichtung und Wahrheit* (II, 6) zu veranschaulichen: "Da ich dieses geliebte, unbegreifliche Wesen [die Schwester Cornelia] nur zu bald verlor, fühlte ich genugsam Anlaß, mir ihren Wert zu vergegenwärtigen, und so entstand bei mir der Begriff eines dichterischen Ganzen, in welchem es möglich gewesen wäre, ihre Individualität darzustellen: allein es ließ sich dazu keine andere Form denken als die der Richardsonschen Romane. Nur durch das genaueste Detail, durch unendliche Einzelheiten, die lebendig alle den Charakter des Ganzen tragen und, indem sie aus einer wundersamen Tiefe hervorspringen, eine Ahndung von dieser Tiefe geben; nur auf solche Weise hätte es einigermaßen gelingen können, eine Vorstellung dieser merkwürdigen Persönlichkeit mitzuteilen: denn die Quelle kann nur gedacht werden, insofern sie fließt." (Hamburger Ausgabe, Bd. 9, 228, 26-39)

kann. Dies sind die von Richardson spätestens in *Clarissa* kalkuliert einge-
setzten Vorzüge der lockeren Form,[20] von denen der elegisch monologisie-
rende Guilleragues, der ein Buch ohne Handlung schreibt, oder der satirisch
analysierende Montesquieu — "Un grand seigneur est un homme qui voit le
roi, qui parle aux ministres, qui a des ancetres, des dettes et des pensions"
(Brief 88) — noch keine Vorstellung haben mußten. In allen Romanen
Richardsons kann sich das Selbstbewußtsein des sich ethisch und ökono-
misch überlegen fühlenden Bürgertums voll entfalten, was allerdings auch
stereotype Charaktere begünstigt: das unschuldige, verfolgte, tugendhafte
und auch listenreiche junge Mädchen aus einfachen oder bürgerlichen Verhältnissen, das Versuchungen und Zudringlichkeiten bis zum Heroismus
widersteht (Pamela; Clarissa); hartherzige Eltern, die ihre Kinder eher
einer rigorosen Ethik opfern als deren Glück zu ermöglichen (Clarissas
Eltern); der korrupte und sadistische Weltmann aristokratischer Herkunft,
mit berechnendem Zynismus sein Ziel verfolgend (Lovelace) etc. Dennoch
ist hervorzuheben, daß Richardson trotz einer gewissen Schwäche nicht für
die unwahrscheinliche Situation, wohl aber für eine unwahrscheinliche
Handlung, in seinen Romanen mit bei anderen Autoren noch nicht zu fin-
dender Eindringlichkeit die Analyse der Wünsche, Vorstellungen, Widersprüche und Leiden der empfindsamen Frauengestalten zu schildern weiß,
die sich gegen eine skrupellose oder unbarmherzige Gesellschaft zur Wehr
setzen müssen und dabei entweder siegreich sind (Pamela) oder tragisch
unterliegen (Clarissa).

TEXT 2

Clarissa Harlowe, in der Gewalt des gefürchteten, doch insgeheim geliebten Entführers, zugleich Retters in auswegloser Lage, reflektiert
über das veränderte Verhalten von Lovelace ihr gegenüber und damit
über ihre eigene Situation:

What still more concerns me is, that every time I see this man [Love-
lace], I am still at a greater loss than before what to make of him.
I watch every turn of his countenance: And I think I see very deep
lines in it. He looks with more meaning, I verily think, than he used
to look; yet not more serious; not less gay — I don't know how he
looks — But with more confidence a great deal than formerly; and yet
he newer wanted that.

But here is the thing: I behold him with fear now, as conscious of the
power my indiscretion has given him over me. And well may he look
more elate, when he sees me deprived of all the self-supposed significance, which adorns and exalts a person who has been accustomed to
respect; and who now, by a conscious inferiority, allows herself to be

---

20 *Pamela* ist zwar kein einseitiger Briefroman, doch sind Briefe anderer Personen
sehr selten.

overcome, and in a state of obligation, as I may say, to a man who from a humble suitor to her for her favour, assumes the consequence and airs of a protector.[21]

Die Romane Richardsons haben die europäische Literatur — nicht nur den Briefroman — ähnlich nachhaltig beeinflußt wie wenige Jahre später Rousseaus Novelle *Héloïse* oder Goethes *Werther*. Die folgende Passage aus Diderots *Eloge de Richardson* gibt einen der zentralen Aspekte für die Rezeption von Richardsons Romanen an, die Wahrheit bei der Darstellung des menschlichen Herzens:

TEXT 3

Richardsons psychologischer Realismus:

O Richardson! j'oserai dire que l'histoire la plus vraie est pleine de mensonges, et que ton roman est plein de vérités. L'histoire peint quelques individus: tu peins l'espèce humaine; l'histoire attribue à quelques individus ce qu'ils n'ont ni dit, ni fait: tout ce que tu attribues à l'homme, il l'a dit et fait; l'histoire n'embrasse qu'une portion de la durée, qu'un point de la surface du globe: tu as embrassé tous les lieux et tous les temps. Le coeur humain, qui a été, est et sera toujours le même, est le modèle d'après lequel tu copies. [. . .] O peintre de la nature! c'est toi qui ne mens jamais.[22]

Man kann Diderots Nachruf auf Richardson als polemische Auseinandersetzung mit Rousseaus *Nouvelle Héloïse* lesen, die im Februar desselben Jahres (1761) erschienen war.[23] Rousseau hat an diesem mehrseitigen Briefroman seit Frühjahr 1756 gearbeitet und über der Arbeit die Konzeption und mit der Konzeption auch die Bedeutung des Buches mehrfach geändert. Aus dem Liebesroman, der ursprünglich mit dem gemeinsamen Tod der unglücklich Liebenden auf dem Genfer See dramatisch enden sollte, wurde ein sechs Teile umfassender 'roman du bonheur', nachdem Rousseau, ohne die fiktionale Kohärenz zu sprengen, wohl aber sie bis auf das äußerste belastend, philosophische, pädagogische, politische und religiöse Themen in das Buch integriert hatte. Es endet mit dem alles verklärenden Tod von Julie und der idealistischen Sublimierung der übrigen Gestalten. Mit Richardsons Büchern hat Rousseaus Roman die große, durchkomponierte Form gemeinsam, den epischen Atem, die facettierte Brechung der Darstellung.

---

21   Richardson, *Clarissa,* Shakespeare Head Edition, Bd. 7, 25.

22   Diderot, *Oeuvres,* Pleiade, 1067f.

23   Rousseau jedenfalls hat dies so aufgefaßt und antwortet ausdrücklich auf diesen Text, der Richardsons Erfindungsreichtum so entschieden hervorhebt, in seinen *Confessions* (Band XI; Rousseau, *Oeuvres,* Pléiade, Bd. 1, S. 546-47), indem er, analog zu Racine, für sich beansprucht, ein Kunstwerk geschaffen zu haben, das die Abwechslung einer komplizierten Handlung und einer Vielzahl von Personen nicht nötig hat, um das Interesse des Lesers wach zu halten: "faire quelque chose de rien" (Racine, Preface de *Bérénice*).

Auch die gesellschaftliche Wirklichkeit wird in die Darstellung einbezogen, wenngleich gerade hier genau unterschieden werden muß zwischen der Spiegelung der 'schlechten Realität', die als Bezugsraster mit größter Genauigkeit, aber trotzdem nur beiläufig, als der unvermeidbare Hintergrund für eine in ganz anderem Maße wesentliche Welt erscheint, die Welt von Clarens, in der Julie mit ihrem Haus und ihren Freunden ein Leben führen kann, das zwar deutlich das Leben in einem Refugium ist, aber ebenso unübersehbar Modell einer glücklichen Gesellschaft sein soll. Der Roman hat eine ganz entschieden 'utopische' Dimension.[24]

Völlig neu, im Vergleich zu Richardson, ist der Ton. Rousseau hat dieses gewußt und auch gesucht. Das erklärt z.B. den konsequenten Verzicht auf eine ereignisreiche, effektvolle Handlung, auf eine Intrige, die das Geschehen vorantreiben könnte, auf wechselnde Szenerie und immer neue Situationen, deren Darstellung in sich reizvoll wäre, auf zahlreiche und durch den Kontrast sich profilierende Personen. Rousseaus Personal bildet eine in sich geschlossene, homogene kleine Gesellschaft. Er erreicht also zwei Effekte durch den kalkulierten Verzicht auf die Ausstaffierung, die Richardsons Romane auszeichnet. Rousseau sucht statt dessen einen Ton, der seiner Meditation über die Leidenschaft angemessen ist, ohne daß der fiktionale Charakter des Buches, der jeweils situationsgebundene, einmalige Anlaß der Rede in Vergessenheit geriete. Dabei ist eine Prosa entstanden, deren Harmonie und Nuancenreichtum in der französischen Literatur bis dahin unbekannt waren und ohne die die Romantik kaum vorstellbar wäre.

TEXT 4

Rousseaus lyrische Sprache:

Cette méditation sur l'amour n'est pas un discours sur les passions de l'amour. Malgré le caractère volontiers oratoire de son style, Rousseau n'oublie jamais qu'il est un romancier. Les passions qu'il dépeint sont éprouvées par des êtres vivants qui se procurent mutuellement joies et souffrances. Parce que nous ne cessons jamais d'y entendre la voix des protagonistes, ce roman prend la forme du drame; plus exactement du drame lyrique. La parole y adopte spontanément un rythme poétique, les alexandrins s'y multiplient: les échos des tragédies classiques y abondent; les phrases s'organisent en strophes. Ces lettres 'ne sont plus des lettres', ce sont des 'hymnes', les 'couplets d'une longue romance'.[25]

---

24 Der Terminus 'utopisch' ist im Zusammenhang mit Rousseau nur dann nicht irreführend, wenn man ihn nicht als das 'noch nicht', sondern als das 'nicht mehr' in der Welt Vorhandene auffaßt. Rousseau, obwohl von größter Bedeutung für die französische Revolution, ist hinsichtlich der gesellschaftlichen Entwicklung ein pessimistischer Denker, da seine Gesellschaftsphilosophie auf der Theorie einer notwendigerweise unaufhaltsamen Korrumpierung der Gesellschaft durch sich selbst aufbaut.

25 Bernard Guyon in: Rousseau, *Oeuvres, II,* 1357f.

Diese Töne waren neu und wurden auch als Rousseaus Entdeckung von den Zeitgenossen aufgenommen.[26] Sie ergaben einen elegischen, an Seelenspannungen reichen, im übrigen aber eher handlungsarmen Roman, in dem die größten Ereignisse die Offenbarungen der Herzen sind. So auch der letzte Brief von Julie an St.-Preux nach einem Leben der wechselseitigen Entsagung,[27] der mit folgenden Sätzen endet: "Adieu, adieu, mon doux ami. . . . Hélas! j'achève de vivre comme j'ai commencé. J'en dis trop, peut-être, en ce moment où le coeur ne déguise plus rien. . . . [. . .] La vertu qui nous sépara sur la terre, nous unira dans le séjour éternel. Je meurs dans cette douce attente. Trop heureuse d'acheter au prix de ma vie le droit de t'aimer toujours sans crime, et de te le dire encore une fois." (VI, 12)

TEXT 5

In ihrer Konzeption ist die neue *Héloïse* [. . .] nicht nur kein philosophisches oder halbphilosophisches Thema, sondern auch kein Roman oder sonst eine Dichtung bestimmter Form und bestimmten Geschehens. Sie ist vielmehr ein bloßes musikalisches Schwelgen in Liebe, bei aller Leidenschaft mehr ein elegisches als tragisches Schwelgen, bei allem Leid mehr der Ausdruck eines tränenvollen Genusses als einer

---

26 So schon Wieland in einer Bemerkung seines *Agathon* (V, 8 der letzten, bzw. besser V, 10 der ersten Ausgabe) und später Schiller in seinem Essay *Über naive und sentimentalische Dichtung* (1795/96), nur mit Rousseau gegenüber kritischerer Distanzierung: "Rousseau, als Dichter wie als Philosoph, hat keine andere Tendenz, als die Natur entweder zu suchen oder an der Kunst zu rächen. Je nachdem sich sein Gefühl entweder bei der einen oder der anderen verweilt, finden wir ihn bald elegisch gerührt, bald zu Juvenalischer Satire begeistert, bald, wie in seiner 'Julie', in das Feld der Idylle entzückt. Seine Dichtungen haben unwidersprechlich poetischen Gehalt, da sie ein Ideal behandeln; nur weiß er denselben nicht auf poetische Weise zu gebrauchen." Was dann folgt, ist die Anwendung von Schillers Poetologie auf Rousseau.

27 Dazu aus dem Vorwort der *Nouvelle Héloïse* von Bernard Guyon folgende Passage: "L'exaltation de l'Amour. D'un certain amour, celui qu'avaient chanté les troubadours, les romanciers médiévaux, Pétrarque, les poètes de la Renaissance, Corneille et les romanciers précieux: l'amour pur, désintéressé, vainqueur des tentations charnelles et des lois mêmes de la mémoire. Amour qui porte l'homme au sommet de lui-même, mais n'est pas moins dangereux que sublime, car il est une entreprise démesurée pour transcender sa condition temporelle. Et son pouvoir est stérilisant! Julie déclare que si elle devient veuve, elle ne se remariera pas; Saint-Preux se condamne à un définitif célibat; Claire, après la mort de Julie, écarte avec horreur l'idée que Saint-Preux pourrait l'épouser. [. . .] Julie enfin meurt non seulement dans la paix, mais dans une sorte d'allégresse. [. . .] suscité par un élan de l'être vers l'Absolu, l'infinie source du bonheur parfait dont la terre ne lui a fourni qu'une pâle ébauche, [. . .]." (S. LX) — Diese Analyse macht deutlich, daß Rousseaus Idealismus nicht nur seine Liebeskonzeption bedingt, sondern daß diese Konzeption im Romangeschehen selbst zu einem auch die ideologischen Teile integrierenden Ganzen entwickelt wird. — Die Nähe der *Nouvelle Héloïse* zu Goethes *Wahlverwandtschaften* ist ebenfalls unübersehbar.

Qual. [. . .] In dieser elegischen Schönheit weist die Dichtung beinahe mehr nach Italien als nach Frankreich oder der Schweiz.[28]

Die Geschichte des Briefromans wird auch weiterhin eindrucksvoll unter Beweis stellen, wie wandlungsfähig das Genus ist. Die wichtigsten Tendenzen der Geistesgeschichte des ausgehenden 18. und beginnenden 19. Jahrhunderts lassen sich in dieser künstlerischen Gestaltungsform belegen, weil die Fiktion der intimen Dokumentation dem doppelten Anspruch nach subjektiver Wahrheit und objektiver Erfassung dieser Wahrheit auf ideale Weise entspricht. So sind die *Liaisons dangereuses* (1782) von Choderlos de Laclos ein illusionsloser Spiegel der korrupten Gesellschaft des Ancien Regime. In einem mehrseitigen Briefroman Richardsonschen Typus, jedoch ohne das ausdrückliche moralische Engagement des Engländers, wird anhand einer skrupellosen Verführungsgeschichte (mit bemerkenswertem schriftstellerischen Können übrigens) eine Adelsgesellschaft porträtiert, die sich bereits selbst aufgegeben hat. Der einzige Wert, den man durchzusetzen versucht, ist die Macht über die anderen, schließlich den anderen, die Verbannung des Gefühls aus den persönlichen Beziehungen, so daß auch die Personen, die miteinander am gleichen Strang zu ziehen vereinbaren, in Wirklichkeit gegeneinander kämpfen, was konsequenterweise zur Selbstvernichtung führt.[29]

Goethes *Werther,* der 1774 erschien, brachte für Deutschland den Beginn des modernen Romans, in dessen Zentrum ein erlebendes Subjekt steht; für Europa nicht nur die Erneuerung des einseitigen Briefromans, dessen Vorgänger, Richardson oder Guilleragues, Goethes Kunst doch entschieden übertrifft, sondern den ersten modernen tragischen Roman überhaupt, dessen Held nicht an den äußeren Umständen oder an der Bosheit der Verhältnisse zugrunde geht, sondern der die Krankheit zum Tode in seiner eigenen Seele trägt und zwar gerade in den ihn auszeichnenden Vorzügen. Seine edle Natur drängt ihn dazu, weil er empfindsam ist für die Schönheit der Welt, die ihn umgibt, seinen Wunsch nach leidenschaftlich-verehrender Liebe zu verabsolutieren und dann an dessen Unerfüllbarkeit zu scheitern. Die formale Gestaltung, die Goethe für seinen Stoff wählt, ist nicht zufällig, weil sie einerseits, anders als ein Tagebuch, eine dialogische Komponente selbst dann besitzt, wenn der Briefpartner nicht antwortet, und weil sie andererseits den Schreiber natürlicherweise veranlaßt, das, was er erlebt, was ihm begegnet, was er sieht, zu beschreiben und, indem er das Äußere, die Welt darstellt, sich selbst in vielfältiger Brechung zu schildern. Rousseau hatte schon ähnliche poetische Techniken verwandt, doch ist bei Rousseau die Darstellung durchgängig auch dort auf eine überhöhende Idylle hin stilisiert,

---

28 Victor Klemperer, *Geschichte der französischen Literatur im 18. Jahrhundert,* II, 134.

29 Vgl. zu dem praktischen 'Nihilismus' der Gesellschaft, wie sie in den *Liaisons dangereuses* dargestellt wird, die Studie von Henri Duranton: "Les Liaisons dangereuses ou le miroir ennemi", *Revue des sciences humaines,* (1974), 125-143.

wo sie Leidenschaft artikuliert; bei Goethe jedoch, und genau das ist das Moderne dieses Romans, ist jeder Brief die Darstellung des Leidens, das aus mehr oder minder latenten Phasen sehr rasch in Reflexion übergeht. Goethe hat mit dem Buch bekanntlich die Sensibilität seiner Generation artikuliert, den unterschwelligen Lebensüberdruß dargestellt, der sicherlich auch in den objektiven gesellschaftlichen Verhältnissen begründet war. Der *Werther,* eine Synthese von Richardsons Beobachtungskunst und Rousseaus Kenntnis der Leidenschaft, hat nicht nur seine Vorläufer, vor allem Richardson, weit hinter sich gelassen, sondern ist selber unerreichtes Vorbild geblieben.

Natürlich hat Goethe Nachahmer und Nachfolger gefunden, von denen außer Hölderlins *Hyperion* (1797—99) eigentlich kein Buch im entferntesten den künstlerischen Rang des *Werther* beanspruchen kann. Der *Hyperion* ist einer der ersten Romane, die das Selbstverständnis des Künstlers im Kunstwerk reflektieren und in diesem Fall vor dem Hintergrund der idealistischen Philosophie darstellen. Dabei entspricht die Reinheit der Sprache, die elegische Klage, die bittere Satire oder die ekstatische Spannung der Syntax der romantisch-idealistischen Vorstellung einer erwarteten Erneuerung der antiken Schönheit, dann der enttäuschten Erwartung. Hölderlin dürfte einer der ersten sein, die ein Thema aus der Zeitgeschichte — die Befreiungskriege der Griechen — als zentrales Motiv in die Fiktion eingeführt haben.

Die anderen Nachfolger des *Werther* oder der großen englischen und französischen Tradition erreichen nicht die Bedeutung der Vorbilder. Dennoch haben sie nicht zu Unrecht einen festen Platz in der Literaturgeschichte. Als Beispiele seien hier nur Tiecks früher Roman *William Lovell* (1795—96) genannt, oder *Delphine* (1802) von Mme de Staël, mit fast feministischer Note, insofern die Hauptgestalt eine Frau ist, die aus ihrer Perspektive die Problematik einer an einer emanzipierten Existenz gehinderten Frau in der Gesellschaft reflektiert. — In Foscolos *Ultime Lettere di Jacopo Ortis* (1802) treffen sich Rousseaus und Goethes Einfluß gleichermaßen, wobei das Bild eines tragischen Helden entsteht, der an politisch bedingtem, fast nihilistischem Weltschmerz, an seinem Kulturpessimismus und an enttäuschter, weil nicht zu verwirklichender Liebe zerbricht. Senancours *Obermann* (1804) repräsentiert analoge Tendenzen, aber ohne den politischen Aspekt des Problems zu berücksichtigen.

Ungefähr gleichzeitig mit dem Erscheinen der großen Romane des 19. Jahrhunderts (Balzac, *La comédie humaine,* ab 1829) und einem veränderten Selbstverständnis des Schriftstellers verliert das Genre des Briefromans rasch an Bedeutung, ohne jedoch völlig zu verschwinden.[30]

---

30 Eine historische Skizze findet sich bei E. Th. Voss, *Erzählprobleme des Briefromans.* S. 10ff.

7.2.2. Probleme fiktionaler Gestaltung

Der historische Überblick hat bereits auf einige Besonderheiten der fiktionalen Gestaltung hingewiesen, die den Briefroman von allen anderen Formen romanhafter Darstellungen abheben. In systematischer Anordnung handelt es sich um folgende Punkte:

Anstelle des darstellenden Beschreibens, das in einem Roman entweder aus der Perspektive einer der handelnden oder auftretenden Personen oder aus der Perspektive des alles überschauenden und dirigierenden Autors, aus der Perspektive einer Erzählerfigur etc. erfolgen kann, arbeitet der Briefroman grundsätzlich mit der Fiktion, daß nichts mitteilbar ist, was die Briefschreiber nicht selbst erleben oder in Erfahrung bringen und dann auch aufschreiben. Der Ausschnitt aus dem Erleben wird also ausschließlich durch Gesichtspunkte bestimmt, die mit der Psychologie des Schreibenden in Übereinstimmung zu bringen sind und die sich nach den Interessen des jeweiligen Briefschreibers richten, schließlich auch nach den Voraussetzungen, die bei dem angeblichen Empfänger bestehen. Diese Technik bewirkt zweierlei: sie gestattet, den ganz und gar intimen Ton der vertraulichen, freundschaftlichen Mitteilung, den subjektiven Ausschnitt aus einem größeren Ganzen in die epische Darstellung einzubeziehen; zugleich erlaubt sie, die geschäftsmäßige Erörterung einer Sache, die kontroverse Beleuchtung eines Vorfalls, das Mißverstehen oder im Gegenteil die beziehungsreiche, mit Untertönen operierende Rede, ohne daß der Autor die intendierte Tonlage ausdrücklich oder durch äußerliche Hinweise anderer Art bezeichnen müßte. Der Brief ist ein authentisches Dokument und als solches für den jeweils verfolgten Zweck auch ein vollständiger Text.

Aus dem Gesagten ergibt sich, daß der Briefroman sich durch eine facettenreiche, nuancierte Darstellung auszeichnet, was den Leser in die Lage versetzt, zugleich von innen und von außen das Geschehen zu betrachten. Von innen, aus der Perspektive des jeweiligen Schreibers, wobei durch die radikalisierte subjektive Perspektive die objektiv wünschenswerte Authentizität erreicht wird; von außen, weil nur er den Überblick hat und durch den Vergleich der Dokumente ein der objektiven Wahrheit nahe kommendes Urteil sich bilden kann. Der Briefroman suggeriert also einerseits eine ungebrochene psychologische Wahrscheinlichkeit: der Schreiber ist immer mit sich selbst identisch, selbst dann, wenn er sich verstellt, wenn er lügt, wenn er sich oder andern etwas vormacht, verbirgt, beschönigt etc. Andererseits gewährleistet er eine objektive, der Wirklichkeit voll entsprechende Darstellung, denn die Wirklichkeit ist mit den Schreibern völlig identisch. Was diese sich nicht mitteilen, ist nicht Teil der Wirklichkeit, auf die es ankommt.

Die Rolle des Autors ist mit der des fingierten Herausgebers identisch. Er äußert sich grundsätzlich nur in Begleittexten; das können einführende Vorworte oder die Sammlung abschließende Nachworte sein, oft beides. Dazu kommt die Möglichkeit der distanzierenden Anmerkung zu einzelnen Briefstellen. Diesen Rahmenteilen kommt eine die Briefsammlung erst zusammenhaltende Funktion zu, außerdem benutzt man sie zur Mitteilung der 'Umstände', denen der Herausgeber den Besitz der Briefe verdankt. Doch kann der Rahmenteil, z.B. im *Werther,* mit kompositorischem Raffinement integrierender Bestandteil der Handlung selbst werden.

Die Romanhandlung ist im Briefroman in der Regel an eine einfache, lineare Zeitabfolge gebunden. Die Daten, selbst ohne eindeutige Festlegung durch Jahresangaben, gestatten meist die exakte Bestimmung der erzählten Zeit. Erleben und Erzählen stehen in großer Nähe zueinander, sind fast zeitdeckend durch einen raschen Wechsel der Briefe, wenngleich der Briefroman durchaus auch erhebliche Zeitsprünge kennt, indem große Perioden in dem Leben der Helden ausgespart bleiben (Rousseau, *La nouvelle Héloïse*). Die Handlungsabläufe sind wegen der perspektivischen Brechung mosaikartig aus den Briefen zusammenzusetzen und treten, wie das bei einem die Reflexion betonenden Genre selbstverständlich ist, gegenüber den seelischen Vorgängen entschieden in den Hintergrund. Guilleragues teilt so gut wie keine Ereignisse mit, Rousseau drängt deren Darstellung (mit deutlicher Spitze gegen Richardson) an den Rand, Goethe kennt Handlung nur, insofern sie für den Charakter Werthers von Belang ist, wohingegen Richardson den dramatischen Handlungsverlauf geradezu sucht, um sein Personal in immer neuen Situationen vorzuführen. Doch das ist eher die Ausnahme.

Der Autor, der sich hinter dem Herausgeber verbirgt, steht vor Gestaltungsproblemen ganz eigener Art. Der Rückzug hinter den Brief als Genre zwingt ihm eine gewisse Beschränkung der verfügbaren Stillagen auf, verlangt aber andererseits eine geradezu virtuose Flexibilität bei der Wahl der zu den einzelnen Personen passenden Töne. Richardson und Rousseau haben diese Gestaltungsschwierigkeiten, die sich beim mehrseitigen Briefroman naturgemäß in besonderem Maße stellen, souverän gelöst. Der einseitige Briefroman ist ein Sonderfall des Genus. Er unterscheidet sich vom Tagebuch, wie bereits angedeutet, dadurch daß er auf jeden Fall ein profiliertes Gegenüber voraussetzt.

7.2.3. Thematische Vielfalt

Der Handlungsverlauf, das äußere Geschehen tritt im Briefroman zugunsten anderer Momente in der Regel zurück. Dies kann zwar bei anderen Formen epischer Gestaltung auch vorkommen, doch ist der sekundäre Rang der Handlung im Briefroman der Normalfall. Das Interesse verlagert sich von außen nach innen, vom Geschehen auf die Reflexion. Dabei sind die verschiedensten Möglichkeiten grundsätzlich offen. Der Briefroman beginnt als Liebesroman, und zwar als elegische Reflexion über eine gescheiterte Beziehung; er kann genauso gut die Beziehung selbst darstellen, wie Rousseau es tut; ebenso kann er die allmähliche Entstehung einer Liebesbeziehung schildern, die dem oder den Protagonisten zunächst unbewußt bleibt. — Außerdem bietet sich der reflektierende Charakter des Briefromans dazu an, eine Vielfalt von nicht unbedingt nur das Individuum betreffenden Fragen anzuschneiden oder ausführlich zu erörtern. Montesquieu, Richardson, Rousseau, aber auch Goethe, Hölderlin oder Foscolo bringen in ihren Büchern oft in zentraler Position Briefe zu kulturkritischen, politischen, philosophischen, pädagogischen, theologischen oder literarischen Problemen unter. Es können durchaus Sittengemälde einer Epoche oder Gesellschaft entworfen werden, neue Strömungen der Geistesgeschichte sich des Mediums bemächtigen, um sich zu artikulieren (Mme de Staël, Tieck, Foscolo etc.). Die Spanne ist beinahe beliebig breit anzusetzen und reicht vom subtilsten Seelenerguß bis zum langatmigen Traktat.

Es ist evident, daß der Erfolg dieses proteusartigen Genus sich aus den geschichtlichen Umständen erklärt. Der Anfang liegt bei dem durch die französische Tragödie besonders geförderten Interesse für die psychologische Analyse, und das Bedürfnis der Aufklärung nach verstehender Objektivierung bei gleichzeitiger Anerkennung des autonomen Subjekts kommt der Gattung ebenso entgegen wie die Vereinzelung des sich selbst beobachtenden Subjekts in der Romantik.

Titel wie *La comédie humaine* (Balzac) oder *Le Rouge et le Noir. Cronique du XIXème siècle* (Stendhal) sind das Programm der neuen Epoche.

7.3. Perspektiven: Gattungskonstanz und historischer Wandel

Die Gattung Roman ist als Ganzes kaum adäquat zu fassen, obwohl genau dies das eigentliche Erkenntnisziel aller Bemühungen der Romananalyse ist. Die zahllosen Versuche, verallgemeinerbare Kategorien zu finden, illustrieren dieses Faktum gerade dadurch, daß immer nur historisch eingegrenzte Teilbereiche der Überlieferung in plausibler Form abgehandelt werden können. Das Beispiel des Briefromans sollte veranschaulichen, daß die Beschränkung mehr ist als ein Notbehelf. Sie gestattet, wenigstens einen Ausschnitt der Tradition in erhellender Weise darzustellen.

Dennoch ist ein anderes Faktum ebenso evident, nämlich die Tatsache, daß der Leser jeden Roman mit einer bestimmten Erwartungshaltung zur Hand nimmt. Sie setzt aus notwendigerweise vagen Gründen eine Konstanz der Gattung voraus, postuliert allem historischen Wandel zum Trotz und durchaus zu Recht ein gemeinsames Merkmal oder auch deren mehrere für jeden Roman, Erkennungszeichen des Erzählens, die, da sie verallgemeinerbar sein sollen, den Status von Strukturen haben müssen. Folglich sind die Fragen nach der Konstanz der Gattung immer zugleich Fragen nach Strukturen, die von dem historischen Erscheinungsbild unabhängige allgemeine Bestimmungen darstellen. Daraus ergeben sich die methodischen Probleme jeder Romananalyse.

TEXT 6

Überlegungen zur Methode:

The object of this book is to study the principles of structure in the novel. Those principles, it is obvious, cannot be located in any of example of fiction, however great. The method I shall employ, therefore, is the following. I shall divide the novel into a few rough and ready but easily recognisable classes; I shall consider not merely one kind of structure but several, discover if possible the laws which operate in each, and find an aesthetic justification for those laws. In all their manifestations, I shall then try to show, those laws spring from a common necessity and postulate a general principle.[31]

Das Problem, zumindest eines der Probleme, besteht darin, aus den historischen Erscheinungsformen des fiktionalen Erzählens die Fragen nach den Strukturen mit hinreichender Präzision für die Bestimmung allgemeiner Kategorien abzuleiten und dann ein allgemeines Strukturmodell des Romans zu erstellen, das diese Fragen umfassend zu beantworten gestattet. Muß man eventuell sogar zunächst von der Gattung Roman absehen und die Frage noch allgemeiner auf das Erzählen ('le récit') beziehen, wie Roland Barthes dies vorschlägt?

TEXT 7

Deduktive Bestimmung der Konstanten des 'récit':

Le récit est là, comme la vie. — Une telle universalité du récit doit-elle faire conclure à son insignifiance? Est-il si général que nous n'avons rien à en dire, sinon à décrire, modestement quelques-unes de ses variétés, fort particulières, comme le fait parfois l'histoire littéraire? Mais ces variétés même, comment les maîtriser, comment fonder notre droit à les distinguer, à les reconnaître? Comment opposer le roman à la nouvelle, le conte au mythe, le drame à la tragédie [. . .] sans se référer à un modèle commun? Ce modèle est impliqué par toute parole sur la plus particulière, la plus historique des formes narratives. [. . .]

Que dire [. . .] de l'analyse placée devant des millions de récits? Elle est par force condamnée à une procédure déductive; elle est obligée de concevoir d'abord un modèle hypothétique de description [. . .], et de descendre ensuite peu à peu, à parler de ce modèle, vers les espèces qui, à la fois, y participent et s'en écartent.[32]

Gesucht werden also Konstanten des Erzählens zunächst, und eingeschränkter auf das Problem des Romans bezogen, Konstanten der Gattung, die wie eine Art Tiefenstruktur in allen Vertretern der Gattung erkennbar sein muß und die sich gegen das historschem Wandel unterworfene Erscheinungsbild absetzen läßt. Aus dieser Frage ergibt sich (in Anlehnung an J. Piaget) ein

31   E. Muir, *The Structure of the Novel*, 7.

32   Roland Barthes, "Introduction à l'analyse structurale des récits", *Communications*, 8 (1966), 1f.

als Transformationsvorgang darstellbares Modell der Romananlyse, das das Problem der Gattungskonstanz im historischen Wandel scharf zu umreißen gestattet.

TEXT 8

Ein strukturalistisches Modell:
Überträgt man diese Grundkonzeption [i.e. einer Transformation] in die Gattungsforschung, so läßt sich das immer wieder diskutierte Zentralproblem einer überzeitlichen oder nur historischen Bestimmbarkeit des Gattungshaften in einer Synthese vermitteln, indem zwischen relativ oder absolut konstanten Tiefenstrukturen und den sich wandelnden historischen Transformationen, in denen sich die Tiefenstrukturen konkretisieren, unterschieden wird. Gegenüber dem normalen diachronen Subtraktionsverfahren hat dieses Modell den Vorteil, daß Konstanten und Variable nicht auf einer Ebene angesiedelt werden, sondern daß zwischen einer konkreten, historisch bedingten und historisch zu erklärenden Oberfläche und allgemeinen Relationen, die diese Oberfläche in spezifischer Weise realisiert, differenziert wird, und daß dergestalt Oberflächen- und Tiefenstruktur in ein spezifisches Dependenzverhältnis gebracht werden.[33]

Damit sind freilich die Konstanten der Tiefenstrukturen, die das Romanhafte an allen Beispielen der Gattung ausmachen, noch nicht bestimmt. R. Barthes' Grundunterscheidungen zwischen 'fonctions' (kleinen, isolierbaren Erzähleinheiten), 'actions' (den Personen) und 'narration' (dem Erzählen als der höchsten integrativen Ebene) ist zwar hilfreich, aber nicht auf den Roman speziell zugeschnitten, da auch andere Genera (z.B. Märchen, Novelle, Film) damit erfaßt werden können. Die Bestimmung geeigneter 'Dominanten' (Tynjanov) ist außerordentlich schwierig: "Wir setzen heute einen Roman nach dem Merkmal des Umfangs und der Art der Sujetentwicklung in Korrelation zum 'Roman'; einst unterschied man ihn nach dem Vorhandensein einer Liebesintrige."[34] Diese Merkmale sind zur Beschreibung der Gattung kaum geeignet, weil sie eher zufällige, wenngleich nicht unwesentliche Aspekte des Genres herausgreifen.

So unbezweifelbar die Gattungskonstanz ist, so wenig ist es gelungen festzulegen, worin sie besteht. Das ist auch bei einem historisch gewordenen Phänomen, dem eine Vielzahl von Realisierungen entsprechen, kaum anders zu erwarten. Doch die Literaturgeschichtsschreibung setzt einen Oberbegriff der Gattung voraus, und zwar gerade dann, wenn sie sich einem historisch eingegrenzten Fall zuwendet und dessen besondere Erscheinungsformen zu bestimmen sucht. Das ist am Beispiel des Briefromans abzulesen.

---

33 Klaus W. Hempfer, *Gattungstheorie: Information und Synthese,* UTB, 133 (München, 1973), 141.

34 J. Tynjanov, "Über die literarische Evolution", J. Striedter, W. Stempel, ed., *Texte der russischen Formalisten,* I (München, 1969), 451.

8. Problemfeld VIII:
ROMAN UND WIRKLICHKEIT

Hans Vilmar Geppert

8.0. Problemstellung und Lernziele

In diesem achten Problemfeld geht es abschließend und in übergreifender Sichtweise um "Roman und Wirklichkeit". Hier sind grundlegende Bestimmungen zu treffen. Zunächst bedarf der Wirklichkeitsbegriff selber der Reflexion. Der neuzeitliche Wirklichkeitsbegriff erfaßt Wirklichkeit, kurz gesagt, als 'gemachte', 'konstruierte', erfaßt — in Blumenbergs prägnanter Formulierung — "Realität als Resultat einer Realisierung". Dies hat Folgen für das Verhältnis von Wirklichkeit und Roman und führt zu einer entscheidenden Modifikation des Mimesis-Problems. Denn letztlich geht es nun nicht mehr darum, wie die Wirklichkeit — quasi als ein Äußeres, anderes — im Roman repräsentiert wird (Wirklichkeit *im* Roman), sondern darum, wie der Roman selber Wirklichkeit aufbaut (Wirklichkeit *des* Romans). Goethes Formel vom Roman als "subjektiver Epopöe" ist Anknüpfungspunkt für die Reflexion auf Subjektivität als Kategorie, die solche Wirklichkeitskonstitution beherrscht. Damit stellt sich des weiteren auch das Verhältnis von Roman und Gesellschaft neu. Schließlich muß nach der für den Roman spezifischen Weise der Wirklichkeitskonstitution in der Sprache gefragt werden. Alle Untersuchungsschritte sollen zugleich an einem Beispiel, dem Roman *Berlin Alexanderplatz* von Alfred Döblin, praktisch durchgespielt werden.

In diesem Problemfeld soll der Leser also
— anhand ausgewählter Positionen den neuzeitlichen Wirklichkeitsbegriff durchdenken lernen
— das Verhältnis von Roman und Wirklichkeit als Wirklichkeit des Romans erfassen lernen
— ein Modell der Wirklichkeitskonstitution des Romans durch Sprache kennenlernen, und schließlich
— die Erprobung dieses Modells anhand einer fortschreitenden Analyse von Döblins *Berlin Alexanderplatz* kritisch durchdenken.

8.1. Die Praxis der Wirklichkeitsbildung

Der Roman ist eine neuzeitliche Gattung. Sein Aufstieg zu einer Kunstform, der eigenes, ernsthaftes Interesse zugebilligt wird, findet endgültig erst im 17. und 18. Jahrhundert statt. Und im Grunde von Anfang an lassen sich diesem 'Aufstieg des Romans' die Stichworte 'bürgerlich' und 'aufklärerisch' zuordnen; sie sind seitdem zentral für die Romanwirklichkeit und ihren Begriff.

Das zeigen schon die äußeren Bedingungen für das literarische Leben dieser Gattung: der Roman braucht eine breite Leserschaft von gleichmäßig abschätzbarem Bildungsniveau, die genug Muße hat zum Lesen. Er setzt aber auch die industrielle Buchproduktion, nach Gesetzen des Marktes arbeitende Verleger und Buchhändler voraus, öffentliche Bibliotheken, Zeitschriften, in denen er angekündigt, publiziert und diskutiert werden kann usw. (vgl. oben Problemfeld 1).

Vom Aufstieg bürgerlicher Lebensformen getragen ist auch von Anfang an die inhaltlich entfaltete Welt des Romans; gerade die großen Romane des 17. und 18. Jahrhunderts machen das deutlich. Erst die Lockerung der Standesgrenzen und beginnende Nivellierung der Werte macht es z.B. in M. de Cervantes *Don Quijote* (um 1600), dem "ersten großen Roman der Weltliteratur" (Lukács),[1] für den Helden möglich, im Verkehr mit Hoch und Niedrig den Schein der Freiheit eines fahrenden Ritters selbst zu erfahren und dessen Ideal kritisch gegen die labile Wertwelt oder auch den platten Materialismus seiner Gegenüber zu kehren. Entwickelte Arbeitsteilung, Mobilität, Gesellschaftsverhalten als Rollenspiel, Konkurrenz als Prinzip aller Lebensbereiche, die fortschreitende Isolierung des Individuums usw., all das zeichnet sich deutlich bereits ab in H.J.C. von Grimmelshausens *Der abenteuerliche Simplizissimus Teutsch* (1669), wobei die Realität des Dreißigjährigen Krieges sozusagen einen historischen Vorgriff ermöglicht. Der Wert persönlicher Gefühle und eine Verinnerlichung des Liebes- und Eheverständnisses, auch dies kennzeichnend für bürgerliches Selbstverständnis und Sozialverhalten, sind Träger des Konflikts in Mme. de La Fayettes *La Princesse de Clèves* (1678), dem ersten Gesellschaftsroman im neuzeitlichen Sinne. Die Konventionalität der Rechtsnormen und der Moral, die Gefahr ihrer Abstraktheit, die Spannung zwischen individueller Selbstbehauptung und vorgegebenem, wenn auch wechselndem Raster des Verhaltens, wie sie erst eine bürgerliche Gesellschaft herausbilden kann, zwingen in H. Fieldings *The History of Tom Jones* (1749) das Findelkind und seinen Anspruch auf lebendige Selbstverwirklichung auf einen unvermeidlich individuellen Entwicklungsweg. Und der für das sich emanzipierende bürgerliche Selbstbewußtsein bezeichnende Gedanke, daß die Idee allgemeiner Humanität erst noch ihrer Realisierung bedarf, daß dazu ein Prozeß ausgreifender, jeweils persönlicher Bildung notwendig ist, daß aber das erreichbare Ideal auch materieller, ökonomischer Zweckmäßigkeit gerecht werden muß, all dies prägt J.W. v. Goethes *Wilhelm Meisters Lehrjahre* (1795/96), das klassische Vorbild des neuzeitlichen Bildungsromans.

---

1   Georg Lukács, *Die Theorie des Romans* (Neuwied: Luchterhand, ²1963), 103.

Wie gerade der zuletzt genannte Roman zeigen könnte, sind es in diesem bürgerlichen Rahmen im weitesten Sinne 'aufklärerische' Verhaltensweisen, bei Autoren wie Lesern, von denen der Roman lebt: stoffliche Neugier, Interesse am Individuellen, ja am Ausgefallenen und Ungewohnten, ernsthafte Beschäftigung mit 'niederen' Dingen und Verhältnissen, die Dignität persönlicher Erfahrungen, offene Formen der Kommunikation, des Urteils und der Argumentation, genug Selbstbewußtsein, um sich kritisch gegen Dogmen, Traditionen und Herrschaftsverhältnisse zu kehren, wo dies dem Verstand oder auch nur dem persönlichen Gefühl nötig erscheint, die Fähigkeit, feste Vorurteile, Verhaltensnormen und Weltbilder, sei es auch nur für die Dauer der Lektüre zu suspendieren, Sinn für historische Veränderungen, bzw. noch allgemeiner, für Bewegungen in der Zeit, für Entwicklungen, Umbrüche, das nicht mehr Wiederkehrende überhaupt, die Verbindung von Philosophie, Wissenschaft und Politik mit dem Alltag des Lebens, schließlich einen Begriff vom Menschen, der — seinem Anspruch nach — über religiöse, ständische oder nationale Fixierungen hinausreicht. So ist, um all dies in einem Punkt zusammenzufassen, nicht der idealisierte 'Held' das Signum des Romans, sondern der 'mittlere' Held, der lernen muß und Irrtümer begeht, und der dem Leser nicht als Vorbild, sondern als gleichwertiges Gegenüber begegnet.

Döblin: Berlin Alexanderplatz

Döblins *Berlin Alexanderplatz,* obwohl 1929 erschienen, steht durchaus in dieser Tradition. Jedes der genannten Stichworte trifft auch auf diesen Roman zu. Es handelt sich um einen spielerisch gelehrten Roman: Alltägliches, Abenteuerliches und phantastisch Außergewöhnliches greifen ineinander; im Zentrum steht ein Lernprozeß, in dem ein Außenseiter zu human verbindlicher Einsicht gebracht werden soll. Nicht zuletzt wird dazu die produktive Mitarbeit der Leser benötigt, die ständig, auch über den Horizont des Romanhelden hinweg, mit Erkenntnis- und Sinnproblemen einer konkret bezeichneten Realität konfrontiert wird. Insofern sucht Döblin nicht nur die Kontinuität zum klassischen Entwicklungs- und Bildungsroman des 18. Jahrhunderts (Fielding, Goethe, s.o.) zu wahren, auch die Historisierung und gesellschaftskritische Differenzierung des 19. Jahrhunderts (H. de Balzac, *La comédie humaine,* 1829—1848, G. Eliot, *Middlemarch* 1870/71, Th. Fontanes Berliner Romane, 1880—1897), und schließlich das Erzählen als Erkenntnis-Experiment (Flaubert, Joyce), all diese Fort- und Umsetzungen des aufklärerischen Impulses sind hier deutlich zu erkennen.

8.1.1. Wirklichkeit als 'geschaffene Geschichte' (G. Vico)

Will man diese hier noch mehr oder weniger ungeordnet aufgezählten 'aufklärerischen' Stichworte in einem ersten Sinn zusammenfassen und auf ihr gemeinsames Prinzip befragen, so bietet sich dazu zum Beispiel jener Grundgedanke im Wirklichkeitsbegriff der Neuzeit an, daß alle Wirklichkeit praktisch konstituiert, also erarbeitet, hergestellt werden muß. Als klassischer Text hierfür soll G. Vicos *Neue Wissenschaft* (1725) zitiert werden:

TEXT 1

Es ist eine Wahrheit, die man in keiner Weise in Zweifel ziehen kann, daß diese historische Welt ganz gewiß von den Menschen gemacht worden ist: und darum können (denn sie müssen) in den Modifikationen unseres eigenen menschlichen Geistes ihre Prinzipien aufgefunden werden. Die einzig erkennbare Wirklichkeit für uns ist daher die historische Welt, die die Menschen erkennen können, weil sie die Menschen geschaffen haben. [. . .] Denn es kann nirgends größere Gewißheit für die Geschichte geben als da, wo der, der die Dinge schafft, sie auch erzählt. So verfährt diese Wissenschaft gerade so wie die Geometrie, die die Welt der Größen, während sie sie ihren Grundsätzen entsprechend aufbaut und betrachtet, selbst schafft; doch mit um so mehr Realität, als die Gesetze über die menschlichen Angelegenheiten mehr Realität haben als Punkte, Linien, Flächen und Figuren.[2]

Die hier angesprochenen Probleme und Thesen sind gerade im Hinblick auf mögliche Wirklichkeitsbezüge des Romans noch heute interessant:

— seine Chance erhält der Roman offensichtlich nur dann, wenn Wirklichkeit im weitesten Sinne, also auch Natur und Technik einschließend, als Geschichte verstanden wird.

— Dann ist alle Wirklichkeit, auch die real vorgegebener Dinge, die nur als erkannte, d.h. begriffene und gedeutete 'wirklich' sind, Resultat einer Realisierung durch menschliche Subjekte: in der, so könnte man Vico umformulieren, 'praktischen Entwicklung der menschlichen Erkenntnis und des menschlichen Eingreifens in Realität' (die "Modifikationen unseres Geistes"), in diesem Prozeß also müssen die veränderlichen Instrumente, Gesetzmäßigkeiten und Ziele der Wirklichkeitsherstellung (die "Prinzipien" der Wirklichkeit) gesucht werden. Das Erzählen und Lesen von Romanen ist prinzipiell — fördernd, hindernd, entlastend usw. — ein Teil dieser Praxis.

— Vicos fragwürdige Folgerung: "sie können (denn sie müssen)", macht aber zugleich auch auf einen wesentlichen, inneren Widerspruch des neuzeitlichen Wirklichkeitsbegriffs aufmerksam. Die Realisierbarkeit der Realität ist immer problematisch. Die Wahrheit menschlicher Erkenntnis, aber auch und noch viel mehr der Sinn und Zweck menschlichen Eingreifens in die Realität, beides ist für die Neuzeit niemals sicher gegeben (etwa im Sinne göttlicher Offenbarung, endgültiger Lehrautorität, geradlinig fort-

---

2 Giambattista Vico, *Die neue Wissenschaft über die gemeinschaftliche Natur der Völker,* tr. E. Auerbach (1924; rpt. Berlin: de Gruyter, 1965), 125-139.

schreitender und wachsender Tradition des Wissens oder nur als Selbstevidenz sinnlicher Wahrnehmung). Auch das ist offensichtlich von zentraler Bedeutung für das Problemfeld 'Roman und Wirklichkeit': das Spiel mit Schein und Illusion, die Relativierung der vertrauten Realität durch das Unbekannte, ja Unerkennbare, auch das gehört seit je zu den charakteristischen Zügen dieser Gattung. Man könnte geradezu sagen: fast noch wichtiger als das Bemühen um die erkennbare Wirklichkeit ist für den Roman das Infragestellen, Durchbrechen, ja Zerstören ihrer nur scheinbekannten Verfestigungen oder täuschenden Abbilder.

– Der Satz: "sie können (denn sie müssen)" ist freilich auch noch in anderer Weise für das Problemfeld 'Roman und Wirklichkeit' hilfreich. Der Roman ist letztlich eine optimistische Gattung. Sein Aufstieg setzt die Überzeugung voraus, daß die Wirklichkeit nicht nur – wenn auch nach vielen Schwierigkeiten – erkennbar, sondern daß sie auch durch menschliche Arbeit, wozu eben auch die Arbeit des Erzählens gehört, sinnvoll gestaltbar ist. Und von dieser aufklärerischen Tradition zehrt noch deren extremste Reduzierung, selbst Verneinung – die als Argument eben doch auf etwas Anderes, Neues bezogen bleibt.

8.1.2. Wirklichkeit als ein zu realisierender Kontext (H. Blumenberg)

Zu dieser 'Praxis der Realitätskonstitution' nun läßt sich auch eine neuere These anführen. Deutlich in der Nachfolge Vicos, bzw. allgemeiner, der neuzeitlichen, 'kopernikanischen Wende' des Wirklichkeitsverständnisses, erklärt H. Blumenberg in einem Vortrag von 1963, *Wirklichkeitsbegriff und Möglichkeit des Romans:*

TEXT 2

Es ist unschwer zu sehen, daß dieser Wirklichkeitsbegriff eine gleichsam epische Struktur hat, daß er notwendig auf das nie vollendbare und nie in allen seinen Aspekten erschöpfte Ganze einer *Welt* bezogen ist, deren partielle Erfahrbarkeit niemals andere Erfahrungskontexte und damit andere Welten auszuschließen erlaubt. [. . .] *Realität als Resultat einer Realisierung,* als sukzessiv sich konstituierende Verläßlichkeit, als niemals endgültig und absolut zugestandene Konsistenz, die immer noch auf jede Zukunft angewiesen ist, in der Elemente auftreten können, die die bisherige Konsistenz zersprengen und das bis dahin als wirklich Anerkannte in die Irrealität verweisen können [. . .], Wirklichkeit als sich konstituierender Kontext ist ein der immer *idealen Gesamtheit* der Subjekte zugeordneter *Grenzbegriff,* ein Bestätigungswert der in der Intersubjektivität sich vollziehenden Erfahrung und Weltbildung.[3]

---

3   Hans Blumenberg, "Wirklichkeitsbegriff und Möglichkeit des Romans", H.R. Jauß, ed., *Nachahmung und Illusion,* (München: Fink, [2] 1969), 12f.

Daß jede 'Realität Resultat einer Realisierung' ist, diese These unterstreicht nochmals nachdrücklich die Praxisgrundlage jeder Wirklichkeit. Darüber hinaus aber zeichnen sich in diesem Text bereits in Umrissen jene Kategorien des Wirklichkeitsbezugs von Romanen ab, die wir in 8.4. vorstellen werden. Darauf weisen etwa die folgenden zentralen Stichworte bei Blumenberg hin:

— 'Wirklichkeit als sich konstituierender Kontext': Gerade auch die Reflexivform dieser Formulierung ist wichtig. Das heißt, Sprache im weitesten Sinne, also alles was zur Herstellung von Texten und Kontexten taugt, ist sowohl Voraussetzung als auch Ziel praktischer Realitätsarbeit im Roman.

— 'Partielle Erfahrbarkeit einer Welt': Der Roman ist immer aus individuellen, perspektivisch begrenzten Wirklichkeitsentwürfen aufgebaut; zur Wirklichkeit im Roman gehört immer ein Possesivpronomen, sie ist immer subjektiv gesehen und gestaltet (vgl. unten Kap. 8.2.).

— 'Verläßlichkeit' und 'Konsistenz': In einer wichtigen Dimension ist der Wirklichkeitsbezug des Romans "asemantisch",[4] beruht er auf formalen Verfahren der Kommunikation, Argumentation, Überzeugung, Widerspruchslosigkeit usw., d.h. auf dem 'Diskurs' des Romans selbst (vgl. unten Kap. 8.4.5.).

— Damit hängt folgerichtig der weitere Gedanke zusammen, daß erst der Adressat und Träger dieser 'Konsistenz', die 'Intersubjektivität' und 'Kommunität' (vgl. unten Kap. 8.3. und 8.4.) überzeugter Subjekte den Wirklichkeitsanspruch des Romans legitimiert.

— Dann aber bleibt eine volle, als Totalität realisierte Wirklichkeit ein 'Grenzwert'; gerade der Roman enthält immer eine Dimension des noch nicht Erkannten und noch nicht Verwirklichten, auf die wir im folgenden immer wieder zurückkommen werden.

— Und so kann man schließlich den Roman, darauf läuft alles bisher Gesagte hinaus, nicht, bzw. nicht in letzter Instanz daran messen, was er darstellt, abbildet oder bezeichnet. Über jede Wirklichkeit *im* Roman hinaus reicht die Wirklichkeit *des* Romans: eine real bedingte Praxis spezifisch literarischer Kommunikation über Realität, welche auf reale Wirksamkeit und breite, möglichst allgemeine Zustimmung zielt.[5]

---

4   Blumenberg, 22.

5   Als ergänzende Lektüre zu diesem Abschnitt empfehlen sich die im Literaturverzeichnis genannten Aufsätze von Blumenberg, sowie die Abhandlungen von Auerbach, Watt, Weimann; eine Einführung in die Probleme des Wirklichkeitsbezugs von Literatur seit der Antike gibt Kohl.

8.2. Die subjektive Wirklichkeit des Romans

Wenn, wie eben gezeigt, alle Wirklichkeit als Resultat einer Realisierung begriffen werden muß, dann ist sie immer "angewiesen auf eine Perspektive, in der diese erscheint, d.h. auf Subjektivität".[6] Und genauso ist dann auch für die Wirklichkeit des Romans deren unaufhebbare Subjektivität von zentraler Bedeutung — und Problematik.

8.2.1. Der Roman als subjektive Epopöe (J.W. v. Goethe)

In klassischer Weise spricht sich dieser Zusammenhang z.B. aus in der Korrespondenz der beiden folgenden *Maximen und Reflexionen* J.W. v. Goethes:

TEXT 3

> Wir wissen von keiner Welt als im Bezug auf den Menschen; wir wollen keine Kunst als die ein Abdruck dieses Bezugs ist.
> Der Roman ist eine subjektive Epopöe, in welcher der Verfasser sich die Erlaubnis ausbittet, die Welt nach seiner Weise zu behandeln. Es fragt sich also nur, ob er eine Weise habe; das andere wird sich schon finden.[7]

Hier werden wichtige Eingrenzungen in unserem Problembereich vorgenommen, die auch an das bisher Gesehene anschließen.

— so soll z.B. die Kunst ein 'Abdruck des Weltbezuges' sein, nicht einer der Welt. Sie bildet, wo sie sich auf Realität bezieht, nichts Vorgegebenes ab, sondern sie nimmt praktisch Teil an 'menschlicher Weltbildung' allgemein.

— Dies allerdings kann immer nur auf eine bestimmte 'Weise' erfolgen, also nach notwendig formalen Gesetzen, Hypothesen, Denk- und Verhaltensmustern usw.,

— solche Praxis steht überdies immer unter den je subjektiven Voraussetzungen eines bestimmten, individuellen oder kollektiven Trägers dieser 'Weltbezüge'.

— Und dies ist schließlich nicht nur ein Erkenntnisproblem: die antike 'Epopöe' als Maßstab für den Roman macht darauf aufmerksam, daß diese 'Weltbehandlung' auf nichts Geringeres zielen soll, als auf eine sozusagen 'wirklich humane Welt', abstrakt gesprochen, auf eine Totalität des verwirklichten Weltsinns.

— Damit weist dann aber die eher beiläufige Formulierung, "das andere wird sich schon finden", gerade der Form des Romans eine sehr weitgehende Aufgabe zu. Romanform und Subjektivität der Romanwirklichkeit haben offensichtlich aufs engste miteinander zu tun.

---

6 Blumenberg in der Diskussion seiner Vorlage: *Nachahmung und Illusion,* 200.

7 Johann Wolfgang von Goethe, *Werke,* Hamburger Ausgabe, ed. E. Trunz, Bd. 12 (Hamburg: Wegner, [6] 1967), 467 und 498.

8.2.2. Differenzierungen des Subjektiven (G. Lukács)

In der Tradition dieses Denkens[8] hat G. Lukacs in seiner *Theorie des Romans* (1916) die Problematik einer unvermeidlich subjektiven "Gesinnung zur Totalität" gegenüber einer unausweichlich empirischen Realität beschrieben. Wer aufmerksam liest, wird in der bildhaften Sprache dieses Essays viele Thesen und Probleme aus dem vorhergehenden Kapitel wiedererkennen.

TEXT 4

Wir haben die Produktivität des Geistes erfunden: darum haben die Urbilder für uns ihre gegenständliche Selbstverständlichkeit unwiederbringlich verloren und unser Denken geht einen unendlichen Weg der niemals voll geleisteten Annäherung. Wir haben das Gestalten erfunden: darum fehlt allem, was unsere Hände müde und verzweifelt fahrenlassen, immer die letzte Vollendung. Wir haben in uns die allein wahre Substanz gefunden: darum mußten wir zwischen Erkennen und Tun, zwischen Seele und Gebilde, zwischen Ich und Welt unüberbrückbare Abgründe legen und jede Substantialität jenseits des Abgrunds in Reflexivität zerflattern lassen; darum mußte unser Wesen für uns zum Postulat werden und zwischen uns und uns selbst einen noch tieferen und gefahrdrohenderen Abgrund legen. Unsere Welt ist unendlich groß geworden und in jedem Winkel reicher an Geschenken und Gefahren als die griechische, aber dieser Reichtum hebt den tragenden und positiven Sinn ihres Lebens auf: die Totalität.[9]

Was heißt hier 'wir'? Was macht die Subjektivität dieses in der Neuzeit wirklichkeitsbildenden, menschlichen Subjekts aus? Stellt man diese Frage an die *Theorie des Romans,* so erhält man mindestens vier verschiedene, aber untereinander genau zusammenhängende Bedeutungsdimensionen, und jede davon ist aufschlußreich für die Wirklichkeit des Romans, z.B. für die von *Berlin Alexanderplatz:*

— Zunächst und vor allem ist mit 'subjektiver Wirklichkeit' die Individualität jedes Wirklichkeitsentwurfs gemeint, der "subjektive Aspekt",[10] die begrenzte Perspektive, die jeder Realitätserkenntnis und -aussage anhaftet, sofern sie eben unvermeidlich auf jeweils Einzelne, ein "empirisch gestaltendes Subjekt"[11] zurückführbar ist. Hier liegt im Hinblick auf den Ro-

---

8   Vor allem aber ausgehend von der kontrastierenden Beschreibung des modernen, bürgerlich-aufklärerischen, 'prosaischen Weltzustandes' gegenüber der Sinntotalität des griechischen Epos in Georg W.F. Hegels Vorlesungen über *Ästhetik,* mit einer Einführung von G. Lukács, ed. F. Bassenge, 2. Aufl. (Berlin und Weimar: Aufbau Verlag, o.J.), Bd. 1, 178ff. und Bd. 2, 413ff.

9   Lukács, 27.

10   Lukács, 72.

11   Lukács, 45.

man z.B., wie man leicht sieht, der Ursprung der weitreichenden Erzähler-
und Erzählperspektive-Problematik (vgl. oben Problemfeld IV).

Auch in *Berlin Alexanderplatz* wird dieser subjektive Aspekt bewußt herausgearbeitet. Denn, wie Döblin einmal schreibt, "die Welt ist nicht ohne
uns [. . .] es gibt keine einzige Wahrheit in der Natur und in der Welt ohne
das Ich".[12] So spricht z.B. hier wiederholt der Autor aus eigener Sicht
und auf eigene Verantwortung; dasselbe gilt für die vielen Personenreden,
in denen ein Großteil der Romanhandlung und -welt präsentiert wird;
aber auch anonym auftretende 'Stimmen' sind als solche, eben in ihrer
Subjektivität, als begrenzt auffassende, urteilende und darstellende jeweils
genau zu identifizieren. Der Romanheld dient als ein Medium, ja ein
"Kraftzentrum",[13] das nach und nach im Grunde die ganze Welt des Romans erschließt. Aber auch andere Personen eröffnen Perspektivierungen:
man denke etwa an die inneren Monologe von Biberkopfs Widersachern
Lüders und Reinhold,[14] gerade dann, wenn sie sich anschicken, Biberkopf
zu schaden: die Spannung der Handlung treibt diese subjektiven Perspektiven im Aufbau der Romanwirklichkeit noch eigens hervor — freilich mit
dem Ziel, sie als gesellschaftlich aber auch als human-kreatürlich vorbe-
stimmt zu zeigen (vgl. unten Kap. 8.3. und 8.5.).

— Wenn so der Roman auf weite Strecken wie ein ständig wechselndes
Kaleidoskop erscheint, so wird damit nur auf extreme Weise eine andere
Bedeutungsdimension von 'subjektiv' sichtbar gemacht: es folgt ja auch
bereits aus dem im vorigen Kapitel Gesehenen, daß Wirklichkeit als Resultat einer Realisierung immer nach Bedingungen menschlicher Erkenntnis
und menschlichen Handelns strukturiert ist. Insofern ist sie in einem viel
radikaleren Sinne 'subjektiv' als in dem des je 'individuellen Aspekts'.
Denn diese Subjektivität ist auch durch eine Vervielfältigung der Aspekte
nicht aufzuheben, sie wird dadurch vielmehr gerade unterstrichen. Dies
ist, wie man leicht sieht, auch der Hauptgedanke des oben zitierten Ab-
schnittes aus Lukács' *Theorie des Romans*. Der 'Abgrund', von dem
Lukács spricht, besteht demnach zwischen dem Antrieb zum Handeln
und dessen Resultaten ebenso wie zwischen Intelligiblem und Faktischem,
Realobjekt und Erkenntnisobjekt, Gegenstand und Abbild, 'Text' der
Welt und dieser selbst.

Und wie zentral dieser Gedanke für die Romanwirklichkeit ist, wird für
unser Beispiel anschaulich u.a. an der Gestaltung des Raumes (vgl. auch
oben Problemfeld VI). *Berlin Alexanderplatz* ist durchsetzt von genauen
Ortsangaben, Benennungen von Straßen, Gebäuden, Bahnlinien usw., denen
eine Fülle von räumlichen Ansichten, z.B. vom durcheinanderflutenden

12 Alfred Döblin, *Unser Dasein,* ed. W. Muschg (Olten und Freiburg: Walter, 1964) 233.

13 Klaus Müller-Salget, *Alfred Döblin* (Bonn: Bouvier, 1972), 286ff.

14 Vgl. Alfred Döblin, *Berlin Alexanderplatz: Die Geschichte von Franz Biberkopf*
    (1961; rpt. München: dtv., 1965), 159ff., 268, 290, 292ff., 304f. 308, 311, 314ff.

Fußgängerverkehr, von Kneipen und Wohnungen usw. zugeordnet ist. Aber all dies bildet nicht nur eine Vorstellungs- und Karten-Welt für sich, die sich vor ihre geographische — ihrerseits ja auch nur begrenzt bekannte — Entsprechung schiebt. Sie wird auch allein dadurch zusammengehalten, daß sie sich im Verlauf des Romans immer deutlicher in einen Raum der Bedeutungen, Werte und Gefühle verwandelt: "fest auf seinen Beinen in Berlin"-Stehen (34), aber auch Herumtreiben oder Sich-Verkriechen, Auf- und Abstieg in der sozialen oder auch nur in der Ganoven-Hierarchie, Angezogenwerden von Menschen oder Gütern, den Boden der vertrauten Realität unter den Füßen verlieren, der zuschlagenden Gewalt ausgesetzt sein usw., es sind solche Bewegungen des Empfindens und Wertens, welche den Raum in *Berlin Alexanderplatz* immer mehr in eine Art Seelenlandschaft verwandeln. Und es ist so auch durchaus konsequent, wenn in den letzten Kapiteln die mythischen Figuren der Hure Babylon und des Todes, Sinnbilder, verdichtet aus Erfahrung und intellektueller Forderung des Autors, Projektionen seiner Angst wie der des Romanhelden und zugleich — wie v.a. die Bilder des 'Opfers' — Anschauungsformen einer experimentierend eingebrachten Hoffnung, wenn diese, eine Art Innenwelt bewohnenden Gestalten den ganzen Raum des Romans ausfüllen. Von da her aber eröffnet sich sogleich auch eine weitere Bedeutungsdimension von 'Subjektivität' bzw. 'subjektiver Realität'.

— Gerade in Lukács' *Theorie des Romans* wird als 'subjektiv' auch die Innenwelt des Menschen, also die Welt der Gefühle, Phantasien usw. bezeichnet. Und diese "Innerlichkeit der subjektiven Welt",[15] im Konflikt oder fluchtartig sich ablösend von der konventionellen, nüchternen, gefühllosen und von authentischen Werten entleerten Gesetzmäßigkeit der dann als 'objektiv' bezeichneten Außenwelt, dieses spannungserfüllte Verhältnis bildet eine typische Handlungsform im Roman des 19. Jahrhunderts (vgl. auch unten Kap. 8.3.). In *Berlin Alexanderplatz* jedoch ist diese Handlungsform des Gegensatzes von subjektiver Innerlichkeit und Außenwelt zunächst nicht tragend. Franz Biberkopfs Innenwelt ist von vornherein ein Abdruck des von außen an ihn Herangetragenen. Sein Lebensproblem ist das der krampfhaften Überanpassung an seine Umwelt, ("auf mir kannste dir verlassen", 157),[16] ohne daß er deren tiefe Widersprüchlichkeit, Vielschichtigkeit und das Gefährliche an ihr wahrzunehmen vermag: er "fühlte sich mächtig hingezogen" (49, 155), das ist eine für ihn typische Form des Sichverhaltens. Ja der Umstand, daß bei ihm Innen- und Außenwelt fast ungehemmt ineinander übergehen — seine Phantasien und Gefühle werden unmittelbar zu sinnlichen, physischen Tätigkeiten, der Umwelt begegnet er essend, herumgehend, zufassend — diese ganz unromantische Sensibilität macht ihn offensichtlich anziehend für den

---

15 Lukács, 86, vgl. 114ff.

16 Im Text zitiert wird die Ausgabe Alfred Döblin, *Berlin Alexanderplatz* (München: dtv., 1965).

Autor und begründet gewisssermaßen seine Überlebenschance (vgl. unten Kap. 8.5.). Aber die Problematik subjektiver Innerlichkeit wird damit im Ganzen nur vergrößert. Am Ende verwandelt sich der ganze Roman in eine einzige Innenwelt: etwas Gefordertes, Erwünschtes, Imaginiertes bildet im 'Neunten Buch' (377f.) den Höhepunkt, d.h. die Wende der Handlung. Und dies spielt in der "Irrenanstalt" bei völliger Bewußtlosigkeit des Romanhelden und ganz explizit der Verweigerung jeden Kontaktes zur Außenwelt. So ergibt sich eine gerade in ihrer Widersprüchlichkeit konsequente Situation. Statt des ehemaligen Strafgefangenen, der mit seiner humanen Überhöhung nahezu jede reale Repräsentanz verliert, steht der Autor, oder eigentlich der Romankonsens zwischen ihm und dem Leser, sofern er zustande kommt, steht diese von Bildern und ideellen Postulaten getragene Innenwelt einer Außenwelt gegenüber, die von all dem gar keine Notiz genommen hat.

— Aber auch so wird eine weitere, klassische Bedeutungsdimension von 'Subjektivität' in *Berlin Alexanderplatz* eingelöst. Als 'subjektiv' nämlich wird in Lukács' *Theorie des Romans* — aber sie ist hier nur Beispiel für eine breite Tradition — auch der prinzipielle, praktische, wirklichkeitskonstitutive Gegensatz menschlicher Subjekte zur konventionell oder natürlich vorgegebenen 'objektiven' Realität bezeichnet, oder doch die Fähigkeit dazu. Dieser Gegensatz kommt z.B. für Lukács in der menschlichen Anlage zu freier, ethischer Selbstbestimmung zum Ausdruck, wenn also allein die "Angemessenheit der Tat an das Wesen des Subjekts" in letzter Instanz den "Wegweiser" des "Seinsollenden"[17] abzugeben vermag. Allgemeiner gesprochen, dieses Moment subjektiv begründbarer Praxis, das von der Form des Romans unablösbar ist, macht diese immer zu einer Form der Aufforderung oder der Frage. Dem subjektiven Wirklichkeitsbezug des Romans kommt ein aktives, auf Veränderung zielendes, die Möglichkeiten des radikal Neuen suchendes Element zu. Insofern schließt ja auch Lukács' Essay nicht zufällig mit der "Hoffnung" auf die "Ankunft des Neuen" und den Ausblick auf "Anzeichen eines Kommenden", das "der unfruchtbaren Macht des bloß Seienden" entgegensteht.[18] Und ganz in diesem Sinne zielt auch Döblin in seinem Erzählen durch alle Realitätsnähe hindurch auf "Überrealität" (A 221),[19] auf das noch nicht verwirklichte Wirkliche als auf "einen anderen, wahreren und den Menschen gemäßeren Zustand" (A 235).[20]

17 Lukács, 30.
18 Lukács, 158.
19 Als "A" wird im Text zitiert: Alfred Döblin, *Aufsätze zur Literatur,* ed. W. Muschg (Olten und Freiburg: Walter, 1963).
20 Als ergänzende Lektüre zu diesem Abschnitt empfehlen sich die Bücher von Lugowski, Kahler, Brinkmann, Jauß.

8.3. Gesellschaft als Wirklichkeit des Romans

Der Problembereich 'Roman und Wirklichkeit' kann ein weiteres Mal eingegrenzt werden. Die Praxis der Wirklichkeitskonstitution, das zeigt im Grunde bereits die Problematik ihrer Subjektivität, d.h. die Voraussetzungen, an die sie gebunden ist, der Widerstand an den sie stößt, das Ziel, das sie als Einzelsubjektivität nicht zu erfüllen vermag, diese Praxis ist immer gesellschaftlich verfaßt.

8.3.1. Dimensionen gesellschaftlicher Wirklichkeitsproduktion (K. Marx)

Als klassische Formulierung dieses Gedankens sei hier Karl Marx' *Deutsche Ideologie* (geschrieben 1845/1846) zitiert. Und die Kontinuität der bisherigen Eingrenzungen ist dabei durchaus gewahrt. Denn gerade für Marx muß "der Gegenstand, die Wirklichkeit [. . .] als sinnlich menschliche Tätigkeit, Praxis [. . .] subjektiv"[21] begriffen werden. Daher gibt es für ihn auch nur "eine einzige Wissenschaft" von der Wirklichkeit, "die Wissenschaft der Geschichte".[22] Von zentraler Bedeutung ist gewiß die geschichtsphilosophisch-utopische, auf das Neue, andere gerichtete Dimension seines Wirklichkeitsbegriffs. Schließlich geht Marx ja auch von dem, für die Romanwirklichkeit so wichtigen, individuell-subjektiven Aspekt der Wirklichkeitsbildung aus.

TEXT 5

Die Voraussetzungen, mit denen wir beginnen, sind keine willkürlichen, keine Dogmen, es sind wirkliche Voraussetzungen, von denen man nur in der Einbildung abstrahieren kann. Es sind die wirklichen Individuen, ihre Aktion und ihre materiellen Lebensbedingungen, sowohl die vorgefundenen wie die durch eigene Aktion erzeugten [. . .], eine bestimmte Art der Tätigkeit dieser Individuen, eine bestimmte Art, ihr Leben zu äußern, eine bestimmte Lebensweise derselben. Wie die Individuen ihr Leben äußern, so sind sie. Was sie sind, fällt also zusammen mit ihrer Produktion, sowohl damit was sie produzieren, als auch damit wie sie produzieren. Was die Individuen also sind, das hängt ab von den materiellen Bedingungen ihrer Produktion, [. . .] Produktion des Lebens [. . .] als gesellschaftliches Verhältnis — gesellschaftlich in dem Sinne, als hierunter das Zusammenwirken mehrerer Individuen, gleichviel unter welchen Bedingungen, auf welche Weise und zu welchem Zweck, verstanden wird.

Hieraus geht hervor, daß eine bestimmte Produktionsweise oder industrielle Stufe stets mit einer bestimmten Weise des Zusammenwirkens oder gesellschaftlichen Stufe vereinigt ist, und diese Weise des Zusammenwirkens ist selbst eine 'Produktivkraft'.[23]

21 Karl Marx und Friedrich Engels, *Werke,* ed. Institut für Marxismus-Leninismus beim ZK der SED [= *MEW*] (Berlin: Dietz, 1958), Bd. 3, 5.
22 *MEW,* Bd. 3, 18.
23 *MEW,* Bd. 3, 20f. und 29f.

Marx' Theorie kann hier natürlich nicht um ihrer selbst willen erläutert und diskutiert werden. Aber wichtige Hinweise darauf, wie das Prinzip der gesellschaftlichen Wirklichkeitskonstitution für unser Problemfeld zu nutzen ist, lassen sich ganz direkt gewinnen:

— Jede Wirklichkeit, auch und gerade die erzählte und gelesene des Romans setzt, und zwar gerade in ihrer Individualität, die selbst ein Produkt ist, gesellschaftliche *Gesetzmäßigkeiten der Wirklichkeitsproduktion* voraus: von den ökonomischen und sozialen Bedingungen ("Produktionsformen" und "Lebensweisen") über das Feld der gesellschaftlich tradierten und wirksamen Vorurteile, Werte und Zwecke bis zu den Regeln des sozialen Faktums Sprache. Das "Ensemble der gesellschaftlichen Verhältnisse",[24] sofern es die Bedingungen aller wirklichkeitsbildenden Praxis zusammenfaßt, stellt auch deren Instrumente bereit. Und dieser Instrumente in ihrer gesellschaftlich-realen *Wirksamkeit* bedient sich auf seine Weise auch der Roman.

— "Wie die Individuen ihr Leben äußern so sind sie": zwischen der Produktions- und der Äußerungspraxis des gesellschaftlichen Lebens besteht ein kontinuierlicher Zusammenhang:

TEXT 6

Die Produktion der Ideen, Vorstellungen, des Bewußtseins ist [. . .] unmittelbar verflochten in die materielle Tätigkeit und den materiellen Verkehr der Menschen. Sprache des wirklichen Lebens. Das Vorstellen, Denken, der geistige Verkehr der Menschen erscheinen [. . .] als direkter Ausfluß ihres materiellen Verhaltens. Von der geistigen Produktion, wie sie in der Sprache der Politik, der Gesetze, der Moral, der Religion, Metaphysik usw. eines Volkes sich darstellt, gilt dasselbe.[25]

Je umfassender und unmittelbarer alles Vorstellen und Denken als 'materielle Tätigkeit und materieller, gesellschaftlicher Verkehr begriffen wird, um so bedeutsamer werden die Wirklichkeitsbezüge des Romans. Auch das Erzählen und Lesen, diese Kette von Aktionen und Reaktionen, wobei man imaginierend, denkend, aber auch gefühlsmäßig immer Stellung nimmt und einzuwirken sucht, die *diskursive Praxis* des Romans selbst also ist Teil der gesellschaftlich wirklichkeitsbildenden Praxis.

— Gesellschaftliche Verhältnisse, wenn auch oft sehr vermittelt, sind immer *Gegenstand* der Romane. So lassen sich z.B. verschiedene Typen und Untergattungen ausdifferenzieren (vgl. auch oben Problemfeld 7): auch der subjektiv-verinnerlichte Bekenntnis- und Briefroman beispielsweise, sofern er etwa von der Vereinsamung der Gefühle und Ideale erzählt, zielt kritisch oder doch melancholisch-leidend auf eine z.B. äußerlich zweckmäßig geordnete, ständische, ökonomische, familiäre Welt konventionel-

---

24 *MEW*, Bd. 3, 5f.
25 *MEW*, Bd. 3, 26.

len, gesellschaftlichen Wohlverhaltens. Der historische Roman, um eine
weitere Untergattung zu nennen, sucht häufig die Wendepunkte der Geschichte und den Auf- und Abstieg gesellschaftlicher Lebensformen darzustellen. So kontrastiert z.B. W. Scott in seinem klassischen historischen
Roman *Waverley* (1814) die noch feudal-gesellschaftlich geprägte Lebens-
und Denkweise der schottischen Hochland-Klans mit der bürgerlich-kapi-
talistischen Welt materieller Zweckmäßigkeit, kündbarer politischer Ver-
träge, individueller Verantwortung und Entscheidung usw., wie sie die
Gegenpartei und in einem liberal ausgleichenden Sinn auch der Romanheld repräsentiert. Dabei wendet sich dann der Erzähler zwar der Vergangenheit zu, aber aus rückblickender Perspektive, um eine Vorgeschichte zu
rekonstruieren, aber auch um einen Experimentierraum für geschichts-
mächtige Vorurteile, Legenden, Ideale etc. anzubieten. Und so beschäftigt
er sich mittelbar, durch die Vergangenheit hindurch, immer mit gegenwärtigen, gesellschaftlichen Verhaltenskonventionen, in denen diese Vergangenheit ja auch lebt.

– Schließlich, wie schon mehrfach angesprochen, zielt die Form des Romans in ihrem Wirklichkeitsanspruch über die gesellschaftliche Gegenwart
als ihren Gegenstand hinaus. Auch diese Romanwirklichkeit des noch
nicht Verwirklichten ist von Marx her direkt anzusprechen. Das 'wirkliche',
also ein das Wesen des Menschen verkörpernde Individuum ist, bzw. wäre,
erst das zu nicht entfremdeter Betätigung fähige und befreite; als 'wirklich
allgemeine Gesellschaft' kann, bzw. könnte, erst die einer zwangsfreien
Kommunität gelten; und entsprechend zugespitzt wäre die 'wirkliche
Wirklichkeit' erst die der realisierten Vernunft bzw. der humanen, verwirklichten Sinntotalität.

Wie sich diese Dimensionen gesellschaftlicher Wirklichkeitskonstitution im
Hinblick auf den Roman überlagern und in verschiedener Dominanz aus-
wirken können, soll nun an zwei neueren Beispielen gezeigt werden:

8.3.2. Strukturelle Homologie zwischen gesellschaftlich-ökonomischer und literarischer Geschichte (L. Goldmann)

Lucien Goldmann in seiner *Soziologie des Romans* (frz. 1964) geht aus – im
Anschluß an Lukács' Romantheorie[26] – von der 'strukturellen Homologie',
also dem gleichen Gesetz der Entwicklung, zwischen einer bestimmten,
klassischen Romanform, dem individuellen Entwicklungs- und Bildungsroman des 19. Jahrhunderts auf der einen Seite, und der Struktur des Warenverkehrs in der kapitalistischen Marktwirtschaft auf der anderen. Voraussetzung dieser strukturellen Homologie ist es, daß aufgrund der fortschreitenden 'Verdinglichung' aller Lebensbereiche (ihrer Auslieferung an die für

---

26 Vgl. Lucien Goldmann, *Dialektische Untersuchungen* (frz. 1959; dt. Neuwied:
Luchterhand, 1966), 283ff.

den Markt produzierten, dem Menschen wesentlich fremden Tauschwerte) in der bürgerlichen Gesellschaft "das Kollektivbewußtsein zunehmend jede aktive Rolle verliert und dazu tendiert, eine einfache Widerspiegelung des ökonomischen Lebens zu werden und im Grenzfall überhaupt zu verschwinden".[27]

Jedes Individuum, das dann an authentischen, also nicht bereits der Warenvermittlung unterworfenen (Gebrauchs-) Werten orientiert bleibt, also z.B. an Werten wie Freiheit, Gleichheit, Persönlichkeit, Liebe, am Wert des "Menschen als Teil einer im Werden befindlichen Totalität",[28] jedes so orientierte Individuum wird in sich selbst 'problematisch' und befindet sich zwangsläufig im Gegensatz zur 'Degradierung', die seine gesellschaftliche Umwelt prägt und die es selbst fortschreitend totaler erfaßt.

Goldmann stellt dann drei Stufen dieser fortschreitenden Verdinglichung fest:
— zunächst die klassisch-bürgerlich, zugleich biographisch und als Gesellschaftschronik strukturierte "Geschichte eines degradierten Suchens nach authentischen Werten innerhalb einer degradierten Welt".[29] Beispiele wären etwa Stendhals *Le rouge et le noir* (1830), H.de Balzacs *Illusions perdues* (1837—43), G. Flauberts *Education sentimentale* (1869) oder C. Dickens *Great Expectations* (1861).
— Dem folgt eine Übergangsperiode, in welcher das Individuum schwindet und 'abstrakte', z.B. wissenschaftliche, kulturtraditionelle, ideologische, psychologische etc. Gesetzmäßigkeiten und Hypothesen an seine Stelle treten. Goldmanns Beispiel bilden hier die Romane von A. Malraux; aber zu denken wäre etwa auch an G. Flauberts letzten Roman *Bouvard et Pécuchet,* sowie an die Romane von E. Zola, G. de Maupassant, Th. Hardy, J. Conrad oder den jungen Heinrich Mann.
— Den vorläufigen Höhepunkt dieser Entwicklung sieht Goldmann schließlich in einer Romanform erreicht, die, mit Kafka beginnend, über Becket zum 'nouveau roman' führt (N. Sarraute, A. Robbe-Grillet), und in der "die Abwesenheit jedes Subjekts und die Nichtexistenz jeder fortschreitenden Suche"[30] den Romaninhalt bildet.

Die Stärke dieser Theorie, ihre Geschlossenheit, ist freilich zugleich ihre Schwäche. Sie ist zu eng an der bloßen 'Handlung' orientiert, andere Möglichkeiten des Wirklichkeitsbezugs werden nicht gesehen. Es fehlt z.B. die wichtige kommunikative Dimension des Romans, d.h. das ebenfalls 'Werte' vermittelnde Zusammenwirken von Autor, Erzähler, Personen und Leser (vgl. unten Kap. 8.4.). Vor allem produziert hier bereits die Frage nach Homo-

---

27 Lucien Goldmann, *Soziologie des Romans* (frz. 1964; dt. Neuwied: Luchterhand, 1970), 32.

28 Goldmann, *Soziologie,* 38.

29 Goldmann, *Soziologie,* 22.

30 Goldmann, *Soziologie,* 36; zu Malraux vgl. auch 41ff.; zum "nouveau roman" 199ff.

logien ihr Ergebnis: Die 'Ungleichzeitigkeit des Gleichzeitigen', die Vieldeutigkeit, der Möglichkeitssinn, die dialektisch erst auf lange Sicht auflösbare Widersprüchlichkeit im Verhältnis ökonomischer, gesellschaftlicher und kultureller Produktionsformen von Wirklichkeit, wie sie z.B. Marx selbst immer wieder betont,[31] genau diese Möglichkeiten des Romans also bleiben ungenutzt. Seine Kreativität subjektiven Entwerfens und seine Utopiefähigkeit finden keinen Raum. Und so ließen sich gerade solche, für die Moderne klassischen Romane wie die von Joyce, Proust oder Musil mit den Goldmannschen Kategorien kaum adäquat erfassen.

Döblin: Berlin Alexanderplatz

Gleichwohl zeigt z.B. ein Blick auf *Berlin Alexanderplatz* auch den Erkenntniswert dieser Romantheorie. Man könnte geradezu sagen, daß Döblin die von Goldmann aufgewiesenen Strukturen bewußt in Szene setzt, daß er sie radikalisiert und sie zugleich abstrahierend lehrhaft durchdringt. So gewinnt er freilich auch Raum, sich von ihnen zu distanzieren. Die 'strukturelle Homologie' der universalen Verdinglichung beispielsweise zeigt Döblin an der Übersetzbarkeit aller Lebensbereiche in Formen des Warenverkehrs: die 'Kolonne Pums', eine Einbrecherbande, ist organisiert wie ein mittelständischer Betrieb und wird völlig nach unternehmerischen Gesichtspunkten geführt: "Heutzutage geht es in der Welt nicht bloß mit Stemmeisen und Gebläse, heute muß alles Geschäftsmann sein" (284). Und ganz analog ist die Welt der Zuhälter und Huren nicht als Gegensatz, sondern als entlarvend homogen zur bürgerlichen Gesellschaft gezeichnet.[32] Für den fließenden Übergang zwischen dieser Sphäre und der der Kleinbürger und Arbeiter, wurde Döblin seinerzeit heftig attackiert.[33] Wenn daher Franz Biberkopf, Transportarbeiter, Zuhälter, Totschläger, Zuchthäusler, Gelegenheitsarbeiter, wieder Zuhälter, Einbrecher, wenn so jemand in dieser Welt "anständig sein" will (8), d.h. die Maßstäbe erfüllen, die sie ihm bietet, dann ist dies in der Tat ein 'degradiertes Suchen nach authentischen Werten in einer degradierten Welt'.

---

31 Vgl. z.B. Karl Marx und Friedrich Engels, *Über Kunst und Literatur in zwei Bänden,* ed. M. Klien (Berlin: Dietz, 1967), Bd. 1, 59, 73, 74-78, 86f., 98, 107, 116f., v.a. 123ff., 140f., 158-163 (über die "aus der Zukunft" zu schöpfende "Poesie"), Bd. 2, 338ff.

32 "Die Welt dieser Ganoven ist der Bürgerwelt homogen; Franz Biberkopfs Weg vom Zuhälter bis zum Kleinbürger beschreibt nur eine heroische Metamorphose des bürgerlichen Bewußtseins." (Walter Benjamin, "Krisis des Romans: Zu Döblins 'Berlin Alexanderplatz'", *Die Gesellschaft,* 7 (1930); rpt. in Matthias Prangel, ed. *Materialien zu Alfred Döblin 'Berlin Alexanderplatz'* [Frankfurt: Suhrkamp, 1975], 108-114, 112).

33 Vgl. Prangel, *Materialien,* 86-100.

Aber für Döblin hat all dies nicht den Sinn einer feststehenden Wahrheit, sondern den einer Hypothese, mit der der Autor selbst sich auf die Suche begibt. Und während das zentrale Individuum von vorneherein ein Bündel kollektiver Verhaltensnormen ist, nur seine Lage macht ihn vorübergehend zum Außenseiter, treten 'abstrakte' Bedeutungsträger, naturwissenschaftliche Gesetze, Rechtsvorschriften, politische Parolen usw. gleichsam handelnd auf. Die von Goldmann aufgezeigten Entwicklungsstufen des Romans sind also gewissermaßen simultan rekonstruiert. Aber dies führt hier nicht in die von Goldmann angegebene Richtung. Döblin geht zwar bis an die Grenze z.B. absurder Situationen des Individuums, etwa wenn Biberkopf die Wände ansingt (11) oder zwanghaft seinen Wecker auseinandernimmt (100), bei dem Mann, der auf Annoncen hin kauft, nur um den Kauf sofort wieder zu kündigen (179ff.), und natürlich im Irrenhaus. Aber das sind alles präzise Situationen des Übergangs. Und der Autor stößt durchaus auf authentische Werte, bzw. sucht sie zu zeigen: Liebe, Sensibilität, vitale Lebensfreude, Lernfähigkeit und am Ende, ausblickhaft, humane Kommunität. Aber all dies ist real nicht mehr repräsentativ, sozial nicht festzumachen: innerliche Erlebnisse, individuelle Augenblicke, kulturell distanzierte Überlieferungen, wie die Geschichte von Isaac oder Hiob, kreatürliche Grenzsituationen, wie Franz' Tod und Läuterung am Romanende. Und die Bedeutung dieser Neuansätze ist in letzer Instanz allein der Sprache anvertraut und dem, was sie zu bewirken vermag. Das aber läßt sich mit Goldmanns' Romankonzeption nicht mehr fassen.

8.3.3. Die Kommunitäts- und Erkenntniskrise im Roman (R. Williams)

Im Gegensatz zu Goldmann[34] sieht Raymond Williams die Sprache und im weiteren Sinne alle kulturelle und literarische Produktivität nicht als Widerspiegelung, sondern als Teil der 'sinnlichen menschlichen Tätigkeit' allgemein und so als ganz unmittelbare gesellschaftliche Produktionsformen,

"necessarily social material activities [. . .] a necessary process of the making of meanings and values, in the necessary form of the general social process of signification and communication".[35]

In seiner Vorlesung *The English Novel from Dickens to Lawrence* (1970) sieht Williams z.B. den Roman als ein Medium, das bis in die Feinheiten des entwerfenden Erzählens hinein den gesellschaftlichen Wandel registriert ("the fact of mobility and alternative viewpoints"),[36] das ihn aber auch und

---

34   Zur Kritik an Goldmanns Modell struktureller Homologie vgl. Raymond Williams, *Marxism and Literature* (Oxford: O.U.P., 1977), 191ff.

35   Williams, *Marxism*, 100.

36   Raymond Williams, *The English Novel from Dickens to Lawrence* (London: Chatto and Windus, 1970), 36.

vor allem vorwegzunehmen vermag, das also zu Erfahrungen fähig ist und fähig macht, die noch gar nicht historische Wirklichkeit sind ("experience which was not yet history").[37]

TEXT 7

Society now was not just a code to measure, an institution to control, a standard to define or to change. It was a process that entered lives, to shape or to deform; a process personally known but then again suddenly distant, complex, incomprehensible, overwhelming.[38]

Gesellschaftliche Verhältnisse geben 'codes', Institutionen, Normen, Standards vor, also das, was oben 'Gesetzmäßigkeiten der Realitätsproduktion' genannt worden war. Aber das prozessuale 'Ensemble gesellschaftlicher Verhältnisse' fordert auch dazu auf, drängt und zwingt dazu, diese Vorgaben zu prüfen, zu kritisieren und zu verändern. An zwei Punkten nun wird für Williams im Hinblick auf den Roman dieser Prozeß anschaulich und fruchtbar. Zum einen kreisen die Romane immer von neuem im 19. Jahrhundert um eine 'Krise der erfahrbaren Gemeinschaft' ("the crisis of the knowable community"),[39] also um eine Krise jener Lebensbezüge, Überzeugungen und Gewohnheiten, welche die Individuen positiv erfahren und die für sie notwendige Voraussetzungen ihrer Wirklichkeitskonstitution sind: tragende Bindungen des Gefühls, Traditionen der Arbeit und Freizeit, die Kontinuität sinnlich-äußerlich vermittelten und dokumentierten Selbstbewußtseins:

TEXT 8

A knowable community, that is to say, is a matter of consciousness as well as of evident fact. Indeed it is to just this problem of knowing a community – of finding a position, a position convincingly experienced, from which community can begin to be known – that one of the major phases in the development of the novel must be related.[40]

Zum anderen, aber im Einzelfall so gut wie identisch mit dieser 'Krise der Kommunität', entsteht eine viel generellere, zugleich sinnliche wie abstrakte, die Formen der Erkenntnis ja der Sprache erfassende 'Krise der Erfahrung':

---

37 Williams, The English Novel, 11.
38 Williams, The English Novel, 13.
39 Williams, The English Novel, 15; vgl. zum Begriff 'Community' auch R. Williams, Keywords (Glasgow: Helm; London: Fontana, 1976), 65f.; G. Lukács, 64ff., gibt denselben Gedanken so wieder: Gegenstand der Epopöe ist das Schicksal einer "Gemeinschaft"; erst der Held des Romans erlebt seine Innerlichkeit und seine Abenteuer als Zerbrechen dieser Gemeinschaft, d.h. im "polemischen Sich-auf-sich-selbst-Besinnen der einsamen und verirrten Persönlichkeit" (65).
40 Williams, The English Novel, 17.

TEXT 9

A crisis of experience, often quite personally felt and endured, which when it emerged in novels was much more than a reaction to existing and acknowledged public features. It was a creative working, a discovery [. . .] a transformation and innovation [. . .]. It brought in new feelings, people, relationships; rhythms newly known, discovered, articulated; defining the society, rather than merely reflecting it.[41]

Man kann deutlich sehen, wie hier die 'crisis of experience' unmittelbar als "creative disturbance"[42] gesehen, und wie dabei die Sprache, die Entwerfungsfunktion des Erzählens, die Genauigkeit der Reflexion usw. gesellschaftlich ernst genommen wird: 'defining the society, rather than merely reflecting it'. So erhält z.B. das bloße Bekenntnis zu Gefühlswerten bei den Brontë-Schwestern, "the emphasis of want"[43] bei George Eliot, das schiere Durchhalten der Konflikte bei Th. Hardy usw. eigenes Gewicht in der sich verändernden Realität: "these facts of change can be seen lying deep in almost every imagination".[44]

So geht dann auch die Perspektive bzw. Dimension der noch nicht verwirklichten Wirklichkeit als Sinntotalität direkt in die sprachlich-literarische Kreativität ein. Denn der Roman nimmt einerseits diese Krisen der Kommunität als Krisen der Erfahrung auf, andererseits zielt er, eben als experimentierendes und kommunizierendes, literarisches Kunstwerk letztlich darauf ab, so etwas wie eine erfahrbare Kommunität zu entwerfen, vorzuschlagen, zu implizieren, wie verschieden sich dies im Einzelnen auch darstellt: "novels are in some sense knowable communities".[45] Damit ist im Grunde bereits der Übergang zur letzten Eingrenzung des neuzeitlichen Wirklichkeitsbegriffs im folgenden Kapitel vorgezeichnet.

Döblin: Berlin Alexanderplatz

Nur einen für Williams zentralen Gesichtspunkt wollen wir daher noch an *Berlin Alexanderplatz* ansprechen: Genau besehen fängt dieser Roman ja mit nichts anderem als einer Kommunitäts- und Erkenntniskrise an. Die Grenzsituation des entlassenen Strafgefangenen "vor dem Tor" (8), zwischen zwei Lebenswelten, radikalisiert dies sogar: denn die 'innere', vertraute Welt, von der er jetzt ausgeschlossen ist, wo jeder jeden kennt und jeder stets weiß, was er zu tun hat, diese Welt der Gefängnisordnung ist tief menschenfeindlich; und die äußere Welt der Stadt, in die Biberkopf hineingestoßen wird, mit ihren durcheinander laufenden, fremden Menschen, ihren

41 Williams, *The English Novel,* 11.
42 Williams, *The English Novel,* 85.
43 Williams, *The English Novel,* 76.
44 Williams, *The English Novel,* 12.
45 Williams, *The English Novel,* 14.

Straßenbahnen ins Ungewisse hinein usw. ist auf verstörende Weise unbekannt. So ist in der Tat das Ende der Haft der Beginn der Strafe — zugleich ja auch eine recht präzise Darstellung eines realen, gesellschaftlichen Problems. Bei Biberkopf, der alles sinnlich-körperlich erlebt und verarbeiten muß, äußert sich diese 'crisis of the knowable community' ja auch sogleich als Krise seiner sexuellen Potenz (25ff.), d.h. im weiteren Sinne als Krise der Kommunikation und Kreativität. Aber in einem noch weiteren Sinne, als Krise der Wahrnehmung, ist dieser gestörte Umweltbezug gleich auf den ersten Seiten sprachlich-bildhaft ausgedrückt:

"Man mischt sich unter die andern, da vergeht alles, dann merkst du nichts, Kerl. Figuren standen in den Schaufenstern in Anzügen, Mänteln, mit Röcken, mit Strümpfen und Schuhen. Draußen bewegte sich alles, aber — dahinter — war nichts! Es — lebte — nicht! Es hatte fröhliche Gesichter, es lachte, wartete auf der Schutzinsel gegenüber Aschinger zu zweit oder zu dritt, rauchte Zigaretten, blätterte in Zeitungen. So stand das da wie die Laternen — und — wurde immer starrer. Sie gehörten zusammen mit den Häusern, alles weiß, alles Holz." (9)

Man kann hier genau verfolgen, wie über den von vorneherein aussichtslosen Versuch, bei den 'anderen' dazuzugehören, die Krise der Erfahrung auf Erzähler und Leser übergreift. Aber der Erzähler spricht aus, übersetzt in suggestiv-anschauliche Entwürfe einer so noch nicht gesehenen Realität, was der Held nur dumpf empfindet.[46] Er zeigt eine Gefahr an, die Biberkopf wenig später wider vergißt; ja, dessen Scheinsicherheit am Ende des ersten Buches erweist sich in diesem Kontext, was der weitere Verlauf des Romans bestätigt, als noch gefährlicher als die anfängliche Verwirrung. So leiht der Erzähler aber auch dem Leser seine Sprache und seine Sehformen. Da der Held noch lange nicht dazu fähig ist, soll der Leser gleichsam zu einem neuen Sehen, Ordnen, Benennen und Durchdenken der Realitätsdaten animiert werden. Insofern ist von Anfang an in *Berlin Alexanderplatz* die schiere Fülle von Eindrücken und Informationen zugleich Krisensymptom und Kreativitätsangebot: "Man muß die Welt sehen können und zu ihr hingehen" (18) — "herankommen lassen" (393) — "ansehen, anfassen" (410), diese gleichsam den Roman einrahmenden Aufforderungen richten sich mindestens genauso an den Leser wie an den Romanhelden. Und in diesem Sinne soll, vorgreifend gesagt, sozusagen die 'Textur' des Romans in der Tat eine 'knowable community' als Sinnwirklichkeit herstellen helfen.[47]

---

46 Vgl. auch den Abdruck einer erkennbaren ersten und einer überarbeiteten Fassung (aus dem sog. 'Marbacher Manuskript') in Prangel, *Materialien*, 26-31 und 132: die erste Fassung zeichnet nur die Krise des Sehens auf, die zweite erweitert diese zur 'crisis of the knowable community'.

47 Als ergänzende Lektüre empfehlen sich außer den zitierten Autoren z.B. die Anthologien zur Marxistischen Literaturtheorie von Raddatz und Žmegač.

8.4. Die Sprachlichkeit der Wirklichkeitskonstitution

Alle bisher vorgestellten Eingrenzungen und Dimensionen des neuzeitlichen Wirklichkeitsbegriffs und ihre Relevanz für den Roman hängen kontinuierlich zusammen. R. Williams zeigt z.B. an J. Joyces *Ulysses* (1922), wie die Sprache, d.h. die Integration der Stimmen eine erfahrbare Kommunität herstellen kann: "the most deeply known human community is language itself"[48] — und die Nähe Döblins zu Joyce ist gerade unter diesem Gesichtspunkt unübersehbar. Man kann aber auch an jene These H. Blumenbergs erinnern, daß der 'intersubjektive Grenzwert' Wirklichkeit praktisch für die Neuzeit nur als ein "Kontext"[49] realisiert werden kann. Und wie eng andererseits Sprache, subjektive Wirklichkeit, also ihr Ausgehen vom Bewußtsein des Menschen, und deren gesellschaftliche Organisation zusammengesehen werden müssen, läßt sich direkt an Marx' Sprachbegriff zeigen. Denn eben in der oben zitierten *Deutschen Ideologie* ist "die Sprache [...] das praktische, auch für andere Menschen existierende, also auch für mich selbst erst existierende wirkliche Bewußtsein", immer ein Bewußtsein von 'Kommunität' und insofern "von vorneherein schon ein gesellschaftliches Produkt",[50] Produktionsform von Gesellschaft und im weiteren Sinne von kommuner Wirklichkeit.

8.4.1. Wirklichkeit als Sprachkommunität (C.S. Peirce)

Klassisch ausgesprochen findet sich dieser Gedanke von der Sprachlichkeit menschlich-subjektiver Wirklichkeitsbildung z.B. in C.S. Peirces *Theory of Cognition* (1868):

TEXT 10

Der Mensch schafft das Wort, und das Wort bedeutet nichts, das der Mensch es nicht bedeuten läßt, und das wiederum nur für irgendeinen Menschen. Aber da der Mensch nur mit Hilfe von Wörtern oder anderen äußeren Symbolen denken kann, könnten diese umgekehrt sagen: "Du meinst nichts, was wir dich nicht gelehrt haben, und also nur insoweit etwas, wie du dich an irgendein Wort als den Interpretanten deines Gedankens wendest." Tatsächlich erziehen sich daher Mensch und Wörter wechselweise, jedes Anwachsen der Information eines Menschen impliziert und wird impliziert von einem entsprechenden Anwachsen der Information eines Wortes. [...] Das Wort oder Zeichen, das der Mensch gebraucht ist der Mensch [...] so ist meine Sprache die Gesamtsumme meiner selbst.[51]

48 Williams, *The English Novel*, 167.
49 Blumenberg, 21.
50 *MEW*, Bd. 3, 31.
51 Charles S. Peirce, *Schriften zum Pragmatismus und Pragmatizismus*, ed. K.-O. Apel, tr. G. Wartenberg (Frankfurt: Suhrkamp, [2]1976), 79.

Auch dieser Wirklichkeitsbegriff basiert also auf einem Prozeß praktischer, gesellschaftlicher Wirklichkeitskonstitution (ein sinnlich äußerlicher, in Zeichen und Taten ständig realisierter "Gedankenstrom", "a train of thought")[52] in dem die Erkenntnis- und Kommunikationsarbeit des Einzelsubjekts, und zwar prinzipiell auch die falsche oder illusionäre, schon aufgrund ihrer Sprachlichkeit, gerichtet ist auf ein "potentielles [. . .] zukünftiges Denken der Gemeinschaft",[53] in dem allein volle Wirklichkeit, d.h. eine Sinntotalität des Wirklichen entsteht, bzw. entstehen könnte. Denn diese 'ideale Gesamtheit der Subjekte' ist, wie oben gesagt, ein 'Grenzwert' (Blumenberg); ob sie real erreicht wird, bleibt problematisch und ist immer ungewiß. Für Peirce, seiner vor allem erkenntnistheoretischen Frage entsprechend, wäre diese Wirklichkeit getragen von einer Kommunität des Forschens und Wissens:

TEXT 11

> Das Reale ist also das, in dem schließlich früher oder später Information und schlußfolgerndes Denken resultieren würden [. . .]. So zeigt eben der Ursprung des Begriffs der Wirklichkeit, daß dieser Begriff wesentlich den Gedanken einer Kommunität (community) einschließt, die ohne definitive Grenzen ist und das Vermögen zu einem definiten Wachstum der Erkenntnis besitzt.[54]

Das schließt, wie man deutlich sehen kann, an alles bisher Gesagte kontinuierlich an: das wirklichkeitsbildende 'Ensemble gesellschaftlicher Verhältnisse' in je subjektiver Praxis, das schon Marx als "Sprache des wirklichen Lebens"[55] bezeichnet hat, kann unmittelbar, d.h. eben als Wirklichkeit des Wirksamen, in der Sprache des Romans beobachtet werden — sofern man es auf die Idee einer 'noch nicht verwirklichten Sinnwirklichkeit als Kommunität' bezieht. Auch diese Einschränkung ist wichtig: man bringt sich um wesentliche Möglichkeiten des Romans, Wirklichkeit aufzuzeigen und an ihrer Herstellung praktisch mitzuarbeiten, wenn man die Abstraktheit und Problematik ihres Zusammenhangs zu unterschlagen versucht.

8.4.2. Sprachlich-fiktionaler Bedeutungsaufbau und mögliche Wirklichkeitsbezüge des Romans

Damit ist der Ausgangspunkt für eine Zusammenfassung des bisher Gesehenen gegeben. Das heißt, im folgenden soll ein Modell möglicher Wirklichkeitsbezüge des Romans vorgestellt werden, das anschließend (Kap. 8.5.) am durchgeführten Beispiel dieses Problembereichs, also an Döblins *Berlin Alexanderplatz* noch einmal veranschaulicht werden soll.

---

52 *ebd.*
53 Peirce, 80.
54 Peirce, 76.
55 *MEW,* Bd. 3, 26.

Daß in der Sprachlichkeit aller Wirklichkeitsbildung die eigentliche Chance
für den Wirklichkeitsanspruch des Romans liegt, diese zuletzt aufgestellte
Behauptung, in der unsere bisherigen Eingrenzungen des neuzeitlichen Wirklichkeitsbegriffs zusammenlaufen, läßt die Vermutung zu, daß die Dimensionen dieses Wirklichkeitsbegriffs, der ja auch und gerade in seiner Unsicherheit für den Roman verbindlich ist, ihrerseits bereits im Bedeutungsaufbau
des Romans vollständig angelegt sind. Denn dieser Bedeutungsaufbau geht
in allem von Sprache aus. Das hieße dann, daß es kein Residuum von Wirklichkeit geben kann, welches den Möglichkeiten sprachlicher Arbeit des
Romans prinzipiell entzogen wäre. Und die Probe auf die Richtigkeit dieses
Ansatzes wäre es, zu zeigen, daß im sprachlichen Aufbau einer Fiktion
immer schon und untrennbar verschiedene Wirklichkeitsbezüge, also jeweils
Aufhebungen des nur Fiktiven, hergestellt werden.

Um dies freilich Schritt für Schritt nachzuweisen, müßte man sehr weit ausholen. Soviel aber kann festgehalten werden: Fiktion und Realität sind nicht
nur komplementäre Begriffe, die ohne einander nicht zu denken sind, auch
praktisch realisiert ist das eine nie ohne das andere; man muß sie unterscheiden, eben weil man sie nicht trennen darf. Insofern lassen sich die folgenden,
ausgewählten Thesen zur Fiktionstheorie jeweils zu einer Kategorie oder
Dimension des Wirklichkeitsbezugs erweitern, die ihrerseits sich aus den Eingrenzungen des neuzeitlichen Wirklichkeitsbegriffs ergibt: in fünf Dimensionen,[56] das wäre der Vorschlag dieses Beitrags zur Romantheorie, kann
man zum Problem 'Roman und Wirklichkeit', ausgehend von der Sprachlichkeit aller Wirklichkeitskonstitution, Zugang gewinnen. Denn die Sprache des
Romans, gerade auch dann, wenn sie eine Fiktion aufbaut, ist in ihren Voraussetzungen, in den Möglichkeiten, die sie entwirft, in ihrer Praxis, in ihren
bezeichneten Gegenständen und in ihren Zwecken immer schon Teil der
wirklichkeitsbildenden Praxis allgemein. Jedes Element im Roman kann
einen Wirklichkeitsbezug eröffnen.

8.4.3. Gesetzmäßigkeiten der Wirklichkeitsbildung

So setzt jede Erzeugung von Fiktion offensichtlich sprachliche Gesetzmäßigkeiten und wie diese strukturierte Gesetzmäßigkeiten des Verhaltens voraus,
eine 'Sprache des wirklichen Lebens', die Autor wie Leser unmittelbar (indem sie sie ständig gebrauchen) oder mittelbar (sofern sie sie lernen müssen)
zugänglich ist. Und diese 'Codes' des Sprechens, Denkens und Sicherverhaltens existieren in Wirklichkeit; so schreibt z.B. M. Červenka:

---

56 Ihre Zahl und Einteilung folgt, was hier nicht weiter begründet werden kann,
    Peirces Unterscheidung von zwei 'Objekten' und drei 'Interpretanten' eines jeden
    Zeichens. Vgl. z.B. C.S. Peirce, *Collected Papers,* Bd. 8, ed. A.W. Burks (Cambridge/Mass.: Harvard U. P., 1958), 227ff.

TEXT 12

Was in Wirklichkeit im kollektiven Bewußtsein existiert, ist ein uner-
meßlich reiches und kompliziertes System von Codes, auf die sich das
Werk im Augenblick seiner Entstehung und Aufnahme beruft. Es ist
vor allem natürlich die allgemeine Struktur der Sprache [. . .]. Wenn wir
den Prozeß der Kommunikation begreifen wollen, so dürfen wir uns
allerdings diese Codes nicht als mechanische Summierungen vorstellen,
als Repertoires von Zeichen, sondern als strukturierte Komplexe intersubjektiv gültiger Instruktion für die selbständige schöpferische Tätigkeit ihrer Benutzer.[57]

Solche subjektiv-intersubjektiven 'Codes des kollektiven Bewußtseins' sind
freilich immer in objektiven, realen Verhältnissen begründet, also historisch-
gesellschaftlich übermittelt und vorgegeben: Instrumente, Bedingungen, Regeln der Realitätsproduktion, sprachliche Kompetenzen, Kompetenzen
wechselnder 'Lebenswelten', gesellschaftliche Konventionen, Ordnungen
und Zwänge, ökonomische Bedingungen und Systeme, Werte, Überzeugungen, Ideologien usw., kurz alles was irgendwie die Form einer Regel bzw.
Gesetzmäßigkeiten hat. Der Roman realisiert es, indem er es anwendet,
demonstriert, prüft, bestätigt, aber auch, und insbesondere, indem er es kritisiert. Und das heißt, der Wirklichkeitsbezug dieser Gesetzmäßigkeiten für
den Roman liegt in ihrer realen Wirksamkeit.

8.4.4. Wirklichkeitsentwürfe

Eine weitere Möglichkeit der Fiktion, die insbesondere literarisch-künst-
lerisch intensiv genutzt werden kann, ist es, Entwürfe möglicher Realitäten,
also Modelle von Möglichkeitswelten herzustellen. Darauf weist z.B. die
folgende These von F. Mevrell hin:

TEXT 13

A fiction is ultimately an incomplete model of a part of the potential
lying within an R(eal) W(orld). Yet the model can never 'say' directly
what it models; it can only 'display' it. [. . .] What was construed to be
fictional always contains within itself the potentiality for becoming
'real'.[58]

Diese Entwürfe sind insofern immer subjektiv als sie immer nur Vorschläge
möglicher Realitäten zu umreißen vermögen: Gegenstandsbereiche, Sche-
mata, Horizonte, Bilder, Ansichten, Typen, Filter des Vorstellbaren sozusagen, die aller zu erfahrenden Realität gewissermaßen 'vorgeschaltet' sind.
Und indem der Roman sie nur entwerfen und vorstellen ('display') kann,

---

57 Miroslav Červenka, *Der Bedeutungsaufbau des literarischen Werks,* ed. F. Boldt
    u. W.-D. Stempel (München: Fink, 1978), 21 und 23.

58 Floyd Mevrell, "Understanding Fictions", *Kodikas/Code,* 2 (1980), 245.

auch ihre Inhalte nicht real existieren müssen, ist ihr spezifischer Wirklichkeitsbezug — natürlich im Kontext nicht ihr einziger — allein der ihrer Anschaulichkeit, Dichte, Präzision, Faszination usw.

8.4.5. Die Praxis der Kommunikation und Erkenntnis

Alle diese Wirklichkeitsbezüge hängen unlösbar zusammen, was natürlich
nicht ausschließt, daß sie in verschiedenen Werken oder Teilen eines Werkes
verschieden dominieren können. Denn jeder Wirklichkeitsbezug läßt sich
nur realisieren im praktisch-kommunikativen Zusammenwirken von Autor/
Erzähler und implizitem/realem Leser (vgl. dazu auch oben Kap. 2 und 4).
Und das heißt, daß es immer sprachliche Verlaufsformen dieser Erzähl- und
Lese-Praxis gibt: von der Sprache des Romans gesteuerte Organisationsfor-
men des Vorstellens, Denkens, Argumentierens usw., die zusammen eine
eigene, von allen anderen abzuhebende Kategorie des Bedeutungsaufbaus
einer Fiktion bilden. Auf diesen 'Diskurs' des Romans (s.u. Kap. 8.4.6.)
auf die "Dynamik des Bedeutungsgeschehens" (Červenka),[59] gehen, am Beispiel der Perspektivik, auch die folgenden Thesen von E. Lobsien ein:

TEXT 14

Die Bewußtseinsakte, die der Leser durchführt [. . .], die perspektivische
Auffassung der dargestellten Sachverhalte [. . .], die spezifische Technik,
mit der ein Text seinen Leser in die Perspektivität einholt [. . .]: jede
einzelne perspektivische Auffassung ist nur ein Stadium in einem Geschehen zwischen Text und Leser.[60]

Diese im Roman aufgeschriebene Praxis der Kommunikation ist zwar die
Grundlage aller Wirklichkeitsbezüge des Romans, aber ihr eigener Wirklich-
keitsausweis als Text, d.h. gewissermaßen als 'Partitur' des realen Lese- und
Verstehens-Prozesses, kann nur ein formaler sein. Er beruht und zielt auf
Argumentation, Überzeugung, Funktionalität der Teile, Kontinuität und
Schlüssigkeit des Zusammenhanges — oder die Begründbarkeit seines Feh-
lens, und so fort.

8.4.6. Die bezeichnete Realität

Die Sprache des Romans bezieht sich immer auf etwas, bezeichnet als ganze
etwas, das nicht nur Sprache, Vorstellung und Gedanke ist. Jede Fiktion
hat Gegenstände, bzw. nach der Terminologie von T. Todorov, jeder 'Diskurs' hat eine 'Geschichte':

---

59 Červenka, 29.
60 Eckhard Lobsien, *Theorie der literarischen Illusionsbildung* (Stuttgart: Metzler,
    1975), 3, 18, 49, 70.

TEXT 15

Au niveau le plus général l'oeuvre littéraire a deux aspects: elle est en même temps une histoire et un discours. Elle est histoire dans ce sens qu'elle évoque une certaine réalité, des événements qui se seraient passés, des personnages qui, de ce point de vue, se confondent avec ceux de la vie réelle. Cette même histoire aurait pu nous être rapportée par d'autres moyens; par un film, par exemple; on aurait pu l'apprendre par le récit oral d'un témoin, sans qu'elle soit incarnée dans un livre. Mais l'oeuvre est en même temps discours: il existe un narrateur qui relate l'histoire; et il y a en face de lui un lecteur qui la perçoit. A ce niveau, ce ne sont pas les événements rapportés qui comptent mais la façon dont le narrateur nous les a fait connaître.[61]

Auf den 'Diskurs' sind wir oben in Kap. 8.4.5. eingegangen. Als 'Geschichte' nun gilt es immer zwei gegenständliche Kontexte in Zusammenhang zu bringen: fiktive Gegenstände, also aufgrund sprachlich-erzählerischer Angaben regelmäßig verdichtete, aber auch — was freilich umstritten ist[62] — reale, historische, die unabhängig sind davon, was ein Roman über sie erzählt, sofern er sie nur (z.B. durch Namen, Ortsangaben, Identifikationsmerkmale etc.) bezeichnet und sofern der Leser von ihnen weiß. Das kommt z.B. auch in der folgenden These von F. Mevrell, einer notwendigen Ergänzung zur oben (Kap. 8.4.4.) zitierten, zum Ausdruck:

TEXT 16

Fictions are possible only with respect to a particular perceived and conceived R(eal) W(orld). [. . .] To be properly imagined, it (the fictional world) must be related to that R(eal) W(orld) frame. It must [. . .] be imagined as if it were both fictional and 'real' in simultaneity.[63]

Im Hinblick auf das Problemfeld 'Roman und Wirklichkeit' läßt sich das hier Gesagte noch genauer fassen; es ist, wenn auch oft sehr vermittelt, immer die je gegenwärtige, historisch-gesellschaftliche Realität — nur von ihr aus eröffnet sich das Vergangene, an ihr bricht sich das Phantastische, von ihr stößt sich das Utopische ab — welche der Roman als Gegenstand darstellt, auf die er hinweist, worauf er sich als seinen realen Kontext bezieht. Ihr Wirklichkeitsbezug ist dann der, auch außerhalb des Romans erkennbar und insofern genau, wenn auch verschieden weit oder eng, ein- oder vieldeutig usw. bezeichnet zu sein.

---

61 Tzvetan Todorov, "Les catégories du récit littéraire", *Communications*, 8 (1966), 126.

62 Vgl. z.B. Käte Hamburger, *Die Logik der Dichtung*, (Stuttgart: Klett, ²1968) und in ihrer Nachfolge Johannes Anderegg, *Fiktion und Kommunikation* (Göttingen: Vandenhoeck, 1973).

63 Mevrell, 242 und 244.

8.4.7. Die Wirklichkeits-Idee des Romans

Auch der Roman als ganzer eröffnet einen Wirklichkeitsbezug. Und diese "Bedeutungsganzheit" und "innere Intentionalität" eines Romans (Červenka),[64] sein "Sinnhorizont" im ganzen (Lobsien)[65] reicht notwendig weiter als alle anderen Wirklichkeitsbezüge. Er bezieht sich immer auf mehr, als was der Roman an Gesetzmäßigkeiten demonstriert, an bloß möglichen Realitäten entwirft, als praktischer Kommunikationsprozeß argumentatorisch leistet oder in der historisch-gesellschaftlichen Welt real bezeichnet. Sinn und Zweck der praktischen Realitäts-Arbeit des Romans, so könnte man auch sagen, zielt immer auf eine Dimension noch nicht verwirklichter Wirklichkeit. Und das, was solcherart allen anderen Wirklichkeitsbezügen übergeordnet und im Sinne noch zu leistender Realisierung offen ist, kann dann nur eine (regulative) Idee der Sinntotalität des Wirklichen sein. Das ist die für den Roman konstitutive "Gesinnung zur Totalität" (Lukács).[66] Ihr Wirklichkeitsbezug kann insofern nur 'regulativ' sein (d.h. die Erkenntnis, den möglichen Konsens zwischen Autor, Text und Leser als Zweck leiten), als die Wirklichkeit, auf die er hinweist, nirgends gegeben oder vorgegeben ist. Worauf es allein ankommen kann, ist, daß sie zwingend (also 'objektiv') als human notwendig (also 'subjektiv') erwiesen wird. Und wenn man von der praktisch-kommunikativen Grundlage aller Romanwirklichkeit ausgeht, sofern diese Teil wirklichkeitsbildender Praxis allgemein ist, dann kann man auch folgern, daß es sich bei dieser Sinntotalität um eine, zumindest im Text des Romans belegte, Vorwegnahme humaner Kommunität handeln muß. Insofern wären dann Romane in der Tat, wie R. Williams schreibt, "knowable communities".[67] Gerade das zuletzt gesagte zeigt A. Döblins *Berlin Alexanderplatz,* auf den wir abschließend noch einmal eingehen wollen, besonders beispielhaft auf.

64 Červenka, 29.

65 Lobsien, 18.

66 Lukács, 53.

67 Williams, *The English Novel,* 14; auch die anderen vier hier vorgestellten Wirklichkeitsdimensionen lassen sich bei Williams prinzipiell wiedererkennen, wenn man z.B. die verschiedenen Möglichkeiten von 'realism' betrachtet, die er in seinen *Keywords,* 218-220 vorstellt: die Gesetzmäßigkeiten der Wirklichkeitsproduktion spricht Williams an als "the movement of psychological or social or physical forces" und als "a conscious commitment to understanding and describing these"; die anschaulichen Wirklichkeitsentwürfe erscheinen als "representations of [. . .] features [. . .] radically different from the objects represented"; ein Wirklichkeitsbezug als Praxis der Erkenntnis und Kommunikation stützt sich auf "method", "set [of representations]" und "specific practices of writing"; und wenn "social and physical reality" [man müßte ergänzen auch 'historical reality'] "the basis of literature" bilden, ergibt sich folgerichtig eine weitere Dimension des Wirklichkeitsbezugs.
Als ergänzende Lektüre zu diesem Abschnitt empfehlen sich außer der zitierten Literatur die auf beispielhafte Weise von der Sprache ausgehenden Romaninterpretationen von Lodge.

8.5. Die Wirklichkeit der 'Gewalt' und ihre Überwindung in "Berlin Alexanplatz"

Döblins Roman bietet sich als Beispiel für das zuletzt Gesehene im mehrfachen Sinne an. Zunächst einmal hat Döblin sich selbst mehrfach zur Erzähltheorie geäußert, so daß am Ende dieses Kapitels nochmals eine inzwischen ja auch schon klassische Meinung zu den Fragen unseres Problembereichs vorgestellt werden kann. Sodann ist dieser Roman insofern auch ein formales, aber auf Wirklichkeit zielendes Experiment, als die einzelnen Dimensionen des Wirklichkeitsbezuges hier ganz bewußt aus der Sprache heraus entwickelt werden. Denn Sprache, das sind für Döblin

TEXT 17

die in Worte und Sätze gefaßten Gedanken, Vorstellungen [. . .] die Wortabbildungen der Wirklichkeit, [. . .] welche den Geist von Generationen [enthalten]. Sprache ist nicht Material. Sprache hat ihre eigenen Produktionskräfte, die latent sind und ruhen, aber bei der Begegnung mit dem Dichter aktiv werden um sich zu manifestieren (A 91, 240, 236).

Experimentell aber ist *Berlin Alexanderplatz* auch in dem Sinne, daß hier die einzelnen Dimensionen des Wirklichkeitsbezugs immer wieder, sozusagen wie Solostimmen, herausgehoben werden. Das erleichtert die Anschaulichkeit, denn prinzipiell müßten alle Wirklichkeitsdimensionen an jedem Element des Romantextes aufzeigbar sein, nur eben oft als sehr implizit und komplex. So aber läßt sich ein zentraler Aspekt der Romanwirklichkeit kontinuierlich durch seine verschiedenen Dimensionen hindurchverfolgen: die Wirklichkeit der 'Gewalt' und des Krieges.

Die Normen und Regeln der Gewalt, die am Ende des Romans in den Krieg führen, sucht Döblin von Anfang an tief im Alltag aufzuzeigen. Und diese Gesetzmäßigkeiten der Sprache und des Verhaltens wachsen hier unmittelbar aus dem 'Ensemble gesellschaftlicher Verhältnisse' hervor:

TEXT 18

In die tiefste Einsamkeit nimmt jeder Künstler, jeder Schriftsteller die Gesellschaft, in der er lebt, mit. Sie ist es, die mit ihm zusammen dichtet und formt, in der Sprache, in den Urteilen, Bildern und Begriffen, die er mitgenommen hat. [. . .] Man glaubt zu sprechen und man wird gesprochen, oder man glaubt zu schreiben und man wird geschrieben. (A 201/202)

Es ist z.B. auffällig, wie viel von den zusammenmontierten Sprachelementen in *Berlin Alexanderplatz* die Form der Aufforderung hat, der Gesetzesvorschrift, der sprichwörtlichen Regel, des Werturteils usw., und wie oft nun dabei auf die eine oder andere Weise zur Gewalt aufgefordert wird; man denke etwa an die anonymen 'Stimmen' am Anfang: "Haltung ausgehungertes Schwein, reiß dich zusammen, kriegt meine Faust zu riechen" (9), oder "kannst sie ja kaputtschlagen" (*ebd.*) oder "Blut muß fließen, Blut muß fließen, Blut muß fließen knüppelhageldick" (74) usw. Und dieser verbalen Gewaltausübung lassen sich dann viele Verhaltensnormen und Muster zuordnen, die im Roman in ihrem Funktionieren gezeigt werden: das Gefängniswesen (8ff.), wirtschaftliche Verteilungskämpfe (52f.), ein Arbeitsleben, welches ganz wörtlich die Menschen zerstört (34ff., 149, 251ff.), politische Parolen und Diskussionen, die in Wut und Haß enden (70ff., 237ff.), Vergewaltigung, Besitzdenken, rabiate Eifersucht in der Liebe (31, 84/85, 96, 300ff.) und das breite Feld des Verbrechens. All dies, nicht nur Worte im engeren Sinne, sondern praktische 'Sprache des wirklichen Lebens' ist gemeint, wenn es am Ende des Romans heißt: "da rollen die Worte auf einen an, man muß sich vorsehen, daß man nicht überfahren wird" (410).

Neben diesen 'Gesetzen der Gewalt' stehen Entwürfe drohender Wirklichkeiten, die in *Berlin Alexanderplatz* — ein expressionistisches Erbe — besonders eindrucksvoll sind. Döblin betont auch theoretisch wiederholt, wie wichtig für ihn die "genaue Phantasie" ist (A 95), die "Aufhellung" (A 120) und "Ausfühlung" (A 340) von bildhaft anschaulichen Vorstellungen, gerade auch solchen, die einer Angst und Bedrohung Ausdruck verleihen, die nicht, oder noch nicht, oder nicht endgültig gegenständlich geworden ist. Solche Entwürfe gefährlicher Realität beginnen schon mit dem 'umgedrehten Kopf' des Franz Biberkopf (8) und dem 'Hineinstechen der Gabeln beim Essen' (9); dann kommen die 'rutschenden Dächer' (11), die bildhaft analogisch durchgearbeitete Beschreibung der Schlachthöfe (117), die Dampframme auf dem Alexanderplatz (144), die "bösartige Stille", die Reinhold, Biberkopfs Gegenspieler, bei seinem ersten Auftreten verbreitet (155f.), die "schwarzen Wasser" im Wald (176), die Walze aus Eisen (187), die eingerissene Mauer, hinter der eine eisige Luft hereinströmt (201/202), die alles zermalmende Mühle (345/346), das Anrennen des Sturmes (378) und schließlich das blitzende Beil des Todes (389ff.): alles Bilder möglicher Wirklichkeiten. Denn all diesen Textstellen ist gemeinsam, daß sich die Seh- und Vorstellungsformen sofort von dem Gegenstand, an dem sie anschaulich werden, ablösen. So werden sie verfügbar für andere, mögliche Realien: für Menschen statt Tieren oder Dingen, für gesellschaftliches Verhalten statt individuellem Erlebnis, für Veränderungen in der Zeit statt solchen des Raumes usw. Und die Anschaulichkeit dieser Entwürfe greift genauso leicht über die Fiktionsgrenze der Romanwelt hinaus, wie die Wirksamkeit der Gesetzmäßigkeiten gleichsam 'von außen' in den Roman hineindringt. Wenn entsprechend der Roman einerseits Verhaltensnormen zu kritisieren vermag, so vermag er andererseits die Erfahrbarkeit der Realität zu vergrößern, und sei es z.B. nur durch eine verstärkte Sensibilität für sie.

Das Rekonstruieren der wirksamen Gesetze, möglicherweise durchaus auch kritisch gegen den Autor oder über dessen bewußten Horizont hinaus, und das Ausfüllen der vorgeschlagenen Wirklichkeitsentwürfe, für die, wie für alle seine Elemente, der Text nur ein sprachliches Schema liefert, mit beiden wirklichkeitsbezogenen Leseaktivitäten befinden wir uns bereits in der Dimension praktischer Kommunikation und Erkenntnis. Denn der Leser macht immer, wie Döblin schreibt, "den Produktionsprozeß mit dem Autor mit" (A 123). "Proportionen", "Dynamik", "Formungstendenzen", welche die dargestellte Welt erst lebendig machen (A 126), der Roman als Medium der "Weiterführung", "Konkretisation" und "Erprobung" von "Gedankenpositionen",[68] das sind zentrale Begriffe in Döblins Romantheorie. Man kann, und zwar im Hinblick auf die Wirklichkeit der 'Gewalt' nun auch erkennen, inwiefern, was oben behauptet wurde, die schiere Fülle des eingebrachten Materials in *Berlin Alexanderplatz* ein 'Kreativitätsangebot' sein soll. Es geht offenkundig darum, die bewußtlose, konventionelle, selbstverständliche Gewalttätigkeit aller Art — vielleicht gehört schon die bloße Flut der Eindrücke dazu — in den Raum der Frage, der Verfremdung, des kritischen Bewußtseins und des sprachlich verfaßten Denkens zu heben.[69]

Die Ironisierungen und sprachlichen Verdrehungen z.B. vermitteln ein Moment der Freiheit. Ein Erkenntnisspiel wie das von Identifikation und Distanz am Romananfang ist schon ganz für sich geeignet, z.B. jene gefährliche, tatsächlich ja 'gewaltgeladene' Fremdheit zu überwinden, die zwischen "ausgewachsenen Tieren in Tüchern" sich aufbauen kann: "jeder von ihnen denkt, beobachtet und fühlt, jeder was anderes" (73). Die vielen Analogien wären hier zu nennen, die das Buch durchziehen, man denke etwa an die mythischen Parabeln, die Verwandtschaft von Geschäft und Verbrechen, oder die von 'Anständig sein' und bloßem 'Sich durchsetzen wollen'. Auffällig ist das direkte Belehren und beispielhafte Demonstrieren, z.B. im Verhältnis der Vorreden zum jeweiligen Inhalt eines Buches: immer ein gedanklicher Dreischritt von Scheinsicherheit des Helden, deren Destruktion für den Leser und einer Lehre, die daraus zu ziehen wäre, und die sich später ihrerseits als Trugschluß herausstellen kann.

Aber auch gezielte Verwirrungen sind Argumentationsformen, also Strategien, um Bedeutungen oder auch nur Fragen beim Leser entstehen zu lassen und an sein Urteilsvermögen zu appellieren. Wenn z.B. Franz, ohne es zu wollen, in seinen ersten Einbruch hineingezogen und bei der Flucht aus dem Auto gestoßen wird (175ff.), dann lebt der Leser dieses gefährliche, filmartig[70] erzählte Verwirrt- und Verstricktwerden intensiv mit. Ja, im gleichen Maße, wie das Rätsel 'was geschieht hier?' sich löst, drängt sich die

---

68 Prangel, *Materialien*, 44.

69 Vgl. die genaue Nachzeichnung von Döblins diskursiver, denkend-urteilender, prozessuraler, sprachlich-praktischer Montage-Technik bei Otto Keller, *Döblins Montageroman als Epos der Moderne* (München: Fink, 1980), 140ff.

70 Vgl. z.B. Ekkehard Kaemmerling, "Die filmische Schreibweise: Am Beispiel Alfred Döblin 'Berlin Alexanderplatz'", *Jahrbuch für Internationale Germanistik*, 5 (1973), 45-61; rpt. Prangel, *Materialien*, 185-198; vgl. auch das Drehbuch der Fernsehfassung, Folge 6, Bild 90-94: indem das Motiv "Fahrt durch eine Allee"

Frage auf 'wie, warum und wozu geschieht das'? Die ganze Handlung erhält einen neuen, verborgenen Sinn, aus dem begrenzten Rätsel wird ein großes Labyrinth. Und genau diesem Prozeß von Fragen und Antworten, die weitere Fragen öffnen, also dem Argumentationsweg des Erzählens folgend, stößt man dann mit fast logischer Folgerichtigkeit auf das, was Döblin gegen die Realität der Gewalt zu stellen sucht: den nur symbolisch auszusprechenden Sinnentwurf, wie er den Schluß des Romans beherrscht. Das heißt im Blick auf den Zusammenhang der Dimensionen möglicher Wirklichkeitsbezüge: die Praxis des erzählenden Erkennens und Kommunizierens geht kontinuierlich über in die Dimension einer Sinnwirklichkeit als Ziel und Zweck des Romans.

Aber all dies spielt nicht im leeren Raum. Von Anfang an wird eine weitere Dimension der Romanwirklichkeit kräftig auf- und ausgebaut. Döblins Überzeugung ist es seit langem, daß "die Erkenntnis der Wirklichkeit, und speziell der [. . .] gesellschaftlichen Wirklichkeit eine Sonderaufgabe des Romans ist" (A 176), und daß dieser immer als "Basis eine solide, kontrollierbare Realität der gesellschaftlichen Umstände" haben muß (A 169); aus beidem "wächst dem Roman ein ganz charakteristischer Echtheitscharakter zu" (A 175).

Es ist bezeichnend, daß Döblin an dieser Stelle auch auf das 'Fiktionsproblem' eingeht. Wer wie er die "Wirkung des Kunstwerks auf das Leben und den lebendigen Menschen" sucht (A 94), denn "die Kunstwerke haben es mit der Wahrheit zu tun" (A 109), für den ist auch die Fiktion nur ein Mittel, eine Art Zwischenstation des Wirklichkeitsbezugs: "diese Erklärung mit der Illusion, mit dem Schein, dem Als ob, damit stellt man die Dichtung kalt" (A 105). Gewiß sind Romanfiguren und ihre Schicksale vom Autor erfunden und aus sprachlichen Entwürfen verdichtet. Und sofern Biberkopf, Mieze und Reinhold nie gelebt haben, kann es sich nur um eine "Scheinrealität" handeln; aber "eingebettet ist das Ganze in eine absolut echte Realität, und zwar allemal, und da verstehen wir keinen Spaß" (A 169).

In vielem ist *Berlin Alexanderplatz* ja auch eine Art von Chronik. An der Echtheit der einmontierten Nachrichten — Döblin klebte direkt Zeitungsausschnitte in sein Manuskript[71] — braucht man nicht stärker zu zweifeln als an jeder anderen Nachricht aus Presse oder Rundfunk. Die Umbauarbeiten am Alexanderplatz beispielsweise, die den engeren Hintergrund der

---

auch entgegen dem Handlungsablauf immer wiederkehrt, wird die Dynamik dieser Handlung zugleich statisch und räumlich, also richtungslos präsentiert. (Der Film *Berlin Alexanderplatz: Ein Arbeitsjournal* von Rainer Werner Fassbinder und Harry Baer [Frankfurt: Zweitausendeins, 1980], 169-174.)

71 Vgl. Klaus Müller-Salget, "Zur Entstehung von 'Berlin Alexanderplatz'", Prangel, *Materialien*, 117-135, u.a. 122ff.

Handlung bilden, haben tatsächlich stattgefunden.[72] Aber das sind genau besehen nur Hinweise auf die gegenständliche Relevanz der Romanwelt: die fiktiven Personen mischen sich gleichsam unter die historischen, konkurrieren mit ihnen, verdecken und vertreten sie; die erfundenen Geschichten wachsen in die Geschichte der Fakten hinein, die sie umgibt und durchdringt; und umgekehrt, sofern nur historisch-gesellschaftlich reale Zustände präzise angesprochen, d.h. bezeichnet werden, ziehen sie alles das an Bedeutungen und Urteilen auf sich, was auch an fiktiven Gestalten und Ereignissen entwickelt wird.

Insofern ist *Berlin Alexanderplatz,* zumindest auf weite Strecken, auch ein Zeitroman. Das differenzierte Bild sozialer Verhältnisse um den Alexanderplatz, das geboten wird, ist durchaus auch Selbstzweck. Man denke etwa an den Abschnitt "der Rosenthaler Platz unterhält sich" (40ff.), an die Beschreibung sämtlicher Bewohner eines Mietshauses (105ff.) oder an die vielen kleinen, eingeflochtenen Geschichten, etwa die von Paul, zu dessen Sohn der Arzt zu spät gekommen ist (98f.). Auf vieles andere wurde oben in Kap. 8.3. bereits eingegangen. Vor allem aber finden so auch die bisher genannten Wirklichkeitsdimensionen der 'Gewalt' ihren realen Bezugspunkt. Die Geschichtszeit von *Berlin Alexanderplatz* ist die zwischen zwei Kriegen. Der erste Weltkrieg, an den nicht nur Biberkopf noch dauernd zurückdenkt, ist in seinen Folgen überall zu spüren; er ist auch als kollektives Erlebnis von Pathos, Gefahr und Niederlage garnicht verarbeitet und so z.B. eine immer wieder zitierte Rechtfertigungsinstanz für gewaltsame Auseinandersetzungen (z.B. 70ff.). Dazu kommen die halbherzig akzeptierte, republikanische Demokratie ("ein Betriebsunfall", 72), das Trauma der gescheiterten Revolution und die Zerstrittenheit bei der Linken. Und schließlich ist allenthalben der wachsende Faschismus zu spüren. Nicht einmal so sehr das direkte Auftreten der "Völkischen" ist dafür verantwortlich. Die ganze Atmosphäre dieser erzählten und bezeichneten Welt ist geladen mit einem explosiven Gemisch aus Ressentiment, Mißtrauen, Agression und Sentimentalität, Geschäft und Verbrechen, Parteiparole und hartem, persönlichem Vorteil, Unsicherheit und Imponiergehabe usw. Und so gesehen ist es in der Tat nur konsequent, wenn es am Schluß des Romans wieder "in den Krieg" hinein geht (410).

Auch so wird man auf die Frage nach der noch nicht verwirklichten Wirklichkeit geführt. Die Wurzeln des Krieges, historische wie alltägliche aufzusuchen und ihnen zu begegnen, ist ein Interesse, das sich durch Döblins ganzes, nicht nur erzählerisches Werk hindurch zieht. Und die Antworten

---

72 "Was ist der Alexanderplatz in Berlin? Das ist die Stelle, wo seit zwei Jahren die gewaltsamsten Veränderungen vorgehen, Bagger und Rammen ununterbrochen in Tätigkeit sind [. . .] tiefer als sonstwo die Eingeweide der Großstadt sich aufgetan" haben. Benjamin, 111; hier, ganz wie in E. Zolas Roman *La curée* (1871), ist die 'gewaltsame' Architektur Vorzeichen des Krieges.

bzw. die Perspektiven möglichen, gewaltfreien Zusammenlebens, die er dabei immer wieder entwirft, sind sehr verschieden. *Hamlet oder die lange Nacht nimmt ein Ende* (geschr. 1945/46), Döblins letzter Roman, besteht sogar nur, oder doch zum weit überwiegenden Teil, aus Reden und Gegenreden als immer neuen Umerzählungen zwischenmenschlicher Verhältnisse, durch die sich wie ein roter Faden die Frage eines Kriegsverstümmelten nach der Schuld seiner Vätergeneration zieht. Auch in *Berlin Alexanderplatz* ist die Richtung, welche der prozessualen Auseinandersetzung mit der mehrdimensional wirklichen Gewalt innewohnt, bedeutsamer, als jedes behauptete Ergebnis. Insofern kann man nur mit großer Vorsicht von einem "heilsgeschichtlichen Roman"[73] sprechen. Es ist in der Tat vielmehr so, daß Biberkopfs "Menschwerdung als Hypothese des Menschenwürdigen zur Diskussion gestellt" wird.[74] Das heißt, der Schluß des Romans bewegt sich in einer anderen Wirklichkeitsdimension als das bisher gesehene. Das entspricht Döblins epischem Programm:

TEXT 19

> [der "epische Künstler" muß] zwei Schritt tun: er muß ganz nahe an die Realität heran, an ihre Sachlichkeit, ihr Blut, ihren Geruch, und dann hat er die Sache zu durchstoßen, das ist seine spezifische Arbeit. [. . .] Hier konkurriert einer mit dieser steinernen, festen und soliden Realität [. . .] die überreale Sphäre, das ist die Sphäre einer neuen Wahrheit und einer ganz besonderen Realität. (A 107, 109, 111)

Insofern bleibt die Wende im 9. Buch des Romans nicht in der Innenwelt des Franz Biberkopf. Wenn sein Widersacher am Ende zum Sinnbild der "kalten Gewalt" wird, "an der sich nichts in diesem Dasein verändert" (372), und wenn der ihm unterlegene Franz durch den Tod hindurch "in ein anderes Element übergeht" (373), dann sind beide Romanpersonen selbst garnicht mehr interessant.[75] Dieser Übergang ist der bildhaft aufs äußerste zugespitzte Inbegriff eines Realitätsverhaltens, um das sich der Autor schon die ganze Zeit bemüht und das der Leser lernen soll. So gesehen ist Franzens Ergebung in den Tod — "wie kann ein Mensch gedeihen, wenn er nicht den Tod aufsucht? Den wahren Tod, den wirklichen Tod [. . .] das Leben und die wahrste Kraft" (388) — auch nicht *per se* ein Vorbild. Die tiefste Betroffenheit durch die personifizierte Gewalt als der Beginn ihrer Überwindung — "Franz hält nicht stand, er gibt sich hin, er wirft sich zum Opfer hin an den Schmerz" (399): das funktioniert nur als abstraktes Denkprinzip, als theo-

73 Albrecht Schöne, "Alfred Döblin: Berlin Alexanderplatz", B.v. Wiese, ed., *Der deutsche Roman,* Bd. 2 (Düsseldorf: Bagel, 1963), 291-325; 298.

74 Hans Peter Bayerdörfer, "Der Wissende und die Gewalt: Alfred Döblins Theorie des epischen Werkes und der Schluß von 'Berlin Alexanderplatz'", *DVjs,* 44 (1970), 318-353; 334; rpt. Prangel, *Materialien,* 150-185; 165.

75 "An dieser Stelle nämlich hat Franz Biberkopf aufgehört, exemplarisch zu sein [. . .]. Denn das ist ja das Gesetz der Romanform: kaum hat der Held sich selber geholfen, so hilft uns sein Dasein nicht länger". (Benjamin, 113)

retische Forderung, der der Autor, im Grunde allegorisch, sinnliche, Anschaulichkeit geben will. Insofern gehört die Antiklimax der 'Auferstehung' Biberkopfs als Hilfsportier notwendig dazu. Der Abstand zwischen abstrakter, maximaler Forderung und ihrer minimalen, konkreten Einlösung ist offensichtlich gewollt und soll bewußt werden. Nur so verliert auch das 'Opfer'-Motiv seine mythische Dunkelheit und pathetische Unzugänglichkeit. Isaak, Hiob, die geschlachteten Tiere, Miezes Hingabe, Franzens Verstümmelung und Tod, die vielfach zitierten Opfer der Kriege und Revolutionen (400f.): das sind am Ende alles nur Bilder. Sie bedeuten etwas anderes, als was sie darstellen. Und diese Darstellung muß so vielfältig und widersprüchlich ausfallen, weil das, was sie bedeuten soll, noch so wenig wirklich ist, daß es nicht einmal anschaulich entworfen werden kann.

Man muß sehen, daß es zwischen den verschiedenen Abwandlungen des Opfer-Themas in *Berlin Alexanderplatz* deutliche Abstufungen des Sinnes gibt. Nicht jede Niederlage ist human gültig. Vielmehr sucht Döblin im Bild des Opfers eine idealtypisch gemeinte Form des "Weltvollzugs",[76] der wirklichkeitsbildenden Praxis schlechthin, bildhaft zu reflektieren: daß der Einzelne sich selbst "als tätiges, die Welt mitschöpfendes Wesen" verwirklicht, daß er dabei aber zugleich "jeden Opportunismus von sich wirft und bereit ist, sein Leben einzusetzen für einen höheren Lebenssinn",[77] zumindest für etwas anderes und jemand anderen, als man selbst ist. Insofern ist dieses gesuchte, richtige Realitätsverhalten passiv und aktiv zugleich:[78] passiv gegenüber der bloßen, gewalttätigen Selbstbehauptung, aktiv gegenüber dem bloßen, tiergleichen Mitlaufen in der Masse, das ebenfalls, wie der Schluß des Romans zeigt, früher oder später in Gewalttätigkeit enden muß.

Ein entscheidender Teil dieses passiv-aktiven, auf Wirklichkeitsbildung allgemein angelegten, im Bild des Opfers vorgestellten 'richtigen' Verhaltens ist dann immer schon die diskursive Praxis, die der Erzähler zu realisieren sucht, und die dem Leser vom Text aufgegeben ist. Auch das macht der Romanschluß deutlich. Wie ein Leitmotiv wird dort die Formel "herankommen lassen" (398) wiederholt. "Es heißt immer und notwendig, die Welt an sich herankommen lassen, sie empfangen, von ihr aufnehmen, was man aufzunehmen hat, kann und will",[79] schreibt Döblin später in *Unser Dasein* (1933), seinem philosophischen Hauptwerk. So ist es schlechthin bezeichnend, daß es für Augenblicke so aussieht, als sollte am Ende von *Berlin Alexanderplatz,* wenn vom 'herankommenlassen' die Rede ist, der Roman oder ein anderer von vorne beginnen:

---

76 Döblin, *Unser Dasein,* 190.
77 Roland Links, *Alfred Döblin* (München: Beck, 1981), 120 und 118.
78 Vgl. Keller, 194ff.
79 Döblin, *Unser Dasein,* 186.

"Herankommen lassen [. . .] Berlin mit der Schweidnitzer Straße, mit dem großen Ring der Kaiser-Wilhelm-Straße, Kurfürstenstraße, und überall sind Wohnungen, in denen sich die Menschen wärmen, sich lieb ansehen, kalt nebeneinandersitzen, Dreckbuden und Kneipen, wo einer Klavier spielt." (394)

Das 'Opfer', in dem allein der Tod die 'Hure Babylon', beide ja Sinnbilder der Gewalt, zu überwinden vermag, führt über das Programm des 'Herankommenlassens' als eines Modells für 'Weltvollzug' allgemein, zurück zur Praxis des Erzählens und Lesens selbst. Und zugleich wird diese Praxis, zumindest tendenziell, überhöht zu einem realisierten Beispiel völlig gewalt- und zwangfreier Kommunikation mit Dingen und Menschen. Aber auch das bleibt eine sehr abstrakte Lösung. Noch die Tatsache, daß sie in ihrer Abstraktheit der konkret vielfältigen Gewalt sogleich unterlegen ist, wird im Bild des 'Opfers' mitreflektiert.

Aber nur in diesem abstrakten, in seiner möglichen Konkretion sozusagen winzigen und fernen Punkt, würde die Praxis des Erzählens und Lesens und eine tatsächliche, praktisch-humane Überwindung der Gewalt zusammenlaufen. Denn nur eine solche universale, gewalt- und zwangfreie Kommunikation könnte jene humane Kommunität eröffnen, in die das Opfer Biberkopfs am Ende übergeht — in einem fast schon verzweifelten Sprung:

"Er steht nicht mehr allein am Alexanderplatz. Es sind welche rechts von ihm und links von ihm, und vor ihm gehen welche, und hinter ihm gehen welche [. . .]. Man muß sich gewöhnen auf andere zu hören, denn was andere sagen geht auch mich an." (409)

Das Kommunitätsprinzip wirklichkeitsbildender Praxis — "Das Du, das große Du" hatte es ein früherer Romanschluß formuliert — und jene Sinnwirklichkeit, welche die Romanform als ganze intendiert, hängen gerade auch in *Berlin Alexanderplatz* unlösbar zusammen. Insofern ist dieser Roman, wie jede große Literatur, auch seine eigene Theorie. Von seinem Schluß her betrachtet bringt er durchaus die Grundzüge jenes neuzeitlichen Wirklichkeitsbegriffs ins Spiel, von denen wir ausgegangen waren:

— die Praxis der Wirklichkeitsbildung (vgl. Kap. 8.1.) als geschichtlichen Lernprozeß, sofern die sprachliche Arbeit des Autors bzw. Erzählers in die Denk- und Veränderungsarbeit der Leser übergehen soll, optimistisch, aber nur in der bewußt gehaltenen Problematik des Ganzen,

— das volle Ausspielen der Subjektivität als individuelle Wirklichkeitssuche des Helden, als veräußerte Innenwelt der Bildung, aber auch der Ängste und Träume, als neu zu begründendes, im Bilde Döblins 'wiedergeborenes' menschliches Erklärungs- und Bearbeitungspotential für die Wirklichkeitsbildung, und nicht zuletzt als ein bei Autor, Erzähler, Held und Leser im Widerstand gegen den objektiven Druck der 'Gewalt' gewachsenes, oder doch zum Wachsen bestimmtes Bedürfnis nach einer Sinnwirklichkeit, die dann erst subjektiv im wirklich humanen Sinne wäre,

— die gesellschaftliche und historische Konkretion der ganzen 'Gewalt-Welt' des Romans, eine Genauigkeit der Bezeichnung, von der her — man denke auch an das Schwankende der vielen Umarbeitungen gerade des Romanschlusses — der Gegenentwurf humaner Kommunität sich als eben unvermeidlich abstrakter abhebt. Das aber heißt andererseits auch, daß gerade die Offenheit und Fragwürdigkeit dieses Schlusses überleitet, bzw. zurückzublicken zwingt auf

— die völlige und bewußte Sprachlichkeit dieser romanhaften Wirklichkeitskonstitution. Die Kommunität, welche der Autor am Ende des Romans nur erhoffen und fordern kann, die soll von den ersten Seiten an als wirklichkeitsbildende Kommunikation gefördert werden.

Erst in dieser Gesamtperspektive werden die Dimensionen des Bedeutungsaufbaus wirklich realisiert, d.h. werden sie 'kritisch', 'anschaulich', 'überzeugend', 'genau' und 'auf Totalität gerichtet' zu Wirklichkeitsbezügen des Romans. So wächst mit der Einsicht in seine Form, die er fordert, für den Roman auch sein Anspruch auf Wirklichkeit.

9. LITERATURVERZEICHNIS

Abott, H. Porter. "Le Roman par lettres." *Cahiers de l'Association Internationale des études françaises,* XXIX (1979), 131-241.

Abott, H. Porter. "Letters to the Self: The Cloistered Writer in Nonretrospective Fiction." *PLMA,* 95 (1980), 23-41.

Adorno, Theodor W. *Einleitung in die Musiksoziologie.* Ges. Schriften, Bd. 14. Frankfurt/M.: Suhrkamp, 1973.

Adorno, Theodor W. "Thesen zur Kunstsoziologie." *Ohne Leitbild.* Ges. Schriften, Bd. 10.1. Frankfurt/M.: Suhrkamp, 1977, 367-374.

Albrecht, Richard. *Buch und Leser in der Bundesrepublik Deutschland.* Diss. Bremen, 1977.

Albrecht, Richard. "Bestseller-Forschung: Randglossen zum Stand, Problemen und Perspektiven interdisziplinären Herangehens in der Bundesrepublik Deutschland." *Publizistik,* 25 (1980), H. 2-3, 451-461.

Allen, Walter. *The English Novel: A Short Critical History.* [1954]. Harmondsworth: Penguin, 1967.

Anderegg, Johannes. *Fiktion und Kommunikation: Ein Beitrag zur Theorie der Prosa.* Göttingen: Vandenhoeck, 1973.

Aristoteles. *Poetik.* Tr. Olof Gigon, Stuttgart: Reclam, 1961.

Aristoteles. *Poetik.* Tr. Manfred Fuhrmann. München: Heimeran, 1976.

Arnold, Heinz Ludwig. "Skizzen aus dem Literaturbetrieb der Bundesrepublik." *Literaturbetrieb in Deutschland.* Ed. Heinz Ludwig Arnold. München: Boorberg, 1971, 7-20.

Auerbach, Erich. *Mimesis: Dargestellte Wirklichkeit in der abendländischen Literatur.* Bern: Francke, [4]1967.

Austin, J.L. *How to do Things with Words.* Cambridge/Mass.: Harvard U. P., 1962.

Bachtin, Michail M. *Die Ästhetik des Wortes.* Frankfurt: Suhrkamp, 1979.

Bandmann, Günter, *et al. Zum Wirklichkeitsbegriff.* Abhandlung der Akademie der Wissenschaften und Literatur Mainz, 1974. Geistes- und sozialwissenschaftliche Klasse. Jg. 1973, Nr. 4. Wiesbaden: Steiner, 1974.

Banfield, Ann. "Narrative Style and the Grammar of Direct and Indirect Speech." *Foundations of Language,* 10 (1973), 1-39.

Barner, Wilfried, *et al.* "Böll in Reutlingen." *IASL,* 1 (1976), 201-230.

Barthes, Roland. "Schreibweise des Romans." *Am Nullpunkt der Literatur. Objektive Literatur: Zwei Essays.* Hamburg: Claasen, o.J., 31-41.

Barthes, Roland. "An Introduction to the Structural Analysis of Narrative." *New Literary History,* 6 (1975), 237-272.

Barthes, Roland. *S/Z.* Frankfurt/M.: Suhrkamp, 1976.

Beach, Joseph Warren. *The Method of Henry James.* Philadelphia: Saifer, 1954.

Berger, Peter L. und Thomas Luckmann. *Die gesellschaftliche Konstruktion der Wirklichkeit: Eine Theorie der Wissenssoziologie.* Frankfurt: S. Fischer, 1969; rpt. als Fischer Taschenbuch, 1980.

Bickerton, Derek. "Modes of Interior Monologue: A Formal Definition." *Modern Language Quarterly,* 28 (1967), 229-239.

Black, Frank G. *The Epistolary Novel in the Late Eighteenth Century: A Descriptive and Bibliographical Study.* Eugene, Oregon, 1940.

Blanckenburg, Friedrich von. *Versuch über den Roman.* Stuttgart: Metzler, 1965.

Blessin, Stefan. *Erzählstruktur und Leserhandlung: Zur Theorie der literarischen Kommunikation am Beispiel von Goethes "Wahlverwandtschaften".* Heidelberg: Winter, 1974.

Blum, Carol O'Brien. *The Epistolary Novel of the Ancien Régime*. Diss. Columbia Univ., 1966.

Blumenberg, Hans. "Wirklichkeitsbegriff und Möglichkeit des Romans." *Nachahmung und Illusion*. Ed. Hans Robert Jauß. Poetik und Hermeneutik, 1. München: Fink, [2] 1969, 9-27; rpt. *Bürgerlicher Realismus: Grundlagen und Interpretationen*. Ed. K.-D. Müller. Königstein: Athenäum, 1981, 39-56.

Blumenberg, Hans. "Vorbemerkungen zum Wirklichkeitsbegriff." Günter Bandmann *et al. Zum Wirklichkeitsbegriff*. Abhandlung der Akademie der Wissenschaften und Literatur Mainz, 1974. Geistes- und sozialwissenschaftliche Klasse. Jg. 1973, Nr. 4. Wiesbaden: Steiner, 1974, 3-10.

Blumenberg, Hans. "'Nachahmung der Natur': Zur Vorgeschichte der Idee des schöpferischen Menschen." *Studium Generale*, 10 (1955), 266-283.

Booth, Wayne C. *The Rhetoric of Fiction*. Chicago, London: U. of Chicago P., 1961.

Bowling, Lawrence E. "What Is the Stream of Consciousness Technique?" *PMLA*, 65 (1950), 333-345.

Bradbury, Malcolm [und Erving Goffman]. "The Man and the Mask: A Discussion of Role Theory." *Role*. Ed. J.A. Jackson. Cambridge: C.U.P., 1972.

Bradley, A.C. *Shakespearean Tragedy*. London: Macmillan, 1904; rpt. 1957.

Bray, Bernard. *L'Art de la Lettre Amoureuse: Des Manuels aux Romans*. Paris-La Haye: Mouton, 1967.

Bray, Bernard. "Transformation du Roman Epistolaire aux XXe Siècle en France." *Romanische Zeitschrift für Literaturgeschichte*, I, 1 (1977), 23-39.

Bremond, Claude. "Die Erzählnachricht." *Literaturwissenschaft und Linguistik, III*. Ed. Jens Ihwe. Frankfurt: Athenäum, 1972, 177-217.

Bremond, Claude. *Logique du récit*. Paris: Editions du Seuil, 1973.

Brinkmann, Richard, ed. *Begriffsbestimmung des literarischen Realismus*. Darmstadt: Wissenschaftliche Buchgesellschaft, 1969.

Brinkmann, Richard. *Wirklichkeit und Illusion: Studien über Gehalt und Grenzen des Begriffs Realismus für die erzählende Dichtung des neunzehnten Jahrhunderts*. Tübingen: Niemeyer, [3] 1977.

Brock, Bazon. *Ästhetik als Vermittlung: Arbeitsbiographie eines Generalisten*. Ed. Karla Fohrbeck. Köln: DuMont, 1977.

Buch und Lesen International. Ed. P.E. Dorsch und K.H. Teckentrup. Gütersloh: Verlag für Buchmarkt- und Medien-Forschung, 1981.

Bühler, Karl. *Sprachtheorie: Die Darstellungsfunktion der Sprache*. Stuttgart: Fischer, [2] 1965.

Bürger, Peter. *Vermittlung-Rezeption-Funktion: Ästhetische Theorie und Methodologie der Literaturwissenschaft*. Frankfurt/M.: Suhrkamp, 1979.

Burke, Kenneth. *Dichtung als symbolische Handlung: Eine Theorie der Literatur*. Frankfurt/M.: Suhrkamp, 1966.

Carell, Susan Lee. *Le Soliloque de la Passion Féminine: Etude d'une Formule Monophonique de la Littérature Epistolaire*. Diss. Univ. of Virignia, 1977.

Caute, David. *The Illusion: An Essay on Politics, Theatre and the Novel*. London: Panther, 1972.

Červenka, Miroslav. *Der Bedeutungsaufbau des literarischen Werks*. Ed. Frank Boldt u. Wolf-Dieter Stempel. München: Fink, 1978.

Chatman, Seymour. "New Ways of Analyzing Narrative Structure, with an Example from Joyce's *Dubliners*." *Language and Style*, 2 (1969), 3-36.

Chatman, Seymour. "The Structure of Narrative Transmission." *Style and Structure in Literature: Essays in the New Stylistics*. Ed. Roger Fowler. Oxford: Blackwell, 1975, 213-257.

Chatman, Seymour. "Towards a Theory of Narrative." *New Literary History*, 6 (1975), 295-318.

Chatman, Seymour. *Story and Discourse: Narrative Structure in Fiction and Film*. Ithaca, London: Cornell U.P., 1978.

246

Church, Richard. *The Growth of the English Novel.* London: Methuen, 1961.

Claessens, Dieter. *Kapitalismus als Kultur.* Düsseldorf: Diederichs, 1973.

Cohn, Dorrit. *Transparent Minds: Narrative Modes for Presenting Consciousness in Fiction.* Princeton: Princeton U.P., 1978.

Coolidge, Archibald C. jr. *Charles Dickens as Serial Novelist.* Ames/Iowa: The Iowa State U.P., 1967.

Coseriu, Eugenio. *Textlinguistik: Eine Einführung.* Ed. Jörn Albrecht. Tübingen: Narr, 1980.

Coseriu, Eugenio. "Thesen zum Thema 'Sprache und Dichtung'." *Beiträge zur Textlinguistik.* Ed. Wolf-Dieter Stempel. München: Fink, 1971, 183-188.

Crane, Robert S. "The Concept of Plot and the Plot of 'Tom Jones'." *Critics and Criticism.* Chicago, 1957.

Culler, Jonathan. *Structuralist Poetics: Structuralism, Linguistics and the Study of Literature.* London: Routledge, 1975.

Culler, Jonathan. *The Pursuit of Signs: Semiotics, Literature, Deconstruction.* London: Routledge, 1981.

Dahrendorf, Ralf. *Homo Sociologicus.* Köln: Westdeutscher Verlag, [4] 1964.

"Daten zur Mediensituation in der Bundesrepublik." *Media Perspektiven.* Aug. 1981.

Day, Robert A. *Told in Letters: Epistolary Fiction before Richardson.* Ann Arbor: U. of Michigan Press, 1966.

Dempsey, Michael. "The New Author." *The Writer in the Market Place: A Symposium.* Ed. Raymond Ashbury. London: Bingley, 1969, 53-64.

Diederichs, Helmut, H. *Konzentration in den Massenmedien: Systematischer Überblick zur Situation in der BRD.* München: Hanser, 1973.

Dipple, Elizabeth. *Plot.* The Critical Idiom, 12. London: Methuen, 1970.

Doležel, Lubomír. "Die Typologie des Erzählers: 'Erzählsituationen' ('Point of view' in der Dichtung." *Literaturwissenschaft und Linguistik: Ergebnisse und Perspektiven.* Ed. Jens Ihwe. Vol. 3. Frankfurt/M.: Athenäum, 1972, 376-392.

Doležel, Lubomír. "A Scheme of Narrative Time." *Semiotics of Art: Prague School Contributions.* Ed. L. Matejka und I.R. Titunik. Cambridge/Mass.; London: MIT Press, 1976, 209-217.

Dreitzel, Hans Peter. *Das gesellschaftliche Leiden und das Leiden an der Gesellschaft.* Stuttgart: Enke, 1972.

Eco, Umberto. *Einführung in die Semiotik.* München: Fink, 1972.

Effe, Bernd. "Entstehung und Funktion 'personaler' Erzählweisen in der Erzählliteratur der Antike." *Poetica,* 7 (1975), 135-157.

Elistratova, A. "Epistolary Prose in the Romantic Period." *European Romanticism,* (1977), 347-387.

Faulstich, Werner. "Bestseller — ein chronologischer Abriß bisheriger Erklärungsversuche." *Börsenblatt für den Deutschen Buchhandel,* 77, v. 28.9.1973, 1509-1523, Archiv.

Faulstich, Werner. "Das komplexe Voraussetzungssystem von Rezipienten am Beispiel einer Berufsgruppe: Zum Leseverhalten der Rechtsanwälte in der Bundesrepublik." *Domänen der Rezeptionsanalyse.* Früher: Kronberg: Athenäum, 1977, 68-117, jetzt: Tübingen: Narr.

Faulstich, Werner. "Der aktuelle Stand der Bestseller-Forschung." *Bertelsmann Briefe,* 96 (Okt. 1978), 37-45.

Faulstich, Werner. "Bibliotheken und Buchmarkt in England: Beiträge der Tübinger Projektgruppe zur Buchwissenschaft." *Bertelsmann Briefe,* 100 (1979), 15-24.

Faulstich, Werner. *Medienästhetik und Mediengeschichte.* Heidelberg: Winter, 1982.

Fellows, Otis. "Naissance et Mort du Roman Epistolaire Français." *XVIIIe siècle,* IV (1972), 17-38.

Fetzer, G. und J. Schönert. "Zur Trivialliteraturforschung 1964—1978." *Internationales Archiv für Sozialgeschichte der deutschen Literatur,* 2 (1977), 1-39.

Fieguth, Rolf. "Zur Rezeptionslenkung bei narrativen und dramatischen Werken." *Sprache im technischen Zeitalter,* 47 (1973), 186-201.

Fietz, Lothar. *Funktionaler Strukturalismus: Grundlegung eines Modells zur Beschreibung von Text und Textfunktion.* Tübingen: Niemeyer, 1976.

Fietz, Lothar. *Strukturalismus: Eine Einführung.* Literaturwissenschaft im Grundstudium, 15. Tübingen: Narr, 1982.

Fish, Stanley. "Literatur im Leser: Affektive Stilistik." *Rezeptionsästhetik: Theorie und Praxis.* Ed. Rainer Warning. München: Fink, 1975, 196-227.

Flashar, Hellmut. "Die Handlungstheorie des Aristoteles." *Poetica,* 8 (1976), 336-339.

Fohrbeck, Karla und Andreas J. Wiesand. *Der Autorenreport.* Reinbek: Rowohlt, 1972.

Forster, E.M. *Aspects of the Novel.* London: Arnold, [1] 1927; often rpt.; Harmondsworth: Penguin, 1974.

Foucault, Michel. *Archäologie des Wissens.* Tr. Ulrich Koeppen. Frankfurt/M.: Suhrkamp, 1973.

Foucault, Michel. "Was ist ein Autor?" *Schriften zur Literatur.* Tr. Karin von Hofer. München: Nymphenburger Verlagshandlung, 1974, 7-31.

Fowler, Roger. *Linguistics and the Novel.* London: Methuen, 1977.

Friedemann, Käte. *Die Rolle des Erzählers in der Epik.* Darmstadt: Wissenschaftliche Buchgesellschaft, 1969.

Friedman, Melvin J. *Stream of Consciousness: A Study in Literary Method.* New Haven: Yale U.P., 1955.

Friedman, Norman. "Point of View in Fiction: The Development of a Critical Concept." *PMLA,* 70 (1955), 1160-1184.

Frye, Northrop. *Anatomy of Criticism.* Princeton: Princeton U.P., 1957.

Frye, Northrop. "Dickens and the Comedy of Humours." *The Stubborn Structure.* London: Methuen, 1970, 218-240.

Füger, Wilhelm. "Zur Tiefenstruktur des Narrativen: Prolegomena zu einer generativen 'Grammatik' des Erzählens." *Poetica,* 5 (1972), 268-292.

Funkkolleg Literatur, Studienbegleitbrief 4, 8. Kollegstunde. Weinheim: Beltz, 1976.

Geiger, Klaus F. "Heftchen." *Kritische Stichwörter zur Medienwissenschaft.* Ed. Werner Faulstich. München: Fink, 1979, 165-191.

Geissler, Rolf. "Verspielte Realitätserkenntnis: Zum Problem der objektiven Darstellung in Friedrich Spielhagens *Hammer und Amboß.*" *DVjs,* 52 (1978), 496-510.

Genette, Gérard. *Narrative Discourse: An Essay in Method.* Tr. Jane E. Lewin. Ithaca, N.Y.: Cornell U.P., 1979; Oxford: Blackwell, 1980.

Gillie, Christopher. *Character in English Literature.* London: Chatto and Windus, 1965.

Giraud, Yves. *Bibliographie du Roman Epistolaire en France: Des Origines à 1842.* Fribourg/Suisse: Editions Universitaires, 1976.

Gnutzmann, Rita. "Standpunkt — point of view — point de vue." *Orbis Litterarum,* 32 (1977), 254-264.

Goffman, Erving. *The Presentation of Self in Everyday Life.* New York, 1956.

Goffman, Erving. *Encounters: Two Studies in the Sociology of Interaction.* Indianapolis, 1961.

Goldmann, Lucien. "Zu Georg Lukács: Die Theorie des Romans." *Dialektische Untersuchungen.* Neuwied: Luchterhand, 1966, 283-313.

Goldmann, Lucien. *Recherches dialectiques.* Paris: Gallimard, 1959; dt. *Dialektische Untersuchungen.* Tr. Ingrid Peters u. Gisela Schöning. Neuwied: Luchterhand, 1966.

Goldmann, Lucien. *Pour une sociologie du roman.* Paris: Gallimard, 1964; dt. *Soziologie des modernen Romans.* Neuwied: Luchterhand, 1970.

Graevenitz, Gerhart von. *Die Setzung des Subjekts: Untersuchungen zur Romantheorie.* Tübingen: Niemeyer, 1973.

Greimas, Algirdas J. *Sémantique structurale.* Paris: Larousse, 1966.

248

Greimas, Algirdas J. "Elemente einer narrativen Grammatik." *Strukturalismus in der Literaturwissenschaft.* Ed. H. Blumensath. Köln: Kiepenheuer, 1972, 47-67.

Greimas, Algirdas J. "Die Struktur der Erzählaktanten: Versuch eines generativen Ansatzes." *Linguistik und Literaturwissenschaft.* Ed. Jens Ihwe. Vol. III. Frankfurt: Athenäum, 1972, 218-238.

Greiner, Walter F. *Studien zur Entstehung der englischen Romantheorie an der Wende zum 18. Jahrhundert.* Tübingen: Niemeyer, 1969.

Greiner, Walter F., ed. *English Theories of the Novel.* Vol. II. Tübingen: Niemeyer, 1970.

Greven, Jochen. "Bemerkungen zur Soziologie des Literaturbetriebs." *Literaturbetrieb in Deutschland.* Ed. Heinz Ludwig Arnold. München: Boorberg, 1971, 21-32.

Grimm, Gunter. "Einführung in die Rezeptionsforschung." *Literatur und Leser: Theorien und Modelle zur Rezeption literarischer Werke.* Stuttgart: Reclam, 1975, 11-84.

Grimm, Gunter. *Rezeptionsgeschichte: Grundlegung einer Theorie.* München: Fink, 1977.

Grimm, Reinhold. *Deutsche Romantheorien: Beiträge zu einer historischen Poetik des Romans in Deutschland.* Frankfurt/M.: Athenäum, 1968.

Groeben, Norbert. *Literaturpsychologie.* Stuttgart: Kohlhammer, 1972.

Groeben, Norbert. "Literaturpsychologie." *Grundzüge der Literatur- und Sprachwissenschaft. Bd. 1: Literaturwissenschaft.* Ed. H.L. Arnold und V. Sinemus. München: dtv, 1973, 388-397.

Groeben, Norbert. *Rezeptionsforschung als empirische Literaturwissenschaft.* Tübingen: Narr, [2] 1980.

Groeben, Norbert. *Leserpsychologie: Textverständnis — Textverständlichkeit.* Münster: Aschendorf, 1982.

Groeben, Norbert und Brigitte Scheele. "Zur Psychologie des Nicht-Lesens." *Lesen und Leben.* Ed. H.G. Göpfert *et al.* Frankfurt/M.: Buchhändler-Vereinigung, 1975, 82-114.

Gülich, Elisabeth. "Erzähltextanalyse (Narrativik)." *Linguistik und Didaktik,* 4 (1973), 325-328.

Habermas, Jürgen. *Strukturwandel der Öffentlichkeit.* Neuwied: Luchterhand, [5] 1971.

Habermas, Jürgen und Niklas Luhmann. *Theorie der Gesellschaft oder Sozialtechnologie — Was leistet die Systemforschung?* Frankfurt/M.: Suhrkamp, 1971.

Hallmann, C. *Perry Rhodan: Analyse einer Science-Fiction-Romanheftserie.* Frankfurt/M.: R. Fischer, 1979.

Hallstein, Walter. *Der deutsche Illustriertenroman der Gegenwart: Produktionsweise — Inhalte — Ideologie.* München: Francke, 1973.

Hamburger, Käte. *Die Logik der Dichtung.* 2. stark veränderte Auflage. Stuttgart: Klett, 1968.

Hansen, Uffe. "Segmentierung narrativer Texte: Zum Problem der Erzählperspektive in der Fiktionsprosa." *Text & Kontext,* 3.2. (1975), 3-48.

Harvey, W.J. *Character and the Novel.* London: Chatto & Windus, [2] 1966.

Haubrichs, Wolfgang, ed. *Erzählforschung 1.* LiLi Beiheft, 4. Göttingen: Vandenhoeck, 1976.

Haubrichs, Wolfgang, ed. *Erzählforschung 2.* LiLi Beiheft, 6. Göttingen: Vandenhoeck, 1977.

Hernadi, Paul. "Literary Theory: A Compass for Critics." *Critical Inquiry,* 3 (1976), 369-386.

Higdon, David Leon. *Time and English Fiction.* London: Macmillan, 1977.

Hörmann, Hans. *Meinen und Verstehen: Grundzüge einer psychologischen Semantik.* Frankfurt/M.: Suhrkamp, 1978.

Hoffmann, Gerhard. *Raum, Situation, erzählte Wirklichkeit: Poetologische und historische Studien zum englischen und amerikanischen Roman.* Stuttgart: Metzler, 1978.

Holland, Norman N. *The Dynamics of Literary Response.* New York: O.U.P., 1968.

Holloway, John. *Narrative and Structure.* Cambridge: C.U.P., 1979.

Holzinger, Alfred. "Das Thema vor allem ist wichtig: Zum Illustriertenroman." *Trivialliteratur*. Ed. Gerhard Schmidt-Henkel *et al*. Berlin: Literarisches Colloquium, 1964, 75-83.

Humphrey, Robert. *Stream of Consciousness in the Modern Novel*. Berkeley: U. of California Press, 1954.

Ingarden, Roman. *Das literarische Kunstwerk*. Tübingen: Niemeyer, [3]1965.

Ingarden, Roman. *Vom Erkennen des literarischen Kunstwerks*. Tübingen: Niemeyer, 1968.

Iser, Wolfgang. *Der implizite Leser: Kommunikationsformen des Romans von Bunyan bis Beckett*. München: Fink, 1972.

Iser, Wolfgang. "Die Appellstruktur der Texte." *Rezeptionsästhetik: Theorie und Praxis*. Ed. Rainer Warning. München: Fink, 1975, 228-252.

Iser, Wolfgang. *Der Akt des Lesens: Theorie ästhetischer Wirkung*. München: Fink, 1976.

James, Henry. "The Art of Fiction." *The Art of Fiction and Other Essays*. New York: O.U.P., 1948.

James, Louis. *Fiction for the Working Man, 1830—50*. London: O.U.P., 1963, rpt. Harmondsworth: Penguin, 1974.

Janik, Dieter. *Die Kommunikationsstruktur des Erzählwerks: Ein semiologisches Modell*. Bebenhausen: Rotsch, 1973.

Jauß, Hans Robert. *Zeit und Erinnerung in Marcel Proust's 'A la recherche du temps perdu'*. Heidelberg: Winter, 1955.

Jauß, Hans Robert, ed. *Nachahmung und Illusion*. Poetik und Hermeneutik, 1. München: Fink, [2]1969.

Jauß, Hans Robert. *Literaturgeschichte als Provokation*. Frankfurt/M.: Suhrkamp, 1970.

Jauß, Hans Robert. "Soziologischer und ästhetischer Rollenbegriff." *Identität*. Ed. Odo Marquard und Karlheinz Stierle. Poetik und Hermeneutik, 8. München: Fink, 1979, 599-607.

Jens, Walter. "Uhren ohne Zeiger: Die Struktur des modernen Romans . . ." *Statt einer Literaturgeschichte*. Pfullingen: Neske, [2]1958, 23-58.

Joas, H. *Die gegenwärtige Lage der soziologischen Rollentheorie*. Frankfurt/M.: Athenäum, 1973.

Juhl, P.D. *Interpretation: An Essay in the Philosophy of Literary Criticism*. Princeton: Princeton U.P., 1980.

Juhl, P.D. "Life, Literature, and the Implied Author." *DVjs*, 54 (1980), 177-203.

Kahler, Erich von. "Untergang und Übergang der epischen Kunstform." *Neue Rundschau*, 64 (1953), 1-44; rpt. *Untergang und Übergang: Essays*. München: dtv, 1970, 7-51.

Kahrmann, Cordula, Gunter Reiß und Manfred Schluchter. *Erzähltextanalyse: Eine Einführung in Grundlagen und Verfahren*. 2 Bde. Kronberg: Athenäum, 1977.

Kaiser, Gerhard. "Nachruf auf die Interpretation? Wolfgang Iser: Die Appellstruktur der Texte." *Poetica*, 4 (1971), 267-277.

Kallmeyer, W. *et al*. *Lektürekolleg zur Textlinguistik*. 2 Bde. Frankfurt/M.: Athenäum, 1974.

Kannicht, Richard. "Handlung als Grundbegriff der aristotelischen Theorie des Dramas." *Poetica*, 8 (1976), 326-336.

Kany, Charles E. *The Beginnings of the Epistolary Novel in France, Italy and Spain*. Berkeley: U. of California Press, 1937.

Kayser, Wolfgang. "Die Anfänge des modernen Romans im 18. Jahrhundert und seine heutige Krise." *DVjs*, 28 (1954), 417-446.

Kayser, Wolfgang. *Das sprachliche Kunstwerk*. Bern: Francke, [1]1948, [17]1976.

Kayser, Wolfgang. "Wer erzählt den Roman?" *Zur Poetik des Romans*. Ed. Volker Klotz. Darmstadt: Wissenschaftliche Buchgesellschaft, 1965, 197-216.

Kermode, Frank. *The Sense of an Ending: Studies in the Theory of Fiction*. London: Oxford U.P., 1968.

Kimpel. Dieter. *Entstehung und Formen des Briefromans in Deutschland.* Diss. Wien, 1961.

Klein, A. und H. Hecker. *Trivialliteratur.* Opladen: Westdeutscher Verlag, 1977.

Klein, K.-P. *Zukunft zwischen Trauma und Mythos: Science-fiction. Zur Wirkungsästhetik, Sozialpsychologie und Didaktik eines literarischen Massenphänomens.* Stuttgart: Klett, 1976.

Klotz, Volker, ed. *Zur Poetik des Romans.* Darmstadt: Wissenschaftliche Buchgesellschaft, 1965.

Knapp, Fritz Peter. "Historische Wahrheit und poetische Lüge: Die Gattungen der weltlichen Epik und ihre theoretische Rechtfertigung im Hochmittelalter." *DVjs,* 54 (1980), 581-635.

Kohl, Stephan. *Realismus: Theorie und Geschichte.* München: Fink, 1977.

Kommunikationsverhalten und Buch. Untersuchung von Infratest Medienforschung im Auftrag der Bertelsmann Stiftung. Endbericht. Gütersloh, 1978.

Kott, Jan. "Kapitalismus auf einer öden Insel." *Marxistische Literaturkritik,* ed. Viktor Žmegač. Bad Homburg: Athenäum, 1970, 259-273.

Krappmann, Lothar. *Soziologische Dimensionen der Identität.* Stuttgart, 1972.

Kristeva, Julia. *Semeiotiké: Recherches pour une sémanalyse.* Paris: Seuil, 1969.

Lacan, Jacques. *Schriften 1.* Ed. Norbert Haas. Frankfurt/M.: Suhrkamp, 1975, 61-70.

Lämmert, Eberhard. *Bauformen des Erzählens.* Stuttgart: Metzler, [7]1980.

Landwehr, Jürgen. *Text und Fiktion: Zu einigen literaturwissenschaftlichen und kommunikationstheoretischen Grundbegriffen.* München: Fink, 1975.

Langenbucher, Wolfgang. *Der aktuelle Unterhaltungsroman.* Bonn: Bouvier, 1964.

Lausberg, Heinrich. *Elemente der literarischen Rhetorik.* München: Hueber, [5]1976.

Leavis, F.R. *The Great Tradition.* London: Chatto & Windus, 1948.

Lecercle, Jean Louis. *Rousseau et l'Art du Roman.* Paris: Colin, 1969.

Leech, Geoffrey N. und Michael H. Short. *Style in Fiction: A Linguistic Introduction to English Fictional Prose.* London: Longman, 1981.

Leibfried, Erwin. *Kritische Wissenschaft vom Text: Manipulation, Reflexion, Transparente Poetologie.* Stuttgart: Metzler, 1970.

Lesegesellschaften und bürgerliche Emanzipation: Ein europäischer Vergleich. Ed. Otto Dann. München: Beck, 1981.

Lesen: Ein Handbuch. Ed. A.C. Baumgärtner. Hamburg: Verlag für Buchmarkt-Forschung, 1973.

Lesser, Simon O. *Fiction and the Unconscious.* Boston: Beacon Press, 1957.

Link, Hannelore. "'Die Appellstruktur der Texte' und ein 'Paradigmawechsel in der Literaturwissenschaft?'" *Jahrbuch der deutschen Schillergesellschaft,* 17 (1973), 532-583.

Link, Hannelore. *Rezeptionsforschung: Eine Einführung in Methoden und Probleme.* Stuttgart: Kohlhammer, 1976.

Literaturbetrieb in der Bundesrepublik Deutschland: Ein kritisches Handbuch. Ed. H.L. Arnold. 2., völl. veränd. Aufl. München: Edition Text und Kritik, 1981.

Literatursemiotik 1: Methoden — Analysen — Tendenzen. Ed. Achim Eschbach und Wendelin Rader. Tübingen: Narr, 1980.

Literaturwissenschaft und empirische Methoden. Ed. H. Kreuzer und R. Viehoff. Göttingen: Vandenhoeck, 1981.

Lobsien, Eckhard. *Theorie der literarischen Illusionsbildung.* Stuttgart: Metzler, 1975.

Lodge, David. *Language of Fiction: Essays in Criticism and Verbal Analysis of the English Novel.* London: Routledge, 1966.

Lodge, David. *The Modes of Modern Writing: Metaphor, Metonymy and the Typology of Modern Literature.* London: Arnold, 1977.

Lotman, Jurij M. *Die Struktur literarischer Texte.* München: Fink, 1972.

Lotman, Jurij M. *Die Struktur des künstlerischen Textes.* Frankfurt/M.: Suhrkamp, 1973.

Lubbock, Percy. *The Craft of Fiction*. London: Cape, 1960.

Luckmann, Thomas. "Persönliche Identität, soziale Rolle und Rollendistanz." *Identität*. Ed. Odo Marquard und Karlheinz Stierle. Poetik und Hermeneutik, 8. München: Fink, 1979, 293-315.

Lübbe, Hermann. *Geschichtsbegriff und Geschichtsinteresse: Analytik und Pragmatik der Historie*. Basel: Schwabe, 1977.

Lübbe, Hermann. "Zur Identitätspräsentationsfunktion der Historie." *Identität*. Ed. Odo Marquard und Karlheinz Stierle. Poetik und Hermeneutik, 8. München: Fink, 1979, 277-292.

Lugowski, Clemens. *Die Form der Individualität im Roman: Studien zur inneren Struktur der frühen deutschen Prosaerzählung*. Berlin, 1932; rpt. mit einer Einleitung von Heinz Schlaffer. Frankfurt/M.: Suhrkamp, 1976.

Luhmann, Niklas. "Sinn als Grundbegriff der Soziologie." Jürgen Habermas und Niklas Luhmann. *Theorie der Gesellschaft oder Sozialtechnologie — Was leistet die Systemforschung?* Frankfurt/M.: Suhrkamp, 1971, 25-100.

Lukács, Georg. *Werke*. Neuwied: Luchterhand, 1963 ff.

Lukács, Georg. *Die Theorie des Romans. Ein geschichtsphilosophischer Versuch über die Formen der großen Epik*. Neuwied: Luchterhand, [2] 1963; rpt. 1971.

Mandelkow, K.R. "Der deutsche Briefroman: Zum Problem der Polyperspektive im Epischen." *Neophil.*, 44 (1960), 200-308.

Mann, Peter, H. *Modern Fiction and Its Readers: A Report to the Literature Panel of the Arts Council*. Sheffield, May 1978, Typoskript.

Mann, Peter H. *The Library and the New Novel*. London, Oktober 1980, Typoskript.

Martinez-Bonati, Felix. "The Act of Writing." *NLH,* 11 (1980), 425-434.

Marx, Karl und Friedrich Engels. *Über Kunst und Literatur in zwei Bänden*. Ed. Manfred Klien. Berlin: Dietz, 1967.

Mayo, Robert D. *The English Novel in the Magazines, 1740—1815*. London: O.U.P., 1962.

McHale, Brian. "Free Indirect Discourse: A Survey of Recent Accounts." *PTL: Poetics and Theory of Literature,* 3 (1978), 249-287.

Meier, Bernhard. "Leseverhalten unter soziokulturellem Aspekt: Eine empirische Erhebung zum Freizeit-Lesen von Großstadt-Jugendlichen (am Beispiel Nürnbergs)." Teil B, *Archiv für Soziologie und Wirtschaftsfragen des Buchhandels*. LII/LIII, Beilage zum *Börsenblatt f.d.Dt. Buchhandel*, Fr. Ausg., Sept. 1981, W 1411 — W 1588.

Meier, G.F. "Die Wirksamkeit der Sprache." *Zeitschrift für Phonetik, Sprachwissenschaft und Kommunikationsforschung*, 22 (1969), 474-492.

Mendilow, A.A. *Time and the Novel*. London: Nevill, 1952; rpt. New York: Humanitas P., 1965.

Merten, Klaus. *Kommunikation: Eine Begriffs- und Prozeßanalyse*. Opladen: Westdeutscher Verlag, 1977.

Mevrell, Floyd. "Understanding Fictions." *Kodikas/Code*, 2 (1980), 235-248.

Miller, Norbert. "Goethes Werther und der Briefroman." *Der empfindsame Erzähler: Untersuchungen an Romananfängen des 18. Jahrhunderts*. München: Hanser, 1967.

Motsch, M.F. "Zur Gattungsbestimmung der Briefdichtung." *MLN*, 86 (1971), 387-391.

Mott, Frank Luther. *Golden Multitudes: The Story of Best Sellers in the United States*. New York, 1947.

Müller, Günther. *Die Bedeutung der Zeit in der Erzählkunst*. Bonn, 1947.

Müller, Günther. *Morphologische Poetik: Gesammelte Aufsätze*. Ed. Helga Egner und Elena Müller. Darmstadt: Wiss. Buchgesellschaft, 1968.

Müller, Klaus-Detlef. *Autobiographie und Roman: Studien zur literarischen Autobiographie der Goethezeit*. Tübingen: Niemeyer, 1976.

Muir, Edwin. *The Structure of the Novel*. London: Hogarth P., [1] 1928, [8] 1960.

252

Nagl, Manfred. *Science fiction in Deutschland: Untersuchungen zur Genese, Soziographie und Ideologie der phantastischen Massenliteratur.* Tübingen: Tübinger Vereinigung für Volkskunde, 1972.

Nagl, Manfred. *Science Fiction: Ein Segment populärer Kultur im Medien- und Produktverbund.* Tübingen: Narr, 1981.

Neuhaus, Volker. *Typen multiperspektivischen Erzählens.* Wien: Böhlau, 1971.

Neuschäfer, Hans Jörg. *Populärromane im 19. Jahrhundert: Von Dumas bis Zola.* München: Fink, 1976.

Nischik, Reingard M. *Einsträngigkeit und Mehrsträngigkeit der Handlungsführung in literarischen Texten: Dargestellt insbesondere an englischen, amerikanischen und kanadischen Romanen des 20. Jahrhunderts.* Tübingen: Narr, 1981.

Nusser, Peter. *Romane für die Unterschicht: Groschenhefte und ihre Leser.* Stuttgart: Metzler, [2] 1973.

Ohmann, Richard. "Speech Acts and the Definition of Literature." *Philosophy and Rhetoric,* 4 (1971), 1-19.

Ohmann, Richard. "Speech, Literature, and the Space Between." *NLH,* 4 (1972), 47-63.

Ouellet, Réal. "La Théorie du Roman Epistolaire en France au XVIIIe Siècle." *Studies on Voltaire and the Eighteenth Century,* 89 (1972), 1209-1227.

Page, Norman. *Speech in the English Novel.* London: Longman, 1973.

Panskus, Hartmut. "Buchwerbung in Deutschland." *Literaturbetrieb in Deutschland.* Ed. Heinz Ludwig Arnold. München: Boorberg, 1971.

Panskus, Hartmut. "Wie Bücher gemanagt werden." *Literaturbetrieb in Deutschland: Ein kritisches Handbuch.* München: Edition Text u. Kritik, 2., völl. veränderte Aufl., 1981.

Pascal, Roy. *The Dual Voice: Free Indirect Speech and Its Functioning in the Nineteenth-Century European Novel.* Manchester: Manchester U.P., 1977.

Pasternack, Gerhard. *Theoriebildung in der Literaturwissenschaft.* München: Fink, 1975.

Patrides, C.A., ed. *Aspects of Time.* Manchester: Manchester U.P., 1976.

Petersen, Jürgen H. "Erzählforschung als Spiegel literaturwissenschaftlicher Theoriediskussion." *ZfdPh,* 99 (1980), 597-615.

Petsch, Robert. *Wesen und Formen der Erzählkunst.* Halle, Niemeyer, [2] 1942.

Pfister, Manfred. *Das Drama.* München: Fink, 1977.

Picard, Hans Rudolf. *Die Illusion der Wirklichkeit im Briefroman des 18. Jahrhunderts.* Heidelberg: Winter, 1971.

Pizzorusso, A. "Boursault et le Roman par Lettres." *Revue d'Histoire Littéraire de la France,* (1969), 525-579.

Popitz, Heinrich. *Der Begriff der sozialen Rolle als Element der soziologischen Theorie.* Tübingen: Mohr, 1967.

Price, Martin. "The Other Self: Thoughts about Character in the Novel." *Imagined Worlds: Essays on Some English Novels and Novelists in Honour of John Butt.* Ed. Maynard Mack and Jan Gregor. London: Methuen, 1968, 279-299.

Prince, Gerald. Rez. G. Genette, *Narrative Discourse. Comparative Literature,* 32 (1980), 413-417.

Princeton Encyclopedia of Poetry and Poetics. Ed. Alex Preminger. Princeton, N.J.: Princeton U.P., enl. ed. 1974.

Propp, Vladimir. *Morphologie des Volksmärchens.* [1928] München: Hanser, 1972.

Raddatz, Fritz J. *Marxismus und Literatur: Eine Dokumentation in drei Bänden.* Reinbek: Rowohlt, 1969.

Rezeption und Interpretation. Ed. Norbert Groeben. Tübingen: Narr, 1981.

Rezeptionsästhetik: Theorie und Praxis. Ed. Rainer Warning. München: Fink, 1975.

„Rezeptionsforschung." Ed. Peter Uwe Hohendahl. *LiLi,* 4 (1974), H. 15.

Riffaterre, Michael. "Kriterien für die Stilanalyse." *Rezeptionsästhetik: Theorie und Praxis.* Ed. Rainer Warning. München: Fink, 1975, 163-195.

Ritter, Alexander, ed. *Landschaft und Raum in der Erzählkunst.* Darmstadt: Wiss. Buchgesellschaft, 1975.

Ritter, Alexander, ed. *Zeitgestaltung in der Erzählkunst.* Darmstadt: Wiss. Buchgesellschaft, 1978.

Romberg, Bertil. *Studies in the Narrative Technique of the First Person Novel.* Stockholm: Almqvist & Wiksell, 1962.

Rousset, Jean. "Une Forme Littéraire: Le Roman par Lettres." *Forme et Signification.* Paris: Corti, 1962.

Rubin, Luis D. *The Teller in the Tale.* Seattle: U. of Washington P., 1967.

Ryan, Lawrence. *Hölderlins "Hyperion": Exzentrische Bahn und Dichterberuf.* Stuttgart: Metzler, 1965.

Salber, W. "Materialien zu einer Literaturpsychologie." *Börsenblatt f.d.Dt. Buchhandel,* Fr. Ausg., 27 (1971), 1610-1657.

Sanders, Hans. *Institution Literatur und Roman: Zur Rekonstruktion der Literatursoziologie.* Frankfurt/M.: Suhrkamp, 1981.

Sartre, Jean Paul. *Der Idiot der Familie: Gustave Flaubert 1821 bis 1857.* Reinbek: Rowohlt, 1977.

Savigny, Eike von. *Die Philosophie der normalen Sprache: Eine kritische Einführung in die "ordinary language philosophy".* Frankfurt/M.: Suhrkamp, 1974.

Schachterle, Lance. "'Bleak House' as a serial novel." *Dickens Studies Annual,* I (1970), 212-224.

Schachterle, Lance. "'Oliver Twist' and its serial predecessors." *Dickens Studies Annual,* 3 (1974), 1-13.

Schapp, Wilhelm. *In Geschichten verstrickt – Zum Sein von Mensch und Ding.* Wiesbaden: Heymann, 1976.

Scheerer, Thomas M. und Markus Winkler. "Zum Versuch einer universalen Erzählgrammatik bei Claude Bremond: Darstellung, Anwendungsprobleme und Modellkritik." *Poetica,* 8 (1976), 1-24.

Schenda, Rudolf. "Blatt und Heft." *Lesen: Ein Handbuch.* Ed. Alfred Clemens Baumgärtner. Hamburg: Verlag für Buchmarkt-Forschung, 1973, 26-47.

Scheunemann, Dietrich. *Romankrise: Die Entstehungsgeschichte der modernen Romanpoetik.* Heidelberg: Quelle & Meyer, 1978, 167ff.

Schirmer, Walter F. *Der englische Roman der neuesten Zeit.* Heidelberg: Winter, 1923.

Schmidt, Erich. *Richardson, Rousseau und Goethe: Ein Beitrag zur Geschichte des Romans im 18. Jahrhundert.* Leipzig: Reichardt, 1875.

Schmidt, Siegfried J. "'Text' und 'Geschichte' als Fundierungskategorien: Sprachphilosophische Grundlagen einer transphrastischen Analyse." *Beiträge zur Textlinguistik.* Ed. Wolf-Dieter Stempel. München: Fink, 1971, 31-52.

Schmidt, Siegfried J. *Texttheorie: Probleme einer Linguistik der sprachlichen Kommunikation.* München: Fink, 1973.

Schmidt, Siegfried J. *Grundriß der empirischen Literaturwissenschaft.* Teilband 1: *Der gesellschaftliche Handlungsbereich Literatur.* Braunschweig, Wiesbaden: Vieweg, 1980.

Scholes, Robert. *Structuralism in Literature.* New Haven, London: Yale U.P., 1974.

Scholes, Robert und Robert Kellogg. *The Nature of Narrative.* New York: O.U.P., 1966.

Schwenger, Hannes. "Vom langen Marsch zum großen Sprung? Die Autorenverbände auf dem Weg zur Mediengewerkschaft." *Literaturbetrieb in Deutschland: Ein kritisches Handbuch.* München: Edition Text u. Kritik, 2., völlig veränderte Auflage, 1981.

Searle, John R. *Speech Acts: An Essay in the Philosphy of Language.* Cambridge: Cambridge U.P., 1969.

Searle, John R. "The Logical Status of Fictional Discourse." *NLH,* 6 (1972), 319-332.

Singer, G.F. *The Epistolary Novel: Its Origin, Development, Decline and Residuary Influence.* Philadelphia: U. of Penn. P. 1933.

Souriau, E. *Les deux cent mille situations dramatiques.* Paris, 1950.

Sozialgeschichte und Wirkungsästhetik. Ed. Peter Uwe Hohendahl. Frankfurt/M.: FAT, 1974.

Spitzer, Leo. "Zum Stil Marcel Proust's." *Stilstudien,* II. München: Hueber, 1928, 365-497.

Spranger, Eduard. "Der psychologische Perspektivismus: Eine Skizze zur Theorie des Romans erläutert an Goethes Hauptwerken." *Zur Poetik des Romans.* Darmstadt: Wissenschaftliche Buchgesellschaft, 1965, 217-238.

Stackelberg, Jürgen von. "Der Briefroman und seine Epoche: Briefroman und Empfindsamkeit." *Romanische Zeitschrift für Literaturgeschichte,* I (1977), 293-309.

Stanzel, Franz Karl. "Innenwelt: Ein Darstellungsproblem des englischen Romans." *GRM,* 43 (1962), 273-286.

Stanzel, Franz Karl. "Die Komplementärgeschichte: Entwurf einer leserorientierten Romantheorie." *Erzählforschung 2.* Ed. W. Haubrichs. Göttingen: Vandenhoeck, 1977, 240-259.

Stanzel, Franz Karl. *Theorie des Erzählens.* Göttingen: Vandenhoeck, 1979.

Steinberg, Günter. *Erlebte Rede: Ihre Eigenart und ihre Formen in neuerer deutscher, französischer und englischer Erzählliteratur.* Göppingen: Kümmerle, 1971.

Steinmetz, Horst. "Rezeptionsästhetik und Interpretation." *Literaturwissenschaft: Grundkurs 2.* Ed. Helmut Brackert und Jörn Stückrath. Reinbek: Rowohlt, 1981, 421-435.

Stewart, Philip. *Imitation and Illusion in the French Memoir-Novel.* New Haven, 1969.

Stierle, Karlheinz. "Was heißt Rezeption bei fiktionalen Texten?" *Poetica,* 7 (1975), 345-387.

Stierle, Karlheinz. "Geschehen, Geschichte, Text der Geschichte." *Text als Handlung.* München: Fink, 1975, 49-55; ebenso: *Reader zum Funkkolleg Literatur I.* Ed. H. Brackert und E. Lämmert. Frankfurt/M.: Fischer, 1976, 210-216.

Stierle, Karlheinz. *"Die Struktur narrativer Texte." Funkkolleg Literatur I.* Ed. H. Brackert und E. Lämmert. Frankfurt/M.: Fischer, 1977, 210-233.

Stroszek, Hauke. "Zur kunstwissenschaftlichen und kommunikationswissenschaftlichen Grundlegung der Literaturwissenschaft." *Literaturwissenschaft: Eine Einführung für Germanisten.* Ed. Dieter Breuer *et al.* Frankfurt/M.: Ullstein, 1973, 127-168.

Sutherland, J.A. *Fiction and the Fiction Industry.* London: Athlone Press, 1978.

Switalla, Bernd. *Kommunikation: Ein pragmatischer Ansatz.* Baden-Baden: Nomos, 1976.

Thayer, L.O. und N.H. Pronko. "Some psychological factors in the reading of fiction." *Journal of Gen. Psych.,* 93 (1958), 113-117.

Todorov, Tzvetan. "Les catégories du récit littéraire." *Communications,* 8 (1966), 125-151; dt. "Die Kategorien der literarischen Erzählung." *Zur Struktur des Romans.* Ed. B. Hillebrand. Darmstadt: Wiss. Buchgesellschaft. 1978, 347-369. Ebenso: *Strukturalismus in der Literaturwissenschaft.* Ed. H. Blumensath. Köln: Kiepenheuer, 1972, 263-294.

Todorov, Tzvetan. "Grammatik und Erzählgrammatik." *Poetik der Prosa.* Frankfurt/M.: Athenäum, 1972, 115-124.

Todorov, Tzvetan. *Poétique de la prose.* Paris: Editions du Seuil, 1971; dt. *Poetik der Prosa.* Tr. H. Müller. Frankfurt/M.: Athenäum, 1972.

Ullmann, Stephen. *Style in the French Novel.* Cambridge: Cambridge U.P., 1957.

Ullrich, Gisela. *Identität und Rolle: Probleme des Erzählens bei Johnson, Walser, Frisch und Fichte.* Stuttgart: Klett, 1977.

Versini, Laurent. "Le Roman Epistolaire et la Technique Narrative." *Comparative Literature Studies,* 3 (1966), 397-427.

Versini, Laurent. *Laclos et la Tradition: Essai sur les Sources et la Technique des "Liaisons Dangereuses".* Paris: Klincksieck, 1968.

Versini, Laurent. *Le Roman Epistolaire*. Paris: Presses Universitaires de France, 1979.

Vogt, Jochen. *Aspekte erzählender Prosa*. Düsseldorf: Bertelsmann Universitätsverlag, 1972.

Voss, Ernst Theodor. *Erzählprobleme des Briefromans dargestellt an vier Beispielen des 18. Jahrhunderts*. Diss. Bonn, 1960.

Voßkamp, Wilhelm. "Dialogische Vergegenwärtigung beim Schreiben und Lesen: Zur Poetik des Briefromans im 18. Jahrhundert." *DVjs,* 45 (1971), 80-116.

Voßkamp, Wilhelm. *Romantheorie in Deutschland: Von Martin Opitz bis Friedrich v. Blanckenburg*. Stuttgart: Metzler, 1973.

Walcutt, Charles Child. *Man's Changing Mask: Modes and Methods in Characterization in Fiction*. Mineapolis: U. of Minnesota P., 1966.

Waldmann, Günter. *Theorie und Didaktik der Trivialliteratur: Modellanalyse, Didaktikdiskussion, literarische Wertung*. München: Fink, 1973.

Waldmann, Günter. *Kommunikationsästhetik 1: Die Ideologie der Erzählform. Mit einer Modellanalyse von NS-Literatur*. München: Fink, 1976.

Warning, Rainer. "Rezeptionsästhetik als literaturwissenschaftliche Pragmatik." *Rezeptionsästhetik: Theorie und Praxis*. Ed. Rainer Warning. München: Fink, 1975, 9-41.

Watt, Ian. "'Robinson Crusoe' as a myth." *Essays in Criticism: a Quarterly Journal of Literary Criticism,* 1 (1951), No. 2, 95-119.

Watt, Ian. *The Rise of the Novel: Studies in Defoe, Richardson and Fielding*. London: Chatto u. Windus, 1960; dt. *Der bürgerliche Roman: Aufstieg einer Gattung: Defoe, Richardson, Fielding*. Tr. Kurt Wölfel. Frankfurt/M.: Suhrkamp, 1974.

Watzlawick, Paul *et al. Menschliche Kommunikation: Formen, Störungen, Paradoxien*. Bern, Huber, ²1971.

Weber, Dietrich. *Theorie der analytischen Erzählung*. München: Beck, 1975.

Wehle, Winfried. *Französischer Roman der Gegenwart: Erzählstruktur und Wirklichkeit im Nouveau Roman*. Berlin: Schmidt, 1972.

Weimann, Robert, ed. *Realismus in der Renaissance: Aneignung der Welt in der erzählenden Prosa*. Berlin: Aufbau-Verl., 1977.

Weinrich, Harald. *Literatur für Leser: Essays und Aufsätze zur Literaturwissenschaft*. Stuttgart: Kohlhammer, 1971.

Weinrich, Harald. "Der Leser braucht den Autor." *Identität*. Ed. Odo Marquard und Karlheinz Stierle. Poetik und Hermeneutik, 8. München: Fink, 1979, 722-724.

Wellershoff, Dieter. *Literatur als Veränderung*. Köln: Kiepenheuer, 1969.

Wellner, Klaus. *Leiden an der Familie: Zur sozialpathologischen Rollenanalyse im Werk Gabriele Wohmanns*. Stuttgart: Klett, 1976.

Williams, Raymond. *The English Novel: From Dickens to Lawrence*. London: Chatto and Windus, 1970.

Williams, Raymond. *Keywords: A Vocabulary of Culture and Society*. Glasgow: Helm; London: Fontana, 1976.

Williams, Raymond. *Marxism and Literature*. Oxford: O.U.P., 1977.

Wolff, Erwin. "Der intendierte Leser. Überlegungen und Beispiele zur Einführung eines literaturwissenschaftlichen Begriffs." *Poetica*, 4 (1971), 140-166.

Würzbach, Natascha. *Die Struktur des Briefromans und seine Entstehung in England*. Diss. München, 1964.

Würzbach, Natascha. *The Novel in Letters: Epistolary Fiction in the Early English Novel, 1678–1740*. London: Routledge, 1969.

Ziermann, Klaus. *Romane vom Fließband: Die imperialistische Massenliteratur Westdeutschlands*. (Ost-)Berlin, 1969.

Zima, Peter V. *Textsoziologie: Eine kritische Einführung*. Stuttgart: Metzler, 1980.

Žmegač, Viktor, ed. *Marxistische Literaturkritik*. Bad Homburg: Athenäum, 1970.

10. Namenregister

11. Sachregister

① German into English I
     D → E mit Übersetzungshinweisen
  Timothy Buck
                              4. Auflage 1979
  ISBN 3-525-23102-x   Vandenhoeck & Ruprecht
                                      Göttingen

② German into English II
     21 x D → E   s.o.
  (ISBN?)
                              2. Auflage 1980

LITERATURWISSENSCHAFT IM GRUNDSTUDIUM